Michael Craanen, Antje Gunsenheimer (Hg.)
Das ,Fremde' und das ,Eigene'

W0322665

Michael Craanen (Dr. rer. soc.) promovierte 1998 am Forschungsschwerpunkt Entwicklungsoziologie der Universität Bielefeld. Von 1998 bis 2004 war er wissenschaftlicher Mitarbeiter der Universität Bielefeld. Seit 2005 ist er am Institut für Wissenschafts- und Bildungsforschung Bielefeld tätig.
Antje Gunsenheimer (Dr. phil.) promovierte 2001 an der Universität Bonn im Fach Ethnologie. 2002 nahm sie ihre Tätigkeit als Förderreferentin bei der Volkswagen-Stiftung auf.

Michael Craanen, Antje Gunsenheimer (Hg.)

Das ,Fremde' und das ,Eigene'

Forschungsberichte (1992 – 2006)

[transcript]

Bibliografische Information der Deutschen Bibliothek
Die Deutsche Bibliothek verzeichnet diese Publikation in der Deutschen Nationalbibliografie; detaillierte bibliografische Daten sind im Internet über http://dnb.ddb.de abrufbar.

© 2006 transcript Verlag, Bielefeld, und VolkswagenStiftung, Hannover

Die Verwertung der Texte und Bilder ist ohne Zustimmung des Verlages urheberrechtswidrig und strafbar. Das gilt auch für Vervielfältigungen, Übersetzungen, Mikroverfilmungen und für die Verarbeitung mit elektronischen Systemen.

Umschlaggestaltung: Kordula Röckenhaus, Bielefeld
Lektorat: Ute Steinert und Silke Aumann, Hannover
Druck: Majuskel Medienproduktion GmbH, Wetzlar
ISBN 3-89942-598-7

Gedruckt auf alterungsbeständigem Papier mit chlorfrei gebleichtem Zellstoff.

Besuchen Sie uns im Internet: *http://www.transcript-verlag.de*

Bitte fordern Sie unser Gesamtverzeichnis und andere Broschüren an unter:
info@transcript-verlag.de

Inhaltsverzeichnis

Vorwort

Über mehr als 10 Jahre engagierte sich die VolkswagenStiftung für die Forschungsfelder Interkulturalität und Identitätsbildungsprozesse mit den beiden Initiativen „Das ‚Fremde' und das ‚Eigene' - Probleme und Möglichkeiten interkulturellen Verstehens" (1992 - 1999) und „Konstruktionen des ‚Fremden' und des ‚Eigenen': Prozesse interkultureller Abgrenzung, Vermittlung und Identitätsbildung" (1999 - 2006). Unter Einbeziehung der zum Zeitpunkt der Drucklegung dieses Bandes noch nicht abgeschlossenen Projekte hat die Stiftung zwischen 1992 und 2006 insgesamt 181 Forschungsvorhaben mit einem Gesamtvolumen von 34,8 Millionen Euro gefördert.

Dieses umfangreiche und langjährige Förderengagement der Stiftung zu dokumentieren ist Ziel der vorliegenden Publikation. Grundgedanke ist hierbei, interessierten Wissenschaftler/inne/n sowie Journalist/inn/en und Praktiker/inne/n anhand der Stiftungsförderung eine (exemplarische) Übersicht über die neuere Forschung zum Thema „Interkulturalität" in seinen verschiedenen Facetten anzubieten.

„Dokumentation" versteht sich in diesem Zusammenhang als eine Darstellung der Förderung mit Blick auf:

- die thematische Bandbreite und Vielfalt,
- die Projektergebnisse und deren Beitrag zur weiteren Entwicklung des Forschungsfeldes,
- die Einbindung der Projektergebnisse in Praxisfelder,
- die wesentlichen Publikationen und
- die Entwicklung des Förderangebotes.

Grundlage der Dokumentation ist eine Fragebogenaktion unter allen Geförderten, die die Stiftung zwischen Mai und Oktober 2005 durchführte. Neben quantitativen Angaben wurde unter anderem auch eine Zusammenfassung der Projektziele und -ergebnisse erbeten. Bis auf wenige Ausnahmen wurden die Projektdarstellungen von den Projektverantwortlichen selbst erstellt. In einigen Fällen musste seitens der Stiftung nachrecherchiert werden. Dabei ließen sich allerdings nicht alle verbliebenen Informationslücken schließen.

Die Projekte wurden sechs Themenfeldern zugeordnet. Disziplinäre Grenzen und fachspezifische Besonderheiten traten dabei in den Hintergrund. Die Vielfalt der Forschungsgegenstände und Ergebnisse verschaffen dem Leser einen interdisziplinären Überblick, wie sie die überwiegend disziplinär orientierten Einzelpublikationen aus den Projekten selbst so nicht leisten können. Die Dokumentation führt aber nicht nur unterschiedliche Sichtweisen ähnlicher Forschungsgegenstände zusammen. Sie bietet auch ein besonderes Lesevergnügen, denn die vielen Autorinnen und Autoren prägen einen individuellen, sehr lebendigen und abwechslungsreichen Stil.

Ganz herzlich möchten wir uns an dieser Stelle bei Ute Steinert und Silke Aumann aus der VolkswagenStiftung bedanken für die tatkräftige Unterstützung bei der Fragebogenerhebung, bei den intensiven Recherchearbeiten in den Archiven der VolkswagenStiftung, im Internet und bei den Korrekturen. Ebenso gilt unser Dank allen Mitarbeiterinnen und Mitarbeitern aus den Projekten, die sich an unserer Fragebogenerhebung beteiligten und die Dokumentation in diesem Umfang erst ermöglichten.

Hannover, im Mai 2006

Michael Craanen und Antje Gunsenheimer

Einleitung

Einrichtung und Ziele der Förderinitiative

Im Juni 1992 entschied sich das damalige Kuratorium der VolkswagenStiftung für die Einrichtung einer neuen Förderinitiative: „Das ‚Fremde' und das ‚Eigene' - Probleme und Möglichkeiten interkulturellen Verstehens". Ausschlaggebend für die Einrichtung war unter anderem die Beobachtung einer sich im Gefolge des politischen Wandels in Mittel- und Osteuropa zuspitzenden gegenläufigen Entwicklung: auf der einen Seite die Internationalisierung der Lebenswelt und auf der anderen Seite die Abschottung gegenüber kulturell Andersartigem. Zwar waren wirtschaftliche, wissenschaftliche und kulturelle Beziehungen bis hin zu den touristischen Kontakten über Länder- und Kontinentgrenzen hinweg inzwischen alltägliche Normalität. Zugleich wurde jedoch offensichtlich, dass das Verstehen des „Anderen" in seiner „Fremdheit" mit den rapiden Veränderungen und der wachsenden Mobilität kaum Schritt hielt. Vielmehr schienen gerade nach dem Zusammenbruch der politischen Systeme in Mittel- und Osteuropa und mit der schwindenden Bedeutung politischer Grenzen die vielfältigen alten nationalen, regionalen und vor allem kulturellen Unterschiede eher noch schärfer spürbar und sichtbar zu werden und neue, undurchlässigere Barrieren hinzuzukommen. Der von den „Sachzwängen" einer wissenschaftlich-technischen Zivilisation beförderten Tendenz zur weltweiten Angleichung und Vernetzung korrespondierte der wachsende Hang zu Abschottung gegenüber kulturell Andersartigem, zur Unduldsamkeit gegenüber ‚Fremdem' und ‚Ausländischem' bis hin zum Hass und zur offenen Feindschaft. Ein Grund hierfür wurde in der fehlenden „interkulturellen Kompetenz" gesehen. Daraus ergaben sich die Kernfragen der Förderinitiative: Was ist „interkulturelle Kompetenz"? Wie kann „interkulturelle Kompetenz" erlernt und gelehrt werden? - Als Voraussetzung galt es, genauere Kenntnisse zu gewinnen über solche Prozesse interkultureller und internationaler Begegnung und dessen, was sich dabei an „Verstehen" und vor allem an Nicht- oder Missverstehen vollzieht. Der Wissenschaft kam die herausfordernde Aufgabe zu (und dies gilt bis zum heutigen Tag), das Verständnis solcher Prozesse zu verbessern.

Zunächst ging es mit der Frage nach dem Fremden und dem Eigenen im Blick auf die Probleme und Möglichkeiten interkulturellen Verstehens um Verlauf und Ergebnisse der Begegnung zwischen Kulturen, die die Erfahrung des jeweils Fremden und Anderen zur Voraussetzung oder Folge hat oder gehabt hat. Im Gegensatz zu traditionell komparatistischen Ansätzen wollte die Stiftung insbesondere Vorhaben fördern, die den Prozesscharakter und die spezifische Dynamik kulturellen Lernens und kultureller Rezeption bis hin zu ihrer gezielten Verweigerung untersuchten. Ebenfalls zielte die Förderung auf die Bearbeitung von Fragen nach dem kulturspezifischen Umgang mit dem Andersartigen und der schöpferischen Rolle des Fremden im Kulturwandel. Zwar waren die Probleme und Möglichkeiten interkultureller Kommunikation bereits zu Beginn der 1990er Jahre im Blickfeld der Geistes- und Gesellschaftswissenschaften; doch wurden sie in den verschiedenen Disziplinen zu isoliert behandelt. Daher beschloss die Stiftung, mit dem Förderangebot insbesondere einen Anreiz zur interdisziplinären Zusammenarbeit zu geben, denn die Beantwortung der grundlegenden Forschungsfragen verlangte nach fachübergreifender Behandlung. Es galt, den verschiedenen Disziplinen, die eine - in der damaligen Formulierung - „fremdheitskundliche Komponente" aufweisen, mit der Leitfrage nach dem Verhältnis vom Fremden und Eigenen und dem Problem des interkulturellen Verstehens einen Fokus anzubieten, der zur systematische(re)n Behandlung der Thematik einlud, disziplinübergreifenden Austausch provozierte und damit auch diesen Fächern selbst Impulse zur inhaltlichen und methodischen Neuorientierung vermittelte. Besonderes Anliegen war es darüber hinaus, den Austausch zwischen Wissenschaft und Praxis zu fördern.

Förderkonzept und -bedingungen

Angesichts der Breite und Vielfalt der Handlungsfelder, auf denen es zur Begegnung zwischen ‚Fremdem' und ‚Eigenem' kommt, war die Förderinitiative nicht auf bestimmte Disziplinen beschränkt, sondern offen für alle geistes- und sozialwissenschaftlichen Fächer, von denen sich Beiträge zur Analyse des „interkulturellen Verstehens", seiner Voraussetzungen und Grenzen, Probleme, Möglichkeiten und Perspektiven erwarten ließen. Neben Vorhaben der Theorie- und Modellbildung wurden auch historisch-empirische Forschungen einbezogen, soweit sie über den Einzelfall hinausgehende Einsichten versprachen. Dabei ging es nicht nur um „das Deutsche" in der Begegnung mit anderen Kulturen, sondern auch um deren Begegnung untereinander. Als größere Themenbereiche standen zu Beginn der Förderung im Fokus des Interesses:

- Grundzüge interkultureller Hermeneutik und Methoden des Kulturverstehens,
- Theorie der Interkulturalität: Interkulturelle Assimilations-, Rezeptions- und Abgrenzungsprozesse,
- Entstehung, Interaktion und Überwindung von Feind- und Fremdbildern,
- Handeln im interkulturellen Kontext.

Da die wissenschaftliche Bemühung um interkulturelles Verstehen nur schwer denkbar ist ohne den Gedankenaustausch mit Angehörigen der ‚anderen' Kultur, war die Beteiligung ausländischer Wissenschaftler besonders erwünscht. Vor allem aber sollte ein Beitrag zur theoretischen Diskussion über interkulturelles Verstehen und seine Entwicklungsverläufe geleistet werden. Angestrebt wurden vor allem solche Projekte, die praktische Bezüge und Perspektiven erkennen ließen und von ihrer Anlage her den Austausch zwischen Wissenschaft und Praxis ermöglichten - denn hinter den Kernfragen der Forschung standen letztlich immer auch Fragen der Praxis. Des Weiteren wurde eine Reflexion des eigenen wissenschaftlichen Konzeptes, seiner kulturellen Prägung, seiner interkulturellen Tragfähigkeit und Reichweite erwartet.

Fördermittel wurden vergeben für Forschungsprojekte, forschungsbezogene Praktikumsaufenthalte von Wissenschaftlern in einschlägig arbeitenden Institutionen, insbesondere im Ausland, für wissenschaftliche Veranstaltungen mit interdisziplinärem und international besetztem Teilnehmerkreis sowie Stipendien für Nachwuchswissenschaftler im Rahmen von Forschungs- und Ausbildungsprojekten.

Entwicklung der Förderinitiative

Ihre Einrichtung stieß auf ein reges Interesse in den Wissenschaften, was sich in den gleich bleibend hohen Antrags- und Anfragezahlen zeigte. Zu Beginn zeichnete sich eine thematische Konzentration im Bereich „Jugend/Erziehung/Schule und Migration" ab. Danach folgte eine Phase, in der häufiger Anfragen und Anträge aus der Wirtschaftsgeschichte und der Psychologie eingingen, die sich z. B. mit Fragen der Auslandsentsendung von Managern und ihrer speziellen Vorbereitung darauf beschäftigten. Im weiteren Verlauf der Förderung kamen Fragen zu Migration und Integration sowohl im europäischen wie auch im außereuropäischen Kontext hinzu. Die Bandbreite der antragstellenden Disziplinen umfasste alle Geistes-, Kultur- und Sozialwissenschaften. So waren neben den soziologischen und ethnologischen Studien historische, sprachliche und literaturwissenschaftliche Untersuchungen vertreten (siehe hierzu auch die Auswertung im folgenden Kapitel).
Die meisten Anfragen und Anträge richteten sich auf die Förderung von Forschungsprojekten. Auch das Angebot der Veranstaltungsförderung - zumeist Symposien - wurde rege angenommen, während die Fördermöglichkeiten für forschungsbezogene Praktikumsaufenthalte und Stipendiatengruppen wenig Anklang fanden. Eine Besonderheit der Anfangsphase war die Förderung von Pilotprojekten zur Klärung der Realisierbarkeit, sowohl im Blick auf das Forschungsfeld wie auch im Blick auf die Untersuchungsmethode. In der Regel betrug die Laufzeit der Forschungsprojekte zwischen 2 und 3 Jahre. Hinsichtlich der angestrebten Projektinternen internationalen und interkulturellen Kooperation ist festzustellen, dass die Initiative weitgehend von den deutschen Partnern ausging und die Antragstellung aus dem Ausland eher die Ausnahme blieb.
Nachdem in den ersten zwei bis drei Jahren die Einzelprojekte, ungeachtet des fachübergreifend angelegten Förderangebotes, eher disziplinär orientiert waren, gewannen in der folgenden Zeit fachübergreifende Ansätze ein stärkeres Gewicht. Auch der organisierte Austausch entwickelte sich mit einer gewissen Verzögerung. Um diesen disziplinübergreifend unter den Bewilligungsempfängern zu fördern und damit den jeweiligen Fächern einen Impuls zur inhaltlichen und methodischen Weiterentwicklung zu vermitteln, lud die Stiftung 1995 und 1997 zu Schwerpunkt-Kolloquien in die Geschäftsstelle nach Hannover ein. Die Projektgruppen präsentierten dabei Thema, Zielsetzung, Methodik, Projektverlauf und (Zwischen-)Ergebnisse. Auf diese Weise konnten die theoretische und methodische Diskussion sowie der Austausch von Erfahrungen unter den Forschern angeregt werden. Die Kolloquien dienten ebenfalls einer breiteren Erörterung der weiteren Gestaltung des Förderangebotes mit den versammelten Experten. Bedarf für eine Modifizierung der Förderziele und -bedingungen kristallisierte sich im Verlauf des dritten Schwerpunkt-Kolloquiums heraus, welches im Dezember 1998 an der Europa-Universität Viadrina in Frankfurt/Oder von der Stiftung in Zusammenarbeit mit dem dortigen Ethnologen Professor Werner Schiffauer durchgeführt wurde.

Der offene Austausch über Projekte und ihre Befunde wurde beim 3. Schwerpunkt-Kolloquium durch themenorientierte Arbeitsgruppen ergänzt, deren Diskussionsergebnisse schließlich in Hinweise und Empfehlungen für eine Modifizierung der Förderinitiative mündeten. Bis zu diesem Zeitpunkt lagen die inhaltlichen Akzente der Förderung insbesondere auf Fragen (inter-)kultureller Interaktion und Kompetenz und auf den innerdeutschen Problemfeldern des Verhältnisses zu Migranten (Schule, Stadtteil, Polizei, Justiz). Insgesamt hatte die Stiftung bis dato 127 Vorhaben mit einem Gesamtumfang von 23,1 Millionen Euro gefördert. Inzwischen zeichneten sich jedoch sowohl innerwissenschaftlich als auch auf der politisch-gesellschaftlichen Ebene Veränderungen ab, die die Forschung vor neue Fragen stellten. Dies galt vor allem für den unter dem Schlagwort „Globalisierung" diskutierten Strukturwandel und die damit einhergehenden transnationalen Verflechtungen, die in ihrer Veränderungsdynamik zu immer neuen Formen der Konstruktion, Überlagerung und Vermischung von ‚Fremdem' und ‚Eigenem' führten. Neu erschienen dabei vor allem Ausmaß, Dynamik und Brisanz solcher Prozesse und damit auch das außerordentlich starke öffentliche Interesse, welches man ihnen - inner- wie außerwissenschaftlich - entgegenbrachte und das, verglichen mit dem Beginn der 1990er Jahre, eher noch zugenommen hatte. Dabei bestand zu diesem Zeitpunkt weitgehend Einvernehmen darüber, dass es sich hier um höchst vielschichtige und - gerade im Zusammenspiel mit politisch-gesellschaftlichen und ökonomischen Entwicklungen - wesentlich komplexere Vorgänge handelte, als es eher schlichte Beschreibungsbegriffe wie etwa „Begegnung" suggerierten. Dementsprechend nahm auch die Überzeugung zu, dass jene Schlüsselkategorien selbst, mit denen auf diesem Feld üblicherweise gearbeitet wird, der Reflexion mithin nicht weniger bedürfen als die Phänomene, die man mit ihrer Hilfe zu erschließen sucht. Denn mit Leitbegriffen wie „Kultur", „Identität", „Interkulturalität", „fremd" und „eigen" - um nur diese zu nennen - waren offenkundig keineswegs ‚feste Größen' erfasst. Was sie bezeichnen, erschien aus der Sicht damaliger Forschung vielmehr weitgehend ‚konstruiert', d. h. als prinzipiell variables Resultat eben solcher fortwährender Abgrenzungs-, Vermittlungs-, Vermischungs- oder auch Überlagerungsprozesse. Derartige Prozesse und ihre Veränderungsdynamik, ihre Voraussetzungen, Rahmenbedingungen, Strukturen und Wirkungen theoretisch, empirisch und mit der nötigen historischen Tiefenschärfe zu analysieren und problemorientiert aufzuklären - dies sollte jetzt zum zentralen inhaltlichen Anliegen der modifizierten Förderinitiative werden.

Vor diesem Hintergrund traf sich im Mai 1999 eine Expertenrunde, um über die übergreifenden Ziele, den thematischen Rahmen und die besonderen Anforderungen an eine künftige Förderung zu beraten. Einig war man sich sehr schnell über die unverändert hohe wissenschaftliche und gesellschaftspolitische Aktualität des Themenkomplexes „Interkulturalität". Von einer Einschränkung des Förderkonzeptes wurde daher abgeraten. Allerdings sollte der internationalen und interkulturellen Wissenschaftskooperation eine höhere Relevanz zukommen. Diesen Anregungen des Beratergremiums folgend beschloss das Kuratorium der Stiftung im Juni 1999 das neue Förderkonzept. Die Aufmerksamkeit sollte sich nun stärker auf die Prozesshaftigkeit und den Konstruktionscharakter von Identitätsbildungen im interkul-

turellen Kontext beziehen, und zwar in globaler Perspektive; d. h. auf die Prozesse interkultureller Abgrenzung, Vermittlung und Identitätsbildung. Weiterhin sollte die Wissenschaft darin unterstützt werden, Aufschluss über diese Prozesse zu gewinnen und damit auch zur Eröffnung neuer Perspektiven für politisch-gesellschaftliches Handeln beizutragen. Für diese Veränderungen bot sich der neue Titel „Konstruktionen des ‚Fremden' und des ‚Eigenen': Prozesse interkultureller Abgrenzung, Vermittlung und Identitätsbildung" an. Die im Anschluss folgende Dokumentation der Projekte trägt diesen unterschiedlichen Förderphasen Rechung, indem sie beide getrennt voneinander darstellt.
Die vorgenommene Akzentverschiebung betraf jedoch nicht nur das thematische Profil des Förderschwerpunktes; auch die fachübergreifende und vor allem die internationale und die interkulturelle Zusammenarbeit erhielten stärkeres Gewicht und wurden zu Förderbedingungen. Danach sollten ausschließlich solche Vorhaben Unterstützung erhalten, die interdisziplinär, international oder interkulturell angelegt waren, um bereits im Zuge der Projektarbeit selbst die interkulturelle Differenz produktiv zu nutzen. Neben der Unterstützung von Forschungsprojekten und wissenschaftlichen Veranstaltungen war auch die Finanzierung einsemestriger Aufenthalte von Lehrenden aus Asien, Lateinamerika und Afrika an deutschen Universitäten mit dem Ziel der Vermittlung ‚fremder', nicht-westlicher Wissenschaftskonzepte vorgesehen. Die Zahl der ausländischen Mitantragsteller ebenso wie die interkulturelle bzw. internationale Zusammensetzung der Projektteams nahm danach kontinuierlich zu. So belegen die gemeinsamen Publikationen den deutlich stärkeren interkulturellen Charakter dieser Projekte.

Schlussphase der Förderinitiative

Drei Jahre nach der Modifizierung des Förderangebotes fand im April 2002 am Frankreich-Zentrum der Universität Freiburg ein weiteres Schwerpunkt-Kolloquium statt, welches die Stiftung zusammen mit der dortigen Romanistin Professor Eva Kimminich ausrichtete. Hierbei präsentierten sich 17 Vorhaben, die unter den neuen Förderbedingungen gestartet waren. Die Präsentationen zeigten anschaulich, dass die Problematik der Identitätsbildungsprozesse inzwischen von vielen Forschungsdisziplinen als Thema aufgegriffen und in methodisch sowie thematisch unterschiedlichen Ansätzen bearbeitet wurde. So fand sich „Identitätsbildung" inzwischen auf ikonographischer, literarischer, medizinischer, juristischer und sprachlicher Ebene behandelt sowie seine Präsentation in verschiedenen Medien (Bild, Ton, Film, literarischer und wissenschaftlicher Text) untersucht. Der Blick über die eigene Förderung hinaus zeigte zudem, dass die Leitgedanken, -kategorien, -begriffe und -fragestellungen inzwischen - schneller als erwartet - zum Grundbestand zahlreicher Fächer und Forschungseinrichtungen gehörten. Angesichts dieser, aus Sicht der Förderung, erfreulichen Entwicklung konnte die Stiftung ihr wesentliches Ziel, nämlich das Thema der Interkulturalität und der interkulturellen Identitätsbildungsprozesse als neues Wissenschaftsgebiet zu erschließen, als erreicht ansehen. Sie stellte daher nach mehr als zehnjähriger Fördertätigkeit ihr Angebot zur Antragstellung im Forschungsbereich „Das ‚Fremde' und das ‚Eigene'"

zum 31. Dezember 2002 ein. Im Jahre 2003 erhielten noch weitere 17 Projekte Förderung, so dass insgesamt in der zweiten Förderphase (1999 - 2006) 54 Vorhaben mit einer Gesamtsumme von 14,7 Millionen Euro bewilligt wurden.
Mit ihrem Förderangebot für Studiengruppen zu „Migration und Integration" im Rahmen der Initiative „Zukunftsfragen der Gesellschaft" hat dieses Engagement 2003 seine fokussierte Fortsetzung gefunden.

Ergebnisse der empirischen Erhebung

Die Erstellung der vorliegenden Dokumentation wurde durch eine kleine Erhebung mit einem qualitativen Fragebogen mit ausschließlich offenen Fragen begleitet; zum einen mit dem zentralen Ziel, Abstracts mit den Inhalten, den wichtigsten Ergebnissen und eine kurze Publikationsliste für die folgenden Projektvorstellungen zu erhalten, und zum zweiten, zusätzliche Informationen zu den einzelnen Projekten zu gewinnen, die nicht aus den Projektakten erschlossen werden konnten.
Der Fragebogen wurde an alle Projektleitungen versandt und von der großen Mehrheit ausgefüllt. Am Ende waren es 142 ausgefüllte Bögen aus 181 Projekten. Geförderte Symposien wurden bei der vorliegenden Auswertung nicht berücksichtigt. Dieser für eine empirische Erhebung sehr positive Rücklauf von 78,5 % lässt repräsentative Rückschlüsse auf die gesamte Förderinitiative zu.
Im Folgenden werden nun einige der Ergebnisse vorgestellt. Die Antworten wurden dazu in Kategorien eingeteilt, ihr Vorkommen ausgezählt und in Grafiken übertragen.

Beteiligte Fachdisziplinen

Identitätsbildungsprozesse als Forschungsthema sind Gegenstand vieler Disziplinen, die sich dem Thema methodisch und inhaltlich mit unterschiedlichen Ansätzen annähern. Ein zentraler Anspruch der VolkswagenStiftung an die Förderinitiative war es, diese interdisziplinäre Ausrichtung zu stimulieren. Wie gut ihr dies gelungen ist, zeigt Abbildung 1. Insgesamt wurden 328 Fachdisziplinen genannt, die zu 38 Einzeldisziplinen zusammengefasst wurden. Am häufigsten wurden Soziologie,

Abb1.: Beteiligte Fachdisziplinen in den Projekten

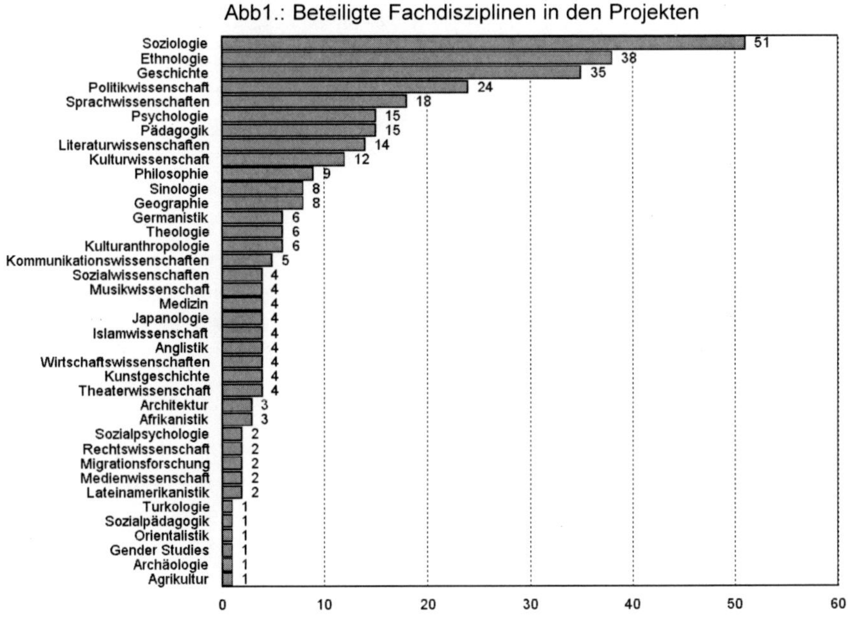

n = 328 Nennungen aus 122 Projekten

Ethnologie und Geschichte als beteiligte Fachdisziplinen aufgeführt. Zudem waren die Politikwissenschaften, Sprachwissenschaften, Psychologie, Pädagogik und die Literaturwissenschaften sehr stark personell und fachlich in den Projekten präsent. Die Vielfalt der beteiligten Fachdisziplinen und die interdisziplinäre Orientierung spiegelt sich in den sehr facettenreichen Ergebnissen wider, die im folgenden Kapitel durch die Projektzusammenfassungen und ihre wichtigsten Ergebnisse ausführlich dokumentiert werden.
Abbildung 2 zeigt die Anzahl der beteiligten Fachdisziplinen in einem Projekt. Der Mittelwert von 2.7 beteiligten Disziplinen in einem Projekt verdeutlicht die starke interdisziplinäre Orientierung. Nur 23 % aller Projekte wurden lediglich von einer einzigen Fachdisziplin bearbeitet, 77 % von mehreren. In beinahe einem Viertel der geförderten Projekte waren sogar vier oder mehr Fachdisziplinen an der Projektbearbeitung beteiligt.

Abb 2.: Anzahl der beteiligten Fachdisziplinen in den Projekten

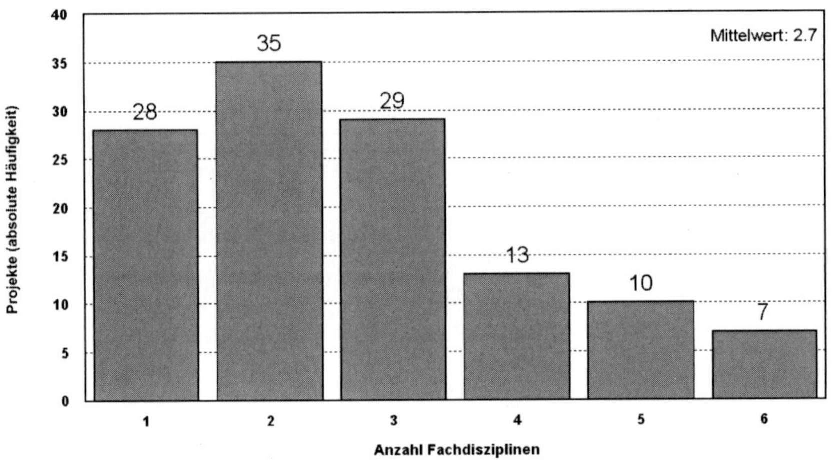

Personalstellen

In den Projekten wurden insgesamt 375 Mitarbeiter/innen beschäftigt, was einem Mittelwert von 3.1 beschäftigten Personen für jedes Einzelprojekt entspricht. 2/3 der Funktionen wurde von wissenschaftlichen Mitarbeiter/inn/en besetzt, etwas weniger als 1/3 mit wissenschaftlichem Nachwuchs. Nichtwissenschaftliches Personal wurde dagegen kaum in die Projekte eingebunden (Abb. 3).
Insgesamt ließen sich anhand der Angaben aus den Fragebögen 159 Beschäftigte nach ihrem Geschlecht differenzieren. Abb. 4 zeigt eine ausgeglichene Geschlechterverteilung mit leichtem Frauenüberhang in allen Positionen. Eine stark signifikante Bevorzugung von weiblichen Beschäftigten lässt sich jedoch nicht nachweisen.

Abb 3.: Personalstellen in den Projekten

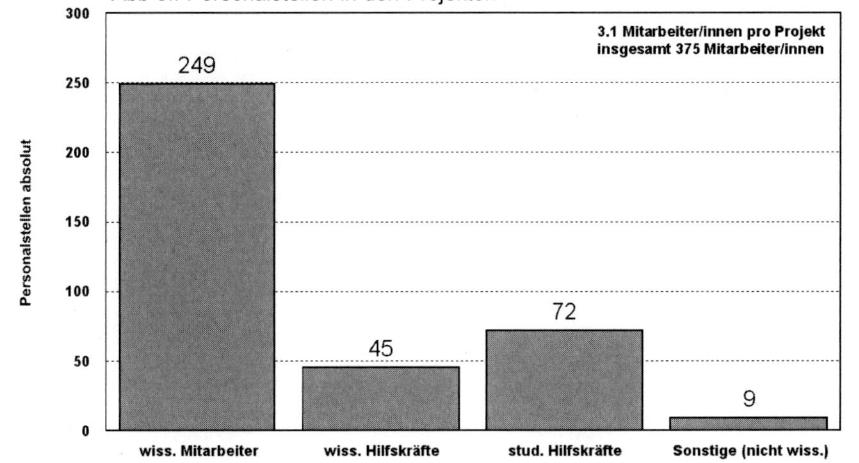

Abb. 4.: Personalstellen nach Geschlecht

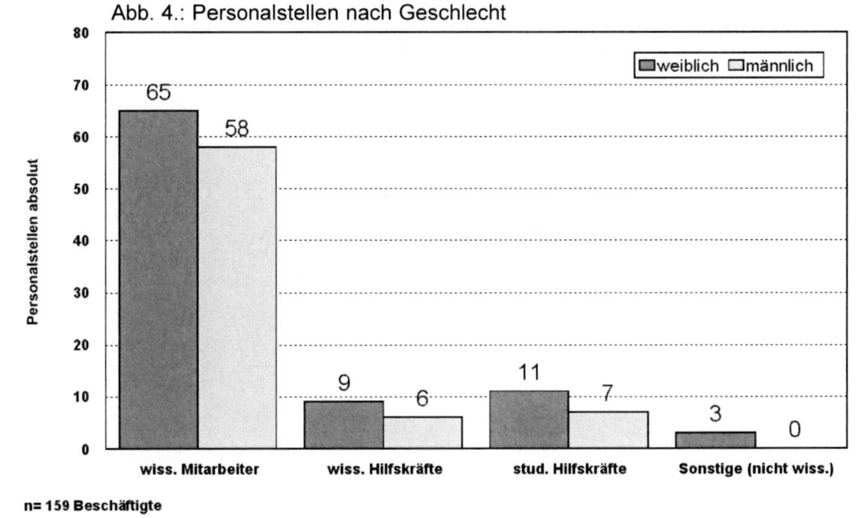

Wissenschaftliche Qualifizierungen im Rahmen des Projekts

Sehr bemerkenswert ist die hohe Anzahl von wissenschaftlichen Qualifizierungen, die sich aus direkt projektbezogenen Themen ergeben haben. Da ein Teil der Projekte noch nicht abgeschlossen ist, wird hier nach 1. und 2. Projektphase differenziert (Abb. 5).

Den größten Anteil nehmen Dissertationen ein. Dieses Ergebnis spiegelt auch die oben vorgestellte Verteilung in den Personalstellen wider, in denen das wissenschaftliche Personal die größte Beschäftigtengruppe stellte und daher wissenschaft-

Abb. 5: Wissenschaftliche Qualifizierungen im Rahmen des Projekts

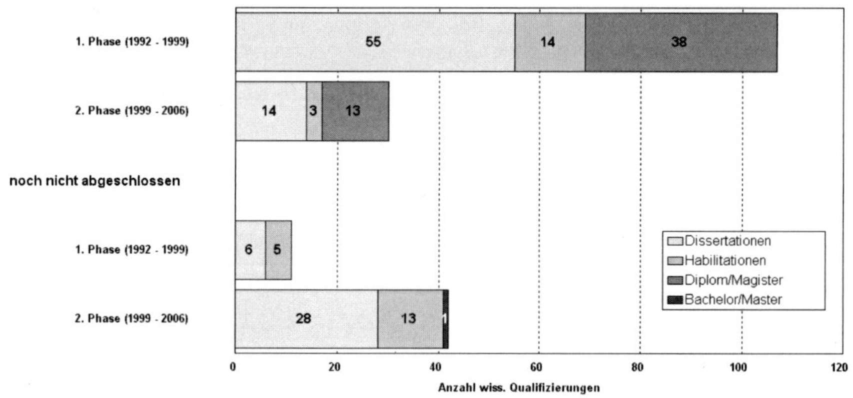

liche Qualifizierungen vorwiegend als Promotion oder Habilitation zu erwarten waren. Besonders erfreulich ist, dass sehr viele der Studentischen Hilfskräfte die Projektarbeit für ihre Diplom- oder Magisterarbeit genutzt haben (41 wissenschaftliche Qualifizierungen aus einer Gruppe von insgesamt 72 studentisch Beschäftigten). Mit Abschlüssen in den neuen akademischen Graden konnte wegen der Aktualität des Bologna-Prozesses und der noch laufenden Umstrukturierung der Studiengänge auf Bachelor und Masterabschlüsse noch nicht gerechnet werden.
Einige Projekte aus der zweiten Förderphase waren zu Zeiten der Drucklegung dieser Dokumentation noch nicht beendet und ein größerer Teil der Qualifizierungen daher noch nicht abgeschlossen. Auch einige wissenschaftliche Qualifizierungen aus der ersten Phase sind noch nicht beendet worden. Die Antworten aus den Fragebögen lassen aber den Schluss zu, dass dies in absehbarer Zeit noch geschehen wird und es sich hierbei nicht um eine Abbrecherquote handelt.

Abb. 6: Qualifizierungen im Rahmen des Projekts
(abgeschlossene und nicht-abgeschlossene Qualifizierungen zusammengefasst)

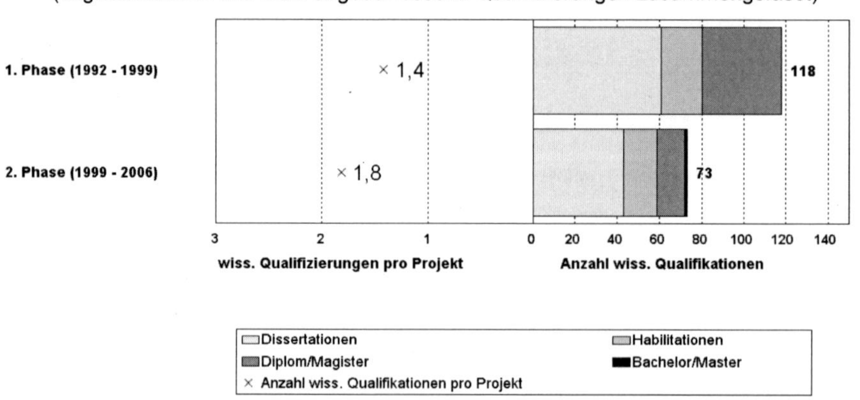

Unter der Annahme, dass alle in den Antworten angegebenen wissenschaftlichen Qualifizierungen auch abgeschlossen werden, zeigt sich, dass in den Projekten der zweiten Phase die Qualifizierungsquote noch höher liegt als in der ersten Phase, auch wenn es in absoluten Zahlen dargestellt insgesamt etwas weniger Abschlüsse sind (Abb. 6). Diese verteilen sich jedoch auch auf weniger Projekte (1. Phase: 82 Projekte mit 118 Qualifizierungen; 2. Phase: 40 Projekte mit 73 Qualifizierungen). Welches die Gründe für die Zunahme der wissenschaftlichen Qualifizierungen im Einzelnen sind und ob auch offen gebliebene oder neue Forschungsfragen aus der ersten Förderungsphase zu dieser Steigerung geführt haben, lässt sich an dieser Stelle leider nicht weiter aufklären, auch wenn diese Vermutung sehr nahe liegt, wie der letzte Abschnitt „Weiterführende Forschungstätigkeiten" dokumentiert.

Resonanz in der Fachöffentlichkeit

Bei der Frage, welche Resonanz die Projekte in der Fachöffentlichkeit hinterlassen haben, wird am häufigsten auf Einladungen zu externen Symposien, Konferenzen, Kolloquien, Workshops und Seminaren verwiesen (Abb. 7). In mehr als 20 % der Projekte wurden zudem selbst Symposien, Konferenzen etc. organisiert, die insgesamt auf großes fachliches Interesse stießen. Durch die Projekte sind außerdem eine ganze Reihe neuer nationaler und internationaler formeller und informeller Kooperationen zwischen Forschungseinrichtungen, Forschungsverbünden, Arbeitsgruppen und verschiedenen staatlichen Einrichtungen entstanden, die in der Mehrheit auch in Zukunft fortgeführt werden. Bemerkenswert ist, dass mehr als 10 % der Befragten angeben, dass ihre Forschungsergebnisse grundlegende Bedeutung für ihre Fachrichtungen haben und als allgemeine Referenz für weitere Forschungstätigkeiten dienen. Die Förderinitiative hat damit einen erstaunlichen Beitrag zur Grundlagenforschung einzelner Fachdisziplinen geleistet.

Abb. 7: Resonanz in der Fachöffentlichkeit

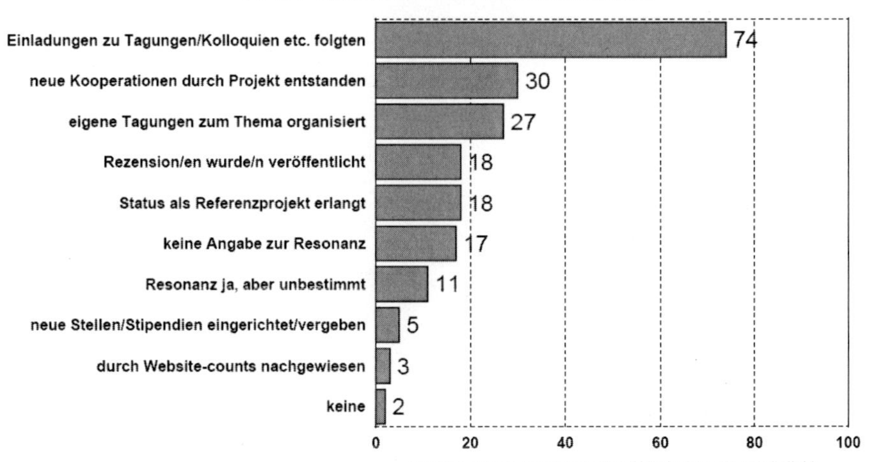

Weiterführende Forschungstätigkeiten im Themengebiet nach Abschluss des Projekts

Abb. 8: Weiterführende Forschungstätigkeiten imThemengebiet nach Abschluss?

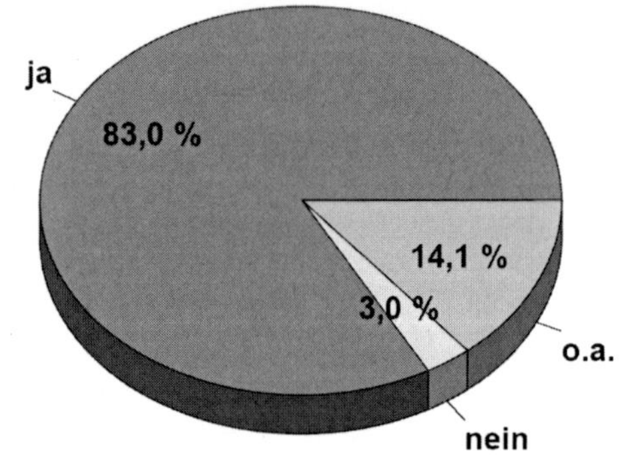

Von den Befragten gaben mehr als 80 % an, dass auch nach Projektabschluss im Themengebiet Forschungstätigkeiten weitergeführt wurden. Nur 3 % verneinten dies explizit (Abb. 8). Dieses Ergebnis dokumentiert die Impuls gebende Wirkung, die die Förderinitiative insgesamt auf die nationale und internationale Wissenschaftslandschaft hat.
Am häufigsten wurde angegeben, dass die weiterführenden Forschungstätigkeiten in geförderten Projekten anderer Mittelgeber stattfinden (z. B. DFG, GTZ, das Land Hessen, Thyssen-Stiftung, BMBF und andere internationale Mittelgeber) und dass Qualifizierungen mit thematischem Bezug zur Förderinitiative (= Folgequalifizierungen) eine erhebliche Rolle dabei spielen (Abb. 9).
Weiterhin wurde angegeben, dass die thematische Weiterführung über neue Publikationen, weiteren theoretischen Überlegungen (jedoch ohne konkreten Projektbezug), über Fachdiskussionen auf Symposien, Konferenzen etc. sowie im Rahmen von neuen nationalen und internationalen Kooperationen auf Universitätsebene (z. B. der Errichtung von Forschungsnetzwerken) stattfindet.

Abb. 9: Weiterführende Forschungstätigkeiten im Themengebiet nach Abschluss?

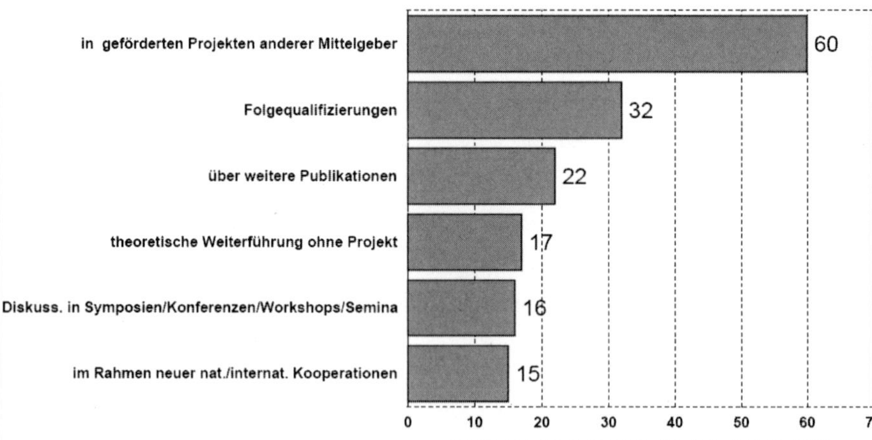

Dokumentation der Projekte und ihrer wichtigsten Ergebnisse in den Förderphasen 1992 - 1999 und 1999 - 2006

Interkulturelle Identitätsbildung

Das ,Fremde' und das ,Eigene'. Probleme und Möglichkeiten interkulturellen Verstehens (1992 - 1999)

„Arbeitszeit, Freizeit, Familienzeit" in Japan - Der Umgang mit westlichen Zeitlichkeitskonzepten in der japanischen Gesellschaft

Beteiligte:

- **Shingo Shimada, Sonja Gabbani, Michael Lappler, Ismail Menekse, Sibylle Kalupner.** Universität Erlangen-Nürnberg, Sozialwissenschaftliches Forschungszentrum
- **Hiroshi Tonami.** Hitotsubashi University, Tokio, Japan
- **Midori Ito.** Waseda University, Tokio, Japan

Laufzeit: **1993 - 1996**

Die Problematik der Arbeitszeit in der japanischen Gesellschaft wird mit dem wirtschaftlichen Erfolg Japans immer wieder in den Mittelpunkt des westlichen Diskurses über Japan gestellt. Dabei dient sie vor allem als eine Erklärungsmöglichkeit des Erfolgs. In diesem auf die Erklärung des wirtschaftlichen Erfolgs orientierten Diskurs bleibt nahezu gänzlich unberücksichtigt, wie die Gesellschaftsmitglieder selbst das Phänomen der Arbeitszeit erleben und interpretieren. Dazu trägt unter anderem auch bei, dass man bei der Behandlung des Problems der Zeitlichkeit den Schwerpunkt auf die betriebliche Zeitlichkeitsregelung legt. Durch die Hervorhebung der langen Arbeitszeit wird das Verständnis für die alltägliche Normalität erschwert, in die die verschiedenen Zeitlichkeitsregelungen eingebettet sind, die zum Teil mit der westlich geprägten Kategorie „Zeit" schwer zu erfassen sind. Vor diesem Hintergrund widmete sich das Forschungsprojekt der Frage, wie die verschiedenen Zeitlichkeitsregelungen im Kontext der alltäglichen Selbstver-ständlichkeiten selbst erlebt und interpretiert würden. Der Schwerpunkt der Forschung lag auf dem familiären Lebenszusammenhang: Wie werden die Zeitlichkeitsregelungen (wie die Arbeitszeit oder die Freizeit) dort interpretiert, aber auch konkret gestaltet? Die Forscher hatten sich vorgenommen, eine kulturspezifische Form der Zeitlichkeitsregelungen herauszuarbeiten. Sie verfolgten außerdem den historischen Prozess, in dem die aus Europa stammende, homogen abstrakte Zeit von den Gesellschaftsmitgliedern einer nicht-westlichen Gesellschaft aufgenommen und in ihre eigene kulturspezifische Lebenswelt eingebettet wurde. In diesem Zusammenhang sollte auch analysiert werden, welche Folgen diese Einbettung für die Gesellschaft mit sich brachte. Die Großstadt Nagoya in Mitteljapan bot ein ausreichendes Forschungsfeld. Teilnehmende Beobachtung und narrative Interviews halfen, das alltägliche Zeitlichkeitsverständnis mit den Dimensionen der Biographie, der Lebensvorstellungen und der Generationenprobleme zu verbinden.

Shimada, Shingo (1998): Gesellschaftlicher Wandel und Biographie, in: Sondernummer der Asiatischen Studien, Zeitschrift der Schweizerischen Asiengesellschaft „Diversity, Change, Fluidity - Japanese Perspectives", Bern, S. 319 - 340

Shimada, Shingo (1998): Das Geschichtsbewusstsein und das Lebenslaufmodell als Grundlagen der Differenz: der Fall Japan, in: Rüsen, Jörn u. a. (Hg.): Vielfalt der Kulturen. Erinnerung, Geschichte, Identität 4. Frankfurt a. M., S. 542 - 560

Shimada, Shingo (2000): Die Erfindung Japans. Kulturelle Wechselwirkung und politische Identitätskonstruktion, Frankfurt/New York

Gabbani, Sonya (2004): Von der „Staatzeit" zur „Eigenzeit"? Zur Integration der staatlich verordneten Disziplinarzeit in die individuelle Lebensorientierung in Japan, unveröffentlichte Diss., Hannover

Ito, Midori (2003): Kyôdô no jikan to jibun no jikan. Seikatsushi ni miru jikan-ishiki no nichidoku-hikaku (Gemeinsame Zeit und eigene Zeit. Deutsch-japanischer Vergleich des Zeitbewusstseins in den lebensgeschichtlichen Erzählungen, Tokyo

Migrantenprotest als Integrationschance? Identitätsbildung und ihre intellektuellen Trägergruppen bei diskriminierten Einwanderungsminoritäten am türkisch-deutschen Beispiel

Beteiligte:
Peter R. Gleichmann, Elçin Kür at-Ahlers, Dursun Tan, Hans-Peter Waldhoff.
Universität Hannover, Institut für Soziologie

Laufzeit: **1994 - 1996**

Vor dem Hintergrund des steigenden gesellschaftlichen Spannungsniveaus nicht ausreichend regulierter Migration aus weniger entwickelten Staaten in entwickeltere und einer daraus bedingten Gefahr von destabilisierenden Konfliktlagen lautete die Fragestellung des Projekts: Inwieweit kann das Risiko physisch gewaltsamer und vielleicht auch psychisch-destruktiver Konflikte zugleich durch eine Zivilisierung der Konflikttechniken und durch Lernprozesse gegenseitiger Fremdheitsverarbeitung eingedämmt werden? Dabei ist Folgendes zu bedenken: Ob es zum Protest kommt und welche Richtung das Protest- und Konfliktverhalten einschlägt, hängt in erster Linie von der Sensibilität und der Identitätspolitik der deutschen Mehrheitsgesellschaft ab. Dieser fehlen jedoch dafür grundlegende Einblicke in den Gefühlshaushalt und die Wahrnehmungsweisen der neuen Bevölkerungsgruppen. Von daher kann Protestverhalten sowohl zur Integration als auch zur Segregation, zur Zivilisierung wie zur Dezivilisierung des Konfliktpotenzials beitragen.
Im Rahmen des Projekts wurde daher untersucht, inwieweit sich eine Mittelschicht und innerhalb dieser eine Gruppe intellektueller Wortführer unter der türkischen Einwanderungsminderheit herausbilde, welche Identitätsmodelle und Orientierungsmittel von diesen intellektuellen Migranten angeboten und wie diese in die Migranten-Öffentlichkeit transferiert würden. Nur auf dieser Grundlage ließ sich genauer prognostizieren, wie es zu einem Protestauftakt kommen kann und wie sich das Protestverhalten entwickelt. Dabei wurde das Augenmerk auf fünf wichtige Hauptgruppen von Migrantenintellektuellen türkischer Herkunft gerichtet, die als Produktions-, Präge- und Trägerzentren von Orientierungsmitteln und Identitätsmodellen fungierten.
Ergebnisse: Zur Entwicklung neuer Gesellschaftskonzepte und -modelle in den sich ethnisch-kulturell pluralisierenden Einwanderungsgesellschaften (USA, Australien, Großbritannien, den Niederlanden und anderswo) haben die aufstiegsorientierten Intellektuellengruppen aus der Mittelschicht dieser Minderheiten einen entscheidenden Beitrag geleistet. Ihre Gesellschaftsentwürfe dienten dazu, die Spannungen und Interessenkonflikte zwischen der Mehrheitsgesellschaft und den ethnisch-kulturellen Minderheiten auf der Ebene des öffentlichen und politischen Diskurses offen zu formulieren, politisch und administrativ zu institutionalisieren und zu entschärfen. Durch die Einbindung der sich aus der Machtungleichheit ergebenden sozialen Konflikte in den Willensbildungs-, Entscheidungs-, Ausgleichs- und Regle-

mentierungsprozess des staatlichen Systems konnte das Protestpotenzial der meinungsbildenden Gruppen der Minderheiten produktiv in den Machtungleichheit korrigierenden, integrativen und den sozialen Frieden wahrenden soziokulturellen Wandel einmünden. In der Bundesrepublik dagegen, die sich nach einer 40-jährigen Migrationsgeschichte der Nachkriegszeit im neuen Ausländergesetz immer noch beharrlich als ethnisch-kulturell homogene Staatsgesellschaft definiert („Die Bundesrepublik ist kein Einwanderungsland"), blieb das wahre Konfliktpotenzial der sich pluralisierenden Gesellschaft der Öffentlichkeit weitgehend verborgen. Die Chance, dieses Potenzial in integrative und innovative, zur Entwicklung der dem realen Wandel adäquaten Gesellschaftskonzepte zu nutzen, wird nicht wahrgenommen. Die Marginalisierung der wenigen Migrantenintellektuellen in allen Orientierungswissen produzierenden und verteilenden Zentren, besonders den universitär-wissenschaftlichen, medialen und politischen, bzw. sogar ihr weitgehender Ausschluss aus diesen, wie es unsere bisherige Forschung aufzeigt, birgt die Gefahr künftiger sozialer Explosionen. Andererseits bieten der verstärkte Dialog und die Förderung von Intellektuellen mit persönlichem oder familiärem Migrationshintergrund große, bisher unterschätzte gesellschaftliche und kulturelle Chancen, wie unsere Analyse der von ihnen produzierten Denkmodelle ebenfalls zeigt.

Waldhoff, H.-P. mit Kür at-Ahlers, E. / Tan, D. (Hg.) (1999): Globalisierung, Migration und Multikulturalität: Werden zwischenstaatliche Grenzen in innerstaatliche Demarkationslinien verwandelt?, Frankfurt/Main

Waldhoff, H.-P. mit Kür at-Ahlers, E. / Tan, D. (Hg.) (1997): Brücken zwischen Zivilisationen: Zur Zivilisierung ethnisch-kultureller Differenzen und Machtungleichheiten. Das türkisch-deutsche Beispiel, Frankfurt/Main

Waldhoff, H.-P./Tan, D. (1997): Wer ist fremd und wer ist eigen? Zur deutsch-türkischen Kultur und ihren Intellektualisierungsprozessen, in: Barlösius, E. / Kür at-Ahlers, E. / Waldhoff, H.-P. (Hg.): Distanzierte Verstrickungen. Die ambivalente Bindung soziologisch Forschender an ihren Gegenstand. Berlin, S. 112 f.

Waldhoff, H.-P. mit Tan, D. (1996): Turkish Everyday Culture in Germany and its Prospects, in: Kolinsky, E. / Horrocks, D. (Hg.): Turkish Culture in German Society Today. Oxford / Providence, S. 137 - 156

Handeln und Identität zwischen und in zwei Kulturen: Europäische und amerikanische Berater in westlichen und chinesischen Diensten der späten Quing-Zeit (ca. 1860 - 1910)

Beteiligte:
Michael Erbe, Feng Chen. Universität Mannheim, Historisches Institut, Seminar für Neuere Geschichte

Laufzeit: **1993 - 1995**

Das Projekt hat die interkulturellen Handlungsfelder, Existenzbedingungen und Identitätssuche von Europäern/Amerikanern herausgearbeitet, welche in der späten Quing-Periode in westlichen und chinesischen Diensten zur Modernisierung des Landes beizutragen versuchten, während die erste Generation chinesischer Intellektueller sich dem Westen gegenüber öffnete. In China hatte es seit Jahrhunderten die Gewohnheit gegeben, aus Fachkräftemangel fremde Spezialisten anzustellen. Dennoch stellt sich das Phänomen in diesem Zeitabschnitt in einer historisch präzise umschriebenen Besonderheit dar: der Instabilität und der gewaltsamen „Öffnung" des politischen und sozialen Systems China und der Umstrukturierung des ökonomischen und politischen Weltsystems. China sollte in dieses sich bildende Weltsystem eingebunden werden. Für die Spezialisten ergab sich daraus eine doppelte Aufgabe. Zum einen sollten sie eine Kompatibilität der politischen, diplomatischen, wirtschaftlichen und administrativen Kommunikationsformen durch den Aufbau von politischen, diplomatischen, rechtlichen, geld- und kreditwirtschaftlichen staatlichen Apparaten herstellen. Andererseits aber sollte die kulturelle Spezifität Chinas soweit wie möglich erhalten und gefestigt werden. Ziel der Untersuchung war es, eine historische Bestimmung der Möglichkeiten, aber auch der Bedingung des Scheiterns in exemplarischen Fällen zu beleuchten. Das Problem der Identitätssuche und -findung ebenso wie des Identitätsverlustes zwischen bzw. in zwei bis zum Gegensatz unterschiedlichen Kulturen im Spannungsfeld weltweiter politischer Machtinteressen stand hierbei im Zentrum.
Es ergaben sich folgende Schlussfolgerungen:
Die Spezialisten nahmen eine transitorische Position ein mit der Aufgabe, sich als Vermittler selbst überflüssig zu machen. Sie befanden sich daher in einer Ausnahmesituation mit der Option, entweder eine „westliche" oder chinesische Karriere anzustreben. Ab den 1920er Jahren wurde die Präsenz der europäischen Berater in China häufiger. Sobald aber die technische Kompatibilität erreicht war, entfiel der Bedarf. Hinzu kamen die zunächst komplementäre und dann substituäre Ausbildung von Chinesen im westlichen Ausland und die entsprechenden Ausbildungsinstitute in China selbst. Daher stellte sich das Problem der Interkulturalität nicht mehr in der vorher vergleichsweise einfachen Form, sondern wurde komplexer.
Die spezifische historische Verortung der Spezialisten lässt keine Verallgemeinerung für ein Modell von Interkulturalität zu. Es handelt sich um marginale Einzelfälle. Allerdings bestehen unter ihnen Gemeinsamkeiten, und zwar sowohl in ihrem

Erfolg als auch in ihrem Scheitern. Es handelt sich nicht bloß um eine Konfrontation zwischen China und dem Westen als zwei jeweils homogenen Kulturräumen. Der chinesische ist in sich mehrfach und teilweise gegensätzlich strukturiert (Mandschu, Mandarinat, Kompradoren, Religionen, Kaufmannschaft, Bauern, Minderheiten). Die chinesischen Eliten ihrerseits bemerkten schnell, dass es zwar im westlichen Lebensstil einen gemeinsamen Nenner gibt, dass zwischen den Nationen aber politisch, diplomatisch, wirtschaftlich, ja auch konfessionell und intellektuell Konkurrenz, Spannungen und Konflikte bestehen. China war nicht allein Objekt der westlichen Mächte und der Bemühungen der westlichen Berater, sondern es nutzte Differenzen zwischen den Mächten wie auch innerhalb der Beraterstäbe, um eine eigenständige Position zu gewinnen. Die Position der untersuchten Personen wurde wesentlich durch folgende Momente gekennzeichnet: Sie waren Vermittler, indem sie kulturell etwas gaben, nahmen, tauschten; sie besaßen von ihrer Sozialisation (Konfession) und Ausbildung her ein ausgesprochen starkes mentales Gleichgewicht; ihr kulturelles „Gepäck" war vergleichsweise schwer; sie drangen in den fremden Kulturbereich intensiv ein, ohne den westlichen aufzugeben.

Fremdheitserfahrung und Fremdheitsdarstellung in okzidentalen Kulturen - Theorieansätze, Medien/Textsorten, Diskursformen

Beteiligte:

- **Bernd Lenz,** Universität Passau, Philosophische Fakultät, Anglistik/British Studies
- **Hans-Jürgen Lüsebrink,** Universität des Saarlandes, Lehrstuhl für Romanische Kulturwissenschaft und Interkulturelle Kommunikation, Saarbrücken

Laufzeit: **9. - 11. März 1995 (Kolloquium)**

Dem Kolloquium lag eine dreifache Zielsetzung zugrunde, die zum Teil sogar über Erwarten eingelöst wurde:

- *Erstens* wollte man bei der Organisation und Durchführung der Tagung neue Wege beschreiten. Zum einen sollte der gemeinsamen Diskussion mehr Gewicht verschafft und zum anderen durch die Einbeziehung von Schriftstellern und die Organisation öffentlicher Lesungen und Podiumsdiskussionen eine breitere, über die Universität deutlich hinausreichende Öffentlichkeitswirkung erzielt werden.
- *Zweitens* galt es, in systematischer, historischer und komparatistischer Perspektive das Thema der Fremdheitserfahrung und Fremdheitsdarstellung in okzidentalen Kulturen zu untersuchen und dadurch neue Fragestellungen und Untersuchungsperspektiven zu eröffnen.
- *Drittens* sollten diese Ziele interdisziplinär verfolgt und somit neben empirischen Fallstudien auch die fachspezifischen Theorieansätze und Methoden zur Diskussion gestellt werden.

Der Schwerpunkt der Referate und Diskussionsbeiträge lag insbesondere auf vier Bereichen:

1. Eine Reihe von Referaten belegte die vor allem von A. Wierlacher betonte These, das *Fremde* stelle ein entscheidendes *„Ferment nationaler Kulturen"* dar, das kulturelle Selbstverständlichkeiten in Frage stelle, Traditionslinien und Legitimationspotentiale aufbreche und die Gültigkeit kultureller Normensysteme in Zweifel ziehe.
2. Eine zweite zentrale, hiermit eng zusammenhängende Frage- und Diskussionsperspektive des Kolloquiums bildete die *Aufarbeitung der gegenwärtigen Krise im Umgang mit dem Fremden*, die sich in Phänomenen wie der Biologisierung oder Ethnisierung kultureller Gegebenheiten zeigt.
3. Hinsichtlich der *Diskursformen des Fremden* wurden vor allem folgende Kategorien und typologische Ansätze im Laufe der Tagung intensiv diskutiert:
   a) die psychoanalytische Verknüpfung von innerer und äußerer Fremde, die auch in der religiösen Dimension des Fremden als „elementarer anthropologischer Struktur" zu fassen ist.

b) die Unterscheidung von „Oberflächenfremdheit" (Fremdheit als „exotischer" Dekor) und ideologisch sowie kulturell bestimmter Fremdheit, die sich durch grundlegend andere Bedeutungs- und Wahrnehmungsstrukturen auszeichnet;
c) Ansätze einer „Rhetorik des Fremden", die vor allem am Beispiel der „kolonialen Rhetorik" in die Diskussion eingebracht wurde und die zur intensiven Diskussion von Kategorien wie „Exotismus" und „Inszenierte Fremdheit" führte.
d) schließlich die - im Rahmen der vorgestellten Beiträge gleichfalls zuwenig erörterten - Kategorien der „Multikulturalität" in ihren verschiedenen Graden und Ausprägungen, z. B. auch in der Form des „Metissage culturel" und der „Hybridisierung".

4. Großen Raum nahm im Verlauf des Kolloquiums vor allem die Frage der Textsorten und Medien ein, in denen Fremdheit in okzidentalen Gesellschaften seit dem 16. Jahrhundert dargestellt und generiert wird. Die Referate präsentierten in dieser Hinsicht ein sehr breites und differenziertes Spektrum: Dieses reichte von der Gattung des Reiseberichts über Reiseführer, Abenteuerromane, autobiographische Zeugnisse, theologische Schriften, Werke der Science Fiction, kulturtheoretische Essays (wie dem Werk des Brasilianers Freyre) bis hin zum Horrorfilm, zu Untersuchungen des Paratextes von Übersetzungen afrikanischer Literatur in Deutschland und zur Wahrnehmung bzw. (Teil-)Ausblendung kultureller Fremdheit in entwicklungspolitischen Diskursen. Als dominante Bezugspunkte der Diskussion - und vielleicht als wichtigste Textsorten/Medien der Fremdheitserfahrung und -darstellung in frühneuzeitlichen und modernen europäischen Kulturen überhaupt - erwiesen sich die Reiseberichte in ihren verschiedenen Ausprägungen und die Werbung, auf die zwei Beiträge ausführlich und aus verschiedenen Perspektiven eingingen.

Lenz, Bernd / Lüsebrink, Hans-Jürgen (Hg.) (1999): Fremdheitserfahrung und Fremdheitsdarstellung in okzidentalen Kulturen. Theorieansätze - Medien/Textsorten - Diskursformen, in: PINK - Passauer Interdisziplinäre Kolloquien, Band 4. Passau

Globalisierungs- und Modernisierungsprozesse im Rahmen traditioneller Werte und Mentalitäten. Partikularistische vs. universalistische Einstellungen bei der Transformation von Politik und Alltagskultur in Bolivien

Beteiligte:

- **Volker Lühr.** Freie Universität Berlin. Lateinamerika-Institut
- **H.C.F. Mansilla, Eliana Castedo Franco.** Centro Boliviano de Estudios Multidisciplinarios (Cebem), La Paz, Bolivien

Laufzeit: **1995 - 1997**

Das Projekt wurde in zwei Jahren durchgeführt, meistenteils in Bolivien (außer einer kurzen Etappe in Berlin, um den internationalen Forschungsstand kennen zu lernen und eigene Thesen mit deutschen Kollegen zu diskutieren). Das interdisziplinär konzipierte Forschungsvorhaben verstand sich als ein Beitrag zur Untersuchung der komplexen Beziehungen zwischen einem relativ erfolgreichen Demokratisierungsprozess (samt Modernisierungsschub) in Bolivien und der Wiederbelebung partikularistischer Werte sowie der traditionsgebundenen Mentalität. Wir fanden empirische und dokumentarische Zeugnisse dafür, dass die in Bolivien anzutreffenden Globalisierungstendenzen in Bezug auf normative Orientierungswerte (Übernahme heute international geltender Verhaltensmuster, Reform von Staat und Verwaltung nach neoliberalen Prinzipien) auch einen modernisierenden Transformationsprozess im Bereich von Politik und Kultur eingeleitet, aber ebenfalls einen erheblichen Widerstand hervorgerufen haben, der sich in der Renaissance indigenistischer Kultur und in der Wiederbelebung partikularistischer Werte äußert. Wir haben festgestellt, dass die Wiederbelebung der partikularistischen Orientierungswerte und der indianischen Kultur einen mehr symbolischen Charakter annehmen; sie berühren nur am Rande die technisch-ökonomische Entwicklung. Indigenistische Bewegungen versuchen zurzeit unter Aufbietung verschiedener Strategien, eine Wiederbelebung der autochthonen Traditionen (einschließlich der unmittelbaren Gemeindedemokratie), der soziokulturellen Eigenständigkeit und der autonom regionalistischen Strömungen in die Wege zu leiten. Wir behaupten nunmehr, dass diese Bestrebungen einen sehr begrenzten Erfolg haben werden. Wir haben ferner festgestellt, dass universalistische Prinzipien und partikularistische Werte tatsächlich in Bolivien aufeinanderprallen; das bestimmt die Konfrontation von Eigenem und Fremdem in dieser Gesellschaft, die aber weitgehend auf kulturellem Gebiet stattfindet. Es wurde ebenfalls festgestellt, dass die so genannten modernen Funktionseliten eine rasche Angleichung Boliviens an die von den nördlichen Metropolen bestimmten Entwicklungsstandards anstreben, ohne Rücksicht auf das Eigene der autochthonen Kulturen. Das schließt die Gefahr einer Uniformierung dieses kulturell bunten Landes gemäß den „Sachzwängen" der technisch wissenschaftlichen Zivilisation ein; eine Gefahr, die von wenigen Menschen und Gruppen wahrgenommen wird. Andererseits glauben wir, die These vertreten zu können, dass diese

Verbreitung universalistischer und rationalistischer Normen der Errichtung einer funktionierenden pluralistischen repräsentativen Demokratie förderlich ist. Die wahrscheinlichste Evolution wird jedoch in einer Symbiose zwischen beiden Normbereichen bestehen: in einer synkretistischen Lösung zwischen Eigenem und Fremdem, Traditionellem, und Modernem. Ein neues Paradigma stellt dieser Befund gewiss nicht dar. Das Forschungsprojekt wollte einen Beitrag zur interkulturellen Kompetenz leisten: es ging um ein besseres Verständnis des Eigenen und Fremden im bolivianischen Fall, um die Berechtigung beider Positionen in ihrer Andersartigkeit und Konfliktträchtigkeit besser begreifen zu können. Die operativen Bestandteile des Forschungsvorhabens umfassten (A) die Sammlung, Systematisierung und Analyse von Zeugnissen und bereits vorhandenen Kenntnissen, (B) die Erhebung empirischer Daten (durch eine Umfrage bei indianischen Minderheiten und bei Vertretern moderner städtischer Funktionseliten) und (C) die Einbettung dieser Erkenntnisse in den internationalen Forschungsstand.

Castedo Franco, Eliana / Mansilla, H. C. F. (2000): La aldea global y la modernización de un país subdesarrollado. Lo ajeno y lo propio en la transformación de la política y la cultura cotidiana en Bolivia. Madrid / Frankfurt

Mansilla, H. C. F. (2000): Lo propio y lo ajeno en Bolivia. Reflexiones sobre la identidad colectiva de una sociedad en transición. La Paz

Mansilla, H. C. F. (2001): Zwischen traditionellen partikularistischen Werten und modernen universalistischen Zwängen: Die Herausbildung der Nationalidentität Boliviens im Zeitalter der Globalisierung, in: Rafael Sevilla / Ariel Benavides (Hg.): Bolivien: das verkannte Land. Bad Honnef, S. 88 - 107

Mansilla, H. C. F. (2002): La identidad colectiva boliviana. Tradiciones particularistas y coerciones universalistas, in: Revista de la Fundacion Cultural del Banco Central de Bolivia (La Paz), Vol. VI, No. 20, pp. 48 - 59

Fremdsicht und Eigensicht im interreligiösen Alltag - Untersuchung der Begegnung der Mitglieder unterschiedlicher religiöser Gruppen in einem großstädtischen deutschen Ballungsraum

Beteiligte:
Michael von Engelhardt, Martin Engelbrecht, Andreas Sontheimer, Meltem Metim, Corinna Bilek. Universität Erlangen-Nürnberg, Institut für Soziologie, Erlangen

Laufzeit: **1996 - 1999**

Angesichts der Berichte aus aller Welt über das „Wiedererwachen der Religionen" bot sich das Thema „Religiöse Gemeinschaften und ihr Kontakt" als Gegenstand einer soziologischen Untersuchung in besonderer Weise an. Dies galt umso mehr, als gerade auch in Deutschland Religion und Religiosität zunehmend in den Blickpunkt rückten. Das Projekt wandte sich dieser Thematik unter einer spezifischen Perspektive zu. So hat man die in einem städtischen Großraum (Nürnberg, Fürth, Erlangen und Umland) vertretenen großen Religionen (Judentum, Islam, Christentum, Buddhismus etc.) unter dem Gesichtspunkt der gegenseitigen „Grenzbearbeitung" untersucht. Gefragt wurde, wie sich das Neben-, Mit- und auch Gegeneinander dieser religiösen Gemeinschaften auf den unterschiedlichen Ebenen der Begegnung vollziehe, welche Wirkungen sich für die beteiligten Gruppen und Individuen zeigten und welchen Niederschlag der Kontakt in den Biographien der an diesen „Grenzen" lebenden und arbeitenden Menschen findet. Der soziologische Kerngedanke war dabei, die unterschiedlichen Religionen aus einer wissenssoziologischen Perspektive heraus als „ko-existierende soziale Räume der Deutung menschlichen Lebens" zu verstehen. Dementsprechend sollte die gegenseitige Sicht und die Selbstwahrnehmung der Gruppen aus der Perspektive der Beteiligten auf der „Alltagsebene" rekonstruiert werden.

Ergebnisse: Keine der beteiligten Religionen stellt einen homogenen Block dar. Ebenso gibt es auch nicht die Begegnung, sondern es gibt - je nach den beteiligten Vertretern, dem Rahmen der Begegnung und der historischen Einbettung der beiden Seiten - höchst heterogene Begegnungen, deren Dynamik sich dann verstehen lässt, wenn man die Positionen der beiden Seiten nicht als die Positionen der Religionen schlechthin versteht, sondern als die bestimmter Diskurse innerhalb der Religionen, die sich freilich oft genug selbst so präsentieren, als sei die eigene Meinung auch die aller anderen Religionsmitglieder.

Gerade auf christlicher Seite kann man noch nicht von einem Bewusstsein einer religiösen Pluralität in Deutschland sprechen. Präsent ist das Bild zweier „marktbeherrschender" Großkirchen und etlicher Minderheiten. Gerade in den größeren Städten unseres Feldes entspricht dieses Bild oft schon nicht mehr der Wirklichkeit. Das Interesse des Christentums am Islam ist in erster Linie von „äußeren" Faktoren bestimmt; nämlich der Präsenz der Muslime in Deutschland und den gesamtgesellschaftlichen Bildern über den Islam als weltpolitischem (Bedrohungs-)Faktor.

Gegenüber Judentum und Buddhismus sind es vor allem innere Bedürfnisse der Revitalisierung der eigenen Religion, die sich auf die anderen Gruppen richten, wobei beim Judentum die historische Dimension für eine einzigartige Lage sorgt. Auf jüdischer und muslimischer Seite sind die Bemühungen vor allem vom Gedanken des Zusammenlebens bestimmt. Dazu treten beim Islam noch andere Motive: so die ambivalente Auseinandersetzung mit der deutschen Lebenswelt und der westlichen Kultur, aber auch durchaus auch Ziele der Da'wa, also der Vermittlung des Islam. Die buddhistische Seite - in der Mehrheit ihrer Vertreter Deutsche - steht in einer eigenen Dynamik mit dem Christentum, die auch stark von dogmatischem Abgrenzungsbedürfnis bestimmt wird.
Die „Szene" der Begegnung ist in allen drei Bereichen sehr übersichtlich, sie hat aber über sich hinaus eine große Breitenwirkung. Während sich auf der inhaltlichen Ebene in der (dafür sehr kurzen) Zeit von drei Jahren keine Bewegungen ausmachen lassen, konnten wir eine wachsende Vertrautheit beobachten, die vor allem an Stellen praktischer Kooperation eine stabilisierende Wirkung für das Miteinander hat. Freilich fehlt es auch nicht an Polarisierung, und es würde eine weitere Untersuchung lohnen, in der das Echo der Veranstaltungen, Texte und Diskussionen auf das passive Publikum untersucht wird.

Engelbrecht, Martin: (2006): Netzwerke religiöser Menschen - Die Dynamik von Wissensbeständen und Netzwerken religiöser Traditionen zwischen kollektiver Selbstabgrenzung und individueller Wahl, in: Straus, Florian und Hollstein, Bettina (Hg.): Netzwerkanalyse - Konzepte, Methoden,Anwendungen, Wiesbaden, S 243 - 266

Engelhardt, Michael v. (2004): Das Verhältnis von Biographie und Religion, in: Wulf, Christoph u. a. (Hg.): Formen des Religiösen. Pädagogisch-anthropologische Annäherungen, Weinheim, Basel, S. 146 - 174

Engelbrecht, Martin (2001): Der unheimliche Andere. Christen und Muslime: Ihre Bilder voneinander, in: Großmann, Hans-Christoph / Lehming, Hanna (Hg.): Islam in Deutschland. Dokumentation, EvangelischeAkademie Nordelbien, S. 49 - 59

Engelbrecht, Martin (1997): Begegnungen von Muslimen und Christen im Raum Nürnberg. Beobachtungen über Fremdsicht und Eigensicht im interreligiösen Alltag, in: Institut für interdisziplinäre Konflikt- und Gewaltforschung der Universität Bielefeld (Hg.): Newsletter, Nr.8, 2/97, S. 42 - 47

Engelbrecht, Martin (1997): Fremdsicht und Eigensicht im interkulturellen Alltag. Untersuchung der Begegnung von Mitgliedern unterschiedlicher religiöser Gruppen in einem deutschen großstädtischenBallungsraum, in: Institut für interdisziplinäre Konflikt- und Gewaltforschung der Universität Bielefeld (Hg.): Newsletter, Nr.7, 1/97, S. 62 - 67

Transformationen des Alltagslebens durch Wanderungsprozesse - Eine Untersuchung eingewanderter und einheimischer Jugendlicher in zwei Hamburger und zwei Londoner Stadtteilen

Beteiligte:
Dirk Hoerder, Nora Räthzel. Universität Bremen, Fachbereich Sozialwissenschaften

Laufzeit: **1996 - 1999**

Untersucht wurde, wie und unter welchen Bedingungen eingewanderte und einheimische Jugendliche beider Geschlechter und unterschiedlicher sozialer Schichten Zugehörigkeiten herstellen, sich Räume aneignen, sie als sicher oder gefährlich wahrnehmen und welche Rolle dabei ethnische Kultur spielt. Wie wird Kultur im Alltag von Individuen hergestellt, wie werden lokale Lebensformen strukturiert, unter welchen Bedingungen spielt sie keine Rolle, welche Bedeutung hat dies für die Handlungsfähigkeit der Jugendlichen, für ihre Beziehungen untereinander, zu gesellschaftlichen Institutionen? Die Ergebnisse beziehen sich auf lokale Stadtstrukturen:

1. Konflikte werden von einheimischen und eingewanderten Jugendlichen vor allem dann in ethnischen Kategorien wahrgenommen, wenn (a) die städtische Anordnung ihnen wenig Möglichkeiten lässt, sich Räume anzueignen und ihren Interessen gemäß zu gestalten, und (b) eingewanderte Jugendliche leicht marginalisiert werden können.
   1.1 Die Wahrnehmung von Konflikten in ethnischen Kategorien geht einher mit Praktiken sozioökonomischer Aus- und Abgrenzung.
   1.2 Eingewanderte Jugendliche entwickeln in diesem Kontext vor allem zwei Strategien: Wenn es aufgrund ihrer Anzahl möglich ist, bilden sie (ethnisch gemischte) Gruppen, um eigene Machtbasis und eigene Orte zu schaffen. Wenn sie vereinzelt sind, ziehen sie sich zurück und wenden Erfahrungen von Diskriminierung und Rassismus gegen sich selbst. Diese Strategien sind beeinflusst von Schulpolitik, die harmonische Beziehungen annimmt, wo Diskriminierungen und Rassismus präsent sind.
   1.3 Interkulturelle Freundschaften entstehen in einem solchen Kontext vor allem mit einheimischen Jugendlichen, die selbst marginalisiert sind.
2. Hingegen werden Konflikte von einheimischen und eingewanderten Jugendlichen nicht oder kaum in ethnischen Kategorien wahrgenommen, wenn (a) die städtische Struktur ihnen Möglichkeiten bietet, sich Räume anzueignen und ihren Interessen gemäß zu gestalten, und (b) eingewanderte Jugendliche sich einen akzeptierten Platz in Schule und Stadtteil schaffen konnten.
   2.1 Soziökonomische Differenzen und ethnische Differenzen werden eher als Bestandteil einer Vielfalt akzeptiert. Die interkulturelle Kompetenz der Jugendlichen ist höher als im Kontext 1.
   2.2 Die nachbarschaftliche Lebenswelt wird als sicher wahrgenommen. Gefahr beginnt dort, wo die (deutsche) Außenwelt als eine feindliche antizipiert wird.

Sie wird gemieden, beklagt oder aus Abenteuerlust aufgesucht; insgesamt wird sie jedoch hingenommen.

2.3 Das Gefühl von Sicherheit hängt vom Grad der Integration in ein nachbarschaftliches Netzwerk ab. Es bedeutet nicht, dass keine Diskriminierung und kein Rassismus erfahren werden.

3. Der Vergleich zwischen der Bundesrepublik und Großbritannien zeigt, dass eingewanderte Jugendliche in London im Vergleich zu denen in Hamburg selbstbewusster und eher bereit sind, sich gegen Diskriminierungen zu wehren. Gleichzeitig nehmen sie ihre Lebenswelt stärker in ethnischen Kategorien wahr.

Hoerder, Dirk / Schultze, Rainer-Olaf (Eds.) (2000): Socio-Cultural Developments in the Metropolis: Comparative Analyses, Schriftenreihe des Instituts für Kanada-Studien, Univ. Augsburg, Bd. 27. Hagen

Hébert, Yvonne / Schmitt, Irina (Eds.) (2005): Negotiating Transcultural Lives: Belongings and Social Capital among Youth in Comparative Perspective, in: Transkulturelle Perspektiven, H. 2. Göttingen

Räthzel, Nora (2000): Living Differences. Ethnicity and Fearless Girls in Public Places, in: Social Identities Vol. 6, No 2, pp. 119 - 142

Back, Les / Räthzel, Nora / Hieronymus, Andreas (1999): Gefährliche Orte und sichere Enklaven. Jugendliche in Hamburg und London, in: Archive, H. 2, S. 7 - 62

Räthzel, Nora (1998): Listenreiche Lebensweisen. Der Gebrauch ethnischer Kategorien im Alltag von Jugendlichen, in: Soziale Arbeit und Migration. Nr. 3 - 4, S. 32 - 39

Staat, Schule und Ethnizität - Eine vergleichende Untersuchung zu dem Zusammenhang von nationaler politischer Kultur und der Artikulation von Minderheiten Identität bei türkischen Jugendlichen in Frankreich, Großbritannien, den Niederlanden und Deutschland

Beteiligte:

- **Werner Schiffauer.** Europa-Universität Viadrina, Lehrstuhl für vergleichende Kultur und Sozialanthropologie, Frankfurt/Oder
- **Gerd Baumann.** University of Amsterdam, Research Centre Religion and Society, Niederlande
- **Steven Vertovec.** University of Warwick, Centre for Research in Ethnic Relations, Coventry, Großbritannien
- **Riva Kastoryano.** Centre d'Études et de Recherches Internationales, Paris, Frankreich
- **Sabine Mannitz.** Berlin
- **Thijl Sunier.** Amsterdam, Niederlande
- **Beate Collet.** Paris, Frankreich

Laufzeit: **1996 - 2001**

Das Projekt untersuchte, wie sich ethnische Identität bei Kindern von Einwanderern in der Interaktion mit der nationalen politischen Kultur der Einwanderergesellschaft ausbildet. Dabei fokussierte die Untersuchung auf die Schule als der Institution der nationalstaatlich verfassten Zivilgesellschaft, in der die Ideale dieser Gesellschaft der nächsten Generation vermittelt, die jungen Menschen mit ihrem Funktionieren vertraut gemacht und somit die zivile Kultur der Bürgergesellschaft geprägt und vermittelt wird.

Am Beispiel der türkischen Einwanderer der zweiten Generation wurde untersucht, wie dieser Prozess der Minderheitskonstitution in Frankreich, England, den Niederlanden und in Deutschland abläuft. Zu diesem Zweck wurden im Schuljahr 1986/87 vier ethnologische Feldforschungen an Schulen in Berlin, Rotterdam, London und Paris durchgeführt.

Gegenstand der Untersuchung waren die expliziten, vor allem aber die impliziten Curricula in den verschiedenen Ländern. Explizite Curricula bezeichnen die Elemente der zivilen Kultur, die bewusst weitergegeben werden. Von besonderer Trennschärfe waren in diesem Zusammenhang die Geschichtsbücher. Aus ihnen tritt auf eine fast stereotype Weise das Selbstverständnis der jeweiligen Zivilgesellschaft hervor - das Ideal des Republikanismus (Frankreich); das Ideal der multikulturellen Gesellschaft (England); das Ideal der Verantwortungsgemeinschaft (Deutschland); das Ideal der Konsensgesellschaft (Niederlande).

Als wichtiger als die explizit formulierten Konzepte erwiesen sich die impliziten, in der täglichen Praxis oft unreflektiert weitergegebenen Vorstellungen. Diese wurden anhand des jeweils geltenden Regelverständnisses und des Umgangs mit Diszi-

plinarmaßnahmen, dem Umgang mit der jeweiligen Herkunftssprache und der Vermittlung von Argumentationsstrategien analysiert.
In der Auseinandersetzung mit derartigen impliziten und den expliziten Curricula bildeten sich sehr deutlich unterschiedliche Minderheiten-Identitäten heraus. Der Satz „Ich bin ein Türke" besagt etwas grundsätzlich anderes, wenn er von einem Türken der zweiten Generation in England, Frankreich, den Niederlanden und in Deutschland ausgesprochen wird - einfach weil ein anderer Bezug zur jeweiligen Mehrheit hergestellt wird. In Frankreich gibt es (ganz im Gegensatz zum offiziellen assimilatorischen Diskurs) ein deutliches Bewusstsein von ethnischer Differenz - wobei allerdings die „eigentlichen" Fremden die Maghrebiner sind, zu denen der Unterschied betont wird. In Deutschland gibt es - entsprechend dem offiziellen Diskurs - die Selbstdefinition als „Ausländer" (wobei die Differenzen zwischen den ethnischen Gruppen eher sekundär sind). Dies erlaubt übrigens ein ganz eigenes Spiel von Inklusion und Exklusion - als „Ausländer" kann man sich etwa mit den „guten Deutschen" gegen die „Nazis" und „Ossis" solidarisieren. In Britannien empfindet man sich als Mitglied der „Turkish Community" und tendiert dazu, die Grenzen gegenüber anderen „communities" - den Pakistanis oder den Jamaikanern - betonen (wobei diese Betonung der Grenzen mit einem ausgeprägten Diskriminierungsdiskurs einhergeht). In den Niederlanden fühlt man sich schließlich als Teil der türkischen Subkultur (und grenzt sich primär von den „Fundamentalisten" ab, die durch ihre weit reichenden Forderungen das Gleichgewicht der Subkulturen bedrohen).
Das Projekt lieferte somit entscheidende Einsichten in die im Einwanderungsland ablaufenden Prozesse und Dynamiken, in denen sich ethnische Identität konstituiert.

Schiffauer, W. (2001): Staat - Schule - Ethnizität, in: F. Gesemann (Hg.): Migration und Integration in Berlin. Opladen, S. 233 - 250
Schiffauer, W. / Baumann, G. / et al. Eds. (2004): Civil enculturation: nation-state, schools and ethnic difference in the Netherlands, Britain, Germany and France. New York / Oxford
Schiffauer, W. (Hg.) (2002): Staat-Schule-Ethnizität. Interkulturelle Bildungsforschung. Münster

Deutsche Reiseberichte aus Frankreich 1650 - 1880. Sozial- und mentalitätsgeschichtliche Analysen zu Formen geographischer Mobilität, Fremderfahrung und Identitätsbildung

Beteiligte:
Michael Erbe, Thomas Grosser, Stephan Riediger. Universität Mannheim, Historisches Institut, Seminar für Neuere Geschichte

Laufzeit: **1997 - 1999**

Das Forschungsprojekt setzte sich zum Ziel, anhand 550 veröffentlichter und 50 unveröffentlichter Reisebeschreibungen authentischer Reisen deutscher Frankreichbesucher die soziokulturellen Vorprägungen und die Struktur kollektiver Fremdwahrnehmung zu untersuchen. Die zeitliche Einschränkung lag zwischen 1650 und 1880. Reisen wurde dabei als wichtiges Mittel für die Ausbildung interkultureller Kompetenz verstanden. Die Untersuchung bediente sich der geschichtswissenschaftlichen quellenkritischen Textanalyse. Sie ging von der historischen, aber auch von der schicht- und teilgruppenspezifisch unterschiedlichen Gebundenheit dessen aus, was als Fremdes und Eigenes empfunden wird. Im Rahmen parallelisierender und kontrastierender Vergleiche wurde herausgearbeitet, welche Teilbereiche der Zielkultur für welche Teilgruppen der Ausgangskultur in welcher Hinsicht überhaupt fremd erschienen, wie diese Fremdheit verarbeitet wurde und welche Funktionen dieser Prozess erfüllte. Aus der Auswertung der Reisebeschreibungen ergaben sich zahlreiche Folgerungen, die hier nur verkürzt und fokussiert dargestellt werden können. So war festzustellen, dass für fast alle Gruppen von Reisenden vor allem die Aussicht auf ein positives soziales Selbstbild und auf intrakulturelle Positionsverbesserungen wesentliche Determinanten für ihre interkulturelle Wahrnehmungsprozesse, Bewertungsmuster und Transferleistungen bzw. -intentionen war. Dies gilt für die vor 1789 Frankreich-kritischen, danach enthusiastisch frankophilen und nach der Terreur auf der Suche nach positiven Ersatzprojektionsfeldern (in Kunst, Geselligkeit, zivilisatorischer Entwicklung) befindlichen deutschen Bürger, deren explizit politisierte Rezeptionshaltung im Vormärz und Ende der 1840er Jahre nochmals aufleben sollte. Wenn sie - über den Umweg interkultureller Rezeption - für ihre Bedürfnisse positiv bewertete intrakulturelle Veränderungen in Gang setzen wollten, waren sie sehr viel offener für neue Entwicklungen und akzentuierten die gesellschaftspolitische, kulturelle und ökonomische Pionierrolle des westlichen Nachbarlandes in besonderer Weise. In diesem Falle generalisierten sie ihre Anschauungsfelder weit eher als die zweckbezogenen Studienreisenden. Deren pragmatischere Ausrichtung machte diese zwar weit weniger „ideologieanfällig"; andererseits blieben sie auch im Positiven zumeist ihren enklavierten Interessen verhaftet. Zugleich waren sie damit aber sehr viel weniger prädestiniert, Phänomene eines interkulturellen Entwicklungsgefälles in ein genuines Unterlegenheitsgefühl zu transformieren, dieses kompensierend defensive Abwehrmuster zu kultivieren und durch eine generelle Abwertung dessen, was sie im Ausland zu erfahren meinten, kollektive, auf nationalkultureller Entkoppelung, Distanzierung und Polarisierung beruhende Identitätsstiftung zu betreiben. Gerade dafür war kennzeichnend, dass Fremde insofern allererst hergestellt wurde, indem das Unvertraute zum wesensmäßig Andersartigen und damit auch nicht in Teilen Assimilierbaren erklärt wurde.

Grenzen und Grenzziehungen: Konzepte und Praktiken der Interkulturalität in Indien

Beteiligte:
Monika Boehm-Tettelbach, Martin Fuchs. Universität Heidelberg, Südasien-Institut

Laufzeit: **2. - 4. Dezember 1996 (Symposium)**

Der Workshop diente der Sondierung der Möglichkeiten einer langfristig angelegten Forschungskooperation zwischen Wissenschaftlerinnen und Wissenschaftlern an deutschen und indischen Universitäten auf dem Gebiet der Kultur- und Sozialwissenschaften Südasiens. Als tragende Verbindung erwies sich ein reflexiver Ansatz, der sowohl der unterschiedlichen Personalität der verschiedenen Forscher Rechnung zu tragen als auch einen kritischen Umgang mit der Frage der Alterität zu gewährleisten sowie die Konstitutionsleistungen der sozialen Akteure um den Transfer zwischen wissenschaftlichen und gesellschaftlichen Diskursen zu erschließen vermag.

Im Zentrum des Workshops stand eine Auseinandersetzung mit indischen Erfahrungen von Interkulturalität, die ein konstitutives Merkmal der indischen Zivilisation bildet, und den Wandlungen, denen die interkommunitären Beziehungen in Indien in neuer Zeit ausgesetzt sind. Auf diese Weise wurde ein Abstand zu etablierten Schematisierungen, wie dem Theorem des Kastensystems oder der Festlegung religiöser Gemeinschaften, herzustellen gesucht. Zugleich wurde es damit möglich, diese zumeist getrennt abgehandelten Gegenstandsbereiche perspektivisch zusammenzuführen. Die Diskussion in den einzelnen Panels entfaltete sich entlang der Forschungsfelder, die von den verschiedenen Teilnehmern vertreten und in Kurzreferaten eingeführt wurden („Ethnizität" und religiöse Grenzziehungen, „Kommunismus", die verschiedenen Ebenen religiöser Praxis, Dalit-Problematik, Öffentlichkeit und ihre Veränderung, Gender-Konzepte).

Plädiert wurde für eine Verstärkung innerindischer Vergleiche und eine Beleuchtung der lokalen Aneignungsweisen nationaler und transnationaler Diskurse.

Struktur und Funktion interkultureller Austauschprozesse im zeitgenössischen Volkstheater Perus, Kolumbiens und Mexikos - Theater als ein Modell interkulturellen Verstehens

Beteiligte:
Erika Fischer-Lichte, Barbara Panse, Janina Möbius. Freie Universität Berlin, Fachbereich Philosophie und Sozialwissenschaften, Institut für Theaterwissenschaft

Laufzeit: **1997 - 2001**

In diesem Forschungsprojekt sollte untersucht werden, in welchem Zusammenhang die interkulturellen Austauschprozesse im modernen Volkstheater der Länder Peru, Kolumbien und Mexiko zum dramatischen Wandlungs- und Modernisierungsprozess der letzten 20 Jahre in Lateinamerika stehen. Anhand von Analysen exemplarischer Aufführungen des *Teatro Popular* in Mexiko, Kolumbien und Peru sollte deshalb analysiert werden, welche strukturelle und funktionelle Bedeutung der Einverleibung des Fremden in die jeweilige Theaterkultur zukommt.
Intensive Feldforschungen in den drei Ländern bildeten die empirische Basis des Projekts. Insgesamt dauerten sie eineinhalb Jahre, in 23 Städten wurde gearbeitet, mehr als 100 Inszenierungen sind aufgezeichnet worden - ein Unternehmen, das in unserer Disziplin keine Tradition hatte. So ist es auch nicht verwunderlich, dass die mit Feldforschungsarbeiten über Theater in kulturell fremden Regionen verbundenen forschungstechnischen, methodischen und theoretischen Probleme in der deutschen Theaterwissenschaft kaum reflektiert worden sind. Die dessen ungeachtet notwendige und für dieses Forschungsunternehmen essenzielle Auseinandersetzung mit dem Problem der kulturellen Fremdheit und seinen Konsequenzen erzwang ein interdisziplinäres Vorgehen. Zwingend waren die Beschäftigung mit ethnologischen Forschungstechniken und deren mögliche Adaption auf unsere spezifischen Fragestellungen. Auf deren Grundlage wurde ein theoretischer Deutungsrahmen erarbeitet, der sowohl die Auswahl der während der Feldforschung zu erstellenden Daten- und Dokumentensammlungen als auch deren Auswertung beeinflussen sollte.
In ihren Grundzügen konnten die in der letzten beiden Dekaden von lateinamerikanischen Kulturwissenschaftlern, Soziologen und Anthropologen entwickelten Modelle und Erklärungsversuche über die Modernisierung der *Culturas Populares* in Lateinamerika durch die Ergebnisse des Forschungsprojekts bestätigt werden. Bezogen auf das Forschungsgegenstand heißt das: Das *Teatro Popular* in den drei Ländern vollzieht die gesellschaftliche Wirklichkeit nicht einfach nur mit künstlerischen Mitteln nach. Der Vorgang ist komplexer. Bewusst werden jetzt verstärkt strategische Allianzen mit anderen, bislang fremden gesellschaftlichen Gruppen gesucht, um neue, auf die sozialen Umbrüche reagierende Produktionsweisen zu ermöglichen. Dass die Theatergruppen beim Aushandeln der jeweiligen Interessen und Ziele sich in einer subalternen Position befinden, darf bei jedweder Analyse dieser Austauschprozesse nicht unterschlagen werden. Die Auswirkungen dieser

ungleichen Machtverhältnisse sind als komplex und ambivalent zu beurteilen. Trotzdem forcieren und stimulieren diese immer enger werdenden Kontakte die Suche der Theatergruppen nach neuen Wegen und Lösungen der Bedeutungskonstitution und Kommunikation in den Inszenierungen. Zögerlicher in den kleineren urbanen Arealen und durchgreifender in den Megastädten gewinnen dabei die Wechselbeziehungen zwischen *Teatro de Elite, Teatro Popular* und *Cultura de Masas* eine immer größere Bedeutung - von einer Getthoisierung des Volkstheaters kann also keine Rede sein. Auf der anderen Seite bedeutet das natürlich nicht, dass überlieferte, einmal als angemessen oder erfolgreich geltende Produktions- und Darstellungsformen nun unbedingt verschwunden sind. Modernisierte und traditionellere Volkstheaterformen existieren vielfach an einem Ort, manchmal sogar in einer Gruppe, dicht beieinander. Diese, für die drei Länder Lateinamerikas charakteristische multitemporäre Gleichzeitigkeit kultureller Erscheinungsformen muss zum einen als fortwirkender Ausdruck kultureller Heterogenität gelesen werden. Zum anderen ist sie ein Zeugnis der weit vorangeschrittenen Differenzierung individueller Erfahrungen und Ziele der verschiedenen kulturellen Gruppen innerhalb der *Culturas Populares*.

Möbius, Janina (2004): Und unter der Maske... das Volk. Lucha Libre - Ein mexikanisches Volksspektakel zwischen Tradition und Moderne. Frankfurt am Main.

Panse, Barbara (2001): Interkulturelle Austauschprozesse im zeitgenössischen Volkstheater Perus, Kolumbiens und Mexikos, in: Balme, Ch. (Hg.): Das Theater der Anderen. Tübingen

Divergent Modernities.
The Crisis of Nationstate with Reference to the Indian Subcontinent

Beteiligte:
Wolf Lepenies. Wissenschaftskolleg zu Berlin

Laufzeit: **24. - 26. Juni 1997 (Symposium)**

Ziel der Tagung war es zu untersuchen, wie im Kontext des Transfers des Nationalstaatskonzeptes Grundbegriffe des europäischen politischen Denkens, Konzeptionen von politischen Institutionen und politische, soziale und ökonomische Diskurse in den postkolonialen Nationalstaaten des indischen Subkontinents (also vor allem Indien und Pakistan) rezipiert, assimiliert und transformiert wurden. Der Transfer des politischen Denkens Europas, seiner Institutionen und Diskurse fand im kolonialen Kontext statt. Die koloniale Politik veränderte die politischen, ökonomischen und religiösen Institutionen der Gesellschaften, sie transformierte nicht zuletzt die Vorstellungen der kolonialen Gesellschaften und ihrer Subjekte von sich selber. Koloniale Politik war kein rein intellektueller Transfer, sondern eine Intervention in bestehende Traditionen, mit einschneidenden Veränderungen. Weil leitende Ideen und Konzepte einen universalistischen Anspruch zu erheben schienen, konnten die partikularen Machtinteressen ausgeblendet werden. Die Eliten der Kolonialländer, zumeist im europäischen Bildungssystem ausgebildet, beriefen sich ihrerseits in ihrem Kampf gegen die Kolonialherren auf diese universalistischen Begriffe. Im Prozess der Übernahme veränderten sie aber die europäischen Konzepte und Diskurse. Letztere wurden jeweils unterschiedlichen regionalen und lokalen Bedingungen angepasst. Eine kulturelle Übersetzung fand dabei statt. Insbesondere forderten die Eliten der Kolonialländer nach dem europäischen Vorbild die Gründung unabhängiger, autonomer Nationalstaaten. Nach Erreichen der Unabhängigkeit galt es, das Konzept des Nationalstaates in die Realität umzusetzen, wobei eine ganze Reihe von lokalen Problemen auftraten, für die es im europäischen politischen Denken keine Lösungen gab. Die Tagung ermöglichte nicht nur einen Dialog der Vertreter der einzelnen Länder des indischen Subkontinents mit europäischen Wissenschaftlern, sondern zugleich eine intensive Diskussion von Wissenschaftlern aus Indien und Pakistan, die dort aufgrund der politischen Situation kaum möglich ist.

Randeria, Shalini (2004): Verwobene Moderne: Zivilgesellschaft, Kastenbindungen und nichtstaatliches Familienrecht im (post)kolonialen Indien, in: Randeria, Shalini / Fuchs, Martin / Linkenbach, Antje (Hrsg.): Konfigurationen der Moderne: Diskurse zu Indien, Sonderheft der „Sozialen Welt". München, S. 155 - 178

Die Dynamik des Fremderlebens in Situationen der interkulturellen Zusammenarbeit

Beteiligte:
Bernd Krewer, Markus Bredendiek, Alexander Scheitza, Eberhard Schenk.
Universität des Saarlandes, Interkulturelle Fortbildung und Organisationsentwicklung, Saarbrücken

Laufzeit: **1997 - 2001**

Unser Projekt hatte zum Ziel, die Bedeutung kultureller Differenzen für die subjektive Verarbeitung des Fremderlebens zu klären. Ausgangspunkt war dabei die häufig eher theoretisch postulierte denn empirisch belegte Position, dass beim Kontakt zwischen Partnern aus verschiedenen Kulturen divergierende Kulturstandards im Verhalten wesentlich das Erleben und die Dynamik der zwischenmenschlichen Verständigung beeinflussen. Wir haben dieses Postulat einer strengen Prüfung unterzogen, indem wir sehr unterschiedliche Lebenskontexte und Entwicklungsstadien (Auslandsmitarbeiter und Studenten) als Kontexte der Zusammenarbeit in bikulturellen Konstellationen miteinander verglichen haben. Trotz der Unterschiedlichkeit zwischen beispielsweise dem studentischen Leben und Erleben eines Russen in Deutschland und der beruflichen Einbindung eines GTZ-Mitarbeiters in Russland zeigen sich in solchen bikulturellen Konstellationen deutliche, wenn auch selten signifikante strukturelle Ähnlichkeiten in den Schilderungen des Fremderlebens der Betroffenen. Offensichtlich spielen die spezifischen kulturellen Differenzen in einer gegeben bikulturellen Konstellation eine entscheidende Rolle beim Wahrnehmen, Verarbeiten und Bewerten der Interaktionen und der Zusammenarbeit mit dem Partner.

Divergierende Kulturstandards stellen somit eine notwendige, wenn auch nicht hinreichende Bedingung für das Verständnis des subjektiven Erlebens und Verarbeitens interkultureller Erfahrungen dar.

Dieses Ergebnis lässt sich als empirische Stütze für den Fokus auf Kulturstandards und deren Entschlüsselung als *„hidden agenda"* bei der interkulturellen Fortbildung interpretieren. Dabei sei noch einmal darauf hingewiesen, dass wir bei der Datenerhebung weder bestimmte Handlungsfelder noch einen expliziten Hinweis auf Kultur vergleichende Überlegungen vorgegeben, sondern erst in der inhaltsanalytischen Auswertung geschilderter Problemsituationen den Rekurs auf Kulturstandards in den beschriebenen Episoden hergestellt haben. Geht man noch einen Schritt weiter in der Spezifizierung der interkulturellen Situation, so erlauben die Ergebnisse einen Einblick in die wesentlichen kulturellen Parameter, mit denen sich Studenten aus einer bestimmten Kultur in Deutschland auseinandersetzen oder mit denen deutsche Auslandsmitarbeiter bevorzugt ihre Auslandserfahrungen strukturieren. Diese Ergebnisse ermöglichen eine gezielte Auswahl von didaktischen Materialien und Strategien, um je nach vorliegender bikultureller Konstellation und Kontext der Zusammenarbeit gezielte Förder- und Unterstützungsmaßnahmen anzubieten.

Interdependente Konstruktionen von Eigenem und Fremdem. Ethnisierungsprozesse und die Rückkehr der Könige in Uganda

Beteiligte:
- **Heike Behrend, Clara Meyer-Himmelheber.** Universität Köln, Institut für Afrikanistik
- **Mary-Inez Lyons.** London, Großbritannien

Laufzeit: **1998 - 2001**

Das Forschungsprojekt widmete sich der Wiedereinführung von Königstümern in Uganda seit Anfang der 1990er Jahre, um zeitgenössischen Ethnisierungsphänomenen nachzugehen. Es sollte dabei nachgezeichnet werden, wie in Afrika mit Hilfe von wiederbelebten und rekonstruierten Traditionen in Opposition zum Westen, wie in Opposition zu den unterschiedlichen Ethnisierungsbestrebungen untereinander eine eigene Moderne geschaffen wird. Das Projekt bezog sich im Wesentlichen auf zwei Forschungsfelder.

Das erste Teilprojekt, durchgeführt von Clara Meyer-Himmelheber, befasste sich mit den Regalia des Kabaka von Buganda aus historischer Perspektive. Dabei wurde die Diskussion über Ethnizität und Ethnisierungsprozesse mit einer Analyse der „Biographie der Dinge" verbunden. Es stellte sich heraus, dass die Regalia weder als eigene noch als fremde, sondern als hybride „Dinge" zu sehen sind, die aber vor dem Hintergrund von Ethnisierungsprozessen auf komplexe Weise angeeignet und zu „eigenen" erklärt wurden. Dabei kommt Ritualen eine zentrale Rolle zu.

Das zweite Teilprojekt widmete sich zunächst der Rückkehr des Königs von Tooro, insbesondere den Ethnisierungsprozessen und Geistbesessenheit (Heike Behrend). Vor Ort, unter anderem aufgrund der gewalttätigen politischen Situation, ergab sich eine thematische Verschiebung des Forschungsprojekts. In den Blickpunkt traten nunmehr die Geschichte der katholischen Kirche und ihre Missionierung in Tooro und der Kannibalismus. Im Kontext einer Diskussion von Eigenem und Fremden kommt der Figur des Kannibalen eine besondere Bedeutung zu, da sie nicht nur ein Paradigma radikaler Fremdheit und ultimativer Veränderung liefert, sondern gleichzeitig auch eine Figur der Vereinigung und Versöhnung ist (wie z. B. bei der Eucharistie in der katholischen Kirche). Ausgehend von einer epidemischen Verbreitung von Kannibalen und Hexen seit Beginn der 1990er Jahre in West-Uganda und dem Versuch der katholischen Kirche, dieser „Epidemie des Bösen" durch Hexenjagden zu begegnen, wurden in historischer Perspektive die verschiedenen Konstruktionen des Kannibalen sowohl von Afrikanern wie von Europäern in West-Uganda herausgearbeitet. Es stellte sich heraus, dass die Geschichte des lokalen Kannibalismusdiskurses weder als rein afrikanische Imagination noch als westliches Phantasma gesehen werden kann, sondern als Resultat einer Geschichte der wechselseitigen Veränderung. Die Kannibalen, die zur Zeit in West-Uganda aus lokaler Perspektive ihr Unwesen treiben, weisen eine starke Kontinuität auf und müssen denn auch als hybride Figuren interpretiert werden, zu deren Ausbildung und Aktualisierung europäische Reisende sowie Missionare gegen Ende des 19. Jahrhunderts nicht unwesentlich durch ihre Praktiken und Diskurse beitrugen.

Behrend, H. (2004): Satan gekreuzigt: Interner Terror und Kartharsis in Tooro, Westuganda, in: Historische Anthropologie, Jg. 12, H. 2

Behrend, H. (Hg.) (2003): L.T. Rubongoya, Nahoo Nubo. The Ways of our Ancestors, Africans Write Back Series, Bd.1, Köln

Behrend, H. (Hrsg) (2004): M.W. Magezi, T.E. Nyakango, M.K. Agnatiya, The People of the Rwenzoris. The Bayira (Bakonde / Banande) and their Culture, Africans Write Back Series, Bd. 2, Köln

Meyer-Himmelheber, C. (2002): Die Hochzeit des Kabaka, in: Tobias Wendl (Hg.): Afrikanische Reklamekunst. Wuppertal

Meyer-Himmelheber, C. (2004): Die Regalia des Kabaka von Buganda: Eine Biographie der Dinge. Münster

Konstruktionen von „Cargo". Zur Verarbeitung von kulturellen Fremderfahrungen in ausgewählten Regionen von Papua-Neuguinea

Beteiligte:

- **Karl-Heinz Kohl, Holger Jebens.** Universität Frankfurt am Main, Frobenius-Institut
- **Ton Otto.** Catholic University of Nijmegen, Centre for Pacific Studies, Niederlande

Laufzeit: **1995 - 1998**

In verschiedenen Regionen des heutigen Papua-Neuguinea kommt es, wie zum Zeitpunkt der Antragstellung vermutet, zu einer wechselseitigen Beeinflussung von Tradition und importierter Moderne. Den einzelnen Formen des indigenen Umgangs mit kulturellen Fremdeinflüssen liegen jeweils im Prinzip ähnliche Glaubensvorstellungen und Bedürfnisse zugrunde, und diese Formen können simultan oder in wechselnder Reihenfolge nacheinander eingesetzt werden, sodass sich die Verarbeitung von Fremderfahrung als experimentell, kreativ und dynamisch erweist. Dabei ist es von entscheidender Bedeutung, die indigenen Begriffe und Konstruktionen als zeitabhängig, ambivalent und vielschichtig zu begreifen. Nur eine multiperspektivische und polyphone Repräsentation der indigenen Diskurse kann der Gefahr einer Entmündigung der Bewohner Papua-Neuguineas entgegenwirken. Unter dieser Prämisse erscheint es - so auch die bei dem abschließenden *Workshop* vertretene Auffassung - durchaus sinnvoll, weiterhin an dem Begriff „Cargo"* festzuhalten.
Die Einzeluntersuchung „Religion" verweist auf die Bedeutung einer historischen Perspektive. So lässt sich für Pairundu (Southern Highlands Province, Papua-Neuguinea) zwischen 1990 und 1995 ein gleichermaßen quantitatives und qualitatives Wachstum des adventistischen Christentums konstatieren. Dadurch werden jene sozialen Prozesse zugleich reflektiert und verstärkt, in denen die traditionellen Machtunterschiede ab- und die Diskrepanzen zwischen den Generationen sowie zwischen Schulbesuchern und sonstiger Dorfbevölkerung zunehmen. Der Vergleich von Pairundu und Koimumu (West New Britain Province, Papua-Neuguinea) zeigt, dass man in beiden Fällen kulturelle Selbst- und Fremdbilder jeweils als Gegensätze konstruiert, wobei sie allerdings ihre Vorzeichen vertauschen: Während die Bewohner von Pairundu ihre eigene Tradition kritisieren und die Welt der Weißen idealisieren, ist es in Koimumu tendenziell umgekehrt. Da die westliche Beeinflussung in Koimumu weitaus früher eingesetzt hat als in Pairundu, dürfte sich demnach im Zuge von Kolonialisierung und Missionierung die Bewertung des Eigenen ins Positive, die des Fremden dagegen ins Negative gewendet haben. Diese Entwicklung von Idealisierung zu Kritik erscheint als eine Desillusionierung. Dementsprechend teilen die Bewohner des heutigen Koimumu die in Pairundu verbreiteten eschatologischen Erwartungen vermutlich vor allem deshalb nicht, weil sie bereits auf eine Geschichte von Enttäuschungen zurückblicken, nachdem sich solche

Erwartungen bei ihnen in den 1950er Jahren in Form von Cargo-Kulten artikuliert hatten, die mittlerweile als gescheiterte Experimente gelten.
Verschiedene Autoren interpretieren die indigene Verarbeitung von kultureller Fremderfahrung als eine letztlich in Verinnerlichung, Verkörperung und Selbst-Entfremdung mündende Nachahmung der Weißen, womit sie allerdings nicht nur die scheinbaren Parallelen zwischen indigenen und westlichen Begriffen beziehungsweise Konzepten überschätzen, sondern den Bewohnern von Papua-Neu-guinea auch eine passive Opferrolle zuschreiben, die ihnen letztlich nicht gerecht wird. Demgegenüber verweisen die Ergebnisse der Einzeluntersuchung „Religion" auf eine Dialektik von Passivität und Aktivität beziehungsweise von Selbst-Entfremdung und Selbst-Bekräftigung, die der wechselseitigen Beeinflussung von Fremdem und Eigenem entspricht.

* Cargo-Kult. Eine Art von Revitalisierungsbewegung, von der vor allem aus Melanesien berichtet wird und die durch das Auftreten von Propheten gekennzeichnet ist, welche die Menschen auffordern, ihre gegenwärtigen europäischen Güter aufzugeben, ihre Abhängigkeitsbeziehungen zu den Kolonialisten abzubrechen und zu ihrem alten Glauben zurückzukehren. Wenn die Menschen dies tun, erwartet man, dass die Ahnen zurückkehren (oftmals in Schiffen oder Flugzeugen) und Wohlstand in Form reichlicher Ladungen (Cargo) von neueren europäischen Gütern mit sich bringen würden. Aus: Frank Robert Vivelo (1988:313): Handbuch der Kulturanthropologie. Eine grundlegende Einführung. Stuttgart

Jebens, Holger (2000): Signs of the Second Coming: on eschatological expectation and disappointment in Highland and Seaboard Papua New Guinea, in: Ethnohistory, Vol. 47, No. 1, pp. 171 - 204

Jebens, Holger (2004): ‚Vali did that too': on western and indigenous cargo discourses in West New Britain (Papua New Guinea), in; Anthropological Forum, Vol. 14, No. 2, pp. 117 - 139

Jebens, Holger (Hg.) (2004): Cargo, cult and culture critique. Honolulu

Jebens, Holger / Kohl, Karl-Heinz (1999): Konstruktionen von ‚Cargo,'. Zur Dialektik von Fremd- und Selbstwahrnehmung in der Interpretation melanesischer Kultbewegungen, in: Anthropos, No. 94, pp. 3 - 20

Otto, Ton (1999): Cargo Cults everywhere?, in: Anthropological Forum, No. 9, pp. 83 - 98

„Weiße Indianer" und „Rote Europäer" - Die kulturellen Überläufer in Nordamerika (16. - 19. Jahrhundert)

Beteiligte:
- **Werner Schiffauer.** Europa-Universität Viadrina, Lehrstuhl für vergleichende Kultur und Sozialanthropologie, Frankfurt/Oder
- **Marin Trenk.** Hannover

Laufzeit: **1998 - 2001**

In der Geschichte der europäisch-indianischen Begegnung in Nordamerika ging die Zahl der kulturellen Überläufer in die Tausende. In Englisch-Amerika gab es vor allem Überläufer, die in der Zeit ihrer Gefangenschaft bei den Indianern ihre Identität wechselten und White Indians wurden. Daneben flohen auch einzelne Indigene aus den Verhältnissen in den Kolonien und führten das Leben von Renegaten. In Französisch-Kanada begünstigten die Verhältnisse das Überschreiten kultureller Grenzen. Zahllose Franzosen entwickelten als so genannte François Sauvages zwei Identitäten und wurden zu Pendlern zwischen den Kulturen. Ihre Erfahrung zeigt, dass kulturell offene Systeme Menschen begünstigen, die mit mehreren Sets von kulturellen Registern so selbstverständlich leben, wie Menschen sich mehrerer Sprachen zu bedienen in der Lage sind. Anders die indianischen Überläufer. Ihre Zahl war kaum geringer als die der europäischen. Dennoch erfährt man aus den Quellen kaum etwas über sie, weil das Interesse der europäischen Zeitgenossen an ihnen gering war. Während Weiße in aller Regel reibungslos durch Adoption in die indianischen Gesellschaften integriert wurden, gab es für indianische Überläufer keinen geeigneten Platz, und sie mussten sich gegen ihre Diskriminierung wehren. Meistens verblieben sie sowohl sozial als auch räumlich im Randbereich der Gesellschaft. Generell waren kulturelle Überläufer in der Geschichte nur wenig vernehmbar, und die indianischen kulturellen Überläufer sind fast ganz ohne Stimme geblieben, weil kaum jemals Europäer geglaubt haben, von ihnen etwas über die anderen oder gar sich selber lernen zu können.
Weil Kulturüberläufer mehrere kulturelle Codes beherrschen, sind sie zur Übernahme gewisser Vermittlungsfunktionen prädestiniert. Im indianischen Nordamerika haben Überläufer einen entscheidenden Anteil an der Aneignung der expansiven europäischen Gesellschaft gehabt. Viele indianische Völker haben nicht nur europäische Güter und Vorstellungen „indigenisiert" - sondern auch Europäer. In der Adoption von Weißen lässt sich eine Strategie der indigenen Gesellschaften erkennen. Eine solche Sichtweise vermag auch das verklärte Bild Europas von seinen „Zivilisationsflüchtlingen" zu berichtigen. Während diese bis heute als romantische Gestalten begriffen werden, verdankten sie ihre Existenz nicht zuletzt einem politischen Kalkül der indianischen Stammesgesellschaften.

Trenk, Marin (2000): White Indians and Red Euroamericans: Crossing Cultural Boundaries in Colonial North America, in: Thomas Claviez und Maria Moss (Hg.): Mirror Writing: (Re-) Constructions of Native American Identity. Glienicke / Cambridge, S. 67 - 90

Trenk, Marin (2000): Die weißen Indianer Kanadas - Zur Geschichte der François Sauvages, in: Jahrbuch für Europäische Überseegeschichte, Bd. 1, S. 61 - 86

Trenk, Marin (2001): „Going White - Zur kulturellen Konversion nordamerikanischer Indianer", in: Heike Behrend (Hg.): Geist, Bild und Narr. Zu einer Ethnologie kultureller Konversionen. Festschrift für Fritz Kramer. Berlin-Wien, S. 57 - 76.

Trenk, Marin (2003): Kulturelle Grenzgänger: Die Waldläufer Französisch-Nordamerikas, in: Eberhard Schmitt und Thomas Beck (Hg.): Das Leben in den Kolonien (Dokumente zur Geschichte der europäischen Expansion, Bd. 5). Wiesbaden, S. 104 - 110

Trenk, Marin (im Druck): Going Native - Weiße unter nordamerikanischen Indianern (16. bis 19. Jahrhundert), in: Hermann Hiery (Hg.): Europäer als Exoten in Übersee

Identitätenwandel und nationale Mobilisierung in Regionen ethnischer Diversität. Westpreußen und Galizien am Ende des 19. und am Anfang des 20. Jahrhunderts

Beteiligte:
- **Michael G. Müller.** Universität Halle-Wittenberg, Fachbereich Geschichte, Philosophie und Sozialwissenschaften, Institut für Geschichte
- **Ralph Schattkowsky.** Universität Rostock, Historisches Institut

Laufzeit: **1998 - 2001**

Während für die ältere Forschung die Rekonstruktionen der sozialen und „ethnischen" Ausgangslagen sowie von Organisationsformen und Propaganda nationaler Bewegungen im Mittelpunkt standen, wurden in diesem Projekt vor allem die Wechselwirkungen zwischen dem Handeln nationalpolitischer Akteure und Organisationen einerseits sowie dem Identitäts- und Einstellungswandel der angesprochenen gesellschaftlichen Gruppen andererseits - mithin die Voraussetzungen, die Wirkungsweisen und die Reichweite nationaler Mobilisierung - empirisch untersucht und dokumentiert.

Der wesentliche Ertrag der Projektarbeit liegt auf folgenden Gebieten:

- Für beide Untersuchungsregionen konnte die Wissensgrundlage der Forschung in Bezug auf die Parameter der nationalen Formierungsprozesse signifikant erweitert werden.
- Der Regionenvergleich (sowie der Austausch mit Forschern, die parallel an ähnlichen Fragestellungen zu anderen deutsch-polnischen Grenzlandschaften arbeiteten) erlaubten es, am Beispiel der polnischsprachigen Bevölkerung das Verhalten einer „ethnischen Gruppe" in verschiedenen Konstellationen des nationalen Konflikts zu beobachten und damit neue Einsichten in die Kontextbedingtheit von nationalen Formierungsprozessen und Identitätswandel zu gewinnen.
- Im Zuge der Arbeit wurden methodische Möglichkeiten der Untersuchung von kollektiven Nationalisierungsprozessen präzisiert, welche als Beitrag zur allgemeinen Diskussion zur vergleichenden Identitätsforschung gelten können. Dies betrifft u. a. die Frage nach den Parametern für die empirische Untersuchung von kollektiven Nationalisierungsprozessen oder nach den Zusammenhängen zwischen ethnischer Pluralität und der Dynamik von Nationalisierung.
- Die Projektarbeit hat nachhaltige, d. h. über den Förderzeitraum hinaus produktive Kooperationsbeziehungen zu Forschern in Polen, der Ukraine und Österreich hergestellt. Als besonderer Erfolg ist dabei die Herstellung eines Arbeitsverbunds mit den Kolleginnen und Kollegen in der Ukraine zu werten: Das Projekt konnte hier einerseits Impulse für Bearbeitung innovativer Fragestellungen der vergleichenden Identitätsforschung am ukrainischen Beispiel geben. Andererseits hat das Projekt den ukrainischen Kolleginnen und Kollegen ein Forum geboten, um ihre Ansätze und Ergebnisse international ins Gespräch zu

bringen - ein Effekt, der angesichts der nationalen Fragmentierung der Geschichtswissenschaften (nicht zuletzt im Verhältnis zwischen Ukrainern und Polen) besonderes Gewicht hat.

Müller, Michael G. / Schattkowsky, Ralph (Hg.) (2004): Identitätenwandel und nationale Mobilisierung in Regionen ethnischer Diversität. Ein regionaler Vergleich zwischen Westpreußen und Galizien am Ende des 19. und Anfang des 20. Jahrhunderts. Marburg

Schattkowsky, Ralph (2004): Kirche und Nation. Nationalisierungsprozesse und religiöser Wandel in Ostmitteleuropa zwischen Völkerfrühling und Erstem Weltkrieg. Ein regionaler Vergleich zwischen Westpreußen, Galizien und der Bukowina, in: Inter Finitimos, Jahrbuch zur deutsch-polnischen Beziehungsgeschichte, H. 2

Schattkowsky, Ralph (2000): Forschungsgeschichtliche Aspekte der Regionalität und des Begriffs der historischen Landschaft unter besonderer Berücksichtigung Ostmitteleuropas, in: Ernst Münch und Ralph Schattkowsky (Hg.): Festschrift für Gerhard Heitz zum 75. Geburtstag (Studien zur ostelbischen Gesellschaftsgeschichte 1). Rostock, S. 81

Schattkowsky, Ralph (1999): Deutsch-polnischer Minderheitenstreit nach dem Ersten Weltkrieg. In: ZS für Ostmitteleuropa-Forschung, Nr. 48, S. 524 - 554

Schattkowsky, Ralph (2002): Nationalismus und Konfliktgestaltung. Westpreußen zwischen Reichsgründung und Erstem Weltkrieg, in: Michael G. Müller und Rolf Petri (Hg.): Die Nationalisierung von Grenzen. Zur Konstruktion nationaler Identität in sprachlich gemischten Grenzregionen. Marburg, S. 35 ff.

Biografische Hintergründe und Motivationen fremdenfeindlicher Gewalttäter

Beteiligte:

- **Wolfgang Frindte, Jörg Neumann.** Universität Jena, Institut für Psychologie, Abteilung Kommunikationspsychologie
- **Helmut Willems.** Universität Trier, Arbeitsgemeinschaft für sozialwissenschaftliche Forschung und Weiterbildung (asw e. V.)
- **Klaus Wahl.** Deutsches Jugendinstitut e. V., München

Laufzeit: **1999 - 2001**

Im Rahmen des Forschungsprojekts befragten wir 115 fremdenfeindliche Gewalttäter aus Haftanstalten und Einrichtungen der Bewährungshilfe in zehn deutschen Bundesländern in vier- bis achtstündigen leitfadengestützten Interviews. Die zentralen Aussagen unserer Analysen können folgendermaßen zusammengefasst werden: Die Täter wachsen in Elternhäusern auf, die sich durch vielfach brüchige Entwicklungslinien, Gewaltbesetztheit, Beziehungsstörungen, Disharmonie und emotionale Fehlentwicklungen auszeichnen. In ihrem biografischen Verlauf fallen die Täter durch frühzeitiges aggressives Verhalten (häufig bereits im Kindergarten- und Grundschulalter), zunehmende Devianz und Delinquenz auf. Die Sozialisationsinstanzen Familie, Schule und Jugendhilfe waren in den vorliegenden Fällen nicht in der Lage, diese Auffälligkeiten zu reduzieren. Durch eine mit ca. 13 Jahren beginnende Cliquensozialisation erfolgte einerseits eine Verhärtung der aggressiven und delinquenten Verhaltensweisen, andererseits kam nunmehr ein Prozess der Ideologisierung mit rechtsextremem Gedankengut in Gang, der schließlich in zumeist wiederholten fremdenfeindlichen Gewalttaten endete. Dabei spielen die Cliquen eine bedeutende emotionale und motivationale Rolle, indem sie als „zweite soziale Heimat" soziale Unterstützung geben und soziale Identität stiften, aber auch situativ die fremdenfeindlichen Gewalttaten beförderten. Aus den Angaben der Interviewten ließ sich ein komplexes Netz von Entwicklungspfaden bezogen auf Aggressivität, Devianz, Fremdenfeindlichkeit und Rechtsextremismus rekonstruieren, das es ermöglicht, die zentralen Weichenstellungen und wechselseitigen Aufschaukelungsprozesse zu identifizieren und zu beschreiben. Die Rekonstruktion der Tatsituationen zeigt, dass wir es trotz individuell variierender Tatverläufe mit typischen Mustern zu tun haben. Diese legen den Schluss nahe, dass es sich bei vorliegenden fremdenfeindlichen Gewalttätern um multipel kriminelle und in hohem Maße aggressionsgewöhnte und -bereite Jugendliche handelt. Eine gezielt politische Funktion von Gewalt tritt bei diesen Tätern eher hinter eine jugendkulturelle maskuline Stärkepräsentation zurück. Dies heißt aber nicht, dass die Täter dadurch weniger gefährlich und ihre Taten politisch nicht weniger brisant wären; erst recht nicht für ihre tatsächlichen und potenziellen Opfer: Personen, die in den Augen der Täter fremd, nicht normgerecht und dadurch weniger wertvoll sind als sie selbst. Über die eigentlichen Projektziele hinaus wurden erste Befunde herausgearbeitet, dass die interviewten Täter in den Haftanstalten mehrheitlich die Absicht äußerten, ihre Gewaltneigungen zu reduzieren, sich z. T. auch von ihren Cliquen und Szenen distanzierten, ihre fremdenfeindlichen Einstellungen aber unverändert bestehen bleiben. Aus den Ergebnissen der Untersuchung heraus wurden überdies umfangreiche und detaillierte Ableitungen für Prävention und Intervention formuliert.

Frindte, W. / Neumann, J. / Hieber, K. / Knote, A. / Müller, Chr. (2001): Rechtsextremismus = „Ideologie plus Gewalt" - Wie ideologisiert sind rechtsextreme Gewalttäter?, in: Zeitschrift für Politische Psychologie, H. 2 + 3

Frindte, W. / Neumann, J. (2001): Rechtsextremismus, Fremdenfeindlichkeit und Antisemitismus deutscher Jugendlicher, in: R. Eckert, W. Edelstein, W. Frindte, H. Funke, J. Hofmann, L. Krappmann, W. Melzer, J. Neumann & B. Wagner (Eds.): Demokratie lernen und leben. Gutachten und Empfehlungen. Bd 1: Probleme - Voraussetzungen - Möglichkeiten. Weinheim, S. 15 - 43

Frindte, W. / Neumann, J. (Hg.) (2002): Fremdenfeindliche Gewalttäter - Biografien und Tatverläufe. Wiesbaden

Neumann, J. / Frindte, W. (2002): Gewaltstraftaten gegen Fremde. Eine situative Analyse. Journal für Konflikt- und Gewaltforschung, H. 3

Neumann, J. / Frindte, W. (2002): Tat und Tatumstände - Eine situative Analyse rechtsextremer Gewalttaten, in: Wahl, K. (Hg.): Fremdenfeindlichkeit, Antisemitismus, Rechtsextremismus. Drei Studien zu Tatverdächtigen und Tätern. Berlin, S. 134 - 150

Transformation der traditionellen Gesellschaft der Kabylinnen im Prozess der Moderne und Islamisierung in Algerien

Beteiligte:
Fernando Mires, Malika Grasshoff. Universität Oldenburg, Institut für Politikwissenschaft II - Politik und Gesellschaft

Laufzeit: **1999 - 2001**

Im Mittelpunkt des durchgeführten Forschungsprojekts stand die theoretische und empirische Untersuchung der Transformation der traditionellen Lebensformen kabylischer Frauen im Prozess der Moderne und Islamisierung. Trotz umfangreicher mehrsprachiger Literaturforschungen u. a. zur Herausbildung der Marabuten innerhalb der kabylischen Dörfer sowie zur Einführung der Schrift existierten zu Beginn der Forschung kaum wissenschaftlich verwertbare Erkenntnisse über die innere sowie real erlebte Geschichte der Menschen bzw. Frauen Kabyliens.
Gegenstand der interdisziplinär angelegten Untersuchung war es daher, das Verschwinden der magisch-rituellen Lebenswelt der Kabylinnen aus einer historisch-empirischen und biographischen Perspektive zu analysieren. Den Kern der empirischen Forschung bilden sechs biographische Erzählungen (Oral History) traditionell aufgewachsener Kabylinnen, die mit der Methode des narrativen Interviews erhoben wurden. Im Rahmen der Forschung bestätigte sich wiederholt, dass für die wissenschaftliche Konstruktion und Rekonstruktion der traditionellen schriftlosen kabylischen Gesellschaft ein Verständnis für deren dialektische und untrennbare Verknüpfung von realer Lebenswelt und magischen Handlungen und Rituale Voraussetzung ist. Es ist mit herkömmlichen wissenschaftlichen Methoden nahezu unmöglich, beispielsweise die magische, durch Schriftsprache schwer übertragbare Gedankenwelt zu übersetzen. Auch im Rahmen dieses Forschungsprojekts hat sich die methodische Anwendung einer „zyklischen Methode“ bewährt. Die Ergebnisse lassen sich wie folgt zusammenfassen:
Die Macht der Kolonialisten war der Anlass für das Erlernen der Schrift der Franzosen: Daran lässt sich ablesen, wie sehr die fremde Sprache mit ihrer Schrift am Ursprung von menschlichem Recht und Gesetz die Macht Frankreichs verkörperte, das sich die Ländereien der Kabylen angeeignet hatte. Die Vorzüge der Schrift wurden von den Kabylen sehr schnell verstanden, die die Sprache annahmen, um sich ebenbürtig mit den Franzosen zu fühlen. Die Befragungsmethode des Forschungsprojekts machte deutlich, wie die fehlende Anerkennung der Menschen in ihrer eigenen kulturellen Identität eine sachliche Einschätzung ihrer Situation verhinderte und das interkulturelle Verständnis und die Möglichkeiten eines harmonischen Zusammenlebens blockieren kann. Damit konnte diese Forschung zur Erhaltung und Wiederbelebung des Handwerks und der mündlichen Überlieferung dienen, indem wichtige Erkenntnisse über die sozialen Beziehungen gewonnen wurden. Insbesondere wurde mit diesem Beitrag in einem ersten Schritt das Verhältnis zwischen Marabuts und Nicht-Marabuts in der Kabylei dokumentiert. Die

weitere Forschung wird sich auch der Frage widmen, ob für die Marabuten der Wille, über den anderen Kabylen zu stehen, die Ursache für die Reorganisation der Gemeinschaft und folglich für das ungleiche Gewicht der Geschlechter war.

Grasshoff, Malika (2003): Zeichen und Magie der kabylischen Frauen: Erotik in der Kunst der Berber-Frauen, Ethnologie Band 16. Münster / Hamburg (ua)

Grasshoff, Malika (2001): Weibliche Magie und Einheit der Gesellschaft in der Kabylei: Riten, verborgene Lebensweise und Kultur der Berberfrauen Algeriens, Ethnologie Band 1. Münster / Hamburg (ua)

Grasshoff, Malika (2000): Identite, Pouvoirs et secrets des femmes kabyles: Entre le silence et l'oppression, in: Palabres, Art. Litterature. Philosophie. (Femmes et creations litteraires en Afrique et aux Antilles), Band III, No. 1+2- Avri12000.

Diese und weitere Monographien (auch in Übersetzung) erhalten Sie unter: www.makilam.com

Konstruktionen des ‚Fremden' und des ‚Eigenen': Prozesse interkultureller Abgrenzung, Vermittlung und Identitätsbildung (1999 - 2006)

Kollektive Identitätsbildungsprozesse von Muslimen in öffentlichen Konflikten

Beteiligte:

- **Wilhelm Heitmeyer, Levent Tezcan, Özcan Kalkan, Arslan Emre, Filiz Kutluer.** Universität Bielefeld, Institut für interdisziplinäre Konflikt- und Gewaltforschung
- **Georg Stauth.** Universität Bielefeld, Fakultät für Soziologie, Entwicklungssoziologie

Laufzeit: **2000 - 2003**

Bereits in dem Analysekonzept hatten wir uns von der Annahme leiten lassen, dass eins der wichtigsten Probleme der wissenschaftlichen Debatte darin besteht, die unterschiedlichen Heilswege in dem muslimischen Milieu bei der Analyse der Interaktion mit dem gesellschaftlichen Umfeld nicht systematisch zu berücksichtigen. Die abgeschlossene Studie hat vor allem in dieser Hinsicht wichtige Ergebnisse hervorgebracht. Es besteht ein wechselseitiges Verhältnis zwischen dem Heilsverständnis (Wie bin ich ein guter Muslim?), der Perzeption in der Öffentlichkeit und dem Anschluss an die in der Gesellschaft zirkulierenden unterschiedlichen Diskursen; die Frage der kollektiven Identitäten hat genau an dem Überschneidungspunkt dieser Aspekte anzusetzen. Bereits im Zugang in das Forschungsfeld deutet sich die unterschiedliche Haltung der Gruppen. Ob es um die Moscheen der türkischen Religionsbehörde geht, die mit der staatlich verbürgten Laizität, d. h. Trennung zwischen Religion und Politik argumentiert, ob man mit einer semi-mystischen Gruppe (Jamaat-i Nur) zu tun hat, die sich auf die Einzigartigkeit ihres Begründers „Said Nursi" verlässt und ihre Zuversicht an eine eschatologische Ökumene bindet oder auch es sich um eine Gruppe wie Milli Görüs handelt, die wegen ihrer unmittelbaren Verbindung des jenseitigen Heils von diesseitigem politischen Handeln abhängig macht; in allen diesen Fällen haben wir unterschiedliche Anknüpfungspunkte, unterschiedliche Perzeptionen und unterschiedliche Strategien. Vor allem Milli Görüs befindet sich in einer extrem angespannten doppelten Lage, in einem auseinanderstrebenden Doppeldiskurs zu bewegen. Denn nahezu alles an identitätsstiftenden Symbolen und Elementen erweist sich für eine öffentliche Kommunikation im deutschen politischen Raum als unbrauchbar, ja kontraproduktiv. Deshalb haben sich auch die Blicke nach dem 11. September sehr argwöhnisch auf die Milli Görüs gerichtet. In einem solchen überaus misstrauischen Kommunikationsklima hat sich die Milli Görüs immer stärker auf den zweiten, angesichts der lang angehaltenen revolutionären Stimmung bezüglich der Türkei, sehr schwach ausgeprägten Diskurses verlagert. Die *karitative Dimension* soll nun immer stärker hervorgehoben werden und die Orientierung an Parteiarbeit soll durch eine Umstrukturierung in Richtung einer Religionsgemeinschaft ersetzt werden. Dies korrespondiert wiederum mit der Erwartungshaltung, die in der Öffentlichkeit mit Blick auf Islam in Deutschland vorherrscht: Der Gesamtdiskurs hat sich nun auf die Institutionalisierung des Islam hin verschoben. Die wichtigsten Ergebnisse verweisen gleichzeitig auf zwei neue Forschungsperspektive: Zum einen handelt es sich um eine soziologische Analyse der institutionellen Transformation. Die spezifische Form *Moscheeverein* bietet sich als ein Novum in der bisherigen institutionellen Tradition des Islam, ist aber bisher nicht untersucht worden. Diese Form ist andererseits verbunden mit weiteren Fragen wie der Frage nach Repräsentation und ihrer religiösen Legitimation.

Tezcan, Levent (2002): Inszenierungen kollektiver Identität, Artikulationen des politischen Islam - beobachtet auf den Massenversammlungen der türkisch-islamistischen Gruppe Milli Görüs, in: Soziale Welt, Nr. 53, S. 303 - 324

Tezcan, Levent (2003): Das Islamische in den Studien zu Muslimen in Deutschland. Literaturbericht, in: Zeitschrift für Soziologie Nr. 32, S. 237 - 261

Tezcan, Levent (in press): An Unwilling Saint. Community Building Through Saint Veneration in a Turkish-Islamic Group (erscheint in Yearbook of the Sociology of Islam Nr. 6)

Tezcan, Levent (in press): Mosque Association: Institutional Transformation, Cross-cultural Communication and the Question of Religious Representation in Germany (erscheint im Sonderheft von The Asian Journal of Social Science (AJSS) „Islam between Secularism and Holism")

Tezcan, Levent (in press): Interreligiöse Kommunikation und Konflikt in Zeiten der Kultursensibilität (erscheint in: Christen und Muslime - Verantwortung zum Dialog, Hg. von Die Evangelischen Akademien in Deutschland. Darmstadt)

Identität und Ausgrenzung: Inklusion und Exklusion als Konstruktion von Identität

Beteiligte:
Alois Hahn. Universität Trier, Fachbereich IV - Soziologie

Laufzeit: **22. - 23. September 2000 (Symposium)**

Ziel des Symposiums war die theoretische und exemplarische Erörterung des Zusammenhangs von Fremdheit/Zugehörigkeit und Ausgrenzung/Einschluss. Fremdheit wurde einerseits als Unvertrautheit und Nichtzugehörigkeit, die Definition der Fremdheit andererseits als Kehrseite der Identitätsbestimmung aufgefasst. Es wurde davon ausgegangen, dass historisch kontingente Konstruktionen des Fremden und des Eignen verschiedene Anlässe haben: Die Bildung von Nationalstaaten kann ebenso Quelle von Zugehörigkeit und Fremdheit werden wie politisch, ständisch oder religiös motivierte Kämpfe um Ressourcen oder Privilegien. Alle Identitätsbildung produziert eo ipso auch Abgrenzungen. Neue Formationen von Identität artikulieren sich stets vor dem Horizont neuer Exklusionen. Die Tagung hatte sich zum Ziel gesetzt, diesen Verknüpfungen systematisch nachzugehen; und zwar sowohl in soziologischer als auch in interdisziplinärer Perspektive. Es wurden neben den politischen Formen der Identitäts- und Ausgrenzungsansprüche (z. B. im Zusammenhang mit nationaler Identität und ethnischer Ausgrenzung) auch religiöse, kulturelle und sprachliche Phänomene behandelt sowie historische Übergangsformen von Identitätsbildung. Folgende Überlegungen geben schließlich einen Eindruck der Diskussionsschwerpunkte:
Entscheidend für das Verständnis der Auswirkungen und Gestalt sozialer Ausgrenzung ist die Betrachtung der Bedeutung realer Lebensbedingungen im modernen Wohlfahrtsstaat. Damit tritt insbesondere die Armutsproblematik oder auch die Nicht-Teilhabe von Personen am Arbeitsprozess in den Vordergrund. Soziale Ausgrenzung bedeutet jedoch nicht allein Phänomene wie Armut, Arbeitslosigkeit etc., und sie ist auch nicht nur durch diese verursacht. Vielmehr wirken politische Maßnahmen und Entscheidungen - zumeist in indirekter Weise - als Ausgrenzungsmechanismen. Insbesondere die Rolle des Staates als Inklusionsmedium, welches Lösungen für die Problematik der Ausgrenzung finden muss, kristallisierte sich heraus. Bedeutsam ist hier die Ausgestaltung des Systems der sozialen Sicherheit. Offen bleibt, welche Auswirkungen diese Entwicklung auf die Konstruktionsbedingungen sozialer Identität haben wird. Ohne Zweifel bedeutet eine Umgestaltung des Wohlfahrtsstaates einen veränderten Orientierungsrahmen für die Abgrenzung des Eigenen und des Fremden. Fremdheit als Zuschreibung von Identität kann sich nicht länger auf die Nation beziehen; dadurch tritt auch Selbstbeschreibung anhand nationaler Zugehörigkeit zwangsläufig in den Hintergrund, weil sich die Konstitutionsbedingungen des Staatsbürgerschaftskonzepts geändert haben: Vollständige Inklusion - bezogen auf soziale, bürgerliche und politische Rechte - wird nicht länger garantiert, womit der Identität der Nation zumindest ein Teil ihrer Grundlage ge-

nommen wird. Fremd erscheinen dann nicht nur die Prototypen des Fremden in der modernen Gesellschaft, die Ausländer, sondern auch alle jene, die beispielsweise nicht am Arbeitsprozess teilnehmen können. Wodurch konstituiert sich nun soziale Exklusion in der Gegenwart? Zunächst ist festzuhalten, dass sie sich als negatives Resultat der Zuschreibung von Fremdheit ergibt, was an der Ausgrenzung ethnischer Minderheiten besonders deutlich wird. Daneben sind wichtige Bereiche der Exklusion zweifellos mangelnde Partizipationsmöglichkeiten Armer sowie Arbeitsloser. Der moderne Wohlfahrtsstaat generiert neue Ausgrenzungsmechanismen, neue Formen der Selbstbeschreibung und der Zugehörigkeit. So kann die finanzielle Absicherung im Alter die Gefahr von Exklusion in der Zukunft bergen. Dabei sind politische Maßnahmen gegen Ausgrenzung nicht nur auf nationaler Ebene zu implementieren, sondern können sich auch auf lokaler Ebene als wirksam erweisen. Jedenfalls hängt von der Beherrschbarkeit der Sprengkraft der Exklusionstendenzen die Funktionsfähigkeit eines modernen ausdifferenzierten Gesellschaftssystems ab. Nicht nur die Identität der Personen, sondern auch die der Gesellschaft selbst wurde deshalb von einigen Teilnehmern als mit der Problematik von Inklusion und Exklusion verknüpft gesehen.

Bohn, Cornelia / Hahn, Alois (Hg.) (2006): Prozesse von Inklusion und Exklusion: Identität und Ausgrenzung, Annali di Sociologia / Soziologisches Jahrbuch, 2006 - I.

Kultur(en) im Widerstreit. Diskursive und performative Identitätsformationen in interkulturellen Räumen

Beteiligte:

- **Klaus-Peter Köpping, Alexander Henn.** Universität Heidelberg, Institut für Ethnologie
- **Gilles Tarabout, Gerard Colas, Denis Vidal.** Paris, Frankreich

Laufzeit: **2002 - 2005**

Das Forschungsprojekt hat detaillierte Einblicke in die Aushandlung sozialer und kultureller Identität unter den Bedingungen der Dynamik und Hybridität post-kolonialer und globalisierter Verhältnisse in Indien und Japan erbracht. Gemeinsamer Bezugspunkt waren Handlungsfelder, die der religiösen Domäne zugeordnet werden können und die maßgeblich von performativen und diskursiven Modalitäten charakterisiert sind: Rituale, religiöse Feste und Theater, rituelle Malerei, Debatten um und Inszenierungen von sakralen oder religiös definierten Orten und Räumen. Im Einklang mit einem Großteil der rezenten Literatur zum Thema lässt sich das Forschungsprojekt in der Widerlegung der Annahme zusammenfassen, soziale und kulturelle Identität gründe auf kulturellen Essenzen: eindeutigen Ursprüngen, klar definierten Räumen, langfristig stabilen Traditionen, kohärenten Narrationen. Stattdessen markieren die Studien des Projekts die identitätspolitischen Positionen durchgängig als Perspektiven variabler und oft auch umstrittener Standorte sowie als Zeitfenster unabgeschlossener Prozesse und kontroverser Erinnerungen. In allen Regionen traten Konstellationen von Spannungen zwischen traditionellen und modernen, einheimischen und fremden, dominanten und demotischen, lokalen und globalen Perspektiven zutage, oder es wurden Debatten für oder gegen Veränderungen sichtbar, die von Kolonialismus, Tourismus, Migration und anderen globalen Einflüssen herrühren. Gerade weil das Forschungsprojekt mithin die Prozessualität und Pluralität dessen betont, was geläufig als soziale oder kulturelle Identität verstanden wird, ist es jedoch wichtig, auch jene Erkenntnisse hervorzuheben, die dem in der Literatur gelegentlich vermittelten Eindruck des Waltens von Beliebigkeit entgegentreten. Pluralität und Verhandelbarkeit, so zeigen die Studien, implizieren nicht das grundsätzliche Außer-Kraft-Setzen von Grenzen und Authentizität. Vielmehr gewinnen Grenzen oftmals eine geradezu paradoxe Zentralität in den Debatten, die ihre Eindeutigkeit in Frage stellen, bzw. gewinnt Authentizität überhaupt erst dort Gewicht, wo Hybridität auftritt.

In theoretischer Hinsicht legen die Studien daher nicht allein die Abkehr von einem als System oder Text gedachten Kulturbegriff nahe. Sie konturieren auch Performativität, d. h. die von kulturellen Normen wie Tradition, Religion oder Ästhetik geleitete Handlung, als ein potenziell sowohl moderierendes als auch polarisierendes Bindeglied zwischen Normativität und Kontingenz, Identität und Differenz. Ebenso wie die in ihrer körperlichen Handlung liegende Einmaligkeit vermag Performativität auch die in ihrem körperlichen Habitus liegende Beharrlichkeit auszuspielen und erweist sich darüber als eine kulturelle Modalität von besonders katalysatorischer Macht.

Köpping, Klaus-Peter / Rao, Ursula (Hg.) (2000): Im Rausch des Rituals. Gestaltung und Transformation der Wirklichkeit in körperlicher Performanz. Münster/Hamburg/London (2. Auflage im Druck: 2005)

Klaus Peter Köpping (2004): Failure of Performance or Passage to the Acting Self? Mishima's Suicide between Ritual and Theatre, in: J. Kreinath, A. Deschner, C. Hartung (Eds.): The Dynamics of Changing Rituals. New York

Henn, Alexander (2004): Politics of Acculturation. The Dynamics of Hindu-Christian Ritual in Goa in: J. Kreinath, A. Deschner, C. Hartung (Eds.): The Dynamics of Changing Rituals. New York

Henn, Alexander (2005): The Lord of Mapusa. Genesis of an Urban God in Goa, in: Purusartha, No. 25

Nishimura, Akira (forthcoming): State's Condolence? The National Peace Memorial Hall for the Atomic Bomb Victims in Hiroshima and Nagasaki, in: The International Research Institution of Religion.

Afrozentrismus: Aneignungsprozesse im Rahmen afroamerikanischer Identitätsbildung

Beteiligte:
Karl-Heinz Kohl, Thomas Reinhardt. Frobenius-Institut an der Universität Frankfurt am Main

Laufzeit: **2001 - 2004**

Die Studie hat Geschichte und Praxis der afrozentrischen Bewegung analysiert und in einen weiteren ideengeschichtlichen Kontext gestellt. Während der historische Teil der Untersuchung sehr breit angelegt war und die gesellschaftlichen und ideologischen Entwicklungen auf drei Kontinenten und während vieler Jahrhunderte berücksichtigte, fokussierte der Praxisteil vor allem auf die so genannte „Temple School of Afrocentricity", wie sie in den 80er Jahren des 20. Jahrhunderts von Molefi Kete Asante begründet wurde.

Es sollte sich bald zeigen, dass die entscheidenden „Aneignungen" des Afrozentrismus weniger die Ebene der historischen Fakten betreffen als vielmehr den historischen Diskurs selbst als eine spezifische Form der wissenschaftlichen Praxis. Insbesondere der afrozentrische Anspruch auf ein Deutungsmonopol für alle Afrika betreffenden Fragen verträgt sich dabei denkbar schlecht mit den Prinzipien einer aufgeklärten Wissenschaft.

Dies wiegt umso schwerer, als der Afrozentrismus zwar das „Ende der großen Erzählungen" zur grundsätzlichen Legitimation seines alternativen Geschichtsbildes heranzieht, die Rückwendung des mit diesem Ende einhergehenden Verlustes an Wahrheitsgewissheit auf den eigenen Diskurs jedoch als eurozentristisch und rassistisch verwirft. Parallel dazu wird gerade der Begriff der Rasse in der gegenwärtigen afrozentrischen Textproduktion in einer Weise essentialisiert, die aus dem „europäischen" wissenschaftlichen Diskurs aus guten Gründen seit vielen Jahrzehnten verschwunden ist.

Wissenschaftshistorisch betrachtet zählt es zweifellos zu den Verdiensten des Afrozentrismus, die Frage nach der Rolle Afrikas und seiner Bewohner in der Geschichte erneut auf die Forschungsagenda gesetzt zu haben, nachdem das 19. und frühe 20. Jahrhundert sie bereits allzu voreilig daraus verabschiedet hatte. Die Antworten freilich, die bislang aus dem afrozentrischen Lager darauf gegeben werden, scheinen eher der religiösen Sphäre anzugehören als der wissenschaftlichen, sind eher normativ als deskriptiv. Die „Wahrheit" nämlich, um die es Afrozentristen mehrheitlich geht, ist eine moralische, deren Gegenpol nicht allein vom „Nicht-Wahren" gebildet wird, sondern vom „Bösen".

Eine solche Preisgabe des Wertfreiheitsaxioms lässt das afrozentrische Projekt *als Wissenschaft* wenig Vertrauen erweckend erscheinen. Andererseits aber ist es natürlich gerade dieser normative Zug, der den Afrozentrismus für seine Anhänger so attraktiv macht; bietet er doch eine positive Identifikationsmatrix angesichts der vielfältigen Probleme, mit denen sich Schwarze in den USA nach wie vor konfrontiert sehen. Denn ungeachtet einer gewissen Realitätsferne erlaubt der moralische Imperativ des vom Afrozentrismus postulierten „afrikanischen Strebens nach Harmonie" im US-amerikanischen Kontext die Entwicklung von Handlungsstrategien zur Überwindung gesellschaftlicher Missstände. So überrascht es allerdings auch nicht, dass der Afrozentrismus außerhalb der Vereinigten Staaten bislang nicht in nennenswertem Umfang Fuß fassen konnte. Er stellt doch vor allem eine spezifisch afroamerikanische Antwort auf ein amerikanisches Problem dar.

Reinhardt, Thomas (2005): 200 Years of Forgetting: Hushing up the Haitian Revolution, in: Journal of Black Studies, Vol. 35, No. 4, pp. 246 - 261

Reinhardt, Thomas (2003): Zwischen Moses und Herodot: Afroamerikanische Antikenrezeptionen vom 18. bis zum 20. Jahrhundert, in: Lioba Rossbach de Olmos und Bettina Schmidt (Hg.): Ideen über Afroamerika - Afroamerikaner und ihre Ideen: Beiträge der Regionalgruppe Afroamerika auf der Tagung der Deutschen Gesellschaft für Völkerkunde in Göttingen 2001. Marburg, S. 31 - 53

Reinhardt, Thomas (2003): Der akademische Elvis: Martin Bernal und die Schwarze Athene", in: CARGO: Zeitschrift für Ethnologie, Nr. 26, S. 7 - 13

Reinhardt, Thomas (2002): And the tom-toms beat...: Figuren der europäischen Imagination und das afroamerikanische Afrikabild von den Anfängen bis zur Äthiopienkrise 1935, in: Paideuma, Nr. 48, S. 207 - 223

Determinanten und Veränderung der gesundheitlichen Identität beim „Kulturwechsel" am Beispiel der Spätaussiedler/innen und türkischen Migrant/inn/en

Beteiligte:

- **Elmar Brähler, Martin Merbach, Ulla Wittig.** Universitätsklinikum Leipzig, Selbstständige Abteilung für Medizinische Psychologie und Medizinische Soziologie
- **Georg R. Siefen.** Verein für Familien- und Migrationsforschung e. V., Marl/Westfalen
- **Serap Tasdemir.** Türkei

Laufzeit: **2001 - 2003**

Ziel des Projektes war die Abbildung möglicher kultureller Konstruktionsprozesse hinsichtlich der gesundheitlichen Identität (Erleben, Handeln und Wissen bezüglich der Gesundheit, der Krankheit und des Körpers) im Migrationsverlauf. Wir gingen davon aus, dass sich Aspekte, die an ein unmittelbares Erleben oder Handeln in der Ankunftskultur gebunden sind, ändern werden. Dazu wurden 307 Spätaussiedler/innen und 132 türkische Migrant/inn/en 0 bis 6 Monate nach ihrer Einreise nach Deutschland und jeweils 6 und 18 Monate später befragt und mit 353 Russ/inn/en und 262 Türk/inn/en aus den jeweiligen Herkunftsländern verglichen. Die vorliegenden Ergebnisse zeigen einerseits Einflüsse der jeweiligen Herkunftskultur auf die gesundheitliche Identität, anderseits bereits Auswirkungen der Migration im untersuchten Zeitraum. Über eine Annährung an die Ankunftskultur (Deutschland) können nur wenige Aussagen getroffen werden.

Das Erleben von Krankheit erfährt große Veränderung in der Migration. Bei Einreise gleichen beide Migrantengruppen in der Beschwerdeäußerung ihren jeweiligen Herkunftskulturen. Sechs Monate danach geben sie mehr Beschwerden (mögliche Phase einer Dekompensation) und 18 Monate später weniger Beschwerden als zu t1 an. Beim Gesundheitszustand und Körpererleben sind kulturelle Einflüsse weniger nachweisbar als migrationsspezifische, wie die Verbesserung des Gesundheitszustandes oder die Verringerung der körperlichen Attraktivität im Migrationsverlauf zeigen.

Weiterhin verändert sich das Handeln bezüglich Gesundheit und Krankheit. Während bei Einreise wiederum die Migrantengruppen ihren Herkunftskulturen ähnlicher sind, kommt es im Migrationsverlauf zu Veränderungen. Zu t1 beispielsweise gehen die Migrant/inn/en ähnlich häufig zu Ärzt/inn/en oder fragen genauso oft ihre Familien um Rat wie die Befragten in den Herkunftskulturen. 18 Monate später werden Ärztinnen bzw. Ärzte häufiger aufgesucht und die Familie weniger um Hilfe gebeten. Diese Veränderungen sind aber nicht als „freiwilliges" Anpassen an die Ankunftskultur, sondern eher an veränderte gesellschaftliche Rahmenbedingungen zu interpretieren. Das häufigere Aufsuchen von Ärzt/inn/en könnte z. B. mit dem in Deutschland benötigten Krankenschein für Fehlen am Arbeitsplatz in Verbindung stehen.

Kognitive Aspekte der gesundheitlichen Identität erfahren die geringste Veränderung. Das zeigt sich vor allem in dem globalen und undifferenzierteren Gesundheitsbegriff beider Migrantengruppen im Vergleich zu deutschen Befragten. Die Veränderung globaler gesundheitlicher Kontrollüberzeugungen in Richtung der Ankunftskultur und die relative Stabilität erkrankungsspezifischer Ursachenattributionen und Kontrollüberzeugungen widersprechen den Hypothesen, dass globale Überzeugungen eher kulturell geprägt und dadurch stabiler sind. Möglicherweise wurden in dem von uns untersuchten Zeitraum keine Erfahrungen mit Krankheiten gemacht, aber über Gesundheit nachgedacht. Dafür spricht auch, dass eine andere globale Kognition, die Selbstwirksamkeit, konstant bleibt.
Das Projekt liefert Ergebnisse über den Einfluss der Kultur und der Migration auf das Erleben, Handeln und Wissen bezüglich Gesundheit, Krankheit und Körper. Zukünftige Untersuchungen müssen zum einen längere Zeiträume beforschen, da sich bestimmte Aspekte der gesundheitlichen Identität (z. B. die Beschwerdeäußerung) noch weiter verändern werden. Weiterhin spricht die unterschiedliche Veränderung beider untersuchter Migrantengruppen im Zeitverlauf für die Untersuchung anderer Migrantengruppen. Schließlich scheint eine Betrachtung des Prozesses in Wechselwirkung mit den gesellschaftlichen Bedingungen (Gesundheitssystem) in Zukunft sehr sinnvoll.

Merbach, M. / Wittig, U. / Brähler, E. (2003): Vorstellungen von Gesundheit bei Migranten, in: Public Health Forum, Nr. 11, S. 13 - 14

Merbach, M. / Wittig, U. / Brähler, E. / Siefen, R. G. / Tasdemir, S. (2003): Die gesundheitliche Identität der SpätaussiedlerInnen und der türkischen MigrantInnen zum Zeitpunkt der Einreise nach Deutschland, in: Swiaczny, F. & Haug, S. (Hg.): Migration - Integration - Minderheiten. Materialien zur Bevölkerungswissenschaft. Wiesbaden, S. 17 - 33

Wittig, U. / Merbach, M. / Siefen, R. G. / Brähler, E. (2003): Der Einfluss der Familie auf die Krankheitsverarbeitung bei Spätaussiedler/inne/n, in: Borde, T. & David, M. (Hg.): Gut versorgt? Migrantinnen und Migranten im Gesundheits- und Sozialwesen. Frankfurt/M., S. 191 - 202

Wittig, U. / Merbach, M. / Siefen, R. G. / Brähler, E. (2004). Beschwerden und Inanspruchnahme des Gesundheitswesens von Spätaussiedlern bei Einreise nach Deutschland, in: Gesundheitswesen, Nr. 66, S. 85 - 92

Wittig, U. / Merbach, M. / Brähler, E. / Siefen, R.G. (2003): Migration, Gesundheit und medizinisches System, in: Y. Stöbel-Richter & E. Brähler (Hg.): Demographischer und sozialer Wandel. Psychosozial, H. 94. Gießen

Virtuelle „identity workshops" im chinesischen Internet. Konstruktion und Inszenierung von Identität unter den Bedingungen eines beschleunigten soziokulturellen Wandels

Beteiligte:
Werner Draguhn, Karsten Giese. Institut für Asienkunde, Hamburg

Laufzeit: **2002 - 2004**

Kommunikationsforen im chinesischen Internet wie Bulletin Board Systems (BBS) oder Internet Relay Chat (IRC) bieten einer Vielzahl von Nutzern ein neuartiges und weitgehend uneingeschränktes Experimentierfeld. Diese Foren werden zur Bestimmung und Konstruktion des individuellen, kulturellen, sozialen, regionalen, ethnischen oder nationalen Standorts, zur Diskussion veränderter subjektiver Anschauung und Werte sowie zur Exploration innovativer Interaktionsformen genutzt, d. h. zur Bestimmung und Inszenierung von Identitäten. Die Anonymität in einer Atmosphäre frei von den sozialen Sanktionsandrohungen des „real life" erleichtere die offene Artikulation auch kontroverser und ansonsten nicht konformer individueller Standpunkte. Die Foren gliederten sich in Themen wie Lifestyle, Mode, Musik, Literatur, Freundschaft, Partnerschaft und Ehe, usw. und seien für eine Vielzahl von Nutzern in der VR China virtuelle Identity-Workshops, in denen mit alternativen Lebensentwürfen experimentiert werde. Die Entwicklung der Foren zu virtuellen „good places" geht dabei mit einem Verlust direkter und indirekter staatlicher Kontrolle einher.
Ziel des Projekts war es, eine Analyse der Konstruktion und Inszenierung der multiplen und fragmentierten Identitäten im Spiegel der chinesischen Internet-Kommunikation vorzunehmen. Methodisch orientierte sich die Untersuchung an der *„grounded theory"*, und sie gliederte sich in vier Phasen: Die erste Phase diente der passiv teilnehmenden Beobachtung, in der zweiten Phase brachten sich die Mitarbeiter mit eigenen Beiträgen in den Diskurs ein, in der dritten Phase wurden engere Kontakte mit Meinungsführern der BBS aufgebaut, um qualitative Interviews per E-Mail durchführen zu können, und in der vierten Phase wurden qualitative Interviews im realen Feld fortgesetzt.
Ausgehend von Befunden sozialer und kultureller Pluralisierung und Individualisierung in den Städten Chinas konnten kommunikative Angebote des chinesischsprachigen Internets als „Third Places" im virtuellen Raum identifiziert werden, die fest in die urbane soziale Realität chinesischer Großstädte und den Lebensablauf der jüngeren und besser gebildeten Generationen eingebettet sind. In diesen öffentlichen Räumen vollziehen sich Prozesse der Identitätsbildung auf individueller und kollektiver Ebene, die sich in der Kommunikation manifestieren. Kollektive Identitäten werden konzeptualisiert als interaktive gemeinsame Definitionssysteme, die Abgrenzungsmarkierungen, Kollektivbewusstsein aufgrund gemeinsamer Erfahrungen, Werte, Möglichkeiten sowie komplexe Aushandlungsprozesse beinhalten,

wodurch Individuen und die Gruppe sich innerhalb eines größeren Systems der Ober- und Unterordnung positionieren.
Kollektive Identitäten finden demnach ihren Ausdruck nicht zuletzt in geteilten Einstellungen. Mittels eines diskursiv interkulturell angelegten Instrumentariums der qualitativen Inhaltsanalyse konnten in einem ersten Analyseprozess relevante Dimensionen von Identität identifiziert und als Interpretationskategorien definiert werden. Durch mehrere Ebenen der Interpretation wurde das Datenmaterial bis zum Erreichen der theoretischen Sättigung jeder einzelnen Kategorie analysiert und in einem weiteren Durchgang mit Ergebnissen ethnographischer Forschung im realen Feld in ausgewählten chinesischen Großstädten konfrontiert. Das für die Dimensionen Ethnie und Nation skizzierte Ergebnis sind valide Aussagen über dominante Einstellungen und Denkmuster kollektiver Identitäten innerhalb der Zielgruppe der gebildeten städtischen Generation zwischen 15 und 35 Jahren sowie deren Ausdifferenzierung entlang soziodemographischer wie auch regionaler Positionierung.

Giese, Karsten (forthcoming): Chinese Identities in the Internet Age. Generation between Tradition, Nationalism and Globalization (Arbeitstitel), voraussichtl. RoutledgeCurzon

Giese, Karsten (in press): Surfing the Virtual Minefield. Doing Ethnographic Research on the Chinese Internet, in: Berliner Chinahefte, No. 28

Giese, Karsten (2005): Freier Diskurs oder perfekter Überwachungsstaat? Identity Work im chinesischen Internet, in: CHINA aktuell, No. 1, S. 35 - 51

Giese, Karsten (2004): Speakerìs Corner or Virtual Panopticon: Discursive Construction of Chinese Identities Online, in: Francoise Mengin (Ed.): Cyber China: Reshaping National Identities in the Age of Information. New York, pp. 19 - 36

Giese, Karsten (2003): Construction and performance of virtual identity in the Chinese Internet, in K.C. Ho, Randolph Kluver and Kenneth C.C. Yang (Eds.): Asia.com. Asia encounters the Internet. London / New York, pp. 193 - 210

Global Icons - Inszenierung kultureller Identität in den Medien

Beteiligte:
Lydia Haustein, Rainer Ernst. Kunsthochschule Berlin-Weißensee, Hochschule für Gestaltung, Berlin

Laufzeit: **2001 - 2004**

Das Forschungsprojekt ist eine groß angelegte Sammlung von bisher nicht wissenschaftlich erschlossenem Material. Parallel dazu wurde eine theoretische Fundierung erarbeitet. Zum einen musste kontinuierlich Quellenmaterial angesammelt werden, das sich sowohl auf die Durchsicht der klassischen Archive der Bild und Kunstgeschichte bezog wie auch auf eigenständige Recherchen zu zeitgenössischen Bildphänomenen in internationalen Massenmedien. Spezifische Bilder und Bildkonzepte wurden vor Ort auch bei unseren Kooperationspartnern - zum Beispiel in Ghana - einbezogen. Erstellt wurde ein Archiv, das Bilder der weltpolitischen Ereignisse innerhalb des Projektzeitraums erfasste und deren ansonsten über die Massenmedien selbst nicht zugänglichen lokalen Interpretationen ergänzte. Wir erarbeiteten eine technische Plattform, deren ebenso einfache wie elegante Eingabemaske es ermöglichte, Bild und Text kontinuierlich zu erfassen und einen wissenschaftlichen Bildatlas zu erstellen. Die netzbasierte Plattform wurde während des Projekts von Grund auf neu programmiert und kontinuierlich der fortschreitenden theoretischen Fundierung des Projektes angepasst. Da die Plattform vollständig auf Open-Source-Software (PHP, MySQL) basiert und sich technisch an Standards wie Topic Maps (XTM) orientiert, wird sie auch nach Abschluss der Förderung unabhängig weiterbearbeitet und unter Umständen auch interessierten Instituten zur Verfügung gestellt werden; derzeit ist eine Zusammenführung der Strukturen des Bildatlasses und der Datenbank *Culturebase.net* des Hauses der Kulturen der Welt geplant sowie eine Übernahme der Plattform zur eigenen Nutzung durch das neu entstehende Zentrum für zeitgenössische Kunst CIVIC in Neu Delhi. Gleichzeitig soll der Bildatlas „Global Icons" als solcher weiterbetrieben und einem größeren Publikum zugänglich gemacht werden; zu diesem Zweck soll eine erweiterte Benutzerverwaltung eingerichtet werden, die nicht mehr nur die Erfassung und Auswertung der Datenbestände erlaubt, sondern auch eine fortschreitende und aktuelle Diskussion über deren Inhalte mit internationalem Fachpublikum.

Das theoretische Fundament wurde der wissenschaftlichen Community präsentiert und in einzelnen internationalen Diskursen verfeinert. Neben der internen Kommunikation der Kooperationspartner während des Projektverlaufs wurden die Konzepte während des Symposiums „Global Icons" 2004 der Öffentlichkeit präsentiert. Einladungen zum Kunsthistorikertag 2005, im internationalen Symposium *Weltbild - Bildwelt* (Ruhr Universität Bochum) oder zum Mediensymposium an der Internationalen Universität Bremen 2005 zeigen, dass das Projekt innerhalb der aktuellen Bildforschung bereits auf ein größeres Interesse stößt.

Während der Bildatlas sowie die theoretische Diskussion als solche keineswegs als abgeschlossen gelten dürfen, wird der bislang erreichte Stand in einer Publikation beim Göttinger Wallstein-Verlag festgehalten. Die Publikation wird neben einem ausführlich kommentierten Bildteil auch als theoretischer Beitrag zur zeitgenössischen Bildforschung gelten und diese in einen aktuellen internationalen Kontext setzen.

Neue regionale Identitäten und strategischer Essentialismus. Eine vergleichende Studie zu Potenzialen und Blockierungen multipler und interkultureller Identitätsbildung

Beteiligte:
- **Erhard Stölting, Dietmar Rost.** Universität Potsdam, Wirtschafts- und Sozialwissenschaftliche Fakultät, Allgemeine Soziologie
- **Tomasz Zarycki, Anna Tucholska.** Warschau, Polen
- **Gaspare Nevola, Paolo Pasi.** Trient, Italien
- **Günther Pallaver.** Innsbruck, Österreich, und Bozen, Südtirol
- **Ivan Pedrazzini.** Bozen, Südtirol

Laufzeit: **2001 - 2004**

Das Regionale hat Konjunktur, und Identität ist dabei ein Schlüsselbegriff. Paradox erscheint allerdings, dass regionale Identität zu einer Zeit ein bedeutsames öffentliches Thema wurde, in der Teile der sozialwissenschaftlichen Forschung kritische Perspektiven auf kollektive Identitäten etabliert haben und nachdrücklich auf homogenisierende, naturalisierende und essentialisierende Effekte von Identitätspolitiken und der Verwendung des Begriffs „kollektive Identität" hinweisen.
Unsere Untersuchung stellt daher die Frage, ob in gegenwärtigen Projekten regionaler Identität die Kritik an kollektiven Identitäten sowie die Analysen von deren Mechanismen reflektiert werden. Wie sehen aktuell propagierte Vorstellungen regionaler Identität genau aus? Reagieren sie auf die erwähnte Kritik? Lernen sie von den Forschungsergebnissen? Welche Beziehungen zwischen dem Eigenen und dem Anderen sind mit den vorgeschlagenen regionalen Identitäten verbunden? Das Konzept „strategischer Essentialismus" dient dabei heuristisch der Entwicklung einer Forschungsperspektive, die in der Lage ist, ein weites Spektrum möglicher Haltungen gegenüber regionaler Identität zu erfassen und zu unterscheiden. Diese Haltungen können von Identitätsprojekten, die auf einem verbreiteten Glauben an den außergewöhnlichen Wert von regionaler Kultur und Identität beruhen, über Projekte, in denen Eliten in strategischer Absicht das Identitätsthema in konventioneller Form einführen, bis hin zu Fällen reichen, in denen der Konstruktionscharakter der artikulierten regionalen Identität öffentlich eingeräumt wird.
Die vom Forschungsprojekt erarbeiteten Fallstudien untersuchen regionale Identität als Gegenstand von Öffentlichkeiten. Besondere Aufmerksamkeit gilt einigen Kommunikationsmedien (Tageszeitungen, Fernsehen, Schulbücher) sowie den Protagonisten und Kritikern von Projekten regionaler Identität. Die Fallstudien präsentieren die 1999 eingeführten polnischen Woiwodschaften Slaskie (Schlesien), Swietokrzyskie (Heiligkreuz) und Warminsko-Mazurskie (Ermland-Masuren), die nordostitalienischen Regionen Veneto, Friuli Venezia Giulia und Trentino-Alto Adige / Südtirol (inklusive der neu erfundenen Regionen „Padania" und „Nord Est") sowie das neue deutsche Bundesland Brandenburg.

Die Fallstudien zeigen eine große Varianz von Intensitäten und Formen der Aufmerksamkeit für Themen regionaler Identität, die von Anfängen nationalistischer Bewegung bis zu Desinteresse reichen, sowie zahlreiche Bemühungen, regionale Identität in neuen, auch interne kulturelle Heterogenität repräsentierenden Formen auszudrücken.

Bezugnahmen auf Geschichte erweisen sich als verbreiteter Modus der Behauptung und Legitimation regionaler Besonderheit und Eigenheit. Thematisierungen regionaler Identität hängen in vielen der untersuchten Fälle jedoch kaum mit der Gegebenheit „langer" Geschichte zusammen. Deutlicher wird ein Zusammenhang mit administrativen Gliederungen, deren Veränderung und den entsprechenden Debatten.

Zahlreiche Projekte regionaler Identität betonen ihre „Offenheit". Sie behaupten, eine gestärkte Identität der Eigengruppe könne und solle mit einem Interesse an anderen Gruppen, Identitäten und fremder Kultur einhergehen. Unsere Studien zeigen jedoch einige Grenzen und Widersprüche, die solch offener Regionalismus in sich birgt. Zudem werden neben ihm weiterhin „geschlossene" Regionalismen und Identitätsbezüge artikuliert, die allerdings gleichfalls Widersprüche enthalten.

Die Bedeutung der Sozialwissenschaften für Projekte regionaler Identität erweist sich schließlich als ambivalent. Einerseits finden sich Beiträge, die Projekte regionaler Identität unterstützen und inspirieren, andererseits kritische Interventionen, die zum Beispiel auf die Unzulänglichkeit von gängigen Geschichtsdarstellungen hinweisen.

Stölting, Erhard / Rost, Dietmar / Zarycki, Tomasz / Pasi, Paolo / Pedrazzini, Ivan / Tucholska, Anna (in Vorbereitung): New regional identities and strategic essentialism. Case studies from Poland, Italy and Germany (Final report submitted to the VolkswagenStiftung). Potsdam: Universität Potsdam.

Rost, Dietmar (2004): Die Produktion der „Brandenburger." Eine Fallstudie zu regionalem Fernsehen und dessen Bemühungen um Stiftung von Landesidentität durch Geschichte, in: Historical Social Research / Historische Sozialforschung, 29. Jg., H. 4, S. 41 - 78. Online: http://www.qualitative-research.net/fqs-texte/2-04/2-04rost-d.htm

Zarycki, Tomasz (forthcoming): Scientific making of a nation. On modern attempts of creation of a Silesian Nation in the Polish Upper Silesia. [under review in „Nations and Nationalism"]

Zarycki, Tomasz (forthcoming): The paradoxes of Poland's regionalism and regionalization. The Case of the New Swietokrzyskie Voivodship, in: Vladimir Kolossov (Ed.): Russian in a volume. Moscow

Identitätskonstruktionen in pluralistischen Gesellschaften. Prozesse der Konstitution des ‚Fremden' und des ‚Eigenen' in Argentinien

Beteiligte:

- **Hans-Georg Soeffner, Jochen Dreher, Silvana Figueroa.** Universität Konstanz, Fachbereich Geschichte und Soziologie, Lehrstuhl für Allgemeine Soziologie
- **Ruth Sautu, Alejandra Navarro.** Buenos Aires, Argentinien

Laufzeit: **2002 - 2006**

Die Intention des Forschungsprojekts besteht in der *wissenssoziologischen Analyse* der *Konstruktion von Identität(en)* und *symbolischen Ordnungen* in modernen *pluralistischen Gesellschaften*. Exemplarisch wurde dafür Argentinien, eine einzigartige Migrationsgesellschaft, als Prototyp einer pluralistischen Gesellschaft untersucht, wobei das besondere Problem der sozialen Konstruktion von Identitäten, die in solchen Gesellschaften häufig mit der Verknüpfung von widersprüchlichen kulturellen, ethnischen und religiösen Elementen verbunden ist, im Mittelpunkt der Studie steht. In diesem Zusammenhang wurden symbolische Ressourcen der argentinischen Gesellschaft analysiert, die den Individuen für die Herausbildung von deren persönlicher Identität zur Verfügung stehen: Die Untersuchung konzentrierte sich auf die symbolischen Welten und Rituale des *Gaucho* und des *Tango* sowie auf das Phänomen der außergewöhnlichen *Verbreitung der Psychoanalyse* in Argentinien, die auf ein problembehaftetes Funktionieren der Identitätskonstruktion in dieser Gesellschaft hindeutet. „Identität" wird innerhalb dieses Erklärungszusammenhangs als theoretisches „Bindeglied" von Individuum und Gesellschaft bzw. Kollektiv verstanden. Es wird von der Grundüberlegung ausgegangen, dass Gesellschaften eine soziale Ordnung etablieren, indem sie „Antworten" auf historisch und sozialkulturell spezifische Problematiken in Form von symbolischen „Lösungen" finden, die sich unter anderem von staatlich propagierten Symboliken abgrenzen können.

Die Kontrastierung der im Forschungsverlauf analysierten Phänomene Gaucho, Tango und Veralltäglichung der Psychoanalyse ergab als strukturelle Gemeinsamkeit das Motiv eines *existenziellen Individualismus*, gemäß welchem das Individuum beständig gegen die Über- bzw. Ohnmacht des argentinischen Staates ankämpfen und die eigene, nicht unproblematische migratorische Vergangenheit in einer pluralistischen Gesellschaft persönlich aufarbeiten muss. Die Symbolwelten des Gaucho und des Tango sowie das Paradigma der Psychoanalyse thematisieren und reflektieren zum einen dieses Problem eines *existenziellen Individualismus*, sind jedoch gleichzeitig auf ihre Weise in der Lage, bestimmte „Lösungsmöglichkeiten" für das Problem der Identitätsbildung anzubieten. Mit Hilfe der rituell von den Menschen unabhängig von politisch oktroyierter Symbolik aufrechterhaltenen sozialen Phänomene des Tango und des Gaucho werden symbolische „außeralltägliche Gegenwelten" (die aber eine Wirkung im Alltag haben) zur aktuellen und auch seit Beginn des 19. Jahrhunderts jeweils existierenden politischen Symbolwelt erzeugt. Diese symbolischen Welten erlauben den Einzelnen, vermittelt über Rituale das zu erleben, was der argentinische Alltag ihnen entsagt: die rein menschliche Gemeinschaft, Versöhnung, Verbrüderung, Zusammengehörigkeit, Verbindung zur Natur und zum Land als Territorium, Unbestechlichkeit, Treue, Authentizität etc. Die Psychoanalyse hingegen als wissenschaftliches Paradigma stellt ein symbolisches Erklärungsmodell zur Verfügung, das den Menschen auch in seiner Umsetzung als soziale Praxis dazu verhilft, das vom Chaos gekennzeichnete alltägliche Leben in Argentinien zu verstehen und die zwischenmenschlichen Beziehungen zu regulieren. Die Psychoanalyse ist somit in der Lage, eine spezifische Ordnungsvorstellung aufgrund ihrer konzeptuellen Deutungsmacht zu vermitteln, die Identitätskonstruktionen nachhaltig unterstützt.

Figueroa, Silvana / Dreher, Jochen (2003): „Ich bin ein Lied der Verzweiflung, das seinen Schmerz und Deinen Verrat hinausschreit". Die „Umarmung von Fremden" im argentinischen Tango, in: Allmendinger, Jutta (Hg.): Entstaatlichung und soziale Sicherheit. Verhandlungen des 31. Kongresses der Deutschen Gesellschaft für Soziologie in Leipzig 2002. Opladen

Dreher, Jochen (2003): The Symbol and the Theory of the Life-World: „The Transcendences of the Life-World and Their Overcoming by Signs and Symbols", in: Human Studies, Vol. 26, No. 2

Figueroa, Silvana / Dreher, Jochen (2004): Tracing Symbols. The Hermeneutic Analysis of Paradoxical Constructions within Argentine Collective Symbolism, in: Conference Proceedings of the R33 Sixth International Conference on Social Science Methodology, Amsterdam

Figueroa, Silvana / Dreher, Jochen / Soeffner, Hans-Georg (in Vorbereitung): Ilusión y Desencanto. Construcción de Identidades en Argentina. Buenos Aires

Dreher, Jochen / Figueroa, Silvana / Navarro, Alejandra / Sautu, Ruth / Soeffner, Hans-Georg (Hg.) (in Vorbereitung): Identidad en Sociedades Pluralistas. Buenos Aires

Das ‚Fremde' im ‚Eigenen': Interkultureller Austausch und kollektive Identitäten in den gesellschaftlichen Umbrüchen der 1960er und 1970er Jahre am Beispiel der USA und der Bundesrepublik Deutschland

Beteiligte:

- **Detlef Junker, Wilfried Mausbach, Martin Klimke, Danijela Albrecht.** Universität Heidelberg, Historisches Institut
- **Belinda Davis, Carla MacDougall.** Rutgers University, History Department, New Brunswick, USA

Laufzeit: **2002 - 2005**

Das zentrale Erkenntnisinteresse des Forschungsprojekts zielt auf interkulturelle Transferprozesse zwischen den politisch-sozialen und gegenkulturellen Bewegungen der 1960er und 1970er Jahre in der Bundesrepublik Deutschland und den USA sowie ihre Bedeutung für die Konstruktion kollektiver Identitäten. Ein wichtiger wissenschaftlicher Ertrag des Projekts lässt sich bereits jetzt eindeutig benennen: Es hat unsere Kenntnis über Kontakte und Verbindungen zwischen den bundesdeutschen und amerikanischen Protestbewegungen dramatisch erweitert. Dies ist vor allem den mündlichen Befragungen zu verdanken, die von Beginn an einen integralen Bestandteil des Projekts bildeten. Diese empirischen Ergebnisse legen auch über die gewählten Fallbeispiele Bundesrepublik und USA hinaus nahe, dass die um das Jahr 1968 entstehende erste globale Protestbewegung nur als ein Netzwerk von Netzwerken verstanden werden kann. Zugleich haben die Forschungen der Projektmitarbeiter in zahlreichen staatlichen Archiven bisher unbekanntes empirisches Material zu Tage gefördert, welches zeigt, dass die Bewegungen von Regierungsseite nicht nur als globale wahrgenommen wurden, sondern auch umfangreiche politische Lösungsansätze an dieser Wahrnehmung ausgerichtet wurden.

Die von dem Forschungsprojekt erstmals umfassend rekonstruierten Verflechtungen zwischen bundesdeutschen und amerikanischen Protestbewegungen erleichterten zweifelsohne den Aufbau einer transnationalen „Wir-Identität". Sie reichten allerdings allein nicht aus, ein Gruppenbild zu schaffen, in dem sich Aktivisten auf beiden Seiten des Atlantiks wieder erkannten. Ganz wesentlich trugen dazu vielmehr allgemeine Globalisierungstendenzen bei, insbesondere die Ausbreitung elektronischer Medien und des Satellitenfernsehens. Hierüber konnte man Ereignisse in aller Welt verfolgen, die oft den gleichen Protestanlässen entsprangen, sich in den gleichen Protestformen niederschlugen und deren Akteure in äußerlicher Erscheinung, Kleidung und Gestus dem eigenen Selbstgefühl entsprachen. Eine erste genauere Untersuchung dieser Zusammenhänge konnte im Rahmen des Forschungsprojekts erfolgen, indem analysiert wurde, wie sich eine bereits in den 1960er Jahren einsetzende kulturindustrielle „Globalisierung des Holocaust" in den deutschen wie amerikanischen Protesten gegen den Vietnamkrieg spiegelt und zugleich von ihnen befördert wurde. Ein geteiltes Verständnis des Holocaust und der aus ihm folgenden Handlungsimperative wurde so zum Bestandteil einer gemeinsamen kollektiven Identität. Deutsche und amerikanische Geschichte wurden in diesem Prozess untrennbar ineinander verwoben.

Andeutungsweise lässt sich auch bereits erkennen, dass erfahrungsgeschichtliche Faktoren wie generationelle Prägungen oder topografische Einflüsse sehr viel stärker als bisher berücksichtigt werden müssen, wenn es darum geht, was auf beiden Seiten des Atlantiks jeweils als ‚das Eigene' und ‚das Fremde' galt und wie mit diesen Abgrenzungen umgegangen wurde. Insgesamt scheinen die Lebenserfahrungen deutscher wie amerikanischer Aktivisten jedoch ganz wesentlich von einer Öffnung und neuen Wertschätzung gegenüber Alterität geprägt zu sein, die es ihnen erleichterte, mit anderen Menschen rund um den Globus persönlichen oder ideellen Kontakt aufzunehmen, wobei dies wiederum die Kritikfreudigkeit an den Umständen im jeweils eigenen Land erhöhte.

Mausbach, Wilfried / MacDougall, Carla / Klimke, Martin / Davis, Belinda (2004): Das Fremde im Eigenen: Interkultureller Austausch und kollektive Identitäten in den gesellschaftlichen Umbrüchen der 1960er und 1970er Jahre am Beispiel der USA und der Bundesrepublik Deutschland, in: Jörg Calließ (Hg.): Die Reformzeit des Erfolgsmodells BRD. Rehburg-Loccum, S. 173 - 195

Klimke, Martin / MacDougall, Carla / Mausbach, Wilfried (2004): Atlantic Crossings? Transcultural Relations and Political Protest in Germany and the United States, 1958 - 1977, in: Bulletin of the German Historical Institute Washington, No. 34, pp. 184 - 189

Mausbach, Wilfried (2004): The Present's Past: Recent Perspectives on Peace and Protest in Germany, 1945 - 1973, in: Mitteilungsblatt des Instituts für soziale Bewegungen, Nr. 32, S. 67 - 98

Klimke, Martin (2004): Between Berkeley and Berlin, San Francisco and Frankfurt: The Student Movements of the 1960s in Transatlantic Perspective, in: Jim Downs / Jennifer Manion (Hg.): Taking Back the Academy! History as Activism. New York, pp. 35 - 54

Davis, Belinda (2003): Provokation als Emanzipation: 1968 und die Emotionen, in: Vorgänge, 42. Jg., H. 4, Nr. 164, S. 41 - 49

Muslime im Spannungsfeld pluraler Identitäten. Alt-Delhi im 19. Jahrhundert

Beteiligte:

- **Jamal Malik, Universität Erfurt.** Philosophische Fakultät, Religionswissenschaft, Lehrstuhl für Islamwissenschaft
- **Imtiaz Ahmad.** Jawaharlal Nehru University, New Delhi, Indien
- **Margrit Pernau.** Berlin

Laufzeit: **2002 - 2006**

Zur Erfassung der Pluralität von Identitäten wurde in diesem Projekt ein dreidimensionales Modell entwickelt. Identitäten verschränken sich zunächst innerhalb jedes Identitätsmerkmales: so kann etwa der Islam nicht durch eine klare Grenze vom Hinduismus getrennt werden; vielmehr muss der Überschneidung von Einflussbereichen und der Entwicklung von hybriden Zonen Rechnung getragen werden. Geht man für die europäische Neuzeit in der Regel davon aus, dass es primär anhand des ‚Fremden' und damit durch Ausgrenzung ist, dass das ‚Eigene' hervorgebracht wird, deuten sich hier alternative Modelle an, die zu einer Neubewertung des Verhältnisses des ‚Fremden' und des ‚Eigenen' führen können.

Auf der zweiten Ebene geht es darum, die Interaktion von Identitätsmerkmalen verschiedener Kategorien Rechnung zu tragen, also zu erfassen, wie etwa die religiöse Identität ihrerseits mit der geschlechtlichen oder der sozialen in Verbindung tritt und sie ebenso bestimmt, wie sie von ihnen bestimmt wird.

Betreffen diese beiden Ebenen die partizipativen Identitäten, so wendet sich die dritte der personalen Identität zu; hier ist danach zu fragen, ob, wann und nach welchen Kriterien das Individuum sich um eine Integration dieser Teilidentitäten zu einem widerspruchsfreien Ganzen bemüht.

Im Sinne einer Verschränkung der europäischen und außereuropäischen Geschichte wäre es außerordentlich reizvoll, dieses Modell nun auf die Untersuchung der separaten Milieus im deutschen Kaiserreich anzuwenden.

Die Untersuchung der Verschränkung von kolonialen und indigenen Einflüssen stellte eine durchgehende Perspektive dieses Forschungsprojekts dar. Auch hier ist wieder das ‚Fremde' und das ‚Eigene' wesentlich weniger klar voneinander zu trennen, als dies aufgrund der bisher herrschenden Forschungsmeinung zu erwarten war.

Zu überprüfen wäre in einem weiteren Projekt, ob dieses *entanglement* nur in den Kolonien stattfand, oder ob - und gegebenenfalls in welcher Weise - das ‚Fremde' auf die Mutterländer zurückwirkte. Die auffallende Parallelität, mit der im 19. Jahrhundert weiße bürgerliche Männer ihr Fremdes - den Orient, das Volk und die Frauen - beschrieben, lässt vermuten, dass sich hier unerwartete Einflüsse auf die Herausbildung europäischer bürgerlicher Identitäten herausarbeiten lassen.

In engem Zusammenhang hierzu wurde in dem Projekt der Übersetzung von Begriffen und Konzepten im Untersuchungszeitraum nachgegangen (s. vor allem die Publikationen zu Zakaullah und zum Delhi College). Die Implikation dieser Ergebnisse für die Gegenwart wird zurzeit ausgeleuchtet; dabei geht es vor allem um eine mögliche Neupositionierung der außereuropäischen Geschichte in der gegenwärtigen Entwicklung der transnationalen und globalen Geschichte. Unter welchen Bedingungen kann die außereuropäische Geschichte zu einer Übersetzung und Vermittlung zwischen den europäischen und außereuropäischen Forschungstraditionen beitragen? Was sind die Probleme, die sich bei einer solchen Repräsentation des Fremden ergeben, und was die möglichen Lösungsstrategien?

Andrews, C. F. (2003): Zaka Ullah of Delhi (with Introductions by Mushirul Hasan and Margrit Pernau). Delhi

Malik, Jamal / Reifeld, Helmut (Hg.) (2005): Religious Pluralism in South Asia and Europe. Delhi (mit einem Aufsatz von Margrit Pernau: Multiple Identities and Communities. Recontextualizing Religion, S. 147 - 170, der das methodische Konzept des Projektes vorstellt)

Pernau, Margrit (Hg.) (in press): The Delhi College. Traditional Elites, the Colonial State and Education before 1857 (erscheint bei Oxford University Press, Delhi)

Pernau, Margrit / Jaffry, Yunus (Hg.) (forthcoming): Handwritten Persian Newspapers in Delhi, 1810 - 1830 [erscheint voraussichtlich bei Oxford University Press, Delhi]

Juneja, Monica, Pernau, Margrit (Hg.) (forthcoming): Religion und Grenzen. Studien auf dem Weg zu einer transnationalen Historiographie [erscheint voraussichtlich bei Campus]

Ikonographie kultureller Identität: Zur Konstruktion kollektiver dentitäten in Text und Bild / La construction d'une identité culturelle à travers les arts

Beteiligte:

- **Sabine Schmitz.** Universität Marburg, Fachbereich Fremdsprachliche Philologien, Institut für Romanische Philologie
- **Ernst Leonardy, Hubert Roland.** Université catholique de Louvain, Faculté de Philosophie et Lettres, Collège Erasme, Louvain-la-Neuve, Belgien

Laufzeit: **23. - 25. Mai 2002 (Symposium)**

Sowohl der internationale Charakter des Symposiums als auch der interdisziplinäre Zugriff und eine weite Definition des Bildbegriffs erwiesen sich als sehr förderlich, um neue und innovative Erkenntnisse über das Forschungsthema zu gewinnen. Die wichtigsten Ergebnisse umfassen die folgenden drei Bereiche: Zunächst wurde die Geschichtlichkeit des sich um die Wende zum 19. Jahrhundert in der westlichen Welt etablierenden Begriffs „Nationalismus" problematisiert und als Phänomen für eine das 19. und 20. Jahrhundert umfassende Zeitspanne akzeptiert. Da sich prä- bzw. postnationalistische Realitäten mit Begriffen wie „Nationalismus", „Nation", „nationale Identität" jedoch kaum beschreiben lassen, wurde Benedict Andersons Konzept der „gedachten Gemeinschaft" zur Erforschung konstruierter Identitätsräume favorisiert; es konnotiert sowohl den Konstruktcharakter als auch das künstlerische Potential homo- wie heterogener Kulturräume. Zudem ermöglicht dieses Konzept die Erforschung der bisher zuwenig beachteten Tatsache, dass sowohl im Europa der frühen Neuzeit als auch in dem des 21. Jahrhunderts dem Bewusstsein, Teil eines homogenen Kulturraumes zu sein, eine andere Bedeutung zukommt, als in den vergangenen zwei Jahrhunderten. In der Gegenwart bestimmt diese Problematik vor allem der voranschreitende Einigungsprozess im Rahmen der Europäischen Union bzw. der transnationalen Verschmelzungen des *global village*. Am Beispiel Belgiens wird deutlich, wie sehr föderalistische Tendenzen einerseits zur Aufweichung nationaler „Mythen" führen, andererseits die regionalen Identitäten entscheidend fördern. Ein zweiter zentraler Erkenntnisbereich bezog sich auf die konkrete Konstruktion von Identität in Text und Bild. Ausgehend vom Mimesisbegriff wurde kritisch über die verschiedenen Abbildfunktionen „gedachter Gemeinschaften" in Text und Bild diskutiert und sowohl für die Literatur als auch für die Kunst als bevorzugtes Transportmittel dieser Inhalte das Schaffen abstrakter Bilder konstatiert. Diese führte zum dritten Bereich des Symposiums, zur Frage nach der in diesen Bildern virulenten Beziehung des ‚Fremden' und des ‚Eigenen' bzw. des wechselseitigen Einflusses von Auto- und Heteroimage. Die negative Bedingtheit dieser Wechselbeziehung zeigte sich im Verlauf ebenso wie die diesen *images* eigene Funktion als Kategorie der politischen Instrumentalisierung, die nicht nur auf die Ebene der nationalstaatlichen Verfasstheit begrenzt, sondern immer auch auf einer überstaatlichen Ebene von Bedeutung ist.

Aus dem Symposium leiten sich folgende Forschungsperspektiven ab: Aufgrund des Konstruktcharakters „gedachter Gemeinschaften", ihrer gleichzeitigen transnationalen Ausrichtung sowie Bedingtheit, die vor dem Hintergrund des aktuellen Auflösungsprozesses traditionell definierter Nationen besonders deutlich wird, erweist sich die Frage nach übernationalen, mehrfach kodierten Erinnerungsorten als zentraler Anknüpfungspunkt der vorgestellten Forschungsergebnisse. Ihre Erforschung verspricht Einblicke in die Mechanismen der Konstruktion „gedachter Gemeinschaften", die in besonderer Weise fass- und beschreibbar werden, wenn es sich um Erinnerungsorte handelt - wie zum Beispiel den spanischen Bürgerkrieg-, die von verschiedenen Nationen zur Schaffung kultureller Identität in Anspruch genommen oder aber im Gegenteil zu einem Ort gesellschaftlich oder politisch motivierter Amnesie werden.

Roland, Hubert / Schmitz, Sabine (Eds.) (2004): Pour une iconographie des identités culturelles et nationales: la construction des images collectives à travers le texte et l'image. Ikonographie kultureller und nationaler Identität: Zur Konstruktion kollektiver Images in Text und Bild. Bruxelles/Frankfurt

Schmitz, Sabine (2004): „La langue de Bruegel" dans le théâtre des Pays-Bas espagnols du XVIème siècle, in: Roland, Hubert / Schmitz, Sabine (Eds.) (2004): Pour une iconographie des identités culturelles et nationales: la construction des images collectives à travers le texte et l'image (Ikonographie kultureller und nationaler Identität: Zur Konstruktion kollektiver Images in Text und Bild) Bruxelles/Frankfurt, pp. 25 - 42

„Hass und Hoffnung". Medienkulturwissenschaftliche, kulturanthropologische und semiotische Aspekte interkultureller Identitätsbildung in der französischen und frankophonen Vorstadtkultur

Beteiligte:
Eva Kimminich, Joseph Jurt. Universität Freiburg, Frankreich-Zentrum

Laufzeit: **2002 - 2003**

Hip-Hop-Kultur wurde einerseits als Karenzraum der Identitätsher- und -darstellung untersucht. Daher wurden ihre Vorbildfiguren im erweiterten Kontext unter Einbeziehung szenetypischer Filme und körperkommunikativer Vermittlungstechniken betrachtet.

Andererseits erwies sich vor allem Rap als Kommunikationsplattform einer gruppenspezifischen Wirklichkeitskonstruktion und -gestaltung. Damit rückten die Wahrnehmung lenkenden Dimensionen des Erzählens ins Blickfeld. Ausgegangen wurde zunächst von seiner grundlegend anthropologischen Bedeutung des (Hi)Storytelling. Es speichert das soziale und kulturelle Gerüst einer Gesellschaft und dient als solches der kollektiven wie individuellen Identitäts- und Wirklichkeitsher- und -darstellung. Seit Arthur C. Dantos analytischer Philosophie und Hayden Whites metahistorischen Betrachtungen der Geschichte als „semi-science" rückten der Konstruktionscharakter historischen Erzählens und seine subjektiven Faktoren ins Blickfeld. Bestimmte Ereignisse, Personen, Personengruppen, Handlungen, Erkenntnisse oder Entwicklungen werden im Rahmen hegemonialer Geschichtsschreibung hervorgehoben, andere aber „vergessen" bzw. verdrängt oder gezielt ausgeblendet.

Die damit hervortretende Relativität erforderte neue Betrachtungsperspektiven, wie sie im Rahmen postklassischer Erzähltheorien entworfen werden; insbesondere in jenen Ansätzen, die auf der aus der Philosophie übernommenen *Possible-worlds-Theorie* aufbauen.

Seit der Entwicklung technischer und technologischer Massenmedien und deren Demokratisierung haben sich zusätzliche Schauplätze, (z. T. intermediale) Genres und Medien des Erzählens entfaltet. An und mit ihnen werden Geschichten erzählt, die sich gegenseitig in Frage stellen. Kollektiv wie Individuum sind den aus dieser Pluralität an Wirklichkeitsdarstellungen entstehenden Ambivalenzen ausgesetzt. Das postmoderne Individuum ist deshalb mehr denn je auf das Narrative angewiesen, denn es ist sowohl die Grundlage von Soziabilität als auch ein Agens, das ihm einen Zugriff auf seine eigene Lebensgestaltung bietet. Diese „Notwendigkeit" kommt in einer deutlichen Zunahme und medialen Inszenierung von oralen und performativen Darstellungsformen zum Ausdruck.

Rap-Storytelling wurde vor dem Hintergrund dieser Entwicklungen bzw. im Rahmen der genannten neuen Beobachtungsschwerpunkte am Wirkungskreis französischer und senegalesischer Gruppen untersucht. Über Feldforschung konnten die Bezüge zu Ereignissen, Geschichten und Handlungen erarbeitet werden, die ihrerseits als

Bestandteile von Geschichten und Handlungen zu betrachten sind. Daraus wurde ersichtlich, dass Rap-Storytelling dem Wissenstransfer einer spezifischen Community dient, Einfluss auf das soziale Verhalten ihrer Mitglieder nimmt, Erfahrungen, Orientierungswerte, Normen vermittelt. Es erwies sich als vitaler Bestandteil einer geistigen Aktivität des Selbstschutzes, der Selbstentfaltung und der affektiven Selbstermächtigung, die kompensativ und/oder fordernd auf die dominanten Darstellungsinhalte und -strukturen reagiert. An einzelnen Beispielen war zu beobachten, wie durch Rap-Storytelling abweichende Erfahrungen und alternative Vorstellungen ins Blickfeld gerückt wurden; sie leiteten Verschiebungen in der Konstruktion von Lebenswelten eines Individuums oder - je nach Öffentlichkeitswirksamkeit - auch einer kleineren oder größeren Gruppe ein, die in Handeln und Lebensgestaltung sichtbaren Niederschlag fanden.

Die Beobachtung der beim Rap-Storytelling stattfindenden Körperkommunikation erwies sich dabei als eine ebenso bedeutsame Dimension wie die komplexe audiovisuelle Informationsdichte, die im multimedialen rap-spezifischen Videoclip bzw. in filmischen Darstellungen als komplexes Referenzsystem hinzutritt. Für künftige Forschungen eröffnen sich hier Fragestellungen, denen im Hinblick auf das für jugendliche Rezipienten besonders attraktive Potenzial der Handlungsanleitung und Wirklichkeitserschließung bzw. -gestaltung v. a. empirisch nachzugehen wäre.

Kimminich, Eva (im Druck): Kultur(Schutt)Recycling: Von Kids und Barbaren, Jesuslatschen und Dreadlocks. Jugend im Spannungsfeld von Konzepten und Kulturprogrammen", in: Ch. Jacke, E. Kimminich u. S.J. Schmidt (Hg.): Kulturschutt, Pragmatismus und Recycling

Kimminich, Eva (2004): Rap: More Than Words (Welt - Körper - Sprache 4). Frankfurt a.M. / Berlin / Bern / New York / Paris / Wien

Kimminich, Eva (2003): Kulturelle Identität: Konstruktionen und Krisen (Welt - Körper - Sprache 3). Frankfurt et al.

Kimminich, Eva (2003): ‚MC', Money, Macht und Moral. Zur Genese einer ästhetisch-ethischen Oratur, in: Christoph Mandry (Hg.): Literatur ohne Moral. Literaturwissenschaft und Ethik. Münster

The Shari'a Debate and the Construction of Muslim and Christian Identities in Northern Nigeria

Beteiligte:
- **Ulrich Berner, Franz Kogelmann.** Universität Bayreuth, Lehrstuhl für Religionswissenschaft
- **Frieder Ludwig.** Universität München, Evangelisch-Theologische Fakultät, Abt. für Kirchengeschichte
- **Umar Danfulani, Jamila Nasir, Philip Ostien.** University of Jos, Nigeria

Laufzeit: **2002 - 2004**

Die interdisziplinäre und multikonfessionelle Zusammensetzung sowie der innovative Forschungsansatz leisteten einen bedeutenden Beitrag zum interreligiösen Dialog in einer Region, die in der Vergangenheit immer wieder von konfessionellen und ethnischen Spannungen erschüttert wurde. Gerade öffentlich geführte Diskussionen über das islamische Recht in teilmuslimischen Gesellschaften Afrikas münden meist in polemische und/oder apologetische Debatten, die einem friedlichen Zusammenleben von Christen und Muslimen wenig förderlich sind.
Das Projektdesign erforderte eine intensive Zusammenarbeit von Angehörigen unterschiedlicher Konfessionen sowie gleichzeitig den Kontakt zu Vertretern von Persönlichkeiten der jeweils anderen Religion. Zudem kam ein akademischer Austausch mit Wissenschaftlern anderer Fachdisziplinen auf nationaler und internationaler Ebene in Gang, der von allen Seiten mit großem Interesse verfolgt wurde und befruchtend war. Gerade die gezielte Einbindung des wissenschaftlichen Nachwuchses aus Nigeria hat sich als sehr erfolgreich erwiesen. Nachdem die Mehrheit der beteiligten Wissenschaftler aus Nigeria stammte, erfolgte eine Forschung mit Afrika und nicht - wie bislang üblich - über Afrika. Ferner hatten die nigerianischen Teilnehmer zahlreiche Möglichkeiten, am gegenwärtigen internationalen Forschungsstand aktiv zu partizipieren und durch ihre Analysen und Interpretationen Akzente zu setzen. Das Projekt ermöglichte es ihnen, Teil eines transnationalen akademischen Netzwerks zu werden.
Zu den herausragenden Ergebnissen des Forschungsprojekts zählen nicht nur tiefe Einblicke in die Mechanismen der Identitätsbildung von Christen und Muslimen unter dem Eindruck der Implementierung des islamischen Strafrechts in Nord-Nigeria, sondern auch eine nahezu lückenlose Dokumentation der Debatte durch graue Literatur, öffentlich zugängliche Publikationen und Interviews. Insbesondere diese reichhaltige Dokumentation wird der künftigen wissenschaftlichen Forschung und weitergehenden analytischen Aufarbeitung große Dienste leisten.
Die auf den beiden Projektsymposien geführten Diskussionen - neben den nigerianischen Teilnehmern waren Muslime aus den Kernregionen des muslimischen Welt oder aus Südostasien sowie westliche Experten anwesend - ergaben eine Reihe von zukünftigen Forschungsperspektiven. So handelt es sich bei der in Nigeria geführten Scharia-Debatte keinesfalls um ein singuläres, auf Nigeria beschränktes

Phänomen, sondern um ein Ereignis, das auch in anderen Teilen Afrikas - wenngleich mit einer durchaus anderen Akzentuierung - präsent ist. Diese Phänomene sind bislang kaum wissenschaftlich aufgearbeitet und in einem komparativen Kontext untersucht worden. Zudem mangelt es bei den bisherigen Untersuchungen häufig an der dringend gebotenen historischen Tiefe. Des Weiteren hat die bisherige Forschung die Wechselwirkungen von globalen und lokalen Referenzsystemen und deren Auswirkungen auf das Handeln der jeweiligen Akteure vernachlässigt.

Danfulani, Umar H.D. (2005): The Sharia Issue and Christian-Muslim Relations in Contemporary Nigeria. Stockholm

Kogelmann, Franz (in press): The „Shari'a Factor" in Nigeria's 2003 Elections, in: B. Soares (Ed.): Muslim Christian Encounters in sub-Saharan Africa. Leiden

Kogelmann, Franz (2004): Ist die Scharia abschaffbar? Anmerkungen zum islamischen Recht, in: Hanspeter Mattes (Ed.): Nahost Jahrbuch. Wiesbaden, S. 218 - 222

Ostien, Philip (in press): An Opportunity Missed by Nigeria's Christians: The Sharia Debate of 1976 - 78 Revisited, in: B. Soares (Ed.): Muslim Christian Encounters in sub-Saharan Africa, Leiden

Ostien, Philip / Kogelmann, Franz / Nasir, Jamila (Eds.) (2005): Comparative Perspectives on Shari'a in Nigeria. Ibadan

Mehrsprachigkeit in der Renaissance

Beteiligte:
- **Annett Volmer.** Freie Universität Berlin, Institut für Romanische Philologie
- **Christiane Maaß.** Leipzig

Laufzeit: **8. - 9. November 2002 (Symposium)**

Mit Unterstützung der VolkswagenStiftung, der Freien Universität Berlin, des Italienischen Kulturinstituts und der DRG Blankenburg (Harz) fand vom 7. bis 9. November 2002 ein internationales und interdisziplinäres Symposium „Mehrsprachigkeit in der Renaissance" statt. Zwölf Wissenschaftlerinnen und fünf Wissenschaftler aus Deutschland, Italien, Österreich und Frankreich kamen zusammen, um ihre Forschungsergebnisse zum Rahmenthema vorzustellen. Die Vortragssprachen waren Deutsch, Italienisch und Französisch.
Die Renaissance wurde aus literatur- und sprachwissenschaftlicher Perspektive mehrerer Philologien (Anglistik, Germanistik, Romanistik) und anderer Disziplinen (etwa der Geschichtswissenschaft) beleuchtet, um eine Engführung des Blicks auf die „Vorgeschichte" einer heutigen Literatur bzw. Sprache zu vermeiden. In den Beiträgen wurden dann auch verschiedene Regionen in den Blick genommen vom heutigen Italien, Deutschland, Frankreich bis hin zum heutigen Großbritannien. In vielen Fällen kamen auch Beziehungen zwischen unterschiedlichen Regionen in den Blick, etwa bei der Untersuchung der polyglotten Wörterbücher des 15. und 16. Jahrhunderts oder der Transposition englis Theatertraditionen in den deutschsprachigen Raum. So wurde die Renaissance als europäisches Phänomen in den Blick genommen und die dynamische Vernetzung der unterschiedlichen Regionen, einhergehend mit einer Vermischung bzw. alternativen Wahl von Sprachen, vorgeführt.
Nachfolgend die wichtigsten Ergebnisse der Vorträge und Diskussionen:
- Problematisierung und Historisierung des Begriffes „Mehrsprachigkeit"; Einschluss- und Ausschlussmechanismen
- Vorstellung des Phänomens von einer allgemeinen theoretischen Warte
- Relativität und Dynamik von Gattungsgrenzen
- differenzierte und regionalspezifische Beschreibung der sprachlichen Situation in der Renaissance
- Überschneidung des Themas Sprache und Gender; Exklusionsmechanismen sowie Kompensationsversuche, Koppelung der Konzepte Frau - volgare - Inferiorität
- Strategien der Dialektverwendung
- Mehrsprachigkeit von Dialekt und Standardsprache

Maaß, Christiane / Volmer, Annett (Hg.) (2005): Mehrsprachigkeit in der Renaissance. Heidelberg

Identity and African Postcolonial Literature

Beteiligte:

- **Uwe Böker.** Technische Universität Dresden, Fakultät für Sprach-, Literatur- und Kulturwissenschaften, Institut für Anglistik/Amerikanistik, Englische Literaturwissenschaft
- **Ajewumi Bili Raji.** University of Ilorin, Department of Modern European Languages, Nigeria

Laufzeit: **2003 - 2004**

The project explores the identity perspectives in postcolonial African literatures. It assembles the works of a variety of major writers from Africa, and investigates their visions of identity within the context of postcoloniality. As the project discovers, the major point of convergence among all the writers studied is that identity is not an absolute category, not a finished product which is indifferent to the vicissitudes of time and history. Rather, as the works explored demonstrate, African postcolonial identities are open, dynamic and interactive. They relate both with themselves and also with the traditions of other places, in particular the Western world.

It is perhaps important to emphasise that, in affirming this position, the writers do not necessarily adopt a uniform approach. In the chapter on Saro Wiwa for example, we encounter a writer who is unabashedly cosmopolitan. In his *Four Farcical Plays* the late environmental rights activist stretches the symbols of his received, indigenous traditions, making them transgress what the author perceives as their old, artificial boundaries in order to overlap with the metropolitan cultures of the West. *The Island*, jointly devised by Athol Fugard, John Kani and Winston Ntshona is an adaptation of Sophocles' *Antigone*. In this play, first produced in 1973 in the context of apartheid struggle in South Africa, the theme of Antigone's defiance of Creon's autocratic rule in the Greek original finds relevance in a twentieth century situation where countless black South Africans were jailed for life simply for defending their humanities. Another adaptation of the same Greek play authored by Femi Osofisan, a Nigerian playwright is titled *Tegonni, an African Antigone*. Directly, the play represents the author's contribution to the struggle against repressive military rule in Nigeria. Again, as in the original, an African Antigone stares a white colonial governor in the face telling him to „let my people go". Studying these two adaptations, it is discovered that identities that seem wide apart, both in temporal and spatial terms are made to come together for an exchange of dialogue.

On his own, Ngugi wa Thiong'o, the Kenyan author is a Marxist writer. In his novel, *Petals of Blood*, the Mau Mau struggle for independence in colonial Kenya is represented in a post-colonial context, and the author's purpose here is to locate the struggles of the different peoples of Africa within the international context of class struggles worldwide.

In short, what the different writers are saying is that identity as a construct cannot be projected as insular, that postcolonial African identities interpenetrate with

Western as well as other traditions. Postcolonial African identity is both hybrid and syncretic, that the writers have continued to engage the best of the resources of Western traditions, merging it with their respective indigenous heritages.

Raji, Wumi (2004): Transformed Identities: Cultural Transgression and Postcolonial Transformation in Ngugi wa Thiong'o's I Will Marry When I Want, in: Journal of Contemporary Drama in English, No. 11, pp. 25 - 39

Raji, Wumi (2004): Ken Saro - Wiwa's Four Farcical Plays and the Postcolonial Imagination. in: Peter Marsden & Geoffrey Davies (Eds.): Towards a Transcultural Future: Literature and Human Rights in a ‚Post'-Colonial World. Amsterdam / New York, pp. 81 - 92

Raji, Wumi (forthcoming): Imagined Transformation: Notes on a Postcolonialism of African Literature. Matatu: Journal of African Studies. Special Edition on „How Postcolonial is African Literature?"

Raji, Wumi (forthcoming): Africanizing Antigone: Postcolonial Discourse and Strategies of Revisioning a Western Classic. Research in African Literatures.

Raji, Wumi (forthcoming): Wole Soyinka's Adaptation of Gay's The Beggar's Opera and Brecht's Dreigroschenoper, in: Uwe Böker (Ed.): John Gay's The Beggar's Opera: Eighteenth- and Twentieth-Century Reception

Zwischen Selbstbild und Fremdwahrnehmung: Identitätswandel im japanischen Nô-Theater im Zeitalter der Internationalisierung

Beteiligte:

- **Stanca Scholz-Cionca, Hôko Oshikiri, Eike Großmann, Barbara Geilhorn, Qian Liu.** Universität Trier, Fachbereich Japanologie
- **Christopher Balme, Tanja Zugschwerdt.** Universität Mainz, Institut für Theaterwissenschaft
- **Ruxandra Marginean.** Nagoya, Japan

Laufzeit: **2003 - 2006**

Das Projekt untersucht die Dynamik von Transformationsprozessen im und um das japanische Nô-Theater im Zeitalter der Internationalisierung, d. h. von der Öffnung des Landes nach 1868 bis heute. Im Kontrast zum statischen Bild dieser klassischen Kunst, das in den wissenschaftlichen Diskursen dominiert, wenden wir uns der Mobilität der Gattung zu und behandeln vor allem Aspekte der Transformation, Innovation und Erneuerung aus verschiedenen intra- bzw. interkulturellen Perspektiven. Im Blickfeld stehen Vermittlungs-, Vermischungs- und Überlagerungsprozesse, die im Laufe der Modernisierung dieser Theaterform, die auf etwa sieben Jahrhunderte ununterbrochener Tradierung zurückblicken kann, zunehmend an Gewicht gewinnen. Zwei einander ergänzende Perspektiven orientieren unsere Arbeit: Zum einen wird die Entstehung des modernen Nô unter aktuellen Fragestellungen - Identitätsbildung, Konstruktion des ‚Eigenen' und des ‚Fremden', Rolle der *invented traditions*, Theorien des Performativen u. a. - rekonstruiert. Zum anderen sollen die Perzeption und Konstruktion des Nô in westlichen Diskursen gezeichnet werden. Aus der Dialektik dieser beiden komplementären Perspektiven sollen das interkulturelle Potenzial der japanischen Bühnenkunst ausgelotet und die Möglichkeiten transnationaler Kooperation in der gegenwärtigen Theaterpraxis aufgezeigt werden.

Ein zentrales Anliegen ist die enge Kooperation zwischen Theaterwissenschaft und Japanologie in allen Phasen des Projekts (Blockvorlesung der Projektmitarbeiter/innen in Mainz, regelmäßige Treffen) sowie der Informationsaustausch mit Kollegen in Japan und dem Ausland.

In der ersten Phase des Projekts lag der Schwerpunkt auf Fragen der Identitätsbildung und ideologischen Neuorientierung an der Schwelle zur Moderne. Als Vorbereitung entstand in Zusammenarbeit mit dem Theatermuseum der Universität Waseda ein „Digital Research Guide" für die Zeitschrift *Nôgaku* (Internet-Adresse: http://www.enpaku.waseda.ac.jp/db/nogaku).

In der zweiten Phase sollen neuere Enwicklungen ins Blickfeld rücken, vor allem die Flexibilisierung der Gattung im intra- und internationalen Theaterdialog während der jüngsten Jahrzehnte. Nô als Experimentierfeld im zeitgenössischen Theater (in Genre-Mix-Experimenten, gattungsübergreifenden bzw. transkulturellen Inszenierungen usw.) ist auch der Schwerpunkt eines für März 2006 geplanten internationalen Symposiums in Trier. Die Frage nach der Relevanz dieser rigiden japanischen Theaterkunst in einer Zeit des post-dramatischen und inszenatorisch offenen Theaters wird daselbst aus verschiedenen Blickwinkeln gestellt. Das Symposium soll ein Diskussionsforum für Japanologen, Theaterwissenschaftler und nicht zuletzt für Theaterpraktiker der internationalen Szene bieten.

Geilhorn, Barbara (im Druck): Das Nô-Theater an der Schwelle zur Moderne: Grenzüberschreitungen und Reformpotential am Beispiel Tsumura Kimiko, in: Tagungsband des 112. Deutschsprachigen Japanologentags in Bonn

Geilhorn, Barbara (im Druck): Frauen auf dem Weg zur Bühne - Modernisierungstendenzen im japanischen Theater, in: Identität und Differenz, Geschlechterkonstruktion und Interkulturalität (18. - 21. Jhd.). Köln

Scholz-Cionca, Stanca / Oshikiri, Hoko (2004): Der Adler und die Chrysantheme: Nô-Spiele zum Russisch-Japanischen Krieg, in: NOAG, Bd. 175 - 176, S. 23 - 58

Scholz-Cionca, Stanca (im Druck): Inszenierungen fremder Komik und die Identität des modernen Kyôgen

Scholz-Cionca, Stanca (in Vorbereitung): Opferrolle und Rachedurst. Frauen in modernen Nô-Spielen

Sprachliche Reflexionen rekontextualisierter Identitäten in lokalen und globalen Lingua-franca-Diskursen

Beteiligte:

- **Christiane Meierkord, Verena Minow.** Universität Erfurt, Philosophische Fakultät, Englische und Angewandte Linguistik
- **Rajend Meshtrie, Kirsten Morreira.** University of Cape Town, Department of English Language and Literature, Südafrika

Laufzeit: **2003 - 2005**

Im Projektzeitraum wurden zunächst die Begriffe „Identität" und „Rekontextualisierung" für den Raum Südafrika kritisch diskutiert. Der ursprüngliche Fokus auf „rekontextualisierte Identitäten" erwies sich dabei als zu statisches Identitätskonzept. Im Raum Südafrika bewegen sich die Sprecher/innen grundsätzlich in einem Kontext, der bereits unterschiedliche Sprachen bzw. Varietäten einzelner Sprachen beinhaltet. Identität muss hier als dynamisches Konstrukt aus multiplen Einzelidentitäten, von denen Sprecher/innen je nach Kontext die eine oder andere mit ihrem sprachlichen Verhalten betonen, verstanden werden.
Da für den Bereich „Englisch als globale lingua franca" bereits umfangreiche Daten analysiert wurden, konzentrierte sich die Projektarbeit auf die Kompilation und Analyse eines Korpus von Daten des Englischen als lokale, d. h. in Südafrika verwendete lingua franca. Hierfür wurden insgesamt 25 Stunden Datenmaterial erhoben und ausgewertet.
Die Ergebnisse zeigen zum einen, dass die von den Sprecher/inne/n verwendeten Sprachformen denjenigen Merkmalen entsprechen, die für die einzelnen Varietäten des Englischen in Südafrika - das Afrikaans English, das Coloured English und das Black South African English - bereits festgehalten wurden. Dies gilt insbesondere für Sprecher/innen, die stark in soziale Netzwerke eingebunden sind, in denen diese Varietäten dominieren.
Die Daten aus den urbanen Ballungsräumen weisen noch in eine andere Richtung. Zwar leben auch hier die einzelnen Ethnien aufgrund der historischen Segregation noch immer in relativ starker Isolation voneinander. Tourismus und ein verbesserter Zugang der nicht-weißen Bevölkerungsschichten zu Einrichtungen im tertiären Bildungssektor erlauben aber immer stärker auch gleichberechtigte Interaktionen zwischen den unterschiedlichen ethnischen Gruppen und somit Zugang zu unterschiedlichen Sprachformen. Dies spiegelt sich im sprachlichen Verhalten der einzelnen Sprecher/innen in der Verwendung von phonetischen und grammatischen Formen, die bisher in der Regel anderen Ethnien zugeordnet wurden; z. B. Monophthongisierung einzelner Diphthonge nicht nur bei schwarzen, sondern auch bei weißen Sprechern.
Mehrfach wurde in den Gesprächen explizit darauf hingewiesen, dass einzelne Sprachformen gezielt eingesetzt werden, um individuelle Identität zu konstruieren. Eine Studentin von der University of Cape Town gab z. B. an, Akzente zu vermei-

den, die auf ihre Herkunft als weiße, Afrikaans sprechende Person verweisen würde. Sie befürchtet, dadurch als reaktionär eingeordnet zu werden.

Es zeigte sich, dass zwischen individuell-biografischen und kollektiv-gesellschaftlichen Identitäten unterschieden werden muss und dass ein Zusammenhang zwischen Identitätskonstruktion und den individuellen Sprachbiografien der einzelnen Sprecher/innen besteht. Gerade bei den nicht-weißen Informant/inn/en variieren die sprachlichen Mittel, die zur Identitätskonstruktion zu Verfügung stehen, je nach Bildungshintergrund.

Die Analysen zu spezifischen grammatischen Konstruktionen (Verlaufsform und Topikalisierung) deuten darauf hin, dass deren vom Britischen Englisch abweichende Verwendung keine mangelhafte Kompetenz in der Zweitsprache Englisch reflektiert. Vielmehr scheinen die Sprecher/innen grammatische Kategorien aus ihren Muttersprachen, die kulturell motiviert sind und für die es im Englischen kein Äquivalent gibt, mit der im Englischen zur Verfügung stehenden Grammatik wiederzugeben.

Im Gegensatz dazu kann in den Gesprächen, in denen Englisch als globale lingua franca verwendet wird, eine Tendenz der Sprecher/innen beobachtet werden, sprachliche Eigenheiten einzuebnen.

Meierkord, Christiane (2004): Syntactic variation in interactions across international Englishes, in: English World-Wide, Vol. 25, No. 1, pp. 109 - 132

Meierkord, Christiane (2005): Black South African Englishes - towards a variationist approach. Erfurt Electronic Studies in English (EESE). Online: http://webdoc.gwdg.de/edoc/ia/eese/

Meierkord, Christiane (forthcoming): Lingua francas as second languages, in: Brown, Keith (Ed.): Encyclopedia of Language and Linguistics. 2nd ed. Oxford

Grenzräume - Zwischenräume. Migration polnischer Frauen ins Ruhrgebiet

Beteiligte:

- **Sigrid Metz-Göckel, Agnes Senganata Münst, Anna Drag.** Universität Dortmund, Hochschuldidaktisches Zentrum
- **Dobrochna Kalwa, Agnieszka Sobieszczyk.** Jagiellonian University in Krakow, Institute of History, Polen

Laufzeit: **2004 - 2006**

Das Forschungsprojekt eruiert die Pendelbewegungen und Lebensarrangements von temporär und klandestin in Familienhaushalten arbeitenden polnischen Frauen im Ruhrgebiet. Ihr Tätigkeitsbereich umfasst die Altenpflege sowie die Haushaltsarbeiten der Reinigung und Kinderbetreuung. Bisher wurden 17 Frauen der Zielgruppe über Vertrauenspersonen erreicht und interviewt. Das Altersspektrum der Interviewten reicht von 23 bis 55 Jahre, der Bildungsabschluss vom abgeschlossenen Hochschulstudium bis zu Frauen ohne Berufsabschluss, jedoch abgeschlossener Allgemeinbildung. Ihr Arbeitsumfang in Stunden reicht von 10 pro Woche bis zu einem Rund-um-die-Uhr-Einsatz in der Altenpflege (live in). Die Zahl der Arbeitgeber reicht von einem bis zu zehn unterschiedlichen Putzstellen. Es handelt sich um junge, ledige und kinderlose Frauen, um geschiedene Frauen mit Kindern sowie allein erziehende Frauen, aber auch um Familienfrauen mit schulpflichtigen sowie um Ehefrauen mit erwachsenen Kindern. Ihre Wohnsituation ist abhängig von der Dauer ihres Pendelns und der Art der Tätigkeit, aber auch vom (polnischen) Netzwerk, das sie nutzen können. Haushaltsarbeiterinnen, die in Mehrbettzimmern übernachten, gehören ebenso zu den Interviewpartnerinnen wie solche, die bereits über eine eigene (meist von Arbeitgeber/inne/n gemietete) Wohnung verfügen. Die erworbenen Deutschkenntnisse sind abhängig von der Dauer des Aufenthalts in Deutschland, aber auch von den Perspektiven ihrer Lebensplanung in Polen bzw. in Deutschland.

Die Auswertung der Interviews hat erst begonnen. Daher sind keine endgültigen Aussagen möglich, lediglich erste Andeutungen.

Die Arbeitsstellen werden über persönliche, teils tiefe Netzwerke, aber auch über Vermittlerpersonen gegen Gebühr gefunden, nie über Anzeigen in Zeitschriften und Journalen. Mit längerem Aufenthalt entwickelt sich eine Selbstständigkeit in der Akquise von Arbeitsstellen und ein Management im Umgang mit den unterschiedlichen Arbeitsstellen.

Die Motive des Pendelns sind nicht immer rein ökonomische. Teils ist es eine Form der Bewältigung von Lebenskrisen oder Ablösungsprozessen aus der Herkunftsfamilie.

Die soziale Absicherung der interviewten Frauen erfolgt über eine private Regelung im Rahmen der polnischen (Sozialstaats-)Regelungen.

Der Zwang zum Erwirtschaften eines Überschusses bestimmt die Lebensweise in Deutschland. Die Ausgaben werden am polnischen, die Einkommen am deutschen Niveau gemessen. Die polnische Identität bleibt erhalten, erzwingt aber eine Auseinandersetzung mit den nationalen Stereotypen und eigene Formen der Abgrenzung, die noch genauer zu eruieren sind.
Die Beziehungen zu den Arbeitgeber/inne/n sind sehr unterschiedlich; in einigen Fällen entwickeln sich mit der Zeit relativ stabile Beziehungen und Verhältnisse. Von der Qualität dieser Beziehungen ist das Sich-Wohlfühlen mit der Migration als Lebensweise sehr stark abhängig.
Offen ist, ob diese Form des Pendelns eine Ressource und stetige Variante moderner Lebensformen ist oder eine transitorische Phase, die abhängig von den EU-Regelungen und der Entwicklung eines europäischen Arbeitsmarkts und Lebensraums ist. Beispiele für eine Verstetigung dieser Lebensphase gibt es ebenso wie sehr kurzfristige.

Koch, Angela / Metz-Göckel, Sigrid (2004): Grenzräume - Zwischenräume: „Ich habe zwei Leben". Zur Pendelmigration von Polinnen, in: Bauhardt, Christine (Hg.): Räume der Emanzipation. Wiesbaden, S. 125 - 147

Koch, Angela / Metz-Göckel, Sigrid / Senganata Münst, Agnes (in Vorbereitung): Zwei Leben in zwei Welten: Pendelmigration polnischer Frauen ins Ruhrgebiet. [Eingereicht bei der Kölner Zeitschrift für Soziologie und Sozialpsychologie im Februar 2005]

Das ‚Eigene' und das ‚Fremde' in der Architektur: Internationale Konferenz und Forschungsprojekt zur Konstruktion kultureller Identität in der zeitgenössischen Architekturproduktion in Ländern des Südens

Beteiligte:

- **Peter Herrle, Stephanus Schmitz, Susanne Dussel.** Technische Universität Berlin, Fakultät VII: Architektur, Umwelt, Gesellschaft
- **William Lim.** Singapur
- **Rahul Mehrotra.** Indien
- **Ruth Verde Zein.** Brasilien

Laufzeit: **2003 - 2004**

Im Zuge der globalen Ausbreitung architektonischer Stereotypen verwandelten sich durch lokale Traditionen geprägte, oft als „eigenständig" apostrophierte Stadtbilder in weltweit ähnliche Wohn- und Bürolandschaften. Dabei wird das ‚Eigene' mit lokalen kulturellen Traditionen in Verbindung gebracht, die es zu verteidigen gilt, während das ‚Fremde' in der Form globaler Architekturmoden in bedrohlicher Weise die eigene Identität erodiert. Modernisierung in der Architektur wird häufig gleichgesetzt mit einem Verlust der eigenen kulturellen Identität. Dieses Thema hat gerade in Entwicklungsländern in den letzten Jahren eine besondere Aktualität erhalten.
Ziel der Studien und der Konferenz war die Untersuchung der Herausbildung neuer Identitäten in der zeitgenössischen Architektur sowie der Prozesse und Mechanismen, die zur Konstruktion des ‚Eigenen' in der zeitgenössischen Architektur führen. Dazu wurden anhand von fünf Fallstudien (Singapur, Mexiko, Brasilien, Indien und Mittlerer Osten) überprüft, wie in der zeitgenössischen Architektur das ‚Eigene' als kulturelle Identität konstruiert wird. Ein Schwerpunkt der Studien waren die spezifischen Formen des internen und externen Austauschs und der Bündelung verschiedener Identität bildender Stränge, die zur Konstruktion von kultureller Identität in der Architektur führen. Ergebnis der Studien war u. a., dass in allen Regionen erste Aussagen zur Identität erst mit der Konfrontation mit dem ‚Fremden' und dem Einsetzen eines allgemeinen Modernisierungsprozesses getroffen wurden und die Feststellung einer Diskrepanz zwischen der Theoriebildung einerseits und der realen lokalen Situation anderseits.
Zu der Thematik wurden vom 8. bis 12. Dezember 2004 Wissenschaftler verschiedener Disziplinen - u. a. Historiker, Soziologen und Kulturwissenschaftler und Praktiker, die im Hinblick auf die Fragestellung in ihrem Werk eine dezidierte Position vertreten - zu einer internationalen Fachtagung im Haus der Kulturen der Welt eingeladen und gewonnen. Vor insgesamt gut 300 Teilnehmern wurden zunächst die Ergebnisse der Regionalstudien präsentiert und anschließend die unterschiedlichen, jeweils stark regional geprägten Debatten in vier thematischen Gruppen verglichen und diskutiert. *The Making of Local Identity* diskutierte die Mechanismen, Akteure und interkulturellen Zusammenhänge in der Herstellung kultureller

Identität in zeitgenössischer Architektur; *The Global and the Local* setzte sich mit der Auswirkung der Globalisierung auf lokale Architektur auseinander; *Theoretical Concepts - Revisited* hinterfragte die Gültigkeit etablierter theoretischer Konzepte zum Diskurs über das ‚Eigene' und das ‚Fremde' in der Architektur; *Diversity as a Pattern of Local Architecture* betrachtete die zunehmende Vielfalt und Vervielfältigung architektonischer Stile und Sprachen.
Das Projekt und die internationale Konferenz haben gezeigt, dass global kommunizierte und/oder gar verallgemeinerbare Theorieansätze zur Bildung und Konstruktion kultureller Identität in der zeitgenössischen Architektur noch nicht vorhanden sind. Darin sind die wenigen regionalen Denkanstöße global immer noch kaum kommuniziert. Insofern hat das Projekt eine Schlüsselrolle in der Intensivierung eines gerade erst begonnenen weltweiten Diskurses zur Forschungsthematik gespielt.

Herrle, Peter (Hg.) (in Vorbereitung): Architecture and Identity. Berlin (Jovis Verlag)

„Reich" und „Welt". Konstruktionen des ‚Eigenen' und des ‚Fremden' im historischen Diskurs antiker Imperien: Rom und das alte China als Beispiel

Beteiligte:

- **Fritz-Heiner Mutschler.** Technische Universität Dresden, Fakultät für Sprach-, Literatur- und Kulturwissenschaften, Institut für Klassische Philologie
- **Jörn Rüsen.** Kulturwissenschaftliches Institut im Wissenschaftszentrum Nordrhein-Westfalen, Essen
- **Hans Armin Gärtner.**Universität Heidelberg, Seminar für Klassische Philologie
- **Wang Dunshu, Ye Min, Zhu Weizheng, Huang Yang, Liao Mei.** China

Laufzeit: **2003 - 2005**

Es handelt sich im Folgenden um eine nur vorläufige Bilanz der Projektergebnisse. Ziel des Projektes war es, aus interkulturell vergleichender Perspektive und in enger deutsch-chinesischer Kooperation die mit der Formierung von Weltreichen einhergehenden „imperialen" Konstruktionen des ‚Eigenen' und des ‚Fremden' im historischen Denken und in der Geschichtsschreibung der römischen Antike und des chinesischen Altertums zu untersuchen. Die Projektarbeit erfolgte im Wesentlichen auf vier Feldern:

(1) Historiographiegeschichtlich orientierte Studien. Hier konnten in einer Reihe von Untersuchungen interessante Unterschiede zwischen der römischen und frühen chinesischen Geschichtsschreibung deutlich gemacht werden, namentlich im Hinblick auf die monarchische Verfasstheit des Staatswesens, auf die Rolle von Krieg und Frieden sowie die Zeitvorstellung und die allgemeine Vorstellung vom Gang der Geschichte. Durchgehend bestätigte die konkrete komparatistische Arbeit, wie produktiv der Vergleich zwischen den beiden „imperial" ausgerichteten Historiographietraditionen Roms und Chinas sein kann.

(2) Untersuchungen zu den Schlüsselbegriffen der „imperialen" Konstruktionen des ‚Eigenen' und des ‚Fremden'. Hier stellte sich heraus, dass das ursprüngliche Vorhaben der Gegenüberstellung von ca. 20 chinesischen und römischen Kernbegriffen aus verschiedenen Gründen zu ambitioniert war. Die Untersuchung wurde deswegen auf Begriffe im engen Umfeld von „Reich" und „Welt" - im Chinesischen: *tianxia* („alles unter dem Himmel"), *sifang* („die Vier Regionen") etc.; im Römischen: *imperium Romanum mundus, orbis terrarum* etc. - beschränkt und wird nun in dieser reduzierten Form weiterverfolgt.

(3) Weiterentwicklung der „Matrix der historischen Sinnbildung". Die die Einzeluntersuchungen begleitende Theoriearbeit konzentrierte sich auf die Diskussion des im Vorgängerprojekt „Einheit der Menschheit - Differenz der Kulturen - Chancen der Kommunikation" entwickelten „Matrix"-Modells und führte zu einem gewissen Abschluss. Für das bei der Textanalyse im Bereich der römischen und der altchinesischen Geschichtsschreibung gewählte, eher induk-

tive Verfahren konnten aus der Matrix wichtige Gesichtspunkte übernommen werden.

(4) Die Abschlusstagung, die im Kern aus acht Paaren von Vorträgen, jeweils aus römischer und chinesischer Sicht, bestand, stellte eindrucksvoll die inspirierende Kraft eines interkulturell angelegten Vergleichs unter Beweis.

Mutschler, F.-H. (2005): potestatis nihilo amplius habui quam ceteri. Zum Problem der Invisibilisierung der Macht im frühen Prinzipat, in: G. Melville (Hg.): Das Sichtbare und das Unsichtbare der Macht. Institutionelle Prozesse in Antike, Mittelalter und Neuzeit. Köln/Weimar/Wien, S. 259 - 282

Mutschler, F.-H. (in Druck): Tacitus und Sima Qian. Eine Annäherung, in: Philologus, 150 Jg.

Mutschler, F.-H. (in Vorbereitung): Tacitus und Sima Qian: Politische Grundvorstellungen

Mutschler, F.-H. (in Vorbereitung): Tacitus und Sima Qian: Persönliche Erfahrung und historiographische Perspektive

Mutschler, F.-H. / Mittag, A. (Hg.) (in Vorbereitung): Conceiving the „Empire“: Ancient China and Rome - Towards an Intercultural Comparison.(Konferenzband der Abschlusstagung, 20. - 23.04.2005)

Processes of musical transformation and identity construction in migrational settings: The music of Ghanaian migrants in Germany and its transcultural/transnational connections

Beteiligte:

- **Raimund Vogels, Florian Carl, Matthias Eger, Erika Eichholzer, Martin Ziegler.** Hochschule für Musik und Theater, Hannover
- **John Collins, Willie Anku, Nana Dansowaa Amoah, Emmanuel Boamah.** University of Ghana, Legon/Accra, Ghana

Laufzeit: **2003 - 2007**

Ghanaische Migranten bilden mit offiziell 23.000 melderechtlich registrierten Personen - die tatsächliche Zahl dürfte deutlich höher liegen - die größte Gruppe unter in Deutschland lebenden Afrikanern. Ghana ist gleichzeitig das Land mit der höchsten Emigrationsrate in Westafrika; rund zehn Prozent seiner Gesamtbevölkerung leben im Ausland. Nach Großbritannien stellt Deutschland für Ghanaer das wichtigste Migrationsziel dar. Im Verlauf der letzten Jahrzehnte konnten sich in Deutschland vor allem in urbanen Ballungsgebieten rege Netzwerke ghanaischer Migranten etablieren, die auch international mit der ghanaischen Diaspora verflochten sind.

Im Verlauf unserer Forschungsbemühungen haben sich auf musikalischem Gebiet zwei wichtige Bereiche herauskristallisiert, die für ghanaische Zuwanderer in Deutschland von Bedeutung sind: Dies ist zum einen christliche Musik (*Gospel*), die für die ghanaische Gemeinschaft intern wichtig ist, und zum anderen der Bereich der so genannten *Weltmusik*, in dem viele professionelle Musiker operieren, die ihr Publikum in der Hauptsache außerhalb der ghanaischen Gemeinschaft finden. Daneben spielen weitere Musikformen und Stile eine Rolle. Ghanaische Popularmusik (*Highlife*) in ihren unterschiedlichen Ausprägungen steht dabei sowohl im individuellen Rezeptionsverhalten als auch bei gemeinschaftlichen Festen an erster Stelle. Hier ist Deutschland auch als Produktionsort für den ghanaischen Markt von Bedeutung. Daneben sind internationale Stile wie *Reggae* und *R&B* hervorzuheben.

Der hohe Stellenwert christlicher Musik erklärt sich aus der insgesamt herausragenden Bedeutung der Kirchen für in Deutschland wie daheim lebende Ghanaer. Alleine in Hamburg, wo die größte ghanaische Gemeinschaft in Deutschland besteht, gibt es etwa sechzig christliche Gemeinden, in denen überwiegend Zuwanderer aus Ghana zusammenkommen. Diese meist charismatisch ausgerichteten Kirchen (Pfingstkirchen) stellen oft Ableger ghanaischer Mutterkirchen dar, die von ihrer Organisation her nicht unähnlich transnationalen Unternehmen operieren. Die Liturgie dieser Kirchen wird durch gemeinsames Musizieren und Tanzen dominiert. Für Migranten bilden kirchliche Institutionen damit nicht nur wichtige Anlaufstellen, die Unterstützung in der Bewältigung von Alltagsproblemen bieten, sondern sie eröffnen gleichzeitig einen sozialen und kulturellen Raum, in dem diese ansonsten

in der deutschen Mehrheitsgesellschaft marginalisierte Gruppe ihre Ausdrucksmöglichkeiten findet.
Viele der in Deutschland lebenden professionellen ghanaischen Musiker, mit denen wir zusammenarbeiten, konnten sich im Marktsegment der *Weltmusik* etablieren. In der Mehrzahl sind diese Musiker im Bereich neotraditioneller Musik aktiv. Neben Auftrittsmöglichkeiten werden die hiermit verbundenen Musik- und Tanzformen vor allem in Kursen und Workshops vermittelt; dieser Bereich ist daher vor allem im Hinblick auf stattfindende interkulturelle Begegnungen von Interesse. Während bei der Vermarktung von Kursangeboten oftmals stereotype Afrika-Bilder reproduziert werden, bietet die enge Interaktion zwischen Künstlern und Publikum in dieser Szene auch Raum für differenziertere Fremd- und Eigenidentifikationen. Neotraditionelle Musik- und Tanzformen nehmen daneben auch im touristischen Angebot in Ghana selbst eine herausragende Stellung ein und bilden dort ein wichtiges Interaktionsfeld zwischen Einheimischen und Ausländern. Über die Untersuchung dieses Bereichs lassen sich somit weitere Einblicke in die transnationale Vernetzung der damit assoziierten Musikformen gewinnen.

Collins, John (2004): African Musical Symbolism In Contemporary Perspective (Roots, Rhythms and Relativity). Berlin

Eger, Matthias (2004): Einflüsse auf die Musik Süd-Ghanas bis 1966 (Leipziger Arbeiten zur Geschichte und Kultur in Afrika Nr. 5). Leipzig

Eichholzer, Erika (2005): Migration, Religion und Gender, in Zeitschrift für Mission Nr. 1/2, S. 66 - 78

Carl, Florian / Vogels, Raimund / Ziegler, Martin (im Druck): Die Musik ghanaischer Migranten in Deutschland. Konferenzband zum GfM-Kongress „Musik und kulturelle Identität", 17. - 23. Oktober 2004 in Weimar

Innerkulturelle Identitätsbildung

Das ‚Fremde' und das ‚Eigene'. Probleme und Möglichkeiten interkulturellen Verstehens (1992 - 1999)

a) Aggressive Jugendgruppen im Spannungsfeld des Fremden und des Eigenen
b) Zur Lebensdauer aggressiver Jugendgruppen

Beteiligte:
Roland Eckert, Thomas Wetzstein, Christa Reis. Arbeitsgemeinschaft sozialwissenschaftliche Forschung und Weiterbildung an der Universität Trier e. V.

Laufzeit: **1995 - 1999**

Untersucht wurde der Zusammenhang zwischen Abgrenzungspraktiken von Cliquen Jugendlicher und deren Gewaltbereitschaft. Abgrenzung ist ganz generell Teil von Selbstdefinition und Identitätsarbeit. Sie erfolgt immer in einem symbolischen Raum, der durch die unterschiedlichsten Bedeutungen konstituiert wird. „Feine" stilistische Unterschiede sind ein Teil derselben. Weltanschauungen können Leiden legitimieren und Suprematieansprüche begründen. Kleidung und Modellierung des Körpers haben einen besonderen Wert, weil sie eine mehr oder minder eindeutige Zugehörigkeitsbotschaft oder gar Selbststigmatisierung enthalten. Sportliche oder künstlerische Performance ermöglicht eine Rangordnung der Gruppen und der Individuen in ihnen. Alle diese Symbole müssen gelesen, „decodiert" werden.

Auch Gewalt und Gewaltdrohung sind Teile dieses symbolischen Raums. Dennoch unterscheiden sie sich von anderen Zeichen der Kommunikation, weil sie auf der Selbstevidenz von Schmerzen beruhen und „Respekt" unabhängig von der Akzeptanz der Symbole erzeugen. Darum sind sie besonders attraktiv für Jugendliche, denen andere anerkannte Modi der Abgrenzung nicht zur Verfügung stehen. Gewaltaffine Abgrenzung hängt nach unseren Ergebnissen mit verschiedenen Faktoren zusammen. Jugendliche agieren vor dem Hintergrund konkreter biografischer und familiärer, schulischer und sozialräumlicher Bedingungen. Es gibt zwar keinen Determinismus zwischen der Herkunftslage und Gewalt, es zeigen sich aber bestimmte Risikofaktoren. Gewalt wird umso wahrscheinlicher, je mehr sich die unterschiedlichen Lebensbereiche zu einer Art „Mehrfach-Marginalisierung" verbinden. Gewaltaffine Abgrenzung kann sich auch aus der Interaktion der Gruppe mit der Umwelt ergeben. In der Gruppe werden äußere Problemlagen verarbeitet, gleichzeitig erzeugt der Gruppenprozess aber eine Eigendynamik. Homogenität und Wir-Gefühl können zentrale Bedeutung gewinnen, die Beziehungsalternativen verringern und die Distinktion nach außen verschärfen. Die Gruppe isoliert sich zunehmend und gerät in eine für ihre Angehörigen und die Umwelt gefährliche Sackgasse.

Die Gruppenzugehörigkeit von Jugendlichen ist zumeist eine Episode im Lebenslauf, die die Übergänge von der Familie ins Erwachsenenleben begleiten. Dies geschieht selten ohne Krisen und Konflikte. Die überwiegende Mehrheit der Jugendlichen bleibt aber gesellschaftlich anschlussfähig und strebt dies in ihrem Handeln auch an. Stilistische Kreativität sichert ihnen Anerkennung und hält den Lebensweg offen. Gewalttätige Cliquen stellen indes für einige Jugendliche fatale Weichen: Sie geraten in einen Zirkel von Gewalt und Kriminalität, in dauerhafte Drogenabhängigkeit und radikalisierte politische Ideologien. Als Gewaltspezialisten sind sie auch für illegale ökonomische Organisationen interessant und haben hier Verdienstchancen, die ihnen kein Arbeitsbeschaffungsprogramm bieten kann. Ob allerdings diese Wege eingeschlagen werden, hängt auch von den Chancen der Jugendlichen ab, ihre zunächst konventionellen Lebenspläne zu verwirklichen. Die Gesellschaft muss eindeutig und rasch reagieren, was durchaus abschreckende Wirkung hat - aber möglichst nicht langfristig kriminalisieren. Vor allem aber muss sie alles daransetzen, Kinder und Jugendliche soweit zu qualifizieren, dass sie eine Chance auf dem Arbeitsmarkt haben.

Eckert, R. / Reis, C. / Wetzstein, T. (2000): „Ich will halt anders sein wie die anderen". Abgrenzung, Gewalt und Kreativität bei Gruppen Jugendlicher. Opladen

Eckert, R. (Hg.) (1998): Wiederkehr des „Volksgeistes"? Ethnizität, Konflikt und politische Bewältigung. Opladen

Eckert, R. / Wetzstein, T. (1999): Soziale Identität, kulturelle Distinktion und Gewalt in Jugendcliquen, in: Gerhards, J. / Hitzler, R. (Hg.): Eigenwilligkeit und Rationalität sozialer Prozesse. Festschrift zum 65. Geburtstag von Friedhelm Neidhardt. Opladen, S. 415 - 450

Wetzstein, T. / Reis, C. / Eckert, R. (1999): Die Herstellung von Eindeutigkeit - ‚Ethnozentrische' Gruppenkulturen unter Jugendlichen, in: Dünkel, Frieder & Geng, Bernd (Hg.): Rechtsextremismus und Fremdenfeindlichkeit. Bestandsaufnahme und Interventionsstrategien. Mönchengladbach / Godesberg, S. 139 - 176

Wetzstein, T. / Reis, C. / Eckert, R. (2000): Fame & Style, Poser & Reals. Lesarten des Hiphop bei Jugendlichen. Drei Fallbeispiele, in: Göttlich, U. / Winter, R. (Hg.): Politik des Vergnügens. Zur Diskussion der Populärkultur in den Cultural Studies. Köln, S. 124 - 145

Fremde und Barbaren im Diskurs der deutschen Humanisten des 15. und 16. Jahrhunderts

Beteiligte:
- **Herfried Münkler.** Humboldt-Universität Berlin, Philosophische Fakultät III, Institut für Sozialwissenschaften, Lehrstuhl Theorie der Politik
- **Hans Grünberger.** Berlin

Laufzeit: **1997 - 1999**

Mit der Revitalisierung des Barbarenbegriffs in der Frühen Neuzeit verschob sich dessen Bedeutung: Ursprünglich ein räumlich-territorialer Gegenbegriff, der ferne, an der Peripherie der jeweils bekannten Welt gelegene Gruppen und Völker zu erfassen hatte, wird er zum temporalen Gegenbegriff innerhalb der eigenen, zunehmend nationalen und konfessionspolitischen Ordnung des christlichen Europas, in die der „Barbar" aus der Peripherie ins Zentrum einwandert. Er kennzeichnet mittlerweile Vertrautes und Vertraute, die hinter einen erreichten Stand von Religionszugehörigkeit, „Zivilisation", Sitten und Gebräuchen, Sprache und Schriftlichkeit zurückgefallen sind. Mithin können auch innerhalb der eigenen Ordnung des politischen und/oder konfessionell determinierten Systems Barbaren verortet werden, deren Verhalten von den Erwartungsprofilen der normativ ausgezeichneten Ordnung abweicht. Indem die derart Abweichenden in den Stand der Barbarei zurückgefallen sind, werden sie aufgrund der Mitgliedschaftsbedingungen der Systemordnung ausgeschlossen. Die Ausgeschlossenen bilden Personenkreise, die als nicht integrierbar angesehen werden.

Die Leitdifferenz von Eigenem und Fremden im Sinne von Mitgliedschaft/Nichtmitgliedschaft bemisst sich nach der Differenz gedachter nationaler und/oder konfessioneller Gemeinschaften. Sie kann anhand der Begriffe von Exklusion und Inklusion in vormodernen und hier zumal in den stratifikatorischen Gesellschaftsordnungen des 16. Jahrhunderts in Europa entwickelt werden. In den spätmittelalterlichen und frühneuzeitlichen Ordnungen der Ständegesellschaften ist die Inklusion als den Ständeprinzipien sozialer Schichtung folgend zu betrachten, während in den vorausgehenden segmentären Ordnungen die Agentur der Inklusion im oikos als einem Personalverband gesehen wird. Das heißt, dass Exklusionseffekte in beiden vormodernen Gesellschaftsformationen gleichermaßen auf der Ebene des oikos zu verorten sind, denn Ausschluss aus den oikos-verfassten Gemeinschaften entspricht dem Ausschluss aus der Gesellschaft schlechthin. Dem oikos ist wesentlich, dass er nicht nur Familie, Ehestand und Haushalt im engeren Sinne umfasst, sondern Ordnungen, die haushaltsförmig organisiert erscheinen und als solche interpretiert werden: Der patrimoniale Fürstenstaat fällt hier ebenso darunter wie die kirchliche Gemeindeordnung oder auch die städtische Ordnung. Die aus diesen Ordnungen Ausgeschlossenen finden keinerlei Aufnahme; ja, man kann sie - anders als die Denkfigur des Ausländers - nicht einmal territorial im Sinne einer Zuweisung verorten.

Aus diesem Barbarendiskurs sticht eine Minderheit von Autoren heraus, welche sich ausschließlich dem humanistischen Programm verpflichtet fühlten, wonach die Menschen durch Lernen und Erziehung in ihren Eigenschaften geformt werden. Ausgangspunkt ihrer Überlegungen ist ein universalistisches Verständnis von *Menschheit*. Anwendung findet dieser Diskurs jedoch nur beschränkt: *Entbarbarisiert* (M. Schneider) erscheinen vor allem die „Barbaren" Europas, insofern die vorherrschenden Stereotypen als kontingent behandelt werden. Zugrunde liegt dem die zunehmende Anerkennung der Aufteilung Europas in Territorien und Nationen, die die alte Unterscheidung zwischen Gebildeten und Nichtgebildeten aufgebrochen und die Verschiedenheiten der nationalen Sprachen durchgesetzt hatte. Alle einer Nation Angehörenden werden nunmehr gleichbehandelt. Der Barbarendiskurs ging bei den Humanisten mit dem Nationendiskurs Hand in Hand und hat diesen entsprechend verstärkt.

Münkler, Herfried / Hans Grünberger (1999): Die alten und die neuen Barbaren: Barbarisierung und Entbarbarisierung von Völkern im Diskurs der Humanisten des 15. und 16. Jahrhunderts; in: Humboldt-Spektrum, H. 1, S. 26 - 32

Grünberger, Hans (2000): Frühneuzeitliche Argumentationsmuster der Entbarbarisierung Europas, in: Paideuma - Mitteilungen zur Kulturkunde, Band 46. Stuttgart, S. 161 - 187

Grünberger, Hans (2001): Barbaren im Diskurs der Humanisten im 16. Jahrhundert, in: Brigitte Jostes / Jürgen Trabant (Hg.): Fremdes in fremden Sprachen (Übergänge Band 43). München, S. 57 - 84

Grünberger, Hans (2002): Wir und die Anderen oder Barbaren unter sich. Zur Xenographie im deutschen Humanismus des späten 15. und 16. Jahrhunderts, in: Brigitte Felderer / Thomas Macho (Hg): Höflichkeit: Aktualität und Genese von Umgangsformen. München, S. 40 - 69

Grünberger, Hans (2003): Die Exklusion des Barbaren aus Nation und Konfession im Diskurs der deutschen Humanisten - eine Rhetorik der Intoleranz? in: Heinz Schilling / Marie-Antoinette Gros (Hg.): Im Spannungsfeld von Staat und Kirche - „Minderheiten" und „Erziehung" im deutsch-französischen Gesellschaftsvergleich 16. bis 18. Jahrhunderts. Berlin, S. 29 - 52

Migration ohne Ortswechsel? Die Perspektive Einheimischer im Zuwanderungsstadtteil: Konsequenzen für Integrationsprozesse und die räumliche Planung. Eine Untersuchung mittels biografischer Methoden

Beteiligte:
Volker Kreibich, Katrin Gliemann, Gerold Caesperlein. Universität Dortmund, Fakultät Raumplanung, Fachgebiet Geographische Grundlagen der Raumplanung

Laufzeit: **1998 - 1999**

Das Viertel am Dortmunder Borsigplatz verdeutlicht, dass nicht das Fremde an Fremden stört, sondern das Eigene, das diesen zu größerem Erfolg verhilft. Drei von ethnischen Unterschieden weitgehend unabhängige Aspekte erklären die Stadtteilentwicklung:

- Etablierten-Außenseiter-Konflikte zwischen früher etablierten Geschäftsleuten und aufgestiegenen Facharbeitern, zwischen Einheimischen und Eingewanderten, zwischen der Gesamtstadt und dem stigmatisierten Außenseiterviertel.
- Ambivalent bewertete Generationswechsel - die erfolgreiche Emanzipation der Kinder von Elternhaus und Stadtteil entwertet gleichzeitig die eigene Lebensbilanz.
- Asynchron ablaufende Modernisierungsprozesse - im Viertel halten sich alte Lebens- und Wirtschaftskonzepte, während „Aufsteiger" den Stadtteil verlassen.

Die Kriegs- und Nachkriegszeit bestätigte Hauseigner und Geschäftsleute zunächst als Etablierte, aber der schwierige Wiederaufbau und das „Wirtschaftswunder" veränderten die Hierarchien und resultierten im Wegzug der Facharbeiter als Wohlstandsgewinner. Die nachrückenden Einwanderer trafen auf Alteingesessene, deren Status durch die stigmatisierten Immigranten weiter sank und deren Zusammenhalt bröckelte. Einwanderer weisen inzwischen bessere Netzwerke auf und gelten als etabliert. Beschleunigt wurde der Abbau der Alteingesessenen-Netzwerke durch die Außenseiterstellung des Viertels in der Stadt: Stigmatisierung und Kriminalisierung des Viertels unterminierten fortlaufend den Status der Alteingesessenen.
Angesichts dessen sind die Alteingesessenen verwirrt über die „richtige" Einordnung ihrer Lebensbilanz. Sie stehen dem (so wahrgenommenen) Erfolg der *Fremden* gegenüber, der auf der Fortführung der früheren, *eigenen* und angeblich veralteten Lebens- und Wirtschaftskonzepte beruht. Einwanderer haben Erfolg ohne vollkommene Anpassung an Modernisierungsprozesse, stützen sich zudem auf einen Familienzusammenhalt, auf den sich die *eigenen* Kinder nicht verpflichten ließen. Dieser Verwirrung entsprechen auch die Reaktionen der Alteingesessenen:

- Einige möchten am Erfolg der Kinder teilhaben, was ihnen aber oft verwehrt bleibt.
- Andere sehen die Schuld für den Machtverlust in „untreuen" Kindern.

- Oder sie machen z. B. Rentenpolitiker sowie diejenigen, die ihre Lebensleistung frühzeitig „vergoldeten", für die entwertete eigene Lebensbilanz verantwortlich.
- Häufig werden Einwanderer zur Zielscheibe der Wut - sie wurden akzeptiert, solange sie den eigenen Etabliertenstatus stärkten, doch als Symbol für den Machtverlust wird nun die am besten organisierte Gruppe angefeindet: als pars pro toto die Türken.

Der Ethnisierung von Etablierten-Außenseiter-Verschiebungen, Modernisierungsprozessen und Generationswechseln steuerte die Gesamtstadt nicht entgegen, sondern nutzte Einwanderung im innerstädtischen Verteilungskampf zur fortgesetzten Stigmatisierung des Viertels.
Mögliche Beiträge der (Raum-)Planung zur Eindämmung ethnisierter sozialer Konflikte sind

- die - auch materielle - Respektierung der Lebensleistung einer ganzen Generation,
- die selbstbewusste Heranführung an Modernisierungsprozesse,
- die Verdeutlichung von Gemeinsamkeiten aufgrund ähnlicher Lebenslagen sowie
- ein gleichberechtigter Status des Viertels in der Gesamtstadt.

Das Forschungsprojekt eröffnet der „Heimatdisziplin" Raumplanung neue Perspektiven auf Einwanderungsstadtteile und fordert einen neuen Umgang mit diesen Quartieren ein. Das ist u. a. zurückzuführen auf die systematische Analyse der Auswirkung von Einwanderung auf einen Stadtteil, die disziplinenübergreifende Betrachtungsweise, die Einführung der Biografieforschung in der raumbezogenen Forschung und die formulierten Konsequenzen für Politik und Planung.

Caesperlein, Gerold / Gliemann, Katrin (1998): Immigration als Etablierten-Außenseiter-Situation? Die Lage am Dortmunder Borsigplatz, in: Raum-Planung, H. 83, S. 201 - 206

Caesperlein, Gerold / Gliemann, Katrin (1999): Das Eigene am Fremden. Zuwanderung in ein innenstadtnahes Arbeiterviertel aus Sicht der Alteingesessenen, in: BIOS, H. 1, S. 116 - 123

Caesperlein, Gerold / Gliemann, Katrin (2000): Die Rolle altindustrieller Stadtteile für Zuwanderung und Aufnahme - Das Beispiel des Dortmunder Borsigplatzes, in: Dobritz, Jürgen und Johannes Otto (Hg.): Einwanderungsregion Europa?. Osnabrück, S. 211 - 223

Caesperlein, Gerold / Gliemann, Katrin (2003): Drehscheibe Borsigplatz. Ein Einwanderungsstadtteil im Spiegel der Lebensgeschichten alteingesessener Bewohner. Dortmunder Beiträge zur Raumplanung Nr. 114. Dortmund

Gliemann, Katrin / Caesperlein, Gerold (1999): Migration ohne Ortswechsel? - Die Rolle alter Arbeiterviertel für die Integration Eingewanderter im Spiegel der Lebensgeschichten alteingesessener „Einheimischer", in: Uni Report, H. 28, S. 25 - 28

Zuschreibung und Befremden. Der ethnographische Textbegriff, seine philosophischen Voraussetzungen und sein Verhältnis zu den mündlich-theatralischen Repräsentationsformen Balis

Beteiligte:
Hermann Amborn, Annette Hornbacher. Universität München,
Fakultät für Kulturwissenschaften, Institut für Ethnologie und Afrikanistik

Laufzeit: **1998 - 2002**

Im Projekt werden zentrale Fragen unseres Fachs zur Diskussion gestellt und neue Problemlösungsvorschläge erarbeitet. Anlass war die Suche nach der Überwindung der Identitätskrise des abendländischen Erkenntnismodells, die sich unter dem Einfluss der Postmoderne als „Krise der ethnographischen Repräsentation" niederschlug. Die Kritik am Positivismus und die Erkenntnis, dass fremde Wirklichkeit sich nicht als Objekt unmittelbar im Text repräsentieren lasse, bleibt unbestritten, doch wird die daraus von postmodernen Autoren gezogene Schlussfolgerung, Ethnografie könne nur die je eigene Textfiktion sein, aufgrund einer erkenntnistheoretischen und geistesgeschichtlichen Analyse zurückgewiesen. Es stellte sich heraus, dass der geschichtliche und kulturelle Charakter des westlichen Abbildmodells von Erkenntnis von den Kritikern verengt reflektiert worden ist und andere abendländische Erkenntnismodelle (etwa *repraesentatio* nicht als Abbildung sondern als Vollzug) sowie selbstkritische Ansätze in der Philosophie unberücksichtigt blieben.
Das Projekt kontrastiert die postmoderne Erkenntniskrise mit der theatralischen Wissensvermittlung im rituellen Tanzdrama Balis. Mit dieser Gegenüberstellung verschiedener Repräsentations- und Darstellungsformen von Wissen und Erkenntnis ergaben sich einige grundsätzliche Einsichten, wie sie auch für die Beurteilung des Verhältnisses zwischen ‚Eigenem' und ‚Fremdem' von Bedeutung sind: Wenn - anders als die postmoderne Ethnologie nahe legt - eine selbstkritische Tendenz bereits die europäische Moderne und ihren Erkenntnisbegriff kennzeichnet, so lassen sich Eigenes und Fremdes nicht mehr als zwei unüberbrückbare Gegenbereiche voneinander trennen. Vielmehr ist das Fremde ein Aspekt des Eigenen, und daher liegt in der Begegnung mit der anderen Lebensform eine Möglichkeit selbstkritischer Reflexion, sofern das Fremde als Gegenüber, d. h. als produktiveres Befremden am Eigenen, dialektisch wahrgenommen wird.
Das ethnologisch Bedeutsame am Projekt liegt darin, dass die bei der Analyse der abendländischen Erkenntnisproblematik erarbeiteten Einsichten am Beispiel einer zeitgenössischen nichtschriftlichen Wissenskultur fruchtbar gemacht werden. Die mündlich performative Theaterpraxis Balis erscheint nicht als bloßes Objekt ethnologischen Wissens, sondern als gleichberechtigtes intellektuelles Gegenüber, das Ausgangspunkt einer selbstreflexiven Beschreibung unterschiedlicher Erkenntniskonzepte wird. Mit der Beschreibung jeweils einzelner Aufführungen und deren Bezug auf aktuelle Situationen wird die performative Flexibilität mit dem darin enthaltenen Potenzial der Selbstreflexion sichtbar: Das balinesische Tanzdrama ist

leiblich vermittelte Form von kosmologischem Wissen und Gegenwartsreflexion. Mit der Deutung des Tanzes als Agens der Vermittlung wird eine neue Sicht auf dieses balinesische Medium geworfen, womit die gängige These von der Starrheit balinesischer Rituale widerlegt ist.
Was Forschungsperspektiven anbelangt, so bietet der in Bali exemplifizierte Forschungsansatz Anregungen für die kreative Weiterentwicklung einer selbstreflexiven Richtung der Ethnologie, die nicht nur vom eigenen abendländischen epistemologischen Standpunkt ausgeht, sondern das Wissen um Erkenntnisgewinnung der Subjekte einer untersuchten Kultur bereits im Feldforschungsprozess konstruktiv und diskursiv mit einbezieht.

Amborn, Hermann (2003): Karé: Der Ernst ist ein blutiges Spiel, in: Tribus 52: 48 - 66 (2003)

Hornbacher, Annette (2003): Die Gangart der Reflexion. Überlegungen zum Verhältnis von Tradition und Moderne im balinesischen Legong. Paideuma 49: 179 - 205 (2003)

Hornbacher, Annette (2005): Zuschreibung und Befremden. Die Krise der Repräsentation und die theatrale Repräsentationsform des Wissens auf Bali. Berlin

Hornbacher, Annette (im Druck): Sounding the Word. Prosody and Poetics in Wayankulit Reflected by Western and Balinese Concepts of Language, in: Demmer, U. u. M. Gaenzle (Eds.): The Power of Discourse in Ritual Performance. Münster

Das Fremde und das Eigene, Exklusion und Inklusion im tibetischen Siedlungsraum der Volksrepublik China zwischen 1950 und 1999. Die Mehrschichtigkeit von Identitätsgefügen und die ästhetische Ebene in der Wahrnehmung fremder und eigener Kultur

Beteiligte:

- **Werner Draguhn, Achim Bayer, Felix Haller, Thomas Hoppe, Bianca Horlemann.** Institut für Asienkunde, Hamburg
- **Charles Ramble.** The Oriental Institute, Oxford, England

Laufzeit: **1998 - 2002**

Hauptziel des Projekts war die Untersuchung des Fremden im (ethnisch) Eigenen: Innerethnische Grenzziehungen, Momente der Anziehung und Abstoßung innerhalb des tibetischen Ethnos und damit verbunden die „Buntheit" der tibetischen Kultur. Die sich in der Gefühlswelt und den Handlungen der einzelnen niederschlagenden Exklusionen und Inklusionen in dem verfolgten mehrschichtigen Identitätsmodell sollten ihrer Stärke und Wertigkeit nach erfasst werden. Die Repräsentanten des Systems sind häufig die „eigenen Leute", die eine „fremde Politik" durchsetzen. Ein unmittelbarer Vergleich zwischen chinesischer und tibetischer Kultur, zwischen chinesischen und tibetischen Verhaltensmustern ist in den untersuchten Regionen oft gar nicht möglich, weil die Han-Chinesen als organisierte ethnische Gruppe kaum präsent sind. Chinesischer Einfluss im weitesten Sinne ist jedoch in den untersuchten Regionen ständig gegenwärtig. Die Untersuchung wurde in zwei Regionen durchgeführt: den östlichen tibetischen Siedlungsgebieten in den Provinzen Sichuan und Quinghai sowie ausgewählten Gebieten in der autonomen Region Tibet. Im Laufe des Projekts wurde durch die beteiligten Forscherinnen und Forscher eine Fülle von Einzelergebnissen erzielt, die allerdings nicht in ein Gesamtergebnis einfließen konnten.

Horlemann, Bianca (2002): Modernisation Efforts in Mgo log: A Chronicle, 1970 - 2000, in: Huber, Toni (Hg.): Amdo Tibetans in Transition. Leiden, S. 242 - 269

Theatralität und die Kategorien der Kulturwissenschaften

Beteiligte:
Michael Enßlen, Elsbeth Kneuper, Silke Wolf. Heidelberger Gesellschaft für Geistes- und Sozialwissenschaften e. V.

Laufzeit: **27. - 28. November 1999 (Symposium)**

Dem Symposium lag die Hypothese zugrunde, dass die „Erkenntnislogik" des bürgerlichen Theaters für weite Bereiche der Kulturwissenschaften als Modell des jeweiligen Wissenschaftsbegriffs dienen kann. Diese Vermutung hat sich während der Veranstaltung in den Diskussionen bestätigt. Dabei ist der Angelpunkt der Problematik nicht, wie anfänglich erwartet, die Dialektik von Inszenierung und Authentizität. Als entscheidend erwies sich vielmehr der Gegensatz zwischen Teilhabe und Repräsentation. Aus den Beiträgen wurde deutlich, dass das Paradigma des Theaters, das durch van Gennep, Schechner, Goffman, Turner und andere in den Sozialwissenschaften einen außerordentlich großen Einfluss gehabt hat, nur einen Teil der Möglichkeiten des Theaters wiedergibt; allerdings einen Teil, dessen Struktur für das moderne Theorieverständnis leitend gewesen ist. Das Problem eines sich auf dieses Paradigma gründenden Ansatzes liegt zum einen darin, dass die Rolle des Subjektes weithin unterbelichtet ist, und zum anderen in der Festlegung von Theatralität auf die triadische Struktur (Rolle, Schauspielerin bzw. Schauspieler und Publikum) nach Erika Fischer-Lichte, die als Modus des gegenseitigen Verhältnisses der beteiligten Positionen das der Repräsentation festschreibt. Die sich hieraus ergebende Verkürzung bedingt, dass einerseits bestimmte Formen des Theaters aus dem Blick geraten und dass andererseits die latente Wirkung dieser Vorstellung von Theatralität und die Grenzen der theatralen Rhetorik nicht in ausreichendem Maße reflektiert werden. Aus dieser Problemlage ergaben sich drei Schwerpunkte: Für die Herausbildung der modernen Wissenschaften ist erstens eine enge Wechselwirkung der kognitiven Struktur, insbesondere der Kulturwissenschaften mit der „epistemologischen Rhetorik" - einer durch vor allem von der bürgerlichen Gesellschaftsschicht gestützten Praxis von Theatralität -, zu diagnostizieren. Des Weiteren wurde deutlich, dass die Folgen dieses „Paradigmas" von Wissenschaft für das interkulturelle Verstehen auch in der Repräsentationsdebatte der Ethnologie nur teilweise aufgearbeitet wurden. Insbesondere der Rolle des durch die sozialanthropologische Verfahrensweise konstituierten „Publikums" ist in der Methodendiskussion der Ethnologie bis heute kaum Aufmerksamkeit gewidmet worden. An diese Thematik schließen sich weitere ethische Fragen an, die im Übergang von Menschenbild und Politik angesiedelt sind. Unter anderem etwa, wie Kulturen für gesellschaftliche Diskurse benutzt werden. Der Komplex der aufgeworfenen Fragen hängt schließlich drittens mit der Verbindung einer „gesellschaftlichen" Erkenntnislogik mit der spezifischen Form von Körperlichkeit zusammen, deren Verfasstheit durch Körper als Repräsentationen und per Repräsentation sich zu ihrer Umwelt ins Verhältnis Setzenden charakterisiert ist. Der Versuch, dieses Verhältnis alternativ als eines der Teilhabe zu bestimmen, ist bis heute nicht konsequent durchgeführt worden.

Interdisziplinäre Analyse der aktuellen französischen Rap-Szene als Beispiel multikultureller Koexistenz

Beteiligte:

- **Eva Kimminich.** Universität Freiburg, Romanisches Seminar
- **Siegfried J. Schmidt.** Universität Münster, Institut für Kommunikationswissenschaften
- **Claudia Krülls-Hepermann.** Universität Siegen, Romanistik

Laufzeit: **2000 - 2003**

Das Forschungsvorhaben widmete sich einer Untersuchung der Hip-Hop-Kultur am Beispiel des Rap in seiner dynamisch sich verändernden Entwicklung. Rap gilt als eine neue, gesellschaftspolitisch relevante, multisensorielle Ausdrucksform der individuellen wie kollektiven Identitätssuche und -abgrenzung, die auf einer Auseinandersetzung mit der eigenen, fremd gebliebenen französischen Kultur und mit der ebenfalls fremd gebliebenen eigenen (meist arabischen oder afrikanischen, aber auch latinoamerikanischen) Kultur basiert.

Anhand der Analyse von musikalischen Medien (Songs, Texten, Videoproduktionen), Interviews mit Rappern sowie teilnehmender Beobachtung von *Street marketing*, spontanes *Street breaking* und *Rapping* wurden Identität stiftende Leitbilder näher untersucht. Von besonderem Interesse war dabei, inwiefern das auf vollständige Integration abzielende traditionelle Integrationsmodell Frankreichs durch alternative Akkulturationsstrategien, wie sie der Rap demonstriert, erweitert werden könnte.

Die Ergebnisse lassen sich in drei Umschreibungen resümieren:

1. Die Hip-Hop-Kultur bietet ein komplexes *Set of tools*, das prämoderne (aural-orale bzw. körperorientierte) mit postmodernen (technologischen) Weltwahrnehmungs- und Darstellungsrastern verschmelzen lässt, so dass Elemente verschiedener kultureller Traditionen und High-tech zu einem neuen ästhetischen Ganzen fusionieren, aus dem sowohl lokalspezifische als auch transkulturell einsetzbare Interaktionsstrategien entwickelt werden.
2. Dabei ist Hip-Hop im Kontext einer überlebensnotwendigen Selbst(re)konstruktion einer heterogenen Gruppe zu sehen, die sich aber nicht nur aus postkolonialen Immigranten zusammensetzt. Er ist ein vielschichtiges Repräsentationssystem, mit dem Identitäten und Gemeinschaften entworfen werden. Als globaler Verbund eint er auch eine große Anzahl an (in der Diaspora) weltweit unter jeweils lokalspezifisch wechselnden Voraussetzungen lebenden Individuen anhand einer bestimmten Lebensphilosophie und über eine spezifische Art des kommunikativen, Differenz und Interferenz erzeugenden Handelns.
3. Hip-Hop öffnet einen materiellen wie symbolischen Interaktionsraum, in dem eine vielfältige Re-Kombination von sprachlichen wie körpersprachlichen Ausdrucksinhalten und Ausdrucksweisen stattfindet. Diese bieten ein breites Spektrum für Selbsterfahrung und Selbstdarstellung. Beides vollzieht sich so-

wohl durch zustimmende als auch ablehnende Anknüpfung an das Netzwerk nationaler, regionaler oder ethnischer Konzeptualisierungen.

Die Ergebnisse legen eine gezielte Rezeptionsforschung nahe, die sich den konkreten Auswirkungen dieser vielschichtigen kulturellen Praxis auf Jugend und Gesellschaft, Identität und Lebensstil, auf kulturellen wie sozialen Habitus widmen sollte. Dabei müssten gesellschaftspolitische Strukturen einbezogen werden, denn trotz und gerade aufgrund interner Unstimmigkeiten und Spannungen eignen sich Konzepte und Praktiken dieser Spezialkultur dazu, Wege einer integrativen, transethnische Sozietät fördernden „Auseinandersetzungskultur" einzuleiten. Die Ergebnisse führten zur Ausarbeitung eines anschließenden Forschungsprojektes, „Hass und Hoffnung". Medienkulturwissenschaftliche, kulturanthropologische und semiotische Aspekte interkultureller Identitätsbildung in der französischen und frankophonen Vorstadtkultur".

Kimminich, Eva (Hg.) (2002): Illégal ou Légal. Anthologie du Rap. Stuttgart

Kimminich, Eva (2001): Enragement und Engagement. Beobachtungen und Gedanken zur Wort-Gewalt der französischen und frankophonen Hip-Hop-Kultur, in: Kimminich u.a.: Wort und Waffe. Welt - Körper - Sprache, Perspektiven kultureller Wahrnehmungs- und Darstellungsformen, Bd. 2, S. 147 - 174

Kimminich, Eva (2001): Maag Daan (erwachsen werden und siegen). Bemerkungen zur gesellschaftlichen, politischen und kulturellen Tragweite des Senerap, in: Bulletin des Archivs für Textmusikforschung, Oktober. Innsbruck, S. 24 - 30

Kimminich, Eva (2001): Beispiele senegalesischer Musikproduktion: Mamadou Kontés Afrika Fête und Mr. Kane's Fitna Production, in: Bulletin des Archivs für Textmusikforschung, Oktober. Innsbruck, S. 30 - 33

Konstruktionen des ‚Fremden' und des ‚Eigenen': Prozesse interkultureller Abgrenzung, Vermittlung und Identitätsbildung (1999 - 2006)

Die Konstruktion ethnischer und kultureller Identitäten in der kolonialen Stadt in Spanisch-Amerika am Beispiel von Trujillo, Peru (1534 - 1619)

Beteiligte:

- **Jürgen Golte, Karoline Noack.** Freie Universität Berlin, Lateinamerika-Institut
- **Aurora Ruiz Rosado, Maria Beierlein de Gutierrez, Katalin Nagy, Juan Castaneda Murga, Paola Risco, Sabino Arroyo.** Universidad Privada Antenor Orrego, Trujillo, Peru

Laufzeit: **2001 - 2003**

In dem Forschungsprojekt wurden am Beispiel der Herausbildung der urbanen, multiethnischen und multikulturellen kolonialspanischen Gesellschaft Trujillos (Peru) im 16. Jh. die Prozesse dargestellt, in denen sich ethnische und kulturelle Identitäten in einer nach der gewaltsamen spanischen Eroberung neuen gesellschaftlichen Situation herstellten und transformierten. Der regionalspezifische soziale und machtpolitische Kontext war dabei von besonderer Bedeutung. Die spanische Politik reagierte auf die Machtverhältnisse, die zur Zeit der Ankunft der Konquistadoren herrschten. Diese definierten sich unter dem spanischen Einfluss um bzw. neu und setzten sich strukturell unter kolonialen Verhältnissen fort. Referenzpunkte waren dabei sowohl die inkaische Vergangenheit (Inka-Straße) als auch die des Chimú-Staates (soziale und räumliche Bezüge auf Chan Chan, Integration von Küsten- und Hochlandregion). Diese politische Konstellation begründete die Tatsache, dass Trujillo die einzige Stadt in dieser ausgedehnten und ressourcenreichen Region über die gesamte Kolonialzeit hinweg blieb. Die besonderen Ausgangsbedingungen führten zu Prozessen der kulturellen Konstruktion von Identitäten im urbanen Raum, die Trujillo von denen anderer Städte im Vizekönigreich Peru unterschied. Politische und kulturelle Aushandlungsprozesse führten in dieser Region zu sozialer Integration und Austausch, die in der räumlich-sozialen Organisation der Stadt und in den politischen und sozioökonomischen Verhältnissen dargelegt werden konnten. Die Integrationsprozesse liefen unter Verzicht auf ethnische Zuschreibungen ab. Trujillo wurde zum Zentrum eines öffentlichen Raums, in dem die Gruppen unterschiedlicher Herkunft einander begegneten und Austauschbeziehungen miteinander eingingen. Diese Austauschbeziehungen belegen, dass die Differenzen zwischen dem ‚Eigenen' und dem ‚Fremden' mit der Etablierung der kolonialen Gesellschaft von den Autoritäten konstruiert worden waren, weil mit einer die Gemeinsamkeiten der kulturellen Gruppen betonenden Politik keine gesellschaftliche Ordnung im Interesse der spanischen Krone herzustellen war. Dies erklärt auch, warum gerade in der Untersuchungsregion, in der die sozialen und kulturellen Vermischungsprozesse am weitesten fortgeschritten waren und in der demzufolge im 16. Jh. auch keine Gefahr indigener Erhebungen gegen die Kolonialmacht bestand, die politischen Kontrollinstrumente der Krone gerade in dieser Region zuerst eingesetzt worden sind. Dies zeigt, dass auch im Kontext der „ersten Globalisierung" eine Selbstreflexivität der Gesellschaft praktiziert wurde, die sich in immer wieder neuen Konstruktion ethnischer Hierarchien realisierte, die zu den auf der Alltagsebene stattfindenden urbanen Prozessen in einem strikten Widerspruch stand.

Noack, Karoline (2003): Caciques, escribanos y las construcciones de historias: Cajamarca, Perú, siglo XVI, in: David Cahill y Blanca Tovias (Eds.): Elites indígenas en los Andes. Nobles, caciques y cabildantes bajo el yugo colonial. Quito, pp. 213 - 227

Noack, Karoline (2004): Las representaciones del poder político en la Sociedad Colonial del siglo XVI, costa norte del Perú, in: Valle Alvarez, Luis, Desarrollo (Eds.): Arqueológico Costa Norte del Perú, Bd. 2. Trujillo, pp. 115 - 124

Noack, Karoline (2005): Negociando la política colonial en el Perú: la perspectiva desde la región norte en los Andes centrales (1532 - 1569), in: N. Böttcher, I. Galaor and B. Hausberger (Eds.): Los buenos, los malos y los feos. Poder y resistencia en América Latina. Frankfurt a.M. / Madrid, pp. 199 - 226

Catalina Rodríguez (in press): „hechicera y alcahueta" de Trujillo: la cultural popular urbana del siglo XVI, in: H. Tomoeda and L. Millones (Eds.): Represión, transgresión y sentimientos en la historia cultural andina. Lima

Regionale Kino-Erfahrungen von „Weiblichkeit" als Selbst-Reflexion kultureller Identität in Kerala (Südindien). Perspektivenwechsel in der Theoriebildung über Öffentlichkeit(en) und Identität(en)

Beteiligte:
Martin Loiperdinger, Brigitte Schulze. Universität Trier, Fachbereich II - Medienwissenschaft

Laufzeit: **2001 - 2004**

Das Projekt widmete sich einer Untersuchung der Lebenslagen von Frauen und religiösen Minderheiten in Kerala, Südindien, die sich hier im Vergleich zu anderen Regionen Indiens in der Sozialstatistik positiver darstellen. Da das regionalsprachige *Malayalam cinema* als „moralisches Leitmedium" erkannt war, wurde seine Rolle im gesellschaftlichen „Aushandeln" der scheinbar integrierend wirkenden *Kerala identity* untersucht. Erste Ergebnisse verwiesen auf einen in Kerala möglicherweise vorliegenden „weiblichen" Gesellschaftstypus, dessen vertiefende hermeneutische Erforschung nach ihm eigenen Kategorien und Methoden die eurozentrisch gedachten „Öffentlichkeit(en)" und „Identität(en)" korrigieren würde.
Ziel war es, die spezifische Dynamik der „Öffentlichkeit" im *Malayalam cinema*, die als wichtigstes Norm und Sinn gebendes symbiotisches System verstanden wurde, aus der Erfahrungs-Perspektive von Frauen zu begreifen.
Leitthese: Die Selbstthematisierung und Ikonisierung der *Kerala identity* erfolgt über die „moralisch starke Kerala-Frau" und ist eine „Anschauungs-Öffentlichkeit", deren vor allem nach Innen gerichteter „Blick" emotional-ethisch geleitet ist. „Fremdes" wird nicht nach „Außen" abgegrenzt. Obschon dieser partikulare „Eingrenzungsprozess" wenig soziale Sprengkraft zwischen „Religionsgruppen" erzeugt, produziert er unbeachtete große Spannungen zwischen individuellen Frauen, ihrer Lebensphilosophie und Freiheit und dem „Kerala-Kollektiv", dessen öffentliche Moral individuelle Freiheit nicht zulässt.
Arbeitsthesen: In der partizipativen Feldforschung mit der *empathic camera* von Brigitte Schulze werden Alltagserfahrungen von Frauen in Kerala selbstreflexiv erhoben und dokumentiert, ihre Erlebens-Welten von „Liebe" und „Gerechtigkeit" mit denen der Kino-Ikonen verglichen. Die emotional-psychologischen Dimensionen unserer Ergebnisse werden u. a. mit erfahrenen einheimischen Therapeuten abgeglichen.
Ergebnisse des Forschungsprojektes:

1. 2000-01 markiert eine Schwellenzeit in Kerala: Die Grundlagen der politischen Ökonomie und die Verfügungs-Gewalt über jede Form von gesellschaftlichem Reichtum liegen in den Händen einer patriarchalen Geld-/Land-/Kasten-/Wissens-Elite. Ihre *Kerala identity* ist weder am *greater common good* noch am verletzlichen Menschen ohne bezahlte Arbeit, noch an der fragilen Um-Welt orientiert.

2. Diese „neue" *Kerala identity* produziert Zentrifugalkräfte, die schwer erkennbare psychisch-emotionale und moralisch-ethische Schäden anrichten, die Marginalisierte - Frauen, *Dalits* („Unberührbare"), *Adivasis* (Urbevölkerung) - erleiden. Marginalisierte Lebens-/Um-Welten waren Räume für unsere fallstudiengestützt erforschten „weiblich-menschlich-kreativen" Energien *srishti*, die zwischen der existenziellen Angst *peti* und dem motivierenden Gerechtigkeitsgefühl *niti* entstehen. Unser Wissen über *srishti* fand keinen Platz in Keralas Universitäten, weil sie „öffentliche" Räume des *Kerala Development Models* sind. Es herrscht ein „Denk-Patronismus", der die aggressive öffentliche Moral von der „guten", aufopferungswilligen *Kerala identity* „verwissenschaftlicht" und ein „Gewalt-Block" ist. Die Ergebnisse widersprechen dem viel zitierten Mythos von der modellhaft gelungenen Entwicklung Keralas: Kehrseite seiner Funktionalisierung für globale Märkte sind signifikant höhere Selbstmord- und Alkoholismusraten als anderswo. Insbesondere Frauen leiden unter exponentiell angewachsener Gewalt in öffentlichen wie privaten Lebenssphären.
3. *Selbst*-bewusste Frauen/*Dalits*/*Adivasis* mit ihrer Ethik von „Liebe" und „Gerechtigkeit" sind aus Sicht der „Gewalt-Blocks" schlecht und zu disziplinieren. Dennoch artikuliert sich *srishti* vielfältig, hat ihre vom Projekt als *female vernacular* bezeichneten selbst-reflektiven Ausdrucks- und dialogischen Kommunikationsformen im Sprechen, Singen, Schreiben oder (Video-)Filmemachen (z. B. 14 „*sinima*-Filme" mit Schulze; s. hierzu auch das umfassende Medienarchiv „*MarginaLifeUtopias* ..." in der Medienwissenschaft der Universität Trier: http://www.femcinecult-kerala.uni-trier.de).
4. Aus dem Verstehen der MarginaLifeUtopias und ihrer Polarität zur *Kerala identity* wurde eine sozio-anthropologische Theorie „diosmotischer Gesellschaftlichkeit" und die Methodik des *Inter-Facing* ausgearbeitet.

Schulze, Brigitte (2002): Megh Malhar: The rag of (self)-control and apathy, in: Nookkukuuttam (Malayalam), Kottayam, No. 1, April - Juni, pp. 78 - 80

Schulze, Brigitte (2005): Globalization and Divergence:Dynamics of Dissensus in Non-Dominant Cinema Cultures of South India, Jan.-April 2002, an essay in fragment prepared for the international conference „Media in Transition 2: Convergence and Globalization", by the Centre for Comparative Media Studies, MIT Cambridge / Mass. (USA), 10 - 12 May 2002, and slightly reworked in January 2005.
Online: http://ubt.opus.hbz-nrw.de/volltexte/2005/295

Schulze, Brigitte (2003): Reflections on cinema and split identities in modernizing societies. From JANAKIKUTTY (Kerala 1997) to CALIGARI (Germany 1920), in: K. Gopinathan (ed.), Film and Philosophy. Kerala, pp. 144 - 170

Schulze, Brigitte (2005): „I am that woman!" Messages from the emotional-political landscapes of indigenous (adivasi) and „untouchable" (dalit) women in South-Indian Kerala, in: Montreal Serai: http://www.montrealserai.com, Archives: Fall 2004, Vol 17, No. 3

Schulze, Brigitte (2005): Exploring Daily Life Experiences Through Cinema-mediated Reflections of Marginalised Women: Challenging the Patriarchal Violence of the Kerala Development Model, in: Shakti Kak and Biswamoy Pati (Eds.): Exploring Gender Equations: Colonial and Post-Colonial India, pp. 329 - 354

Kirchenlied und nationale Identität

Beteiligte:

- **Hermann Kurzke.** Universität Mainz, Deutsches Institut, Interdisziplinärer Arbeitskreis Gesangbuchforschung
- **Franz Karl Praßl.** Internationale Arbeitsgemeinschaft für Hymnologie, Graz, Österreich
- **Stefan Ferencak.** Konservatorium für Kirchenmusik, Maribor, Slowenien

Laufzeit: **5. - 12. August 2001 (Symposium)**

Kirchenlieder sind kulturelle Identitätssymbole sowohl der Kirchen als auch der Nationen und der Regionen. Sie bilden deshalb eine geeignete Brücke für eine Fragestellung, die auf die Vermittlung des Religiösen und des Politischen abzielt. Sie sind, sofern sie - als offizielle Liturgie - Lenkungsprozessen unterliegen, Teilstücke einer Inszenierung kultureller Identität; mithin Konstruktionen von Eigenheit und implizit auch von komplementärer Fremdheit. Sie kennen transnationale Verflechtungen (z. B. die Grenzen überschreitende Kultur der katholischen Kirche oder die internationale Rezeption lutherischer Kernlieder), Überlagerungen von Fremdem und Eigenem (Liedimporte und -exporte), Einigungsprozesse (ökumenische Lieder), deren Gelingen (wenn fremde Lieder angenommen werden) und deren Scheitern (wenn die Uneinigkeit unüberwindlich ist oder die Einigung zum Identitätsverlust führen würde) gleichermaßen aussagekräftig ist. Zum Teil decken sich diese Vorgänge mit den politischen, zum Teil überlagern sie diese. Die Tagung hatte die Absicht, vielfältige Aspekte des Verhältnisses von Kirchenlied und nationaler oder regionaler Identität zu erforschen.

Slowenien ist - nach Jahrhunderten unter österreichischer und Jahrzehnten unter jugoslawischer Herrschaft - seit über zehn Jahren eine unabhängige Republik und erlebt einen enthusiastischen nationalen Aufbruch. Die slowenische Identität wurde durch Jahrhunderte unterstützt durch die römisch-katholische Konfession, der bis heute mehr als 80 % der Bevölkerung angehören. Das Tagungsthema war infolgedessen in diesem Land hochaktuell. Die Referenten gehörten 17 verschiedenen Nationen an. Elf Referate kamen aus Ländern des ehemaligen Ostblocks. Es ergab sich ein ungewöhnlich intensiver internationaler, interdisziplinärer und interkonfessioneller Austausch. Nur wenige Aspekte können hier genannt werden:

- Identität bestätigt sich selbst durch Identitätssymbole und schiebt der Feindseite Alteritätssymbole zu.
- Kirchenlieder sind oder waren in vielen Nationen und Gruppierungen starke Identitätssymbole. Besonders ergiebige Befunde lagen dem Kongress für Südafrika, Slowenien, England, Norwegen, die Färöer, die DDR und das nationalsozialistische Deutschland vor.
- Je stärker die Identität, desto schwächer die Reflexion der Identität (und umgekehrt). Die deutschen Intellektuellen reflektieren ihre ehemaligen Identitätssymbole, weil sie ihnen durch die Hitlerzeit genommen wurden. Der unbefangene

Stolz der Slowenen auf ihr Land macht ihr Singen innig, schwächt aber die Reflexion. Für die Deutschen ist „Kirchenlied und nationale Identität" ein Thema, das dazu auffordert, einen problematischen Zusammenhang kritisch zu hinterfragen, während man in Slowenien nicht Kritik, sondern Affirmation von dieser Tagung erwartete.

- „Ein feste Burg ist unser Gott...", das singen verfeindete Gruppen, Gott jeweils für sich reklamierend. Die Tagung zeigte viele Beispiele für die erschreckende Indienstnahme der christlichen Religion für weltliche Zwecke.
- Wo Identität bewusst wird, ist sie schon bedroht. Der erste Färöer, der das Singen der Färöer auf Tonband aufnimmt, ist schon kein ganzer Färöer mehr. Eine Kultur, die nicht mehr naiv (im guten Sinne) und reflexionslos das Leben eines Volkes bestimmt, sondern sich selbst erkennt, wird rousseauisiert, romantisiert, folklorisiert, hybridisiert und ästhetisiert.

Kück, Cornelia (2003): Kirchenlied im Nationalsozialismus: die Gesangbuchreform unter dem Einfluss von Christhard Mahrenholz und Oskar Söhngen. Leipzig

Kurzke, Hermann / Kück, Cornelia (Hg.) (2003): Kirchenlied und nationale Identität: internationale und interkulturelle Beiträge. Tübingen u. a.

Migration, Kultur, Literatur. Unter besonderer Berücksichtigung literarischer Texte von Frauen

Beteiligte:
Gerhard Bauer, Gert Mattenklott, Aglaia Blioumi. Freie Universität Berlin, Fachbereich Philosophie und Geisteswissenschaften, Institut für Deutsche und Niederländische Philologie

Laufzeit: **16. - 18. Februar 2001 (Symposium)**

Das Symposium hatte zum Ziel, Argumente für die These bereitzustellen, dass Migrationsliteratur, insbesondere jene von Frauen, hervorragende Einsichten über neue Formen der Identitätsbildung im Kontext eines sich in seiner Identität suchenden Europas liefere.
Die Frage nach einer europäischen Identität führte zu weiterführenden Fragen, was Europa selbst im Bewusstsein von Europäern mental konstituiere. Für Philologen sei es besonders interessant zu untersuchen, wie Literatur auf eine „beschworene" europäische Identität reagiere. Zunehmend würden literarische Werke geschrieben, die nicht nur die Erfahrung der Migration bearbeiteten und in der Gastlandsprache veröffentlicht würden oder die sprachlichen und kulturellen Bedingungen des Gastlandes reflektierten. In den neueren Erscheinungen der Migrationsliteratur werde darüber hinaus die persönliche und soziale Situation von Migranten neu empfunden und vertreten.
Gemessen an den Reaktionen der Teilnehmer kann das Symposium durchgängig als Erfolg angesehen werden. An den beiden Arbeitstagen waren (mit den Referenten) etwa 30 Interessenten versammelt; zu den Lesungen kamen am ersten Abend ca. 60, am zweiten ca. 25 Zuhörer in die Villa Oppenheim. Von Beginn an setzte sich ein Klima des intensiven und so gut wie konkurrenzfreien Austauschs durch. Dazu trug entscheidend bei, dass mindestens vier der Beiträge direkt die nächsten jetzt anstehenden Aufgaben im Feld der angemessenen Erforschung der Interkulturellen Literatur zum Gegenstand machten und selbst dazu Vorschläge und Erprobungen präsentierten: eine ausgefeilte Komparatistik zwischen vier mächtigen, höchst ungleichen „interkulturellen Romanen" auf der Folie des historischen Romans und des Bildungsromans (Chiellino), eine Analyse des in der deutschen Literaturöffentlichkeit vorherrschenden Modells der Anerkennung und Vereinnahmung im Kontrast zum - nicht weniger kritisch betrachteten - französischen, britischen, US-amerikanischen und (auf Nachfrage) italienischen Modell (Amodeo), eine literaturtheoretische Reflexion der grundlegenden Kategorien der Interkulturellen Literatur und der dadurch geweckten Ansprüche an sie, expliziert an einem Werk des ausgeloteten friedlichen Kulturvergleichs (Blioumi), die zum Mitdenken und Fragenstellen vorgeführte Anstrengung, für ein hochgradig artifizielles avantgardistisches Werk (von Tawada) ähnlich dynamische, für Verschiebungen und Vertauschungen offene Begriffe zu finden (Krauß). Auch die direkt aufgegriffene Provokation (von Zaimoglu), zur Provokation der ganzen Literaturöffentlichkeit mit

ihrer Harthörigkeit ausgebaut (durch Wertheimer), wirkte ausgesprochen stimulierend. Die anderen Beiträge, die mehr den bisher erreichten Stand reflektierten, lieferten wichtige Grundlagen für die Diskussion, die immer mehr den Charakter annahm, dass erfahrene (Frau Ackermann z. B. arbeitet seit über 20 Jahren in diesem Feld) und neu hinzugekommene Experten sich austauschten über eine Disziplin, die es mittlerweile doch schon gibt, die aber an wesentlichen Bestimmungen ihres Gegenstands und Umfangs, ihres Verhältnisses zu den Nationalphilologien wie zur Komparatistik, der in ihrem Gegenstand liegenden spezifischen Moderne und Avanciertheit, aber auch Kontinuität noch weiter fundamental arbeiten muss.

Blioumi, Aglaia (Hg.) (2002): Migration und Literatur in neueren literarischen Texten. München

Postkolonialismus, Nationalismus und Subjekt (Identitätskonstruktionen in lateinamerikanischer Literatur und Kultur des 19. Jahrhunderts)

Beteiligte:
Friedhelm Schmidt-Welle, Günther Maihold. Ibero-Amerikanisches Institut, Preußischer Kulturbesitz, Berlin

Laufzeit: **8. - 10. November 2001 (Symposium)**

Ausgangspunkt des Symposiums war die Infragestellung der traditionellen Begriffe von postkolonialer Nation und postkolonialem Subjekt in Lateinamerika durch die aktuellen kulturtheoretischen Ansätze des Postkolonialismus (Bhabha, Chatterjee u. a.) und der *Subaltern Studies* (Guha, Spivak, Mignolo u. a.) einerseits sowie durch die Konzepte der „imagined community" (Benedict Anderson) und der „Allegorie des Nationalen" (Fredric Jameson) andererseits. Vor diesem Hintergrund der zeitgenössischen Theoriedebatten sollten die Antworten der internationalen Lateinamerikanistik auf diese Infragestellung bzw. den durch sie hervorgerufenen Paradigmenwechsel zum Gegenstand der Diskussion während des Symposiums werden. Die Teilnehmerinnen und Teilnehmer erzielten in ihren Referaten und Diskussionsbeiträgen dahingehend Übereinstimmung, dass

- die Forschung zur lateinamerikanischen Literatur und Kultur des 19. Jahrhunderts nicht hinter die von den Postkolonialismus- und *Subaltern Studies*-Theoretikern vertretenen Positionen zurückkann;
- die Lateinamerikanistik in diesem Kontext aber eigene, die spezifischen Gegebenheiten des lateinamerikanischen Unabhängigkeitsprozesses berücksichtigende Positionen entwickeln muss, um einer unbefragten Übernahme theoretischer Modelle entgegenzuwirken, die in einem anderen historischen Zusammenhang (unter dem Stichwort *The Empire Writes Back*) entwickelt wurden;
- die Begrifflichkeiten der Postkolonialismus-Theoretiker und vor allem ihre Kritik an früheren Erklärungsmodellen insofern für den lateinamerikanischen Kontext zwar eine Eröffnung neuer Forschungsperspektiven garantieren, gleichzeitig aber durch ihre Anwendung auf diesen Kontext destabilisiert werden.

Konkret wurden für die zukünftige Forschung angemahnt:

- die Verschiebung von der Interpretation literarischer Repräsentation zur Analyse der Performance, Ausdrucksformen der Wissenskultur sowie deren Beziehungen zur Literatur;
- die verstärkte Untersuchung der materiellen Kultur;
- die Berücksichtigung bzw. Archäologie der jeweiligen lokalen Wissenskulturen und ihrer Konstitutierung;
- eine Re-Lektüre, nicht jedoch eine Re-Kanonisierung der „Klassiker" der lateinamerikanischen Literatur des 19. Jahrhunderts;

- die Analyse der Konstituierung unterschiedlicher Subjekte in und jenseits der *ciudad letrada*;
- die Relativierung der Kategorien „Staat" und „Nation" im Kontext postkolonialer Gesellschaften;
- die Berücksichtigung der *ciudadanía cultural* und deren Verhältnis zur Kultur der Eliten;
- die Frage einer Demokratisierung des Wissens und der Partizipation im postkolonialen Nationalstaat;
- die Untersuchung der Repräsentation der kulturell Anderen, der Frauen, der Massen;
- die Kritik des Verhältnisses von Kolonialismus und Modernität;
- die Untersuchung des Widerspruchs des liberalen Subjekts, d. h. die Gleichzeitigkeit von politischer Emanzipation dieses Subjekts und Verhinderung der Emanzipation der Frauen;
- eine Theoretisierung der hier genannten Fragestellungen und Probleme mit neuen, auf die lateinamerikanische Kulturtheorie zurückgreifenden Kategorien.

Schmidt-Welle, Friedhelm (Hg.) (2003): „Ficciones y silencios fundacionales. Literaturas y culturas poscoloniales en América Latina (siglo XIX)". Madrid / Frankfurt am Main

EuropaGestalten: Die Querelle des Femmes

Beteiligte: 79069

- **Klaus Reichert.** Universität Frankfurt am Main, Zentrum zur Erforschung der Frühen Neuzeit
- **Heide Wunder.** Universität Kassel, Fachbereich Gesellschaftswissenschaften, Sozial- und Verfassungsgeschichte der Frühen Neuzeit

Laufzeit: **13. - 15. November 2003 (Tagung)**

Der Neudefinition der Geschlechterverhältnisse kommt in den frühneuzeitlichen Formierungsprozessen von Staat und Gesellschaft ein zentraler Platz zu. Diese These stützt sich u. a. auf das Corpus von Texten und Bildern, das seit der letzten Jahrhundertwende als Querelle des Femmes bezeichnet wurde, auf die theologischen, philosophischen, juristischen und medizinischen Diskurse, in denen über die „Natur" von Mann und Frau, über Gleichheit und Hierarchie der Geschlechter und damit zugleich über ihre gesellschaftlichen Rollen gestritten wurde.
Das Wissen über diese Geschlechterdebatte und ihre gesellschaftliche Relevanz war den modernen Wissenschaften verloren gegangen und wurde erst im Zuge der feministischen Forschungen wiederentdeckt. Seitdem haben Forschungen in vielen Disziplinen die Querelle des Femmes nicht allein als ideen- und geistesgeschichtliches Phänomen studiert, sondern auch ihre Verankerungen in der ständischen Gesellschaft wie im politischen Denken der Frühen Neuzeit erkannt. Auf einer international besetzten interdisziplinären Konferenz (Frankfurt/Main, November 2003) wurden diese Forschungen bilanziert und damit auf eine neue Grundlage gestellt.

Engel, Gisela / Hassauer, Friederike / Rang, Brita / Wunder, Heide (Hg.) (2004): Geschlechterstreit am Beginn der europäischen Moderne. Die Querelle des Femmes. Königstein/Ts.

Virtuelle (Wieder)Vereinigung?
Kulturelle Identitätsbildung im russischsprachigen Internet

Beteiligte:

- **Henrike Schmidt, Karl Eimermacher, Klaus Waschik.** Universität Bochum, Lotman-Institut für russische und sowjetische Kultur
- **Christian Sigrist, Katy Teubener.** Universität Münster, Arbeitsstelle für Entwicklungssoziologie/Sozialökologie der ländlichen Entwicklung am Institut für Soziologie
- **Valerija Kudrjavceva, Katja Kratasjuk.** Russian State University for Humanities, Institut für Europäische Kulturen, Moskau, Russland
- **Natal'ja Konradova.** Russisches Kulturwissenschaftliches Institut, Moskau, Russland

Laufzeit: **2003 - 2006**

Homepages, Internet-Foren, Weblogs und künstlerische Projekte eröffnen als interaktive Kommunikationsformen in Russland neue Möglichkeiten der Bildung kultureller Identität. Kann jedoch angesichts der Globalität des Mediums von einem spezifisch russischen Internet die Rede sein?

Das Projekt sieht sich u. a. durch die Beobachtung von Modifikationen westlicher Copyright-Regelungen, einer Affinität zu informellem Güteraustausch über das Netz oder zu kollektivistisch geprägten Formen des virtuellen Gemeinschaftslebens im russischen Internet in dieser Annahme bestätigt. Prägend für eine solche funktionale Adaptation des Mediums sind der Zusammenfall von gesellschaftlicher Transformation und medialem Wandel in der (Post-)Perestroika sowie die historisch und kulturell geprägten Identitätsmuster. Insbesondere die Erfahrungen der Sowjet-Ära sind bis heute wirkmächtig und beeinflussen die Nutzung des Mediums maßgeblich, auch unter der jüngeren Generation. Mit einem gewissen Grad an Verallgemeinerung lässt sich eine „soziale Schizophrenie" konstatieren, die unterschiedliche Rollen- und Verhaltensmuster im öffentlichen und privaten Raum befördert. Das Internet als ein Hybrid-Medium, das diese Trennung von öffentlich und privat verändert, wirkt hier je nach individuellen und gesellschaftlichen Wertmaßstäben in befreiender oder „befremdlicher" Weise.

Die Thematik des ‚Eigenen' und des ‚Fremden' kommt im Internet damit in zweierlei Hinsicht zum Tragen: auf der Ebene der vermittelten Inhalte sowie auf der Ebene der Strukturen des Mediums selbst, d. h. der Kommunikations- und Handlungsspielräume, die es eröffnet. Letzterer Aspekt ist für das Projekt von zentraler Bedeutung. Während sich eine kleine, im Wesentlichen städtisch, männlich und jugendlich geprägte Internet-Elite das Medium schnell zu ‚eigen' machte, wird es von weiten Teilen der Bevölkerung vor dem Hintergrund des traditionell eher zentralistischen russischen Kulturmodells als „fremd" empfunden. Diese Akzeptanz als ‚eigen' oder ‚fremd' wird weniger über technische Kontrollmechanismen als vielmehr über Metaphorisierungen des Internet im öffentlichen Diskurs *offline* gesteuert.

Mit Blick auf die Nutzung des Internet durch die russischsprachige Diaspora - Stichwort „Virtuelle (Wieder-)Vereinigung" - ist eine deutliche Diskrepanz zwischen der „alten" und der „neuen" Diaspora festzustellen. Die im Unterschied zu den klassischen Ländern der russischsprachigen Emigration (Amerika, Deutschland oder Israel) geringe Internet-Nutzung - etwa im Baltikum oder in Mittelasien - wirft zwangsläufig Fragen kultureller (Unter-)Repräsentation im Internet auf.

Zu den zentralen methodischen Ergebnissen des Forschungsprojekts gehört die Entwicklung eines mehrsprachigen Leitfadens zur Analyse von Webseiten unter kulturellen Aspekten, der sowohl für die qualitative als auch für die quantitative Forschung einsetzbar ist.

Perspektivisch ist der interkulturelle Vergleich des russischen Internet und seiner Nutzungsweisen viel versprechend. Besonderes Augenmerk sollte dabei beispielsweise den Kulturen Asiens geschenkt werden, die sich von ihren semiotischen und gesellschaftlichen Voraussetzungen her gleichfalls stark von den englischsprachigen Segmenten des Internet unterscheiden und dadurch auch zu einer kritischen Betrachtung der mittlerweile stark automatisierten Verhaltensweisen in den mediengesättigten „westlichen" Gesellschaften beizutragen vermögen.

Schmidt, Henrike / Teubener, Katy / Zurawski, Nils (2005): Virtual reunification? Diasporic Culture(s) on the Russian Internet, in; Media Studies, Nr. 23. Warsaw

Schmidt, Henrike / Teubener, Katy / Zurawski, Nils (2005): Von Zensur, die sich nicht lohnt, und Freiheit, die nichts ändert. Interview mit Dmitri Iwanow, in: Telepolis. magazin der netzkultur (19.01.2005). Online: http://www.heise.de/tp/r4/artikel/19/19269/1.html

Schmidt, Henrike (2004): Curiosities of (Self)Consciousness: Cultural identity performances on the Russian Internet, in: Sudweek, Fay / Ess, Charles (Hg.) (2004): Forth International Conference: Cultural Attitudes towards Technology and Communication. Murdoch (Australia), pp. 411 - 416

Gorny, Eugene (2004): Russian LiveJournal: National specifics in the development of a virtual community. Version 1.0 of 13 May 2004, in: Russian-cyberspace.org.
Online: http://www.ruhr-uni-bochum.de/russ-cyb/library/texts/en/gorny_rlj.htm

Die Herausgabe einer wissenschaftlichen Monographie, in der die Forschungsergebnisse präsentiert werden, ist mit Ablauf der Projektförderung im Frühjahr 2006 geplant. Publikationen der Projektleiterinnen und der assoziierten internationalen WissenschaftlerInnen auf der Homepage Russian-cyberspace.org, URL: http://www.russian-cyberspace.org

Person, Space and Memory.
The Experience of New Worlds in Contemporary Pacific Societies

Beteiligte:

- **Jürg Wassmann.** Universität Heidelberg, Institut für Ethnologie
- **Greg Murphy.** Madang University Centre, Papua-Neuguinea
- **Tabah Silau, Linus S. Digim'Rina.** Madang Visitors & Cultural Bureau, Papua-Neuguinea
- **Carmen C. H. Petrosian-Husa.** Bureau of Arts & Culture, Koror, Republic of Palau
- **Donald H. Rubinstein.** University of Guam, Richard Flores Taitano Micronesian Area Research Center, Guam
- **Robert Tonkinson.** The University of Western Australia, Discipline of Anthropology and Sociology, Crawley, Australien

Laufzeit: **2004 - 2007**

Im Zentrum des dreijährigen Forschungsvorhabens steht die Analyse von Tradition und Wandel lokaler Vorstellungen von Person und Identität im Pazifikraum. Insgesamt acht Forschungsarbeiten werden sich aus den verschiedenen Perspektiven der Ethnologie, Psychologie und der Geographie den Konzepten zu Person, Gedächtnis und Ort, Landschaft und Raum in den ausgewählten Regionen Mikronesien, Papua-Neuguinea und Australien widmen. Mehrmonatige Feldforschungsaufenthalte der Projektmitarbeiter sind in enger Zusammenarbeit mit den vor Ort ansässigen Kooperationspartnern vorgesehen. Bislang wurden fünf Projekte begonnen:

Anita Stadler arbeitet in Neuguinea im Dorf Bosmun am Ramu Fluss über ‚mythological tracks', der mythischen Einwanderung der Bevölkerung in die heutigen Siedlungsgebiete. Nach einführendem Studium der Siedlungs- und Verwandtschaftsstrukturen, der religiösen Vorstellungen und der politischen Struktur, Migrationgeschichten, Personenkonzepten, Raumvorstellungen und Landschaftstermini widmet sie sich nun den Einwanderungsmythen der Bewohner von Bosmun.

Alexis von Poser hat es sich zum Ziel gesetzt soundscapes - also Geräusche und Musik - in Keman, direkt an der Küste zu erforschen. Nach einführenden ethnografischen Studien untersucht er nunmehr Trommelrhythmen (jedes Mitglied der Gemeinschaft besitzt einen Rhythmus) und Gesänge. Geplant ist des Weiteren die Analyse von Dschungel- und Meeresgeräuschen mit ihrer Bedeutung in Religion und Alltag sowie als Orientierungshilfe für die Bewohner.

Auf der Insel Sonserol in Mikronesien untersucht *Stephanie Walda* die Migrationswege und Motive der Migranten, die von Sonserol über Yap und Guam bis nach Portland im US-Staat Oregon auswanderten und die sich vor diesem Hintergrund verändernden Personenkonzepte.

Jochen Resch, der seine Forschungen auf der Insel Fais (im Yap State in Mikronesien) durchführt, beschäftigt sich mit einer ethnografischen Dokumentation der

Evakuierung der Bewohner eines Atolls auf die Hauptinsel aufgrund des steigenden Meersspiegels. Er dokumentiert dabei fotografisch Informanten und Gespräche mit Blick auf die Selbstdarstellung und Fremddarstellung. Ergänzend kann er auch auf deutsche Kolonialbilder vom Anfang des vorigen Jahrhunderts zurück greifen.

Martin Schneider, der sich zum Zeitpunkt der Texterstellung auf einem Atoll der Marshalese Islands (Mikronesien) befand, studiert das sich wandelnde Personenkonzept zwischen zwei Wissensräume: dem traditionellen Wissen im Alltag (Fischfang, Siedlungsbau, Religion, Nahrung, Erziehung) und dem neu importierten US-amerikanischen Wissen, das in den Schulen und durch das Fernsehen angeboten wird. Im Fokus stehen die unterschiedlichen Formen der Wissensvermittlung und deren Einfluss auf das Personenkonzept.

Weitere Studien sollen sich mit der Entwicklung von Raumvorstellungen bei Kindern in Neuguinea auseinandersetzen. Ein weiteres Projekt ist im Western Desert in Australien vorgesehen. Voraussichtliches Projektende: Sommer 2007.

Interkulturelle Kommunikation

Das ‚Fremde' und das ‚Eigene'. Probleme und Möglichkeiten interkulturellen Verstehens (1992 - 1999)

Kulturthema: Höflichkeit Probleme und Chancen interkulturellen Kommunikationsverhaltens und Verstehens im Deutschen und Chinesischen

Beteiligte:
Alois Wierlacher, Yong Liang. Institut für Interkulturelle Kommunikation und Auswärtige Kulturarbeit e. V., Bayreuth

Laufzeit: **1994 - 1997**

Ziel des Forschungsprojekts war es, Höflichkeit als ein Kulturthema sprach- und kulturvergleichend zu untersuchen; dabei zum einen, kulturdifferente Grundregeln und Gesamtkonzepte von Theorie und Praxis der Höflichkeit zu ermitteln und herauszufinden, wie sie das Verhalten und Verstehen zwischen Deutschen und Chinesen determinieren, und zum anderen, Elemente einer zwischenkulturell positionierten Verstehenskompetenz zu konstruieren. Es zielte auf einen interkulturell qualifizierten Umgang mit fremdkulturellen Partnern, der Kenntnisse der in der jeweiligen Kultur geltenden Handlungsregeln und -formen voraussetzt und die Bereitschaft und Fähigkeit zur interkulturellen Kommunikation verlangt.
Vor diesem Problemhintergrund wurde das Projekt in einer linguistisch orientierten Studie mit kulturwissenschaftlicher Akzentuierung verankert, deren wissenschaftliche Kontur durch eine interkulturelle Pragmatik der Höflichkeit zu charakterisieren ist. Höflichkeit ist prinzipiell immer pragmatisch und kulturell zu verstehen. Pragmatisch wird Höflichkeit erst in konkreten Interaktionen wirksam und ist nur über ihre situative Einbettung und über den dort herrschenden Beziehungsaspekt fassbar. Keine Sprache ist an sich höflich oder weniger höflich. Ob eine Sprechhandlung als höfliche bzw. unhöfliche Handlung verstanden bzw. interpretiert wird, hängt in starkem Ausmaß von ihrem situativen und funktionalen Verwendungszusammenhang ab. Bei höflichen Handlungsweisen korrelieren sprachliches und kulturpragmatisches Wissen eng miteinander.
Höflichkeit als Handlungsbegriff und Kulturthema zu untersuchen, ist sowohl im Wesen der Höflichkeit selbst als auch in pragmatischer und forschungsperspektivischer Hinsicht begründet. Die durch Höflichkeit motivierten Handlungsmuster, die sich unter unterschiedlichen geographischen, sozialen, ökonomischen, geistig-kulturellen Bedingungen, in historisch spezifischer Ausprägung und aufgrund vielfältiger Kulturbegegnung herausgebildet haben, können durchweg ihre jeweils eigenkulturell gefestigten Profile aufweisen. Daher ist es ohne Kenntnisse der kulturell verankerten elementaren Denkmuster, Wertschätzungen und Regelungen im zwi-

schenmenschlichen Umgang, denen die konkrete Realisation der Höflichkeitshandlungen unterliegt, nicht möglich, in einer kulturellen Überschneidungssituation interaktiv einen gemeinsamen Verstehenshorizont zu erlangen. Somit umfasst das Kulturthema gleich auch eine interkulturelle Dimension und wird erst in der Spannung des Fremden und Eigenen wirksam.

Die Untersuchung der Höflichkeit im Chinesischen erwies sich als besonders schwierig. Die Schwierigkeiten bestehen zum einen darin, dass bislang keine systematische wissenschaftliche Untersuchung zur Höflichkeit im gegenwärtigen Chinesisch durchgeführt worden ist, obwohl die Wichtigkeit der Höflichkeit sowohl in kulturhistorischen Schriften als auch in aktuellen kulturwissenschaftlichen Studien immer wieder hervorgehoben wurde. Sie resultieren zum anderen aus der Tatsache, dass der umfassende Umwandlungsprozess der chinesischen Gesellschaft vielfältige Veränderungen der Wertvorstellungen und Denkmuster ausgelöst hat, die in der Sprachverwendung eine besonders große Dynamik und eine Vielfalt von Variationen mit sich brachten.

Liang, Yong (2003): Höflichkeit. In: A. Wierlacher / A. Bogner (Hg.): Handbuch Interkulturelle Germanistik. Stuttgart, Weimar, S. 244 - 253

Liang, Yong (2000): Höflichkeit als xenologisches Thema der interkulturellen Kommunikation. In: A. Wierlacher (Hg.): Kulturthema Kommunikation. Konzepte, Inhalte, Funktionen. Möhnesee, S. 233 - 249

Liang, Yong (1998): Höflichkeit im Chinesischen. Geschichte, Konzepte, Handlungsmuster. München

Liang, Yong (1996): Höflichkeit: Fremdheitserfahrung und interkulturelle Handlungskompetenz. In: A. Wierlacher / G. Stötzel (Hg.): Blickwinkel. Kulturoptik und interkulturelle Gegenstandskonstitution. München, S. 399 - 411

Liang, Yong (1996): Probleme und Chancen interkultureller Verständigung zwischen Deutschen und Chinesen. In: Mitteilungsblatt der Deutschen China-Gesellschaft, Nr. 3, S. 7 - 16

Ethnopsychoanalyse und Ethnoästhetik als Grundlagen einer komplexen Ethnographie zum Verständnis einer plurikulturellen Kontaktsituation

Beteiligte:
Mark Münzel, Hans-Jürgen Heinrichs, Sol Montoya Bonilla, Thomas Mennicken, Heike Thote, Antje van Elsbergen, Ulrike Ziegler.
Universität Marburg, Fachbereich Gesellschaftswissenschaften und Philosophie, Fachgebiet Völkerkunde

Laufzeit: **1994 - 1996**

Das Projekt gliedert sich in zwei Teilbereiche, die sich gegenseitig bedingen und die hier der besseren Übersichtlichkeit halber in Europa- und Amazonasteil getrennt werden. Das entspricht auch einer Arbeitsteilung der Projektmitarbeiter.

Das Forschungsvorhaben zielte auf andere Umgangsformen mit dem ‚Fremden'; exemplifiziert an erweiterten ethnographischen Darstellungsformen, und dies in doppelter Hinsicht:

1. Solche Formen werden in der rezenten Wissenschaftshistorie bis hin zu aktuellen Beispielen gesucht und untersucht („Europa-Teil": hier wird eine Linie von *Levi-Strauss*' Beschreibung der Nambikwära bis hin zum heutigen ethnographischen Film gezogen).
2. Im Gegenzug wird gefragt, welche komplementären Beschreibungsformen die Beschriebenen ihrerseits gefunden haben („Amazonas-Teil": Wir wissen, wie *Levi-Strauss* die Nambikwära beschrieben hat - wie aber haben diese ihn beschrieben?).

Wir verstehen dies als ein Wechselspiel: Das Eigentümliche der Ethnoästhetik ist eben, dass in ihr versucht wird, die fremden Stimmen einzubeziehen. Und umgekehrt ist das Eigentümliche der ‚Fremden', nämlich amazonensischen Annäherungsweisen an uns, dass sie sich eben auf uns, auf den „Westen" beziehen und mit ihm dialogisieren.
Beide Seiten drücken sich freilich nicht in den gleichen Medien aus. *Levi-Strauss* hat ein Buch geschrieben; heute auf seinen Spuren Reisende drehen auch Filme; wir berichten darüber wieder in Buchform. Die von mir erforschten Bewohner des Amazonasgebietes hingegen ziehen insgesamt eher andere Medien vor (obwohl auch sie heute Bücher schreiben und Filme drehen können): Vor allem die mündliche Rede, aber auch die theatralische Inszenierung, den Tanz und das mündliche Lied, also im Unterschied zu Buch und Film nichts für die Forschung direkt Konservierbares. Diese Ausdrucksformen gelangen aber zu uns nur versetzt, in konservierter schriftlicher oder filmischer Form.
Bei der Durchführung des Projektes haben wir einerseits westliche Texte im Grenzbereich Ethnologie/Literatur untersucht. Diese Untersuchung setzte frühere

Analysen von Hans-Jürgen Heinrichs fort, konzentrierte sich nun aber stärker auf solche Texte, die den Blick von der westlichen Ethnopoesie her auf außerwestliche Mythen richten. Dabei zeigen sich einige Parallelen. Die Faszination der Mythe wirkt gerade deshalb so stark auf die Ethnopoeten, weil beide ähnlichen Linien folgen. Das Prozesshafte, Unvollendete, immer wieder neu Erzählte der Mythe, ihr situativer Charakter, findet sich in freilich anderer, westlicher Form in der Ethnopoesie wieder. Andererseits haben wir indianische Mythen und Rituale aus dem Amazonas- und Orinokogebiet mit ethnographischer Mythenforschung verglichen und wiederum Parallelen gefunden. Es zeigte sich dabei allerdings, dass die indianischen „Texte" bewusster ethnopoetisch sind als die ethnographischen, deren Poesie oft ungewollt, gleichsam aus Versehen entsteht. Daraus folgt die Forderung nach Übertragung von indianischer Bewusstheit und Klarsicht in die ethnographische Literatur einerseits, von indianischer Rationalität in die Ethnopoesie andererseits als ein wichtiger nächster Schritt.

Happening und Performance.
Zur Erfindung und Dynamik binnenkultureller Exotismen

Beteiligte:
Horst Turk, Susanne Feldmann. Universität Göttingen,
Seminar für deutsche Philologie

Laufzeit: **1994 - 1996**

Happening und Performance sprengen sowohl den herkömmlichen Bildbegriff als auch den am Texttheater ausgebildeten Theaterbegriff - Ersteres, indem die statische, endliche Bildfläche durch ein meist explosives Ereignis in einer offenen und dynamischen, nicht-virtuellen raum-zeitlichen Struktur ersetzt wird, Letzteres, indem der Aktionskünstler sich nicht als Darsteller einer Rolle versteht, sondern - gelegentlich sogar unter Verzicht auf ein Publikum und im emphatischen Sinne - in der ersten Person handelt. Entsprechend plädierten wir dafür, die Aktionskunst als ein eigenständiges Genre zu betrachten, das ganz im Gegensatz zum Theater nicht mit „Als-ob"-Handlungen, sondern mit „pure acts" arbeitet und diese „acts" in der Regel gezielt als ein unmittelbar performatives Element zur Transformation und Dynamisierung der kulturellen Praxis einsetzt. In diesem Zusammenhang waren insbesondere diejenigen aktionskünstlerischen Strategien interessant, die auf der Grenze zwischen den Kulturen, zwischen Eigenem und Fremdem, der Erfindung virulenter binnenkultureller Exotismen dienten. Deren Studium war das Projekt gewidmet.
Wie lässt sich mit inszenierten Handlungen und Handlungssequenzen der eigenkulturelle Kontext mit Fremdheit kontaminieren, wie trägt die Aktionskunst zur Aus- und Umgestaltung der Praxis leitenden Symbolsysteme in und zwischen den Kulturen bei? In einer exemplarischen Analyse der Aktionen von Hermann Nitsch (OrgienMysterienTheater) und Orlan (Self Construction) - 1. Forschungsschwerpunkt - haben wir hier insbesondere das Verfahren der kulturellen Interferenzbildung durch Symbolmanipulationen untersucht und damit eine Lücke in der kunsthistorischen und theaterwissenschaftlichen Forschung zur „Performance Art" geschlossen. Die Analyse dieses Verfahrens setzte allerdings ein begriffliches Instrumentarium, einen Beschreibungsrahmen voraus, der zuerst zu entwickeln war: Die verfügbaren Kulturbeschreibungsmodelle waren entweder textualistisch oder praxeologisch angelegt, konzeptualisierten Kultur entweder als Überzeugungs- oder als Handlungszusammenhang und ersparten sich damit schon im Ansatz eine systematische, makro- und mikroanalytische Explikation der Beziehungen zwischen kultureller Praxis (etwa singulären Handlungen) einerseits und kulturellem Text (etwa eigen- wie fremdkulturellen Schlüsselsymbolen) andererseits; mit eben diesen Beziehungen wird jedoch im aktionskünstlerischen Symbolmanipulationen geradezu programmatisch „gespielt". Um die Effekte und Varianten dieser Manipulation analysierbar zu machen, haben wir - 2. Forschungsschwerpunkt - an einem neuen integrativen und komparatistisch sensiblen Verfahren der Kulturanalyse

gearbeitet, das an die Stelle der gängigen, polarisierenden kulturtheoretischen Kernbegriffe „Text" (Geertz, Assmanns u. a.) und „Praxis" (Bourdieu u. a.) die Triade „Symbol", „Handlung" und „Paradigma" setzt. Dieses Verfahren, dessen Modellierung im Rahmen einer allgemeinen Methodologie der Kulturwissenschaften anzusiedeln wäre, scheint uns ein Gewinn zu sein; nicht nur für die besondere Aufgabe einer Analyse künstlerischer „acts" und „events", sondern auch, über den Forschungszusammenhang unseres Projekts hinausgehend, für die Analyse interkulturell platzierter und womöglich konfliktuös „aufgeladener" Phänomene beliebiger politischer, literarischer usw. Provenienz. Wir vermuten hier für die Zukunft auch einen viel versprechenden Zugang zur erst in Ansätzen in Angriff genommenen Analyse der interkulturellen Mechanismen des Kultur(en)wandels. Eine solche Analyse wäre ein ideales transnationales Forschungsfeld, in dem sich die gegenwärtig recht disparaten Bemühungen um eine gemeinsame kulturelle Identität im erweiterten europäischen Raum produktiv bündeln ließen.

Feldmann, Susanne (1997): Kulturelle Schlüsselbegriffe in pragmasemiotischer Perspektive, in: Doris Bachmann Medick (Hg.): Übersetzung als Repräsentation fremder Kulturen. Göttinger Beiträge zur internationalen Übersetzungsforschung, Bd. 12, Berlin, S. 275 - 280

Feldmann, Susanne (1998): Erfahrungserweiterung und Symbolmanipulation, in: Anil Bhatti / Horst Turk (Hg.): Reisen, Entdecken, Utopien. Untersuchungen zum Alteritätsdiskurs im Kontext von Kolonialismus und Kulturkritik, Bern, S. 113 - 121

Feldmann, Susanne (1996): ‚Verstand geht dem Blödesten auf' - Medien und Kultur in Kafkas ‚Strafkolonie', in: Weimarer Beiträge Nr. 3, S. 340 - 356

Der fremde Blick - Eskimos im Film. Eine vergleichende Untersuchung zu Darstellen und Verstehen des Fremden im Film am Beispiel der Inuit Grönlands

Beteiligte:

- **Hans-Karl Galle, Hanns Ulrich Freiherr von Spiegel.** IWF Wissen und Medien gGmbH, Göttingen
- **Susanne Dybbroe, Werner Sperschneider.** University of Aarhus, Institute of Anthropology, Archaeology and Linguistics, Department of Anthropology and Ethnography, Højbjerg, Dänemark

Laufzeit: **1995 - 1997**

Ziel des Forschungsprojekts war es, dem Mythos vom „Eskimo", dem Leben im Eis im imaginären Ultima Thule, auf die Spur zu kommen. Zu diesem Mythos hatte sowohl die Ethnologie als Wissenschaft als auch der Film als populäres Medium entscheidend beigetragen. Ausgangspunkt war die Hypothese vom kulturspezifischen Denken und der daraus resultierenden Sprachgrammatik, die eine Formensprache mit sich brächte, nach der Filme nicht-westlicher Filmemacher anders gestaltet seien als die westlicher Autoren. Nicht die Technik „Film", sondern der kulturelle Kontext des Autors sei determinierend für das Medium.
Bei der Erfassung der ersten Filme mit den Methoden der qualitativen Filmanalyse wurde deutlich, dass diese Hypothese nicht stichhaltig war. Das Zwischenergebnis lautete: Nicht die Form bestimmt den Inhalt. Es ist der Inhalt, der bestimmt, ob ein Film eine ethnographische Dokumentation, ein Dokumentarfilm, ein Dokumentarspiel, ein Spielfilm oder ein historischer Kulturfilm ist. Filme müssen sowohl synchron als auch diachron im Diskurs ihrer Entstehungszeit und im Diskurs des Analysezeitpunkts reflektiert werden.
Traditionell wird der **Eskimodiskurs** im Film über Ostgrönland geführt. Als in den 1960er Jahren das politische Interesse an Grönland generell anwuchs (Kolonialismuskritik, Phase der Entkolonialisierung), resultierte hieraus eine Verdoppelung der absoluten Anzahl von Filmen. Nach der Einführung der Selbstregierung für Grönland im Jahre 1979 wurde Ostgrönland plötzlich für die Medien weniger interessant. Dies schlug sich jedoch nicht bei den Eskimofilmen als solchen nieder, deren absolute Anzahl keineswegs dramatisch absank. Der Eskimodiskurs hat sich lediglich verlagert und wird seit den frühen 1980er Jahren überraschenderweise in Westgrönland geführt; in den 1990er Jahren wechselt er sogar in eine Gruppe von Filmen über, in denen von Grönland allgemein die Rede ist. In den 1990er Jahren bezieht sich der Eskimodiskurs auf Grönland allgemein. In dieser Zeit wird Grönland für die Eskimo-Interessierten unter den Medienvertretern allgemein zu einem Synonym für „Eskimoland". Gleichzeitig nimmt dagegen das filmische Interesse an den Regionen konstant ab.
Der **Kulturdiskurs** wird seit den 1960er Jahren zunächst in Westgrönland geführt, ist doch der Grad der Urbanisierung Grönlands hier am höchsten. Seit den 1980ern

ist der Kulturdiskurs am Beispiel Westgrönlands jedoch rückläufig. Er verlagert sich auf Grönland allgemein. In den 1990er Jahren ist der Kulturdiskurs trotz aller Eskimotümelei das dominante Repräsentationsregime über Grönland.

Dem **Heldendiskurs** werden vorwiegend Filme subsumiert, die sich mit der Polarforschung als solcher bzw. mit ihren herausragenden Exponenten, den Polarforschern, befassen. Der Heldendiskurs beginnt mit den frühen Expeditionsfilmen der 20er und 30er Jahre dieses Jahrhunderts. Regionaler Schwerpunkt für den Diskurs über Helden, Forscher und Abenteurer aber ist Ostgrönland.

Auffallend am **Naturdiskurs** ist, dass die Filme über Grönlands Rohstoffreserven ausschließlich von dänischen Medienvertretern geführt werden. Die Entwicklung im Diskursfeld „Natur" erweist sich generell als homogen. Doch ist der Ausschlag im Zeitabschnitt 1970 - 1980 markant. Mit den sich in den 1970er Jahren abzeichnenden politischen Veränderungen in Grönland wird die Frage des Eigentums und des Rechts auf Grund und Boden politisch brisant.

Filme zur Mythologie im Kontext des Naturdiskurses werden ebenso wenig von Grönländern, sondern vielmehr von Dänen, Finnen und Isländern produziert. In diesem Zusammenhang tritt der Aspekt der Gewichtung des Fremden und Eigenen im Film besonders hervor.

Grönländische Filmproduktionen über Grönland setzten praktisch erst mit der Entwicklung des grönländischen Films nach Einführung der Selbstregierungsordnung 1979 ein. Die im grönländischen Grönlandfilm geführten Diskurse haben interessanterweise die gleiche Gewichtung wie in den Fremdproduktionen. Der Kulturdiskurs dominiert mit einer weitaus größeren Anzahl von Filmen über den Eskimodiskurs.

Missverständnisse in Gerichtsverhandlungen zwischen Ausländern und Experten. Eine ethnopsychologische Studie im Rahmen der Interkulturellen Kommunikation

Beteiligte:

- **Matthias Laubscher, Peter A. Menzel.** Universität München, Institut für Völkerkunde und Afrikanistik
- **Klaus Roth.** Universität München. Institut für deutsche und vergleichende Volkskunde

Laufzeit: **1995 - 1997**

Die bisherigen Ergebnisse zeigen, dass in nahezu jedem Bereich, in dem deutsche Experten aus dem Rechtswesen mit ausländischer Klientel zusammentreffen, ein zusätzlicher *Arbeits- und Zeitaufwand* erforderlich ist, der die deutsche Seite mit „Missbehagen" in jede Kommunikationssituation eintreten lässt. Um den erwarteten Zeitverlust zu kompensieren, versuchen die Experten durch zusätzliche Stringenz in den Arbeitsvorgängen, wozu ein betont formales Vorgehen gehört, dem vorzubeugen. Dies führt dazu, dass die ausländische Seite die Experten als „kalt", „wie eine Maschine", „unmenschlich" usw. wahrnimmt. *Sachkulturorientierte* und *beziehungskulturorientierte* Wertvorstellungen prallen im Gerichtssaal aufeinander und führen zu Missverständnissen und bei Ausländern oft zum Gefühl, ungerecht und ausländerfeindlich behandelt worden zu sein.

Ausländer fühlen sich nicht als „*Menschen* von gleich zu gleich" behandelt, sondern als „*Ausländer*, Menschen zweiter Wahl". Viele glauben, dass sie nicht für eine begangene Straftat zur Rechenschaft gezogen werden, sondern *weil sie Ausländer sind*. Dies kann nicht als „Versuch, sich vor der Verantwortung zu drücken" oder als „Ausweichstrategie" erklärt werden, sondern als affektiv motivierte Wahrnehmungsverzerrung. Hierdurch wird es schwierig, *Vertrauen* zwischen den Beteiligten in Gerichtsverfahren aufzubauen. Von ausländischer Seite werden Zeugenaussagen „angepasst" und erscheinen dann für die Experten „unglaubwürdig". Diese „Anpassung" geht so weit, dass sogar Dolmetscher nach eigenen Aussagen falsche Übersetzungen liefern, weil der deutsche Richter „das so nicht verstehen" kann und es zum Nachteil des Aussagenden werten würde.

Die vollständige *Vernachlässigung* von kulturellen Hintergründen einerseits und die *Fokussierung* auf kulturelle Differenz aus verschiedenen Motivationen (z. B. um den Täter zu exkulpieren oder unvereinbare Vorstellungen von Erziehungsstilen zwischen bikulturellen Elternteilen) andererseits zeigen, dass mit „Kultur umgegangen" wird. Das heißt, dass der Faktor „Kultur" sehr wohl im Denken und Handeln der Beteiligten einen modifizierenden - und zwar unkontrolliert-unreflektierten - Einfluss auf ihr Expertenverhalten hat, ohne dass dies jedoch explizit würde.

Besonders bei der Erstellung von Sachverständigengutachten kommen kulturgeformte Verhaltensweisen zur Wirkung. *Kulturspezifische Sozialisationspraktiken* in der Kindererziehung führen zu einem unterschiedlichen Beziehungsverhältnis zwi-

schen Eltern und Kindern. Während in *individualistischen Kulturen* erwartet wird, dass Erwachsene die Bedürfnisstruktur des Kindes zu erfassen versuchen, um daran ihre eigenen Maßstäbe im Erziehungsverhalten auszurichten, wird in *kollektivistischen Kulturen* der *Kindeswille* als nahezu unerheblich angesehen. Es wird ein Verhalten von jedem Mitglied der Gruppe erwartet, das den Kollektivinteressen angepasst ist, der Gemeinschaft als ganzer nützt. Kinder werden entsprechend erzogen, was sich konkret in einem direktiv-paternalistischen Erziehungsstil auswirkt. Gutachter kommen dann zu dem Ergebnis, dass der jeweilige ausländische Elternteil z. B. über die in Deutschland erwartete Empathiefähigkeit nicht verfüge, und empfehlen, dem deutschen Elternteil das Sorgerecht zuzusprechen.
Es besteht ein Forschungs-, Beratungs- und Weiterbildungsbedarf, der von den Praktikern in den entsprechenden Berufszweigen immer wieder geäußert und eingefordert wird. Dem konnte nur in beschränktem Umfang nachgegeben werden, was als Mangel seitens der Experten angesehen wurde.

Peter A. Menzel (1996): Ausländer vor Gericht. Missverständnisse in Gerichtsverhandlungen zwischen Ausländern und Experten. Eine ethnopsychologische Studie im Rahmen der Interkulturellen Kommunikation, in: Roth, K. (Hg.): Mit der Differenz leben. Europäische Ethnologie und Interkulturelle Kommunikation. Münster

Peter A. Menzel (1997): Kulturspezifische Kommunikationsmuster von ausländischen Zeugen und Opfern vor Gericht. in: Greive, W. (Hg.): Ausländer und Ausländerinnen als Kriminalitätsopfer. Loccumer Protokolle 12. Loccum, S. 128 - 143

Peter A. Menzel (1998): Zur Ethnopsycholgie der Glaubwürdigkeitsprüfung bei Flüchtlingen aus fremden Kulturen. in: Nannie Kammerlander (Hg.): „Das Persönliche ist politisch": psychosoziale Zentren Therapie mit Folterüberlebenden im Spannungsfeld zwischen menschlichem Einzelschicksal und Politik: Dokumentation der 3. Jahrestagung der Psychosozialen Zentren für Flüchtlinge in Deutschland vom 17. bis 19. Januar 1997 in Augsburg. Frankfurt/M.

Peter A. Menzel (1999): Begutachtung - ethnologische Perspektive, in: Tagungsband: Interdisziplinäres Symposium zum Thema „Ethnizität, Konflikt und Recht. Probleme von Assessment und Begutachtung in Strafverfahren mit Beteiligten ausländischer Herkunft" (Sonderheft: Monatsschrift für Kriminologie und Strafrechtsreform)

Peter A. Menzel (2001): Zum Umgang mit dem Fremden im Gerichtssaal, in „Betrifft Justiz", Nr. 66

Das Nahost-Bild in der Bundesrepublik Deutschland: Perspektiven und Grenzen einer interkulturellen Wahrnehmungstradition. Eine Analyse anhand der Presse

Beteiligte:
Udo Steinbach, Kai Hafez. Deutsches Orient-Institut, Hamburg

Laufzeit: **1995 - 1997**

Ziel der geplanten Untersuchung war es, grundlegende Tendenzen der deutschen Nahost-Rezeption seit Gründung der Bundesrepublik Deutschland durch eine umfangreiche Auswertung der westdeutschen Presse zu erfassen. Orientalistik und Geschichtswissenschaft hatten bis dahin lediglich Untersuchungen zu einzelnen, thematisch und zeitlich eng begrenzten Aspekten dieser Frage vorgelegt.
Die Forschung leidet unter einem Dilemma der gesellschaftswissenschaftlichen Disziplinen: die Historiker richten ihr Forschungsinteresse nur selten auf die Beziehungen zum Orient, während die deutsche Geschichte wiederum nicht Teil der angestammten Studiensphäre der Orientalisten ist, sodass die bisher geleistete Kritik des deutschen Nahost-Bildes nicht mehr als ein äußerst heterogenes Nebenprodukt ihrer Forschung ist.
Der Forschungsstand muss als eine gesellschafts- und außenpolitische Mangelerscheinung beschrieben werden. Neuere Untersuchungen über Rassismus und Rechtsradikalismus in der Bundesrepublik Deutschland vertreten die Ansicht, dass die islamische Kultur und die mit ihr vor allem verbundenen ethnischen Gemeinschaften der Araber und Türken zu einem konstitutiven Bestandteil der Feindbildrhetorik und gesellschaftsgefährdenden Ideologiebildung geworden sind und dass ein negatives Bild des Orientalen Bedrohungsängste vor Asylanten und Immigranten fördert.
Ereignisse wie der letzte Golfkrieg, der westlich sanktionierte Abbruch des algerischen Demokratieexperiments oder die Integration des islamischen Fundamentalismus in neuere Konzeptionen der NATO haben darüber hinaus gezeigt, dass neben rationalen Politikkonzepten auch Feindbilder demokratische Institutionen wie Staat und Medien beeinflussen oder von diesen zur öffentlichen Konsensbildung aktivierbar sind.
Schließlich leidet auch das Deutschlandbild im Nahen Osten zunehmend unter der dort verzeichneten geringen Wertschätzung der orientalischen Kultur in der öffentlichen Meinung der Bundesrepublik Deutschland. Vor dem Hintergrund dieser Probleme gewinnt die interkulturelle Perzeptionsforschung auf der Basis orientwissenschaftlicher Erkenntnisse an Bedeutung. Sie ist eine wesentliche Voraussetzung für eine sinnvolle Vorbeugung und Korrektur sozialer, politischer und kultureller Fehlentwicklungen als Resultat falscher oder undifferenzierter Wahrnehmungsprozesse.
Die Gesamtergebnisse des Forschungsprojekts haben aus der Sicht des Deutschen Orient-Instituts den internationalen Forschungsstand in einem wissen-

schaftlich wie gesellschaftlich bedeutsamen Forschungsfeld außerordentlich stimuliert. Das Projekt hat die seit längerem erforderliche quantitative Fundierung der Forschung über das mediale Nahostbild in der Bundesrepublik Deutschland geschaffen, die in Zukunft eine bessere Einordnung von Einzelforschungen (z. B. zur Darstellung des Nahostkonflikts) erleichtern wird. Die qualitative Inhaltsanalyse hat zudem eine grundlegende Erweiterung der Forschungsleitfragen bewirkt, die weit über die häufig erforschten Aspekte der Stereotypisierung und Feindbildkonstruktion hinausgehen und wesentliche Momente der Entstehung und Wirkung der Nahostberichterstattung erfassen.

Die Theoriematrix zur politischen Kommunikation ist eine erhebliche Neuerung insofern, als die bisherige Forschung zur Auslandsberichterstattung unter einer Zerklüftung der Theorie und der wissenschaftlichen Disziplinen gelitten hat. Die Theorie ist über die Grenzen der Nahostforschung auf alle anderen Untersuchungen der Auslandsberichterstattung (z. B. Asien- oder Lateinamerikabild) anwendbar. Das Projekt ist mittlerweile zum Zentrum einer fächer- und länderübergreifenden Sammlung von Medienanalysen geworden.

Bedingungen und Formen interkulturellen Handelns in multiethnisch zusammengesetzten Pädagogen-Teams

Beteiligte:
Helga Marburger, Heidi Rösch. Technische Universität Berlin, Fachbereich Erziehungs- und Unterrichtswissenschaften, Institut für Erziehung, Unterricht und Ausbildung, Lehrstuhl Interkulturelle Erziehung

Laufzeit: **1995 - 1998**

Die empirische Untersuchung zur interkulturellen Kommunikation in multiethnisch zusammengesetzten Pädagog/inn/en-Teams zielte auf die Erfassung der individuellen und strukturellen Bedingungen und Voraussetzungen gelingender bzw. misslingender interkultureller Kommunikation in gesellschaftlich relevanten Alltagssituationen. Datenbasis bildeten mehrstündige Videoaufzeichnungen von Teamsitzungen zwölf unterschiedlicher Pädagog/inn/en-Teams sowie Interviews mit den Pädagog/inn/en, die an der jeweiligen Teamsitzung teilgenommen hatten, um deren Innensichten zu dem auszuwertenden Geschehen zu ermitteln.
Als Forschungsansatz fand einerseits das in den USA entwickelte Konstrukt der Intercultural Communication Competence (ICC) Anwendung, das interkulturelle Kommunikationskompetenz in den Komponenten Wissen, Fähigkeiten und Einstellungen beschreibt. Es ist vor allem geeignet, die personellen Bedingungen einer für alle Beteiligten befriedigenden interkulturellen Kommunikation zu ermitteln. Um auch strukturelle Konditionen zu erfassen, wurden die Kommunikationssituationen sowohl mit standardisierten als auch mit offenen Methoden ausgewertet. Diese waren so angelegt, dass Außensichten (als Perspektive der Forscher/innen) und Innensichten (als Perspektive der beobachteten Teammitglieder) auf die untersuchten Kommunikationsvorgänge ermittelt und kontrastiert werden konnten.
Standardisierter und offener Zugriff auf das vorliegende Untersuchungsmaterial boten ein erstaunlich konsistentes Bild und führten zu Befunden, die sich wechselseitig ergänzen.
Interkulturelle Kommunikation bot sich als Interaktionsgeschehen mit sehr unterschiedlichen Partizipationschancen der daran Beteiligten in Korrelation mit ihrem gesellschaftlich konstituierten Status als Mehrheits- oder Minderheitenangehöriger dar. Diese Ungleichheit zeigte sich sowohl auf der strukturellen als auch auf der interaktiven Ebene. Vor allem aber zeigten sich die Mechanismen und Strategien, mit denen Mehrheitsangehörige dieses Ungleichgewicht herstellen bzw. aufrechterhalten. Die ICC-bezogene Analyse machte deutlich, in welch quantitativem Maße Mehrheitsangehörige vorhandene Wissenskontingente und Fähigkeitspotenziale negativ gegenüber ihren Minderheitenkolleg/inn/en einsetzen. Dies galt sowohl für Wissen und Fähigkeiten im Hinblick auf Interaktionsgestaltung als auch für den Umgang mit Wissen über „kulturelle Besonderheiten" beziehungsweise „kulturelle Allgemeinheit". Diese Erkenntnis relativiert die gängige Annahme, *mangelnde* Kenntnisse und Fähigkeiten seien die Ursache von Problemen interkultureller Kommunikation. Viel-

mehr ist wohl ebenso davon auszugehen, dass mit dem Anstieg von Wissen und Kompetenzen in den genannten Bereichen diese von Mehrheitsangehörigen auch genutzt werden, um je nach eigener Interessenlage gezielt gegen Minderheitenangehörige agieren zu können. Zumindest aber machen diese Daten deutlich, dass Wissens- und Fähigkeitserwerb in diesen Bereichen allein nicht hinreichend sind, um interkulturelle Kommunikation positiv zu beeinflussen.

Die Studie lieferte auch Anhaltspunkte, welche Faktoren hierzu außerdem gegeben sein müssen. So zeigte sich ein Zusammenhang von negativem Einsatz der Wissens- und Fähigkeitskomponenten gegen Minderheitenangehörige zum einem mit dem Anteil von Minderheitenkolleg/inn/en in den Teams und zum anderen mit der Teamstruktur. In hierarchisch strukturierten Teamsitzungen wurden weit mehr negative Varianten der Wissens- und Fähigkeitskategorien gezählt als in nichthierarchisch strukturierten Sitzungen. Außerdem galt: Je geringer der Anteil der Minderheitenkolleg/inn/en in den Teams, desto wahrscheinlicher war der gegen sie gerichtete negative Einsatz von Wissens- und Fähigkeitskomponenten. Positiv gewendet: Demokratische Strukturen und ein ausgewogenes Verhältnis zwischen Mehrheits- und Minderheitenangehörigen scheinen eine wichtige Voraussetzung für gelingende interkulturelle Kommunikation zu sein.

Rösch, Heidi (1997): Deutsch als Zweitsprache (DaZ) in multiethnischen PädagogInnenteams, in: Deutsch lernen, 22. Jg., H. 3, S. 195 - 210

Rösch, Heidi (1998): Minderheitensprachen in multiethnischen PädagogInnenteams, in: Interkulturell, 11. Jg., H. 4, S. 78 - 97

Marburger, Helga / Rösch, Heidi / Dreezens-Fuhrke, Joyce / Hoch, Achim / Riesner, Silke (1998): Interkulturelle Kommunikation in multiethnischen PädagogInnenteams. Frankfurt/M

Marburger, Helga (2002): Interkulturelle Kommunikation im medial vermittelten Kulturkontakt. Ein Lehr-/Lernprojekt, in: TU international Nr. 50/51, Berlin, S. 26 - 27

Marburger, Helga (2004): Effectiveness in multicultural Teams, in: Keyan Guanli (Science Research Management), Sonderheft. Beijing, pp. 140 - 144

Europe in the Middle East - key concepts in the dialogue of cultures

Beteiligte:

- **Shimshon Zelniker, Nehemia Levtzion.** The Van Leer Institute, Jerusalem, Israel
- **Rivka Feldhay.** Tel Aviv University, Israel
- **Azmi Bishara.** Beer Sheva University, Israel
- **Wolf Lepenies.** Wissenschaftskolleg zu Berlin
- **Maurus Reinkowski, Uta Klein.** Universität Bamberg

Laufzeit: **1994 - 1997**

Das Vorhaben zeigte, in welch starkem Maße intellektuelle und wissenschaftliche Initiativen, welche die Differenzen von Kulturen und politischen Interessengegensätzen überbrücken wollen, von den jeweiligen politischen Rahmenbedingungen abhängig sind. Das Stipendienjahr 1995/96 war beispielsweise bis zum Zerreißen von den sich akkumulierenden Spannungen in Israel, seinem militärischen Einsatz im Südlibanon, der Serie von Bus-Attentaten, der Ermordung von Ministerpräsident Rabin und der Wahl von Benjamin Netanjahu als Ministerpräsident geprägt. Die beiden folgenden Stipendienjahre verstärken diese Spannungen nur noch, zuletzt hatten die palästinensisch-arabischen Stipendiaten Mühe, die Kontrollen und Absperrungen zu überwinden, um zu den gemeinsamen Seminaren im Van Leer Jerusalem Institute zu gelangen. Die Stipendiaten berichteten, in welch drastischer Weise alle Gespräche von diesen Entwicklungen bestimmt waren. Unter diesen Bedingungen war an ein wissenschaftliches Arbeiten wie an westeuropäischen Hochschulen und Forschungsinstitutionen nicht zu denken. Was an europäischen Universitäten ein rein akademisches Thema hätte sein können (wie die Frage des Holocaust, der Gleichberechtigung der Frauen, der zivilbürgerlichen Gesellschaft usw.), erhielt in diesem Kontext eine unmittelbar politische und existenzielle Bedeutung. Die Zerschlagung des Friedensprozesses 1998 war schließlich auch dafür ausschlaggebend, dass die geplante Sammelpublikation und der gemeinsame Abschlussbericht der beiden Convener nicht zustande kamen.

Die fremden Deutschen. Probleme und Möglichkeiten interkulturellen Verstehens zwischen Aussiedlern aus den GUS-Staaten und Bundesbürgern

Beteiligte:

- **Günter Hedtkamp, Barbara Dietz, Dorothea Cerpnjak, Jürgen Greiner, Heike Roll.** Osteuropa-Institut München
- **Tamar R. Horowitz.** Ben Gurion University, Beer Sheva, Israel
- **Elvira R. Barbaschina.** Universität Nowosibirsk, Russland

Laufzeit: **1995 - 1997**

Das Projekt hatte sich zum Ziel gesetzt, die Integration von jugendlichen Aussiedlern, die nach 1990 aus der vormaligen Sowjetunion in die Bundesrepublik gekommen waren, auf der Basis einer repräsentativen Befragung umfassend zu analysieren. Als Referenzgruppe wurden zudem bundesdeutsche Jugendliche interviewt, um die Lebensbedingungen und Einschätzungen der beiden Gruppen zu dokumentieren und die wechselseitigen Wahrnehmungen zu beleuchten.
Als zentrale Frage untersuchte das Projekt, ob junge Aussiedler einem erhöhten Risiko ausgesetzt sind, den Anschluss an eine adäquate schulische Ausbildung und berufliche Integration zu verpassen und gesellschaftlich ins Abseits zu geraten. Die Ergebnisse des Forschungsprojektes legen nahe, dass Aussiedlerjugendliche eine Reihe von Risikofaktoren aufweisen, die eine wirtschaftliche und soziale Integration erschweren. An erster Stelle steht die schlechte Beherrschung der deutschen Sprache, die für nahezu alle jungen Aussiedler aus der vormaligen Sowjetunion kennzeichnend ist. Auch nach Sprachkursen und mehrjährigem Aufenthalt in Deutschland haben den Ergebnissen der Umfrage zufolge noch immer die Hälfte aller jungen Aussiedler massive sprachliche Probleme. Verminderte Chancen in Schule und Beruf sowie Ausgrenzungs- und Fremdheitserfahrungen sind die nahezu unausweichlichen Folgen des Sprachdefizits. Das Projekt belegte, dass bei vielen jungen Aussiedlern Probleme bei der sozialen Integration bestanden, die durch die sozio-kulturelle Prägung des Herkunftslandes und teilweise durch den bikulturellen familiären Hintergrund bedingt waren. Sie leiten sich weiterhin durch das Status- und Anerkennungsdefizit in der deutschen Gesellschaft ab, das durch die gewachsene Abschottung der Aussiedlergruppe und die Herausbildung von räumlichen Aussiedlerenklaven verstärkt wurde. Obwohl jugendliche Aussiedler den Ergebnissen der Umfrage zufolge die Abstammungsgemeinschaft als Bezugspunkt ihres Deutschseins stark betonen, werden sie dennoch im Alltag als Fremde bzw. als Angehörige einer Zuwanderungsminderheit wahrgenommen.
Armut und soziale Randständigkeit sind in den letzten Jahren immer häufiger zu Folgeerscheinungen der Migration geworden. Auch die Aussiedler in Deutschland, die lange Jahre als materiell und rechtlich privilegierte Zuwanderergruppe gelten konnten, blieben von dieser Entwicklung nicht verschont. Aussiedlerfamilien, aber auch die jugendlichen Aussiedler selbst, sind mittlerweile weitaus häufiger von

Sozialhilfe abhängig als die einheimischen Haushalte. Die Wohnbedingungen, d. h. zunächst das Leben in Übergangswohnheimen oder in Sozialwohnungen in abgelegenen Stadtrandgebieten, stellen bei zahlreichen jungen Aussiedlern einen weiteren Risikofaktor dar, der die Chancen auf einen adäquaten schulischen und beruflichen Einstieg verringert und dazu beiträgt, dass kaum soziale Kontakte zu einheimischen Jugendlichen aufgenommen werden. Zusammenfassend konnte festgestellt werden, dass diese Risikofaktoren der jungen Aussiedler in erster Linie der Migration geschuldet sind, sich aber zu verfestigen drohen, wenn ihre De-facto-Marginalisierung als Einwanderungsminderheit nicht durchbrochen wird.
Aufgrund der anhaltenden Probleme bei der Integration von jugendlichen Aussiedlern und Zuwanderern in Deutschland erscheint es wünschenswert, die wissenschaftliche Beschäftigung mit der Frage, welche Faktoren sich positiv und welche sich negativ auf die Integration auswirken, weiterhin zu verfolgen, wobei auch der Integrationsbegriff als Gegenstand der wissenschaftlichen Diskussion zu begreifen ist.

Dietz, Barbara (1997): Jugendliche Aussiedler. Ausreise, Aufnahme, Integration. Schriftenreihe des Instituts für berufliche Bildung und Weiterbildung e. V., Bd. 7. Berlin

Dietz, Barbara / Roll, Heike (1998): Jugendliche Aussiedler Portrait einer Zuwanderergeneration. Frankfurt/New York

Dietz, Barbara (1999): Jugendliche Aussiedler in Deutschland: Risiken und Chancen der Integration, in: Klaus J. Bade und Jochen Oltmer (Hg.): Aussiedler: deutsche Einwanderer aus Osteuropa. Osnabrück, S. 153 - 176

Dietz, Barbara (2002): Jugendliche Aussiedler. Schulische und berufliche Integration, Konzepte der Gewalt- und Drogenprävention. Institut für berufliche Bildung und Weiterbildung. Göttingen

Dietz, Barbara (2003): Post-Soviet Youth in Germany: Group Formation, Values and Attitudes of a New Immigrant Generation, in: Tamar Horowitz, Bella Kotik-Friedgut und Stefani Hoffman (Hg.): From Pacesetters to Dropouts. Post-Soviet Youth in Comparative Perspective. Lanham / New York / Oxford 2003, pp. 253 - 271

Der interkulturelle und interreligiöse Dialog zwischen Afrikanern und Europäern im Kontext Westafrikas unter besonderer Berücksichtigung der Republik Guinea

Beteiligte:
Klaus Hirsch, Tirmiziou Diallo. Gesellschaft zur Förderung einer integrierten Entwicklung in Guinea e. V. (GFG), Frankfurt am Main

Laufzeit: **22. - 25. Juni 1995 (Symposium)**

Der interreligiöse und interdisziplinäre Dialog zwischen afrikanischen und europäischen Wissenschaftlern ging von den unterschiedlichen Menschenbildern der Tradition und der Moderne aus. Was unterscheidet traditionelles Denken und Wissen von westlicher moderner Wissenschaft? Wie kann es zu einem Dialog zwischen unterschiedlichen Wissensverständnissen und Wissenssystemen kommen? Als einer der wesentlichen Unterschiede in den Denkweisen wurde festgemacht, dass den Menschen in der Moderne das Element der Transzendenz abhanden gekommen ist. Zum einzigen Maßstab des Menschen wird er selber. Deutlich wurde in den Dialogen auch, dass Moderne und Tradition nicht mit Afrika und Europa identisch sind, sondern dass es sich um Denkweisen handelt, die sich weltweit begegnen und durchkreuzen, wobei die Nähe zu traditionellen Denkweisen in der afrikanischen Wissenschaft und Philosophie enger ist.
Ein weiterer Schwerpunkt war das Nachdenken darüber, wie voneinander gelernt werden kann. Dabei betonten die afrikanischen Gäste, dass es an der Zeit ist, dass Europäer auch von Afrika lernen und so der Prozess der westlichen Domination aufgehoben wird. Es geht um die Definition eines neuen Verständnisses von interkulturellem Dialog, der nicht weiterhin einseitig vom Abendland her bestimmt sein kann.

Protokolldienst 31/95 der Evangelischen Akademie Bad Boll (1995): Der interkulturelle und interreligiöse Dialog zwischen Afrikanern und Europäern, ISSN 0170-5970

Deutsche Kultur in Bulgarien - Aneignung und produktive Missverständnisse

Beteiligte:

- **Michael Tachev.** Cyril and Methodius Foundation(Internationale Heilige Kyrill und Heilige Methodius-Stiftung), Sofia, Bulgarien
- **Stefan Kozhucharow.** Bulgarian Academy of Sciences, Institute of Literature, Sofia, Bulgarien
- **Georgi Fotew.** Bulgarian Academy of Sciences, Institute of Sociology, Sofia, Bulgarien
- **Ivaylo Znepolski.** Sofia University St. Kliment Ohridski, Faculty of Philosophy, Sofia, Bulgarien

Laufzeit: **10 Monate (1996) (Pilotphase)**

Die Pilotstudie diente der Vorbereitung eines größeren Forschungsvorhabens. Thema der Pilotstudie wie auch des im Anschluss geplanten Projekts waren die förderlichen und die misslungenen Begegnungen der bulgarischen Kultur mit der deutschen im 20. Jahrhundert. Als weiteres Ziel galt es, jene Erfahrungen hervorzuheben, die heute oder in der nächsten Zukunft als gemeinsames Kapital „in Umlauf" gebracht werden könnten. Die Forschergruppe konzentrierte sich auf fünf als „Schlüsselprobleme" identifizierte Bereiche und auf die Einrichtung einer Datenbank.

Im Rahmen der zehnmonatigen Pilotphase wurden drei Fallstudien vorgesehen, anhand derer signifikante Phänomene aus verschiedenen Perioden der bulgarischen Kulturgeschichte im Blick auf aktuelle Probleme interkulturellen Verstehens und Missverstehens zwischen Bulgarien und Deutschland untersucht wurden. Darüber hinaus führte das Team eine auf den Stadtraum von Sofia beschränkte „experimentelle soziologische Umfrage" über das heutige Deutschland-Bild der Sofioter durch. Auf diese Weise konnte ebenfalls die wissenschaftliche Methodik erprobt werden.

Cultural Difference and Intercultural Communication in Historical Thinking

Beteiligte:
Jörn Rüsen. Universität Bielefeld, Zentrum für Interdisziplinäre Forschung

Laufzeit: **17. - 20. Juli 1995 (Symposium)**

In dem Symposium sollten repräsentative Vertreter des historischen Denkens verschiedener Kulturen - insbesondere Chinas, Indiens, der islamischen Welt und des Westens - miteinander über die Frage diskutieren, wie sie im Rahmen ihrer historischen Arbeit die Differenz ihrer eigenen Tradition zu derjenigen der anderen Kulturen wahrnehmen und in der Konzeption ihrer eigenen historischen Identität in der Abgrenzung von und im Bezug auf die historische Identität anderer Völker und Kulturen zur Geltung bringen. Das Entscheidende an der geplanten Tagung war nicht die Präsentation unterschiedlicher historiographischer Traditionen, mithin keine Sammlung und Sichtung der je kulturell verschiedenen Beiträge zu einer Universalgeschichte des historischen Denkens, sondern die theoretische Reflexion und zugleich praktische Erprobung eines interkulturellen Diskurses über grundlegende kulturelle Differenzen historischer Identität. Mit dieser Absicht stellte das Symposium ein wissenschafts- und kulturpolitisches Novum dar: Im interkulturellen Gespräch sollte die Frage geklärt werden, welche Möglichkeiten das historische Denken heute zur Verfügung stellt, kulturelle Differenz in historischer Perspektive zu thematisieren und als Faktor historischer Identitätsbildung zur Geltung zu bringen.
Bei dem Symposium handelte sich um die erste interkulturelle Debatte über historisches Denken in Deutschland. Das Symposium selber und die daran anschließende Veröffentlichung zeigten, dass es zur Etablierung einer solchen Debatte erheblicher Anstrengungen bedarf. Nur im Diskurs selber bilden sich die Modi der Argumentation aus, die kulturelle Differenz und ihre Bedeutung für kollektive Identität auf der einen Seite und übergreifende Gesichtspunkte des historischen Denkens (Wahrheitsansprüche, Erfahrungsbezug etc.) in den Blick bringen. Als „besondere Erfahrungen" kann man hier hervorheben, dass es für nicht-westliche Historikerinnen und Historiker alles andere als selbstverständlich ist, in eine Debatte einzusteigen, in der es um ihre kulturelle Differenz zum Westen und zugleich um die Gemeinsamkeit methodischer Regeln des historischen Denkens geht. Mehrere Beiträge und anschließend eingeworbene Texte zeigten überdeutlich, dass hier noch erhebliche Arbeit geleistet werden muss.

Rüsen, Jörn (Ed.) (2002): Western Historical Thinking. An intercultural Debate. New York [Die englische Fassung wird gegenwärtig ins Chinesische übersetzt]
Rüsen, Jörn (Ed.) (1999): Westliches Geschichtsdenken - eine interkulturelle Debatte. Göttingen
Rüsen, Jörn / Gottlob, Michael / Mittag, Achim (Eds.) (1998): Die Vielfalt der Kulturen (Erinnerung, Geschichte, Identität Bd. 4). Frankfurt am Main [englische Auswahl in Vorbereitung]

Städtischer Multikulturalismus. Lebenspraktisches Miteinander in fortgeschrittenen Industriegesellschaften

Beteiligte:

- **Wolf-Dietrich Bukow, Roberto Llaryora, Erol Yildiz, Claudia Nikodem, Erika Schulze.** Universität Köln, Seminar für Sozialwissenschaften

Laufzeit: **1996 - 2000**

Innerhalb des Projektes wurden am Beispiel eines Kölner Stadtteils für das urbane Leben tragfähige praktische Umgangsformen empirisch analysiert und herausgearbeitet, wie sich das städtische Leben unter den Bedingungen einer modernen Stadtstruktur und vor dem Hintergrund alltäglicher Handlungserfordernisse entfaltet - unter der Perspektive eines dreidimensionalen alltagszentrierten Ansatzes. Dabei wurde das Stadtquartier erstens in seiner systemischen Ausdifferenzierung rekonstruiert, zweitens als Lebenswelt in seinen vielfältigen wertorientierten Facetten und mit seinen jeweiligen besonderen Traditionen beobachtet und drittens als Ort gedeutet, an dem erforderliche Handlungsweisen von Fall zu Fall neu entwickelt und miteinander kombiniert werden.

Im Verlauf der Forschung kristallisierte sich ein unerwartet klares Muster heraus, das man am einfachsten als *soziale Grammatik des urbanen Zusammenlebens* bezeichnen kann. Urbanität wird weder durch reine Funktionalität noch durch Grenzziehungen, sondern durch eine *soziale Grammatik* gesichert, die das Alltagshandeln kontextspezifisch definiert und akzentuiert sowie speziell durch rekursiv-metakommunikative Verständigungsprozesse im Fluss hält. Im Rahmen der sozialen Grammatik des urbanen Zusammenlebens erhalten die formalen Systeme ein besonderes Gewicht, entwickelt jede Person ihre eigenen Netze und wird dem retrospektiven zivilgesellschaftlichen Engagement eine besondere Rolle zugewiesen.

Vor diesem Hintergrund ist eine differenzspezifische Überlastung der Gesellschaft nicht so einfach vorstellbar, weil Differenzen für die Arbeitsweise der Systeme konstitutiv belanglos sind, lebensweltlich verträglich und im Rahmen retrospektiv-diskursiven Engagements sogar als Kompetenz erscheinen. Die soziale Grammatik fundiert demnach ein funktionierendes Miteinander. Wenn aber, wie sich im Verlauf der Untersuchungen zeigte, Migration skandalisiert wird, so erscheint dies als eine gezielte kulturalistisch bzw. nationalistisch ausgerichtete Gefährdung des urbanen Zusammenspiels. Erforderlich wären in diesem Zusammenhang gezielte verständigungsorientierte Prozesse und die ausdrückliche Förderung partizipativer Strukturen, die alle Gruppen umfassen.

Es zeigt sich auch, dass die politische wie auch im Rahmen der deutschsprachigen Migrationsforschung weiterhin vorherrschende Sichtweise, dass Einwanderer sich letztendlich zu arrangieren und in der aufnehmenden Gesellschaft aufzugehen hätten, durch die Realität obsolet geworden ist. In den modernen, systemisch hoch ausdifferenzierten wie untereinander vernetzten westlich orientierten Gesellschaften trifft eine zunehmend selbstbewusste Mobilität auf eine erheblich angewachse-

ne sozio-kulturelle Vielfalt. Was früher allenfalls für einheimische Minderheiten denkbar schien, gilt mehr und mehr auch für die eingewanderten Minderheiten: nämlich, dass sie sich nicht mehr assimilieren müssen, sondern sich in einer ausdifferenzierten Gesellschaft in einer neuen Weise arrangieren können - eine Nebenfolge der systemischen Ausdifferenzierung der modernen Gesellschaft.
Mit dem neuen Paradigma verändert sich die Blickrichtung auch in praktischer Hinsicht. Es geht jetzt nicht mehr darum, bei Konflikten und Problemen einfach zum Abbau von Differenzen aufzufordern, sondern den Umgang mit Differenzen selbstbewusst zu organisieren. Und es geht nicht mehr darum, neu entstandene ökonomische, soziale, kulturelle, religiöse und politische Arrangements einzuschmelzen, sondern sie systemisch zu ertüchtigen, lebensweltlich anzuerkennen und politisch gleichzusetzen.

Bukow, Wolf-Dietrich / Nikodem, Claudia / Schulze, Erika / Yildiz, Erol (2001): Die Multikulturelle Stadt. Von der Selbstverständlichkeit im städtischen Alltag. Opladen

Bukow, Wolf-Dietrich / Nikodem, Claudia / Schulze, Erika / Yildiz, Erol (Hg.) (2001): Auf dem Weg zur Stadtgesellschaft. Die multikulturelle Stadt zwischen globaler Neuorientierung und Restauration. Opladen.

Bukow, Wolf-Dietrich / Yildiz, Erol (Hg.) (2002):Der Umgang mit der Stadtgesellschaft. Ist die multikulturelle Stadt gescheitert oder wird sie zu einem Erfolgsmodell? Opladen.

Bukow, Wolf-Dietrich / Yildiz, Erol (2002): Der Wandel von Quartieren in der metropolitanen Gesellschaft am Beispiel Keupstraße in Köln oder: Eine verkannte Entwicklung, in: Bukow, Wolf-Dietrich / Yildiz, Erol (Hg.): Umgang mit der Stadtgesellschaft. Ist die multikulturelle Stadt gescheitert oder wird sie zu einem Erfolgsmodell? Opladen

Bukow, Wolf-Dietrich / Nikodem, Claudia / Schulze, Erika / Yildiz, Erol (Hg.) (in Vorbereitung): Was heißt hier Parallelgesellschaft? Zum Umgang mit Differenzen.

Wilde, Waldläufer und Missionare. Französisch-indianischer Kulturkontakt in Neufrankreich 1600 - 1663

Beteiligte:
Wolfgang von Hippel, Wilhelm Kreutz, Sven Kuttner. Universität Mannheim, Historisches Institut, Seminar für Neuere Geschichte

Laufzeit: **1996 - 1998**

Am Beispiel von Pelzhandel, Ureinwohnermission und französischem Vormachtstreben untersuchte das Projekt die zentralen Strukturelemente der französisch-indianischen Beziehungen in Nordostamerika im frühen 17. Jahrhundert. Dabei stand nicht zuletzt das Problem von Fremd- und Eigenwahrnehmung im Mittelpunkt des Erkenntnisinteresses.

In den publizierten Projektergebnissen gewannen die einzelnen Etappen der französischen Indianerpolitik sowie ihre politischen, wirtschaftlichen, weltanschaulichen und religiösen Motive ebenso an Kontur wie die Folgen des Kulturkontaktes für die indigene Lebenswelt. Dabei reduzierte die schriftliche Ausarbeitung der Projektergebnisse die Ureinwohner keineswegs zu „passiven" Adressaten der französischen Zivilisations- und Evangelisationsbestrebungen, sondern rückte diese immer wieder als aktiv Handelnde in den Blickpunkt der Analyse. Ferner ließ sich am Beispiel des Ureinwohnerbildes Samuel de Champlains, des „Père de la Nouvelle-France", demonstrieren, wie gering letztendlich die französische Bereitschaft war, sich auf die Vorstellungswelt der Ureinwohner oder auf deren soziale und ökonomische Praxis einzulassen. Dieser Mangel an interkultureller Kompetenz zog immer wieder Konflikte nach sich, durch die die kleine französische Kolonie am Sankt Lorenz teilweise existentiell in Mitleidenschaft geriet.

Für die zukünftigen Arbeitsperspektiven zum europäisch-überseeischen Kulturkontakt hoben die Rezensenten vier Punkte als Forschungsimpulse besonders hervor:

a) den fruchtbringenden methodischen Ansatz, der sich an der integrativen Methodik der nordamerikanischen „Ethnohistory" orientierte;
b) die außergewöhnlich umfangreiche bibliografische Erschließung des Themenbereichs;
c) die prosopografischen Ergebnisse für die französischen Pelzhändler, die zeitweilig unter den Ureinwohnern lebten;
d) die überzeugenden Korrekturen an den bisherigen Interpretationsmustern zur historischen Bedeutung Samuel de Champlains im Kontext seiner Ureinwohnerpolitik.

Kuttner, Sven (1995): Die „Söhne Kains": Französische Wahrnehmungsfelder indianischer Kultur in Neufrankreich im 17. Jahrhundert, in: Zeitschrift für Kanada-Studien 15. Jg., H. 2, S. 141 - 151

Kuttner, Sven (1996): „On n'a point d'ennemis plus grands que ces sauvages": Indianische Gewalt und französische Ureinwohnerpolitik in Neufrankreich 1616 - 1623, in: Zeitschrift für Kanada-Studien, 16. Jg., H. 1, S. 92 - 102.

Kuttner, Sven (1998): L'autre image: La perception française de la culture amérindienne en Nouvelle-France au 17e siècle, in: Ingo Kolboom, Maria Lieber u. Edward Reichel (Hg.): Le Québec: Société et cultures. Les enjeux identitaires d'une francophonie lointaine (Romania, Bd. 2). Dresden, S. 39 - 44.

Kuttner, Sven (1998): Handel, Religion und Herrschaft. Kulturkontakt und Ureinwohnerpolitik in Neufrankreich im frühen 17. Jahrhundert. Frankfurt/Main

Geschichte und kulturelle Identität: Die Sephardenthematik in der spanischen Literatur und Essayistik des frühen 20. Jahrhunderts im Werk ausgewählter Autorinnen und Autoren und in themenrelevanten Kulturzeitschriften

Beteiligte:

- **Martin Franzbach.** Universität Bremen, Fachbereich 03, WE Lateinamerika
- **Norbert Rehrmann.** Universität Kassel, Fachbereich 06, Lateinamerika Dokumentationsstelle

Laufzeit: **1996 - 2001**

Im Zentrum der Untersuchung stand die Darstellung der Juden und Sephardenthematik, partiell auch des Maurenbildes, im Werk der namhaftesten Autoren der spanischen Literatur von der Romantik bis zur Mitte des 20. Jahrhunderts (einschließlich einiger herausragender Historiker). Dabei bildete die lange Koexistenz (convivencia) von Juden, Mauren und Christen im mittelalterlichen Spanien (711 - 1492) den historischen Bezugspunkt. Im Ergebnis wurde insbesondere dreierlei deutlich: Erstens lässt die Mehrheit der untersuchten Autoren zwar philosephardische Einstellungen erkennen, speziell mit Blick auf die als „glorreich" empfundene Geschichte der spanischen Juden. Sie werden in erster Linie als „Spanier" empfunden, weniger als Juden, was bereits im Titel eines der bekanntesten Bücher aus dem frühen 20. Jahrhundert zum Ausdruck kommt: Die Sepharden als „Spanier ohne Vaterland". Diesen Einstellungen stehen jedoch häufig antisemitische Tendenzen im Allgemeinen gegenüber, häufig im Werk ein und desselben Autors. Der spanische Antisemitismus, wiewohl in allen seinen europäischen Varianten präsent, weist insofern eine markante Besonderheit auf, die u. a. darin zum Ausdruck kommt, dass selbst namhafte spanische Faschisten zu den Philosepharden zählten - sicher ein europäisches Unikat. Zweitens springt eine weitere Dichotomie ins Auge, die sich so zusammenfassen lässt: Die maurische Vergangenheit und Gegenwart Spaniens wird als nationales Vermächtnis eher akzeptiert als die jüdisch-sephardische Geschichte. Das gilt sowohl für die kulturellen Leistungen des spanischen Islam in Al-Andalus (711 - 1492) als auch für dessen zeitgenössisches Bild, etwa mit Blick auf die spanischen Beziehungen zu den islamischen Ländern Nordafrikas. Drittens nimmt sowohl die Juden-Sepharden-Dichotomie als auch ihr Pendant in Bezug auf Juden und Mauren in den jüngeren Schriftsteller- und Historikergenerationen deutlich ab. Mit anderen Worten: Die kulturhistorisch verklärende Sichtweise und der allgemeine Antisemitismus früherer Jahre gehen deutlich zurück. Hierbei spielten der Holocaust und die Erfahrungen des spanischen Massenexils nach dem Bürgerkrieg von 1936 - 1939 Schlüsselrollen. Dennoch dürften die jüdisch-maurische Geschichte des Landes auch künftig dazu beigetragen haben, dass Spanien signifikante Besonderheiten aufwies; vor allem die Nichtexistenz eines gesellschaftlich relevanten, organisierten Antisemitismus.

Rehrmann, Norbert (2000): Una aculturacion plural indirecta: la herencia sefardita y espafiola en la obra del escritorjudio argentino Alberto Gerchunoff, in: Sefarad. Revista de Estudios Hebraicos, Sefardies y de Oriente Proximo. Consejo Superior de Investigaciones Cientificas. Instituto de Filologia. Madrid (Afio 60), Pgs. 397 - 416

Rehrmann, Norbert (2003): „Sefarad" und die „Hispanidad": Das mittelalterliche Land der drei Kulturen als kulturpolitischer Brückenkopf Spaniens in Lateinamerika, in: Hispanorama, Zeitschrift des Deutschen Spanischlehrerverbandes (DSV), Revista de la Asociacion Alemana de Profesores de Espanol, Nr. 101, S. 48 - 57

Rehrmann, Norbert (2003): „La manera espaniola es multiple". El pasado y el presente judeoärabe en la obra de Jose Ortega y Gasset, in: Tous i, Pere Joan / Nottebaum; Heike (Hg.): Ei olivo y la espada. Estudios sobre et antisemitismo en Espaha (siglos XVI XX). Tübingen, S. 307 - 319

Rehrmann, Norbert (2003): Ein Land im Zeichen des Kreuz Galgens: Das spanisch jüdische Erbe im Werk des argentinischen Schriftstellers Abel Posse, in: Hispanorama, H. 99, S. 68 - 76

Rehrmann, Norbert (2001): Spanien das Griechenland der deutschen Juden. Die Sephardisierung der Aschkenasen im 19. und 20. Jahrhundert. Beispiele aus Literatur und Publizistik, in: Tranvia. Revue der Iberischen Halbinsel, H. 63, S. 30 - 36

Ausdruck und Verstehen. Grundlagen einer interkulturellen Hermeneutik

Beteiligte:
Oswald Schwemmer, Norbert Meuter. Humboldt-Universität Berlin,
Institut für Philosophie, Philosophische Anthropologie und Kulturphilosophie

Laufzeit: **1996 - 1999**

Die leitende Forschungsthese des Projekts lautete: Die *leibliche Expressivität des Menschen* ist ein hermeneutisch gehaltvolles und universales Phänomen, d. h. es enthält kulturübergreifende Aspekte und besitzt für Verständnisprozesse insgesamt eine grundlegende Bedeutung. Zudem besitzt das Phänomen eine inhärente moralische Dimension. Im Hintergrund dieser „Universalitätsthese" stehen die anthropologische These vom „Tod des Menschen", die hermeneutische Diskussion um das Fremde und das Eigene sowie das allgemeine Problem des Kulturrelativismus: Inwieweit ist ein Verstehen zwischen Kulturen angesichts ihrer unübersehbaren Differenzen überhaupt möglich? Methodisch sollte die These (1) mit den immanenten Mitteln der Philosophie sowie (2) durch Analyse der aktuellen einzelwissenschaftlichen Forschung untersucht werden.

ad (1) Die philosophische Reflexion stützt sich auf vier Referenzautoren der klassischen philosophischen Anthropologie: Wilhelm Dilthey, Helmuth Plessner, Ernst Cassirer und Max Scheler. Ergebnis ist eine hermeneutische und moralphilosophische Theorie der Expressivität, in der die kulturübergreifende Bedeutung des Ausdrucksphänomens eine zentrale Stelle besitzt. Dilthey erfasst die konstitutive Bedeutung des leiblichen Ausdrucks von seinen organisch-natürlichen bis hin zu seinen geistig-kulturellen Aspekten. Plessner und Cassirer führen das lebensphilosophische Projekt Diltheys mit jeweils unterschiedlicher Akzentsetzung fort. Während die Anthropologie Plessners das Gewicht auf die „natürliche Existenz" des Menschen legt und daher deutliche Züge einer Philosophie des Organischen trägt, entwickelt Cassirer über den Symbolbegriff eine Anthropologie, in dessen Zentrum die „kulturelle Existenz" des Menschen steht. Scheler verortet Moralität nicht im Bereich des Kognitiven, sondern in der emotionalen Sphäre der vorsprachlichen Empathie.

ad (2) Die skizzierte Theorie der Expressivität wurde dann anhand einer Analyse aktueller Einzelwissenschaften hinsichtlich ihrer Universalitätsthese bestätigt. Im Zentrum stehen dabei die Studien zum Gesichtsausdruck (*facial expression*) der so genannten „Basisemotionen" (u. a. Freude, Trauer, Zorn, Überraschung, Ekel), die der Emotionspsychologe Paul Ekman durchgeführt hat. In einem weiteren Teil geht es um empirische Antworten auf die Frage nach der Natur-Kultur-Differenz. Gestützt auf tierprimatologische und paläoanthropologische Forschungen wird die These vertreten, dass sich der für den Menschen spezifische symbolische Weltbezug aus dem Ausdrucksphänomen heraus entwickelt hat: *Kultur ist der Prozess vom Ausdruck zum Symbol.* In einem abschließenden Teil geht um die

Frage, welche Implikationen die Universalitätsthese für die Moralphilosophie besitzt. Im Zentrum stehen hier empirische Forschungen zur Empathie.
Insgesamt wird aufgrund der Ergebnisse der philosophischen und wissenschaftlichen Erforschung der leiblichen Expressivität die kulturrelativistische These vom „Tod des Menschen" zurückgewiesen. Das Phänomen der leiblichen Expressivität des Menschen stellt die universale Grundlage von Verstehensprozessen zwischen dem Fremden und dem Eigenen dar.

Schwemmer, Oswald (1997): Die kulturelle Existenz des Menschen. Berlin

Schwemmer, Oswald (2005): Kulturphilosophie. Eine medientheoretische Grundlegung. München

Schwemmer, Oswald (1999): Die Vielfalt der Kulturen und die Frage nach der Einheit der Vernunft, in: Winfried Löffler, Edmund Runggaldier (Hg.). Vielfalt und Konvergenz der Philosophie. Wien, S. 17 - 40

Schwemmer, Oswald (2002): Mischkultur und Identität. Einige Thesen zur Dialektik des Fremden und Eigenen in der Einheit einer Kultur, in: IABLIS. Jahrbuch für europäische Prozesse. Migration. Die Erzeugung von Zwischenwelten. Heidelberg, S. 81 - 93.

Norbert Meuter (2004): Die Expressivität der menschlichen Existenz, (Habilitationsschrift). München

Sozialberatung für Migranten - interkulturelle Kommunikation in Institutionen

Beteiligte:
Konrad Ehlich, Susanne Scheiter, Rosa Kanz, Sevgi Dereli, Sanela Caudevic, Birgit Hille, Lilla Kudelich. Universität München
Institut für Deutsch als Fremdsprache

Laufzeit: **1996 - 1999**

Das Projekt wollte kommunikatives Handeln in und zwischen den Kulturen in der Institution „Sozialdienst für Ausländer" beschreiben und erklären. Es ging um die Erfahrungen ausländischer Migranten in Deutschland und um die Erfahrungen der Berater dieser Migranten. Als Beispiel diente die „Migranten-Sozialberatung" der Arbeiterwohlfahrt, die zu der Zeit eine neue Konzeption in der Beratung erprobte. Sie wechselte von einem als „ethnienisolationistisch" kritisierten nationalitäten- und sprachspezifischen Beratungsansatz zu einem interkulturellen Dialog. Unter sonst stabilen Bedingungen ergebe sich so die Möglichkeit, inter- und intrakulturelles Sprechhandeln zu vergleichen. Ein Schwerpunkt der Untersuchung war die kontrastive funktional-pragmatische Analyse zum sprachlichen Handeln in interkulturellem Kontext.
Der Projektverlauf ist u. E. als durchgängig positiv einzuschätzen. Der empirische Ertrag (ein Primärkorpus authentischer Beratungsdiskurse unterschiedlichster Kulturkonstellationen von über 500 Minuten) ist wesentlich reichhaltiger als erwartet; das aufbereitete Korpus wird - über die im unmittelbaren Projektzusammenhang ermittelten Ergebnisse hinaus - als Grundlage für weitere Analysen dienen können. Die Ergebnisse lassen sich, auch mit Blick auf die Entwicklung des Forschungsgebiets Interkulturelle Kommunikation im Migrationszusammenhang, folgendermaßen einschätzen: Bei Antragstellung waren wir davon ausgegangen, dass das „interkulturelle Missverständnis" eine prominente Kategorie unserer Untersuchung sein würde. Empirisch ließ sich das nicht bestätigen. Vielmehr zeigten sich im Vergleich inter- und intrakultureller Beratungsdiskurse durchaus Unterschiede, die sich in der größeren kommunikativen Einheit des Handlungsmusters verorten lassen (so gestalten z. B. deutsche Klienten ihren Problemvortrag als Erzählung, türkische als Bericht). Problematisch werden diese und andere Unterschiede vor allem unter bestimmten institutionellen Bedingungen (z. B. Zeitdruck, Pflichtberatung). Auch zeigten sich größere kommunikative Unterschiede der Realisierung des Diskurstyps Beratung zwischen den Migrantengenerationen (z. B. hinsichtlich der Vermittlung relevanten Wissens durch die Berater und der Akzeptanz des Ratschlags durch die Klienten). Empirisch ließ sich eine Auffassung von Kultur als voranalytische Kategorie (z. B. als unabhängige Variable) nicht einholen. Zumindest im Migrationszusammenhang treffen sich diese Befunde u. E. mit denen anderer Untersuchungen. So zeigte sich v. a. auf Tagungen (insgesamt wurden neun Vorträge auf überwiegend internationalen Tagungen und Kolloquien gehalten) ein großes Interesse an

empirischer Forschung, die Theorie und Modell bildend fruchtbar gemacht werden kann, zugunsten einer weniger statischen, weniger ahistorischen Kulturauffassung, die das Verhältnis von Kultur und Kommunikation analytisch konkret werden lässt.

Ehlich, K. / Scheiter, S. (Hg.) (2006): Interkulturelle Kommunikation analogisieren. Heidelberg

Dereli, S.: Anrede im Deutschen und im Türkischen. Eine funktional-pragmatische Analyse institutioneller Beratungsdiskurse. (Erscheint voraussichtlich 2006 im Peter-Lang-Verlag, Frankfurt/Main.)

Wahrnehmung amerikanischer und japanischer Management- und Produktionsmethoden durch deutsche Unternehmer 1950 - 1985

Beteiligte:

- **Dietmar Petzina, Christian Kleinschmidt.** Universität Bochum, Fakultät für Geschichtswissenschaft, Lehrstuhl für Sozial- und Wirtschaftsgeschichte
- **Wolfhard Weber.** Universität Bochum, Fakultät für Geschichtswissenschaft, Lehrstuhl für Wirtschafts- und Technikgeschichte

Laufzeit: **1997 - 1999**

Das Projekt untersucht die Wahrnehmung amerikanischer und japanischer Management- und Produktionsmethoden durch deutsche Unternehmer sowie deren Umsetzung in den Betrieben zwischen 1950 und 1985. Dabei nimmt die Darstellung amerikanischer Leitbilder und deren praktische Bedeutung für deutsche Unternehmer und Unternehmen den größten Teil der Untersuchung ein. An Beispielen wichtiger Unternehmensbereiche wie der Produktion, des Marketing u. v. a. von verschiedenen Großunternehmen aus sehr unterschiedlichen Branchen werden ausländische Einflüsse auf deutsche Unternehmer und Unternehmen analysiert.
Ein Ergebnis ist, dass Unternehmen wie Hüls, Bayer, Glanzstoff, Continental, Bahlsen oder Volkswagen ohne die Adaption amerikanischer Technologie nach dem Zweiten Weltkrieg die erfolgreiche Rückkehr auf den Weltmarkt kaum gelungen wäre. Selbst in den Branchen, in denen die deutsche Industrie vor dem Zweiten Weltkrieg zu den weltweit führenden gehörte, waren diese Unternehmen auf die Wahrnehmung amerikanischer Technologie angewiesen. Durch den unterbrochenen technologischen Informationsfluss während des Nationalsozialismus und des Zweiten Weltkriegs verloren deutsche Unternehmen jedoch den Anschluss zu den führenden Technologien, und eigene Forschungs- und Entwicklungsanstrengungen waren zu zeit- und kostenaufwändig, um diesen Rückstand aufzuholen.
Ähnliche Phänomene der Rückständigkeit zeigten sich durch die erzwungene Abschließungspolitik der Nationalsozialisten auch im Bereich der Absatzwirtschaft und der Öffentlichkeitsarbeit der Unternehmen. Hier versuchten deutsche Unternehmer mit Marketing- und Public-Relations-Strategien an die Anfänge einer modernen, an amerikanischen Vorbildern orientierten Absatzwirtschaft aus der Vorkriegszeit anzuknüpfen.
Fast alle der hier untersuchten Unternehmen verfügten seit vielen Jahrzehnten über intensive Amerika-Erfahrungen, die nach dem Zweiten Weltkrieg über persönliche Kontakte reaktiviert wurden; solche persönlichen Kontakte bildeten gewissermaßen die Grundlage moderner Produktions- und Managementstrategien deutscher Unternehmen dieser Zeit. Die amerikanischen Vorbilder waren dann besonders erfolgreich, wenn sie auf deutsche Erfahrungen aufbauen konnten; wie in den besonders kompatiblen Bereichen Technologietransfer oder Marketing.
Weniger kompatibel waren dagegen Fragen der Gestaltung der industriellen Beziehungen und der Human Relations. Dort behauptete sich das korporatistische „deut-

sche Modell", bei dem gewerkschaftliche Einflüsse, staatliche Intervention und gesetzliche Regelungen (Mitbestimmungsgesetze) ein stärkeren Einfluss ausübten als bei den amerikanischen Modellen.

Amerikanische Produktions- und Managementmethoden übten grundsätzlich einen bedeutenden Einfluss auf das Denken deutscher Unternehmer aus. Während im Rahmen des Marshallplans die finanzielle Hilfe von der Berücksichtigung entsprechender „amerikanischer" Leitbilder in den Betrieben abhängig gemacht werden konnte, spielte im Laufe der 1950er Jahre die freiwillige Adaption amerikanischer Vorbilder eine größere Rolle, so dass man im Zeitverlauf von einem Übergang von der erzwungenen „Amerikanisierung" zur freiwilligen Orientierung an amerikanischen Leitbildern sprechen kann.

Die Beispiele des Technologietransfers auf der einen und der Gestaltung der industriellen Beziehungen und der Human Relations auf der anderen Seite zeigen zudem, dass sich hinsichtlich der Frage der unternehmerischen Wahrnehmung und Umsetzung ausländischer Management- und Produktionsprozesse sowohl Hinweise auf Konvergenzen wie auf Resistenzen beobachten lassen, die jeweils von spezifischen nationalen, kulturellen und unternehmensinternen Bedingungen abhängig sind.

Kleinschmidt, Christian (2002): Der produktive Blick. Wahrnehmung amerikanischer und japanischer Management- und Produktionsmethoden durch deutsche Unternehmer 1950 - 1985. Berlin

Kleinschmidt, Christian (2004): America and the resurgence of the German chemical and rubber industry after the Second World War: Hüls, Glanzstoff and Continental, in: Akira Kudo, Matthias Kipping, Harm G. Schröter (Eds.): German and Japanese Industry in the Boom Years. Transforming American management and technology models. London, pp. 161 - 174

Kleinschmidt, Christian (2004): Driving the West German consumer society: the introduction of US style production and marketing at Volkswagen, in: in: Akira Kudo, Matthias Kipping, Harm G. Schröter (Eds.): German and Japanese Industry in the Boom Years. Transforming American management and technology models. London, pp. 75 - 92.

Kleinschmidt, Christian (1998): An Americanised company in Germany: the Vereinigte Glanzstoff Fabriken AG in the 1950s, in: Matthias Kipping and Ove Bjarnar (Eds.): The Americanisation of European Business. The Marshall Plan and the transfer of US management models. London / New York, pp. 171 - 189

Kleinschmidt, Christian (1998): Die „Amerikanische Herausforderung" und das „Modell Deutschland" - Amerikanisches Management, deutsche Unternehmen und staatliche Einflüsse von den 1950er bis 1970er Jahren, in: Ralph Dietl / Franz Knipping (Hg.): Begegnung zweier Kontinente. Die USA und Europa nach dem Zweiten Weltkrieg, Trier

Interkulturelle Aspekte des zeitgenössischen deutschsprachigen Kinder- und Jugendbuches. Das Fremde in der Kinder- und Jugendliteratur der Besatzungszonen, der BRD und der DDR seit 1945

Beteiligte:

- **Ulrich Nassen, Gina Weinkauff, Martina Seifert.** Universität Leipzig, Institut für Germanistik
- **Aygen Celik.** Frankfurt
- **Silke Fokken.** Berlin
- **Michael Düring, Jan Bolczyk.** Leipzig

Laufzeit: **1997 - 2001**

Die Vermittlung von Bildern des kulturell Eigenen und Fremden bildet von Anbeginn eine programmatische Konstante der deutschsprachigen Kinder- und Jugendliteratur, und ebenso lange bezieht diese Literatur entscheidende Entwicklungsimpulse durch Übersetzungen aus anderen Sprachen. Diese beiden Aspekte und ihr wechselseitiger Zusammenhang wurden in einer im Juli 2005 abgeschlossenen Studie „Ent-Fernungen. Fremdwahrnehmung und Kulturtransfer in der deutschsprachigen Kinder- und Jugendliteratur seit 1945" untersucht. Die Studie verfolgt den Ansatz einer grundlegende Kategorie der interkulturellen Hermeneutik, der adaptierenden Imagologie des Fremdkulturellen in Verbindung mit übersetzungsgeschichtlichen Vorgehensweisen.

Abhängig vom Grad des Exotismus der Fremdheitskonstrukte und der Intensität des Kulturaustausches wird in der Studie zwischen einer nahen und einer fernen Fremde der deutschen Kinder- und Jugendliteratur unterschieden. Am Ende des Untersuchungszeitraums scheint dieses Kategorienpaar angesichts der Auflösung distinkter Images und des Rückgangs der imagebildenden Dimension des Übersetzens zur Beschreibung aktueller Prozesse und Phänomene allerdings nur noch bedingt geeignet: Ins Deutsche übersetzte Kinder- und Jugendbücher werden gegenwärtig nur noch in Ausnahmefällen als Trägermedien kulturspezifischer Informationen inszeniert. Die ferne Fremde figuriert literarisch weithin als phantastisches Anderswo, und die Alteritätsreste der nahen Fremde sind immer weniger erkennbar.

Mit der Behandlung der Abenteuerliteratur für junge Leser in BRD und DDR, mit materialintensiven Analysen beispielsweise der kinder- und jugendliterarischen Repräsentanz der Sowjetunion in der DDR und Schwedens in der BRD, der jeweils vermittelten Bilder von Juden, Roma und Sinti oder der Kinder- und Jugendliteratur der Migranten und derjenigen der sorbischen Minderheit in der DDR füllt die im Rahmen des Projektes entstandene Studie im Übrigen eine ganze Reihe historiographischer Desiderata. Die annähernd 9.000 Titel umfassende bibliographische Datenbank des Projektes bildet einen gewichtigen Beitrag zur bibliographischen Erschließung der Kinder- und Jugendliteratur dieses Zeitraums.

Die Skizzen zur Übersetzungsgeschichte aus dem irischen und dem kanadischen Englisch, aus dem Polnischen und dem Tschechischen bilden ein Novum innerhalb

der Kinder- und Jugendliteraturforschung. Die in diesem Rahmen angestellten Untersuchungen der jeweiligen Gattungspräferenzen, des Status der Übersetzungen innerhalb der Zielliteratur und der Frage nach der Repräsentanz der übersetzten Texte für die Herkunftsliteratur ergaben das Bild eines grundlegenden Funktionswandels des Übersetzens in der Zielliteratur und das Desiderat weiterer Längsschnittstudien in diesem Bereich. Viel versprechend erschiene zudem die Verbindung von Analysen übergreifender Strategien des literarischen Imports und der Funktion des Übersetzens mit neueren Verfahren der Übersetzungskritik.
Weitere Desiderata ergeben sich aus der exemplarischen Vorgehensweise in vielen anderen Teilen der Studie, insbesondere im Bereich der Non-print-Medien und der populären Unterhaltungskultur. Generell scheint es geboten, das Wechselspiel der beobachteten Vorgänge der Auflösung tradierter Bilder des kulturell Fremden und der Hybridisierung des kulturell Eigenen im Blick zu behalten.

Nassen, Ulrich / Weinkauff, Gina (Hg.) (2000): Konfigurationen des Fremden in der Kinder- und Jugendliteratur nach 1945. München

Nassen, Ulrich (2000): Einige programmatische Bemerkungen zum hermeneutischen Verständnis des interkulturell und intrakulturell Differenten in der deutschsprachigen Kinder- und Jugendliteratur nach 1945, in: Nassen / Weinkauff (Hg.:): Konfigurationen des Fremden in der Kinder- und Jugendliteratur nach 1945. München, S. 9 - 21

Weinkauff, Gina (2000): Die ferne Fremde in historischen Jugenderzählungen der Bundesrepublik und der DDR, in: Nassen / Weinkauff (Hg:): Konfigurationen des Fremden in der Kinder- und Jugendliteratur nach 1945. München, S. 109 - 129

Weinkauff, Gina (2000): Multikulturalität als Thema der Kinder- und Jugendliteratur, in: Lange, Günter (Hg.): Taschenbuch der Kinder- und Jugendliteratur. Baltmannsweiler, S. 766 - 782

Weinkauff, Gina (2005): „Verzähl Er doch weiter Herr Urian". Phantastische Weltreisen in der Kinderliteratur, in: Härle / Weinkauff (Hg.): Am Anfang war das Staunen. Wirklichkeitsentwürfe in der Kinder- und Jugendliteratur, Baltmannsweiler, S. 149 - 166

Die Sprache der Höflichkeit im interkulturellen Kontakt - am Beispiel deutsch-madagassischer Interaktionen

Beteiligte:
Jochen Rehbein, Jutta Fienemann, Janie Noëlle Rasoloson Wermter. Universität Hamburg, Institut für Germanistik I, Arbeitsbereich Deutsch als Fremdsprache I

Laufzeit: **1997 - 2000**

Im Mittelpunkt des Projektes stand das Ziel, höfliches Handeln in der Kommunikation zwischen deutschen Muttersprachlern und Deutsch sprechenden Madagassen sowie zwischen deutschen Muttersprachlern und Deutsch sprechenden Franzosen zu untersuchen. Schwerpunkt der Untersuchung waren höfliche Realisierungsformen von Anredeformen und Aufforderungen sowie Reaktionen auf sie, da sich an ihnen die Qualifizierungen der Höflichkeit besonders gut zeigen ließen. Dabei wurden Handlungen wie Vorschlagen, Bitten, Fragen, Anbieten, Gebieten und Auffordern unter der Gruppe der Aufforderungen zusammengefasst. Die drei Untersuchungssprachen Deutsch, Französisch und Madagassisch gaben wegen ihrer kulturell gebundenen Differenzen in der Höflichkeit von Anreden und Aufforderungen eine gute Basis für eine Kontrastierung ab. Mit der madagassischen Kultur wurde in dem Forschungsvorhaben überdies eine nicht-europäische betrachtet. Wichtig war dabei etwa der Umstand, dass auch im heutigen Madagassischen bei der Wahl von höflichen Formen in Anreden und Aufforderungen das Alter der Interaktanten, die Verwandtschaftsbeziehungen zwischen ihnen sowie der soziale Status des Adressaten eine entscheidende Rolle spielen. Ausgangsthese war, dass höfliches Handeln keinen universellen Charakter hat und somit im interkulturellen Kontakt für Partizipanten und alle Analysierenden nicht leicht zugänglich ist, sondern dass Anrede- und Aufforderungsformen in kulturspezifischen Verwendungszusammenhängen stehen und an spezifische sprachliche und nicht-sprachliche Realisierungsformen gebunden sind. Die Interaktionsformen, die im Projekt unter dem Gesichtspunkt höflichen Handelns untersucht wurden, betreffen sprachliche Muster, institutionsbezogenes Handeln und Apparate gesellschaftlichen Handelns, ihre konkreten sprachlichen und nicht-sprachlichen Mittel sowie die Spezifizierung der Interaktionsformen im interkulturellen Kontakt. (Die madagassischen Daten werden gegenwärtig in einer Magisterarbeit en détail bearbeitet.)
Ein wichtiges Ergebnis des Projekts war die Neufassung theoretischer Grundlagen der Höflichkeit. Allgemein betrifft Höflichkeit Formen der Interaktion; daher ist die Auseinandersetzung mit theoretischen Interaktionskonzepten erforderlich. Höflichkeit wird hier nicht mehr als die individuell-strategische Funktionalisierung von Interaktionsformen zwecks Erreichung und Durchsetzung eigener Handlungsziele (= Territorien) gesehen (wie in der traditionellen und weit verbreiteten Theorie von Brown & Levinson 1987), sondern als ein auf gesellschaftlichen Maßstäben/Formen beruhendes Entgegenkommen eines Interaktionspartners einem anderen gegenüber. Ein Entgegenkommen ist jedoch kein Sich-Unterwerfen, keine täu-

schende Subordination (also etwa die kurzfristige Überlassung von Macht zwecks deren Erringung), sondern die Herstellung eines gesellschaftlich erweiterten und kooperativen Handlungsraums in einer Konstellation, in der die kontroversen Handlungsbedürfnisse der Aktanten eklatieren und sich in Aggression verwandeln können. Das Entgegenkommen drückt sich in einem Reflexionsvorgang des Aktanten einer naturwüchsigen oder quasi-naturwüchsig standardisierten Handlungspraxis aus und wird zwischen den Aktanten durch sprachliche und nonverbale Formen der Interaktion transferiert, mit und in denen sich der Sprecher gesellschaftlichen Maßstäben/Formen unterstellt, die vom Hörer geteilt werden. Die Maßstäbe orientieren sich an sozialen Strukturen, in denen die Aktanten personale Rollen einnehmen und die durch höfliches Handeln in der Interaktion reflektierend aktiviert werden (s. nun Rehbein & Fienemann, 2004).

Im Verlauf des Projekts hat sich des Weiteren herausgestellt, dass „Höflichkeit" die Struktur eines Apparats hat, der als ein Subapparat des Kulturellen Apparats anzusehen ist, der selbst wiederum durch die Umstrukturierung standardisierter Handlungswege in der Praxis, in Vorstellungen und Gedanken sowie in Sprache und Wissen gekennzeichnet ist (s. nun Rehbein, 2006). Dabei liegt dem höflichen Handeln ein aktiver Umstrukturierungsprozess speziell von Interaktionsformen zugrunde.

Rehbein, Jochen (2006): The cultural apparatus. Thoughts on the relationship between language, culture and society. In: Kristin Bührig / Jan D. ten Thije (eds): Beyond misunderstanding, the linguistic reconstruction of intercultural discourse. Amsterdam, S. 43 - 96

Rehbein, Jochen / Fienemann, Jutta (2004): Introductions - Being polite in multilingual settings. In: Juliane House & Jochen Rehbein (eds.) Multilingual Communication. Hamburg Studies on Multilingualism 3. Amsterdam, S. 223 - 278

Rehbein, Jochen (2002): Sie - „Personalpronomina" und Höflichkeitsform im Deutschen. Arbeitspapier 2 des Projekts „Sprache der Höflichkeit". Institut für Germanistik: Universität Hamburg

Rehbein, Jochen (2001): De-Grammatikalisierung - Zum prozeduralen Wandel sprachlicher Ausdrücke am Beispiel von „danke!", „bitte!" und „Entschuldigung!". Arbeitspapier 7 des Projekts „Sprache der Höflichkeit". Universität Hamburg, Institut für Germanistik I.

Rehbein, Jochen / Fienemann, Jutta / Ohlhus, Sören / Oldörp, Christine (2001): Nonverbale Kommunikation im Videotranskript. Zu nonverbalen Aspekten höflichen Handelns in interkulturellen Konstellationen und ihre Darstellung in computergestützten Videotranskriptionen. In: Möhn, D. / Roß, D. / Tjarks-Sobhani, M. (Hg.): Mediensprache und Medienlinguistik. Festschrift für Jörg Hennig. Frankfurt/M., S. 167 - 198

Fienemann, Jutta (2000): Danken - ein sprachliches Handlungsmuster der Höflichkeit. Arbeitspapier 4 des Projekts „Sprache der Höflichkeit". Institut für Germanistik: Universität Hamburg

*Internet:*http://www.sign-lang.uni-hamburg.de/fb07/GermS/Personal/Rehbein/webbalda/htdocs/shik/shik-sit.html

Kulturaneignung heute: Recycling, Kannibalismus, Hybridisierung, Translatio

Beteiligte:
Carlos Rincón, Ellen Spielmann. Freie Universität Berlin, Lateinamerika-Institut

Laufzeit: **26. - 27. Juni 1998 (Symposium)**

Das internationale Symposium setzte sich zum Ziel, die neuen Wege zu diskutieren, die sich bei der Beschreibung, Analyse und Diagnose gegenwärtiger Formen der kulturellen Aneignung und Zirkulation abzeichnen, welche der globale Wandel in seinen Dynamiken bestimmt. Dafür wurden in den Mittelpunkt die derzeit diskutierten Schlüsselbegriffe gerückt, deren Klärung ein Desiderat der Grundlagenforschung innerhalb des Theoriebildungsprozesses ist. In den Vorträgen und Diskussionen hat es sich als fruchtbar erwiesen, kulturelle und wissenschaftliche Prozesse auf beiden Seiten des Atlantiks sowie China und Indiens mit einzubeziehen.
Als Projektergebnisse sind hervorzuheben:

1. Der metaphorische Inhalt der vier diskutierten Begriffe-Metaphern, der leicht zu aktualisieren ist, hat ihre Verwendung in sehr unterschiedlichen, von sehr verschiedenen sozio-ökonomischen, technologischen, geopolitischen und kulturellen Faktoren bestimmten Situationen erleichtert. Dieser Inhalt begründet ein imaginäres Potenzial, das die diskursive Tätigkeit stimuliert.
2. Ihre Verwendung bewegt sich zwischen systematischer und reflexiver Ausdehnung einer auf Analogie basierenden Wahrnehmungsstruktur und dem Spiel der unausweichlichen Amalgambildungen, die für die Nichtkontrollierbarkeit des Metapherngebrauchs charakteristisch sind. Das zeigte sich vor allem beim Begriff Hybridisierung, der in den Diskussionen in erster Linie die Aufmerksamkeit auf sich zog.
3. Übereinkunft bestand darin, dass alle vier Metaphern-Begriffe auf Analogie als teilweiser Ähnlichkeit mit Elementen anderer Prozesse auf anderen Feldern (Industrie, Biologie, Genetik, Sprachen, Körper) gründen. Es sind Modell-Metaphern, wobei die Rolle der Modelle weiter darin liegt, die heuristische Konstruktion von analogen Korrespondenzen auf der Ebene von konkreten Objekten, Strukturen und Funktionen bei der Untersuchung unstabiler Gebilde zu ermöglichen.
4. Die Metaphern als analoge Modelle, so der Tenor in allen Beiträgen, zielen nicht auf den Nachweis von Gesetzmäßigkeiten und Konstanten für die beiden in Verbindung gebrachten Bereiche. Die tropologische Realisierung des metaphorischen Modells kann ebenso wenig die figurative Repräsentation der Phänomene anstreben, deren Beschreibung und Spezifizierung sie erlaubt.
5. Die Auffassung setzte sich durch, dass Hybridisierung, Übersetzung, Recycling und Kannibalismus Metaphern sind, die als Teil einer neuen *ars inveniendi* der Kulturtheorie ihre eigene heuristische Logik ausgehend von ihrer Eigenschaft als analoge Modelle entfalten. Die neu definierte ästhetische Reflexion, in deren

Verlauf sie zustande gekommen sind, musste, um analytisch zu sein, assoziativ verfahren. Die Möglichkeiten der diachronischen Analyse und der Bestimmung von Akteuren, Orten und Konsequenzen in den Fällen des Modells der Hybridität bzw. Hybridisierung und der Übersetzbarkeit von Kulturen wurden als Forschungsperspektiven aufgezeigt. Die Idee der Refiguration des Recyclings, die kulturtypologische Gegenüberstellung von subjektzentrierten Kulturen und die auf dem Körper basierenden Kulturen der Präsenz (Faszination von Phänomenen der Anthropophagie, des Sports, der elektronischen Bilder) orientieren die weitere Diagnose-Diskussion über die kulturelle Globalisierung.

Cezar de Castro Rocha, João / Ruffinelli, Jorge (Hg.) (2000): Anthropophagy today? Antropofagia hoje? ¿Antropofagia hoy? Antropofagia oggi?. Nuevo Texto Crítico, No. 23/24, Stanford

Bhabha, Homi K. (2000): „Das Recht zu erzählen. Von einer Zukunft, in der die Vergangenheit nicht vergessen wird", in: Literaturen, H. 10

Mignolo, Walter (2001): Local histories / Global designs. Coloniality, subaltern Knowledges, and border thinking. Princeton / NJ

Taussig, Michel (2004): My Cocain Museum. Chicago

Rincón, Carlos (2002): „Naiv / Naivität (Primitiv als Komplementärbegriff)", in: Karlheinz Barck et allii. (Hg.): Ästhetische Grundbegriffe. Historisches Wörterbuch in sieben Bänden, Bd. 4. Stuttgart-Weimar

Kulturelle Vielfalt kennen lernen und kompetent nutzen: Das Humankapital der Zukunft (EXPO-Programm)

Beteiligte:
Alexander Thomas, Roland Ettle, Stefan Kammhuber, Gabriel Layes, Anita Berger, Jörg Plannerer. Universität Regensburg, Institut für experimentelle Psychologie

Laufzeit: **1998 - 2001**

Mit diesem Projekt förderte die VolkswagenStiftung einen Beitrag zur EXPO 2000 in der Ausstellungshalle „Mensch". Hierzu wurde ein Interaktionsprogramm für EXPO-Besucher mit interkulturellen Sensitivitätstests und Trainingsprogrammen sowie ein interkulturelles Multimedia-Lernprogramm konzipiert. Zunächst wurde im Informations-Pavillon an Schautafeln über die folgenden Themen Auskunft gegeben:

- Bedeutung unterschiedlicher kultureller Orientierungssysteme für menschliches Verhalten;
- Entstehung interkultureller Problemsituationen;
- Lösungsmöglichkeiten für kulturbedingt kritische Interaktionssituationen;
- Bedingungen interkultureller Kompetenz zum besseren gegenseitigen Verstehen;
- Verlauf und Ergebnisse interkultureller Forschungen;
- Beispiele interkultureller Forschungsprojekte, durchgeführt an der Universität Regensburg.

In dem zweiten, dem Interaktions-Kreativitäts-Pavillon, wurden EXPO-Besucher aus verschiedenen Kulturen gebeten, für eine Problemsituation, die sich prinzipiell in sehr vielen Kulturen ergeben könnte, in gemeinsamen, moderierten Gesprächen interessante und produktive Lösungen zu kreieren. Während der Laufzeit der EXPO 2000 standen zur Betreuung der beiden Pavillons ständig zwei Projektmitarbeiter für Fragen, Anregungen und Informationen zur Verfügung. Sie begleiteten die Gruppen im Interaktions-Pavillon oder informierten Besucher. Die Gruppen-Interaktionen wurden mit Zustimmung der Beteiligten für spätere Analysen genutzt. Aus den Ergebnissen des Projekts ging das Lernprogramm „Teamwork across Cultures" hervor (erschienen als CD-ROM), welches die Möglichkeit bietet, Teilnehmer an plurinationalen Arbeitsgruppen auf die Schwierigkeiten vorzubereiten, die mit einer solchen Zusammenarbeit verbunden sind. Im Rahmen einer anschließenden Diplomarbeit wurde die Lernwirksamkeit des Programms evaluiert und das Lernprogramm aufgrund der Evaluationsergebnisse noch einmal überarbeitet.

Die deutsche Tranquebar-Mission als Gegenstand der Kulturgeschichte: Modelle des Fremdverstehens

Beteiligte:
Hans-Jürgen Pandel, Monica Juneja-Huneke. Universität Halle Wittenberg, Fachbereich Geschichte, Philosophie und Sozialwissenschaften, Institut für Geschichte

Laufzeit: **1999 - 2002**

Im Mittelpunkt der Studie stand die interzivilisatorische Beziehung zwischen zwei einander fremden Kulturen: der deutschen pietistisch-frühaufklärerischen Kultur, der ersten protestantischen Mission nach Indien im 18. Jahrhundert und der indischen tamilisch-hinduistischen andererseits. Ausgangspunkt der Untersuchung bildete der umfangreiche Quellenbestand der Dänisch-Halleschen Mission in Südindien, der sich zum größten Teil in Halle an der Saale befindet. Indische Dokumente von hinduistischen und muslimischen Gelehrten aus dem Gebiet der Missionsregion sowie Taufregister, Kupferstiche, Zeichnungen, Karten, religiöse Kunstobjekte und indische Palmblatthandschriften ergänzten die Auswertung. Auch die Bild- und Architektursprache der in Tranquebar noch vorhandenen Bauten, Kirchen, Missionsschulen, Häuser und Siedlungen wurde als weitere Quelle hinzugezogen. Der Schwerpunkt der Arbeit lag auf der Untersuchung von Prozessen der Grenzziehung sowie von Sinndeutungsmechanismen in ihrer wechselseitigen kulturgeschichtlich-zeitlichen Gebundenheit. Die Begegnung von inkommensurablen oder inkompatiblen Sinnwelten zwang beide an der Kulturbeziehung beteiligte Gesellschaften dazu, sich über die Art der eigenen Vertrautheit klar zu werden und sie neu zu erfassen. Ein weiteres wichtiges Ergebnis war es, die Fragestellung der Untersuchung an die in Deutschland laufenden Diskussionen zur transnationalen Geschichte sowie zu den methodischen Problemen einer transkulturellen Begrifflichkeit anzuknüpfen. In diesem Rahmen ist es gelungen, über eine Reihe von wissenschaftlichen Veranstaltungen (teilweise in Zusammenarbeit mit Frau Dr. Margrit Pernau an der Universität Erfurt) einen theoretisch-methodischen Dialog mit Kollegen, die bislang innerhalb einer deutschen nationalstaatlichen Perspektive gearbeitet hatten, anzuregen. Die Überwindung von historiographischen Grenzen zwischen Ansätzen zu wichtigen Fragen wie etwa der Identitätsbildung oder Grenzen zwischen Religionsgemeinschaften, die aus der deutschen Geschichte herausgearbeitet worden sind, und denjenigen aus der indischen Geschichte soll den ersten Schritt bilden, um einem historiographischen Eurozentrismus zu entkommen. Über inhaltliche Fragen hinaus zielt die fortlaufende Zusammenarbeit darauf hin, Netzwerke zu entwickeln, die eine stärkere Rückbindung der Geschichte Indiens in die „allgemeine Geschichte" ermöglichen sollen. Gerade der transkulturelle Ansatz, der aus der Projektuntersuchung herausgearbeitet worden ist, könnte es ermöglichen, Themen in einer Weise zu formulieren, die für beide Seiten - die deutsche als auch die indische - gleichermaßen interessant erscheint und neue

Fragestellungen eröffnet, die allein aus einer Binnenperspektive heraus nicht angeregt werden.

Juneja, Monica (2002): Malabarian' Dialogues. The encounter between German Pietists and the Tamilian populace during the early eighteenth century, in: Monica Juneja (Hg.): Exploring Alterity in Pre-modern Societies, Themenheft. Medieval History Journal, Vol. 5.2, pp. 333 - 346

Juneja, Monica (2004): Begegnung, Kommunikation, Sinnbildung. Deutsche Pietisten und südindische Tamilen im 18. Jahrhundert, in: Margarete Grandner u. Andrea Komlosy (Hg.): Vom Weltgeist beseelt. Globalgeschichte 1700 - 1815. Wien, S. 221 - 242

Juneja, Monica (in press): Mission und Begegnung - die Gestaltung eines kommunikativen Raumes, in Monica Juneja u. Margrit Pernau (Hg.): Religion und Grenzen in Indien und Deutschland: Studien auf dem Weg zu einer transnationalen Historiographie. Frankfurt a. M. / New York (erscheint im Campus Verlag).

Juneja, Monica / Pernau, Margrit (Hg.) (in press): Religion und Grenzen in Indien und Deutschland: Studien auf dem Weg zu einer transnationalen Historiographie, i. E. Frankfurt a. M. / New York (erscheint im Campus Verlag)

Juneja, Monica (in press): Mission, encounters and transnational history - reflections on the use of concepts across cultures, in: Andreas Gross u. Heike Liebau (Eds.): The Danish-English-Halle Mission in South-India (1706 - 1845), 3 Bde, (erscheint Chennai / Halle a. d. Saale)

Fremdheitslage, Fremdheitslast und Fremdheitslösungen im buddhistischen Ladakh. Empirische Untersuchungen interkultureller Rezeptions- und Abgrenzungsprozesse im indischen Himalaya

Beteiligte:
Ina Rösing, Thierry Dodin, Frank Kressing, Frank Seeliger. Universität Ulm, Klinikum, Abteilung Anthropologie

Laufzeit: **1998 - 2001**

Im Mittelpunkt des Vorhabens stand die Untersuchung von interkulturellen Rezeptions- und Abgrenzungsprozessen in der buddhistischen Gesellschaft von Ladakh, die einer ethnischen und religiösen (tibetisch-buddhistischen) Minderheit Indiens angehört. Das Forschungsprojekt eruierte am Beispiel dieser kulturell relativ homogenen Region, welche verschiedenen Fremdheitseinflüssen in besonders massiver Weise ausgesetzt ist, a) wie Fremdheit erfahren wird und b) welche sowohl individuellen als auch institutionellen Strategien im Sinne versuchter Fremdheitslösungen entwickelt werden. Die Forschergruppe hatte es sich zum Ziel gesetzt, die vielfältige und durchaus ambivalente individuelle subjektive Fremdheitserfahrung in Ladakh im Sinne einer „dichten Beschreibung" zu erfassen und nachzuzeichnen. Dazu diente ein so genanntes Basisprojekt. Auf dessen Grundlage sollte im Anschluss drei verschiedenen Typen vermuteter Fremdheitslösungen nachgegangen werden, die mit den Stichworten Schamanenproliferation, Pilgerwesen und Panbuddhismus zu umschreiben sind. Gespräche mit den für alle drei Fremdheitslösungen zuständigen ladakhischen Renpoches sowie eine Fallstudie des Ladakh Buddhist Vihara in Delhi dienten der kritischen Überprüfung der Ergebnisse der ersten vier Arbeitsbereiche. Eine übergreifende ethnohistorische Untersuchung widmete sich der Aufarbeitung historischer Aspekte der Fremdheitserfahrung in Ladakh, etwaiger Wurzeln und Vorläufer heutiger Fremdheitslösungen. Eine Ergebniszusammenfassung liegt nicht vor, jedoch eine Buch- und einige Artikelpublikationen.

Rösing, Ina (2003): Trance, Besessenheit und Amnesie. Bei den Schamanen der Changpa-Nomaden im ladakhischen Changthang. Gnas

Seeliger, Frank (2003): Einer prügelt uns und der andere bringt uns Religion ..." Fremdheitserfahrungen im West-Himalaya-Gebiet Lahoul aus Sicht Herrnhuter Missionare (Diss). Herrnhut

André, Karin / Dodin, Thierry (2000): The Moravian archive of Herrnhut as a source for the modern history of Ladakh. in: Ladakh Studies, Spring 2000/13, pp. 26 - 34.

Dodin, Thierry (2002): The Ladakh Budh Vihar of Delhi: The fate of a Ladakhi outpost in the Indian capital, in: Blezer, Henk (Ed.) (2002): Tibet Past and Present: PIATS 2000. Tibetan Studies. Leiden, pp. 387 - 413

Kressing, Frank (2003): The increase of shamans in contemporary Ladakh: Some preliminary observations, in: Asian Folklore Studies, Vol. 62, pp. 1 - 23

Kressing, Frank (2003): Traumatisierung durch „das Fremde" in Ladakh? Wie ein kleines Volk im Himalaja Außeneinflüsse bewältigt, in: Psychosozial, Vol. 26, No. 1 (Nr. 91), pp. 99 - 106

Die deutsche Sprache im Spiegel der indischen Sprachwissenschaft

Beteiligte:

- **Peter Raster.** Universität Duisburg Essen, Standort Essen, Literatur- und Sprachwissenschaften
- **Hannes Kniffka.** Universität Bonn, Sprachwissenschaftliches Seminar
- **Layan Krishnan, Siniruddhan Dash.** Universität Madras, Dept. of Sanskrit, Madras, Indien

Laufzeit: **1998 - 1999**

In dem Projekt sollte die Möglichkeit einer Anwendung von Erkenntnissen der indischen Sprachwissenschaft auf die deutsche Sprache untersucht werden. Da es sich bei dieser Untersuchung um einen etwas ungewöhnlichen Forschungsansatz handelt, wurden zunächst in einer eigenen Studie die methodischen Voraussetzungen für dieses Projekt geklärt und seine Relevanz für den Aufbau einer interkulturellen Linguistik bestimmt.

Unter dem Namen „interkulturelle Linguistik" werden eigentlich zwei Forschungsrichtungen zusammengefasst, die in unterschiedlicher Weise auf das Phänomen der Interkulturalität als Gegenstand der Sprachwissenschaft bezogen sind - eine Forschungsrichtung, die auf die Interkulturalität der Sprache bezogen ist, und eine Forschungsrichtung, die auf die Interkulturalität der Sprachwissenschaft selbst bezogen ist. Das Projekt ist offensichtlich dieser zweiten Art der interkulturellen Linguistik zugeordnet.

Für den Aufbau dieser zweiten Art der interkulturellen Linguistik kommt der indischen Sprachwissenschaft eine besondere Bedeutung zu: Sie ist die älteste unter den weltweit existierenden Formen der Sprachwissenschaft überhaupt; sie war weder in ihrem Beginn noch zu einem späteren Zeitpunkt ihrer Geschichte abhängig von irgendeiner anderen Form der Sprachwissenschaft, insbesondere nicht von der europäischen Sprachwissenschaft. Vielmehr hat sie zu Beginn des 19. Jahrhunderts, als sie zuerst in der europäischen Sprachwissenschaft bekannt wurde, selbst einen maßgeblichen und nachhaltigen Einfluss auf diese ausgeübt.

Das Projekt einer Anwendung von Erkenntnissen der indischen Sprachwissenschaft auf die deutsche Sprache steht also in einer langen wissenschaftsgeschichtlichen Tradition; wenn hier an diese Tradition wieder angeknüpft werden sollte, dann war dafür die Hypothese maßgebend, dass das Potential, das die indische Sprachwissenschaft für die Erforschung des Gesamtphänomens der Sprache hat, in der europäischen Sprachwissenschaft noch nicht ausgeschöpft ist.

Nachdem die methodischen Voraussetzungen für das Projekt geklärt und seine Relevanz für den Aufbau einer interkulturellen Linguistik bestimmt wurden, ist nach Abschluss der eigentlichen Projektphase die Anwendung von Konzepten der indischen Sprachwissenschaft auf das Deutsche in drei weiteren Studien demonstriert worden, die jeweils das Wortartensystem und die Verbklassifikation des Deutschen aus der Sicht der indischen Grammatik sowie ein grundlegendes syntaktisches Schema der allgemeinen Grammatik zum Gegenstand haben.

Raster, Peter (2001): Wortarten des Deutschen aus der Sicht der indischen Grammatiktradition, in: EliS_e <Essener Linguistische Skripte - elektronisch>. E-Papiere zu Sprachwissenschaft und Sprachdidaktik 1, Nr. 2, S. 7 - 46. Online: http://www.elise.uni-essen.de

Raster, Peter (2002): Perspektiven einer interkulturellen Linguistik: Von der Verschiedenheit der Sprachen zur Verschiedenheit der Sprachwissenschaften. Frankfurt am Main

Raster, Peter (2003): Ein triadisches Modell in der Syntax. Ramon Lulls Korrelativenlehre und die indische Grammatiktradition, in: Kempgen, Sebastian / Schweier, Ulrich / Berger, Tilman (Hg.): Rusistika - Slavistika - Lingvistika: Festschrift für Werner Lehfeldt zum 60. Geburtstag. München, S. 438 - 451

Raster, Peter (2004): Die kategoriale Bedeutung der Verben aus der Sicht der indischen Grammatiktradition, in: EliS_e <Essener Linguistische Skripte - elektronisch> E-Papiere zu Sprachwissenschaft und Sprachdidaktik 4, Nr. 1, S. 129 - 142. Online: http://www.elise.uni-essen.de

Das Eigene und das Fremde in austronesischen und amerindischen Sprachen: Interkulturelle Prozesse beim Kontakt von indigenen Sprachen mit dem Spanischen im Pazifik und Hispanoamerika

Beteiligte:
Klaus Zimmermann, Thomas Stolz. Universität Bremen,
Fachbereich Sprach- und Literaturwissenschaften

Laufzeit: **14. April 1999 (Symposium)**

Mit dem Symposium intendierten die Veranstalter eine Zusammenschau ähnlicher oder gleichartiger Prozesse im Kultur- und Sprachkontakt in zwei Weltgegenden, die heute unterschiedlichen Kulturkreisen angehören, in der Kolonialzeit jedoch zu Spanien gehörten und daher mit dem Spanischen in Kontakt getreten sind. Für die Teilnehmer/innen haben sich im Verlauf der Veranstaltung neue Dimensionen eröffnet, die erhebliche Rückwirkungen auf die Forschungen zu den eigenen konkreten Untersuchungsfällen haben. Insbesondere die vor Ort arbeitenden „einheimischen" Forscher/innen, von denen einige auch Muttersprachler/innen der untersuchten Sprachen sind, konnten erstmals einer internationalen Fachöffentlichkeit ihre Forschungsergebnisse und sprachpolitischen Vorstellungen mitteilen und in einen direkten Gedankenaustausch treten, der für sie im Vergleich und in theoretischer Hinsicht fruchtbar war. Für viele Teilnehmer/innen ergab sich erstmalig die Möglichkeit, festzustellen, dass die Probleme, die sie als Linguist/inn/en und/oder Muttersprachler/innen beim Umgang mit den Hispanismen haben, kein lokales Phänomen ihrer jeweiligen kleineren Gemeinschaft sind, sondern auch in anderen Weltgegenden in gleicher Form wieder auftreten. Für die „auswärtigen" Forscher/innen ergab sich andererseits eine sehr gute Möglichkeit, eine Reihe von Details zu erfragen, die üblicherweise nicht in Veröffentlichungen gelangen, aber für eine adäquate Beurteilung der Situation unabdingbar sind. Nach einer theoretischen und programmatischen Einführung gliederte sich die Veranstaltung in drei regionale Schwerpunkte, von denen einer die andine Region Südamerikas umfasste und den gegenseitigen Kontakteinfluss Quechua - Spanisch thematisierte. Zu Mexiko wurden drei wichtige Kontaktszenerien (Otomí - Spanisch, Náhuatl - Spanisch und Zapotekisch - Spanisch) behandelt. Der dritte regionale Schwerpunkt, der sich dem spanischen Erbe in Austronesien widmete, war als der in der Fachöffentlichkeit bisher sicher am wenigsten bekannte einzustufen.

Zimmermann, Klaus / Stolz, Thomas (Hg.) (2001): Lo propio y lo ajeno en las lenguas austronésicas y amerindias. Madrid / Frankfurt am Main (Tagungsband)

Die Tätigkeit deutscher Berater in China um die Jahrhundertwende im Lichte neuerer deutscher und chinesischer Quellen. Ein Beitrag zur Erforschung der interkulturellen Beziehungen zwischen Deutschland und China

Beteiligte:

- **Roland Felber (†), Elisabeth Kaske.** Humboldt-Universität Berlin, Philosophische Fakultät III, Institut für Asien- und Afrikawissenschaften, Seminar für Sinologie
- **Peter Merker.** Universität Erfurt, Philosophische Fakultät, Ostasiatische Geschichte

Laufzeit: **1999 - 2002**

Die im Rahmen des Forschungsvorhabens vorgelegte Studie untersucht die Geschichte von 30 deutschen Offizieren und Unteroffizieren, die sich inmitten des Krieges zwischen China und Frankreich 1884/85 von Deutschland aus auf den Weg machten, um in chinesische Dienste zu treten. Es handelt sich um eine deutsche „Militärmission“, die eigentlich keine war. Preußen schickte seit den 1830er Jahren Offiziere in die Türkei. Die hier beschriebene Militärmission jedoch war nicht von Deutschland gesandt. Stattdessen engagierte der chinesische Gesandte in Deutschland Li Fengbao (1834 - 1887) in Berlin die 30 Offizieren und Unteroffiziere - sämtlich aus Preußen - gegen den proklamierten Willen und vorgeblich ohne Wissen der neutralen deutschen Regierung, um den Franzosen zu suggerieren, Bismarck unterstütze die chinesische Seite in diesem kriegerisch ausgetragenen Konflikt um Chinas Dependenz Tongking. Die deutsche Regierung erfuhr davon und unternahm die gebotenen diplomatischen Maßnahmen, um keine innereuropäischen Missverständnisse aufkommen zu lassen. Die preußischen Soldaten jedoch, die mit hohen Gehältern, Reisekostenvergütung und großen Versprechungen nach China gelockt worden waren, verblieben in chinesischen Diensten als Militärinstrukteure; manche nur ein Jahr, andere bis zu 16 Jahre lang. Die scharfzüngige Tianjiner Presse nannte sie fortan „Bismarcks Missionäre“. Die Untersuchung stellt einen wichtigen Beitrag zur Geschichte der deutsch-chinesischen Beziehungen besonders auf einer informellen Ebene unterhalb diplomatischer Interaktionen dar. Solche Forschungen sind bis jetzt eher selten. Ihre Bedeutung erstreckt sich in mehrere Richtungen:
Erstens liefern sie einen Beitrag zur Sozialgeschichte der deutschen Auswanderung im 19. Jahrhundert und zur Sozialgeschichte ausländischer Angestellter in China.
Zweitens zeigen sie eine spezielle Seite der chinesischen Reformen im Rahmen der so genannten Selbststärkungsbewegung.
Drittens stellen sie einen Beitrag zur Geschichte des Transfers von Wissen und Technologie im Zeitalter der Industrialisierung dar.

Elisabeth Kaske (2002): Bismarcks Missionäre - Deutsche Militärinstrukteure in China 1884 - 1890. Wiesbaden

Technical Objectivity and Social Subjectivity in Engineering and Innovation: A cross-cultural Exploration towards a Manufacturing Culture Theory

Beteiligte:
Felix Rauner, Klaus Ruth. Universität Bremen, Institut Technik und Bildung, Abt. Berufspädagogik/Elektrotechnik

Laufzeit: **30. - 31. August 1999 (Symposium)**

Mit dem Thema des Workshops war die ebenso aktuelle wie vielschichtige Problematik der interkulturellen Kooperation angeschnitten. Wie der Titel bereits andeutet, war das gestellte Thema durch zwei Diskussionslinien vorgezeichnet, die als „doppelter Kulturdialog" begriffen werden können:

- zum einen entlang kultureller Differenzen zwischen Disziplinen, aber auch zwischen Theorie und Praxis in Innovationsprozessen;
- zum anderen sollte damit auch der Blick geöffnet werden für interkulturelle Probleme, die im Sinne internationaler Kooperationen oder zwischen ethnischen Gruppen zu begreifen wären.

Im Kontext dieser beiden sachlichen Themenfelder kam es auch darauf an, auszuloten, inwiefern die aktuell diskutierten Kulturkonzepte tragfähig oder anschlussfähig sind, wenn es darum geht, die heutigen Innovationsprobleme wissenschaftlich zu erklären oder - besser noch - sie in der Praxis zu bewältigen.
Als allgemeines Fazit des Workshops kann in wenigen Sätzen folgendes festgehalten werden: Die interdisziplinäre Kooperation zwischen Ingenieuren und Sozialwissenschaftlern - zwischen technischer Objektivität/Rationalität und gesellschaftlicher Subjektivität - weist durchaus positive Ansätze auf, die aber weiterer praktischer Erprobungen (Erfahrungen) ebenso bedürfen wie der reflektierten Diskussion über diese gewonnenen Erfahrungen. Nicht ganz so optimistisch stimmt die (zugegebenermaßen selektive) Bestandsaufnahme interkultureller Dialoge/ Kooperationen. Hier wird es darum gehen, durch weitere Experimente und Analysen Eckpunkte für interkulturelle Kommunikation zu entwickeln. Sehr interessante Fallbeispiele sind hierbei die so genannten „multikulturellen Gesellschaften" (wie etwa Singapur).
Hinsichtlich der Synthetisierung unterschiedlicher Kulturansätze wurden ganz bewusst kulturalistische Ansätze ausgeblendet, und auch die stark normativen Konzepte kamen nicht zum Zug; stattdessen wurden über Praxisberichte Bausteine entwickelt, die in eine kulturbasierte Innovationstheorie integriert werden können.

Ito, Y. / Moritz, E.F. / Ruth, K. (Eds.) (2003): Synergy of Culture and Production Vol. 2. Localized Engineering for Globalized Manufacturing?. Sottrum

Konstruktionen des ‚Fremden' und des ‚Eigenen': Prozesse interkultureller Abgrenzung, Vermittlung und Identitätsbildung (1999 - 2006)

Medizinischer Pluralismus in Ostafrika: Zu Geschichte und Gegenwart der Hybridisierungsprozesse von lokalen und ‚westlichen' Formen der Gesundheitsfürsorge im Gebiet von Masasi, südöstliches Tanzania

Beteiligte:
Heinz Schott, Walter Bruchhausen, Michael Knipper, Caroline Seiler.
Universität Bonn, Medizinhistorisches Institut

Laufzeit: **2000 - 2003**

Angesichts der im Vergleich mit Großbritannien und den USA hierzulande geringen kulturwissenschaftlichen Beschäftigung mit Medizin in Afrika wurde mit diesem Projekt für Medizinethnologie und Medizingeschichte weitere Aufbauarbeit geleistet. Für die medizinhistorische Auseinandersetzung mit Kolonialmedizin und „traditioneller" Medizin dürfte damit ein zeitgemäßer Ansatz im deutschsprachigen Raum vorgestellt werden. Er verweist auf die Ambivalenz aller hier untersuchten Medizinformen, solcher europäischer wie vorderasiatischer und ostafrikanischer Herkunft, was jeden Versuch einer einseitigen Erfolgs-, Versagens- oder Unterdrückungsgeschichte verbietet, denn jede Medizintradition hatte und hat für die Gesundheitsprobleme Tansanias ihre unbestreitbaren Stärken ebenso wie unverkennbare Nachteile und Risiken. Trotzdem ist für alle auch ein Reflexionsprozess zur Korrektur der Selbstbilder erforderlich.
Die von Weltgesundheitsorganisation, Regierungen und Interessengruppen betriebene Gleichsetzung der alternativen und traditionellen Medizinformen weltweit hat wider Erwarten eine gewisse Berechtigung, die allerdings weniger in ursprünglicher Ähnlichkeit, sondern in gleichartigen Wandlungs- und Reinterpretionsprozessen begründet liegt. Denn neben den Abgrenzungsprozessen, die zur Sicherung kultureller Identität auch im Sinne der invented tradition altehrwürdige und einheimische Heilkunde erfordern, wird traditioneller Medizin zunehmend als Domänen das Natürliche und Spirituelle zugeordnet. Diese konstruktivistische Sicht ist den Betroffenen selbstverständlich fremd, muss aber verantwortlichen Akteuren in Politik und Gesundheitsplanung noch stärker bewusst werden, um hier Fehlschlüsse zu vermeiden. Zudem setzt die große Bedeutung der Geister den politischen und ethnologischen Bemühungen um Abgrenzung der Medizin vom Religiösen Grenzen.
Nach Jahrhunderten der sporadischen Begegnung zwischen Europa und Ostafrika ging die eigentliche Ausdehnung europäischer Medizin mit dem Kolonialimperialismus einher. Aufgrund dieser Konstellation wurde sie in größerem Maßstab zunächst zur Seuchenbekämpfung, zur Demonstration der Überlegenheit europäi-

schen Wissens und des Wohlwollens der Kolonialverwaltung, später zur Erhaltung der Arbeitskraft durch Vermeiden von körperlicher Schwächung und Bevölkerungsrückgang eingeführt. Trotz unzweifelhafter Zwangsmaßnahmen aus medizinischen Gründen ist, wie in den letzten Jahren für das kolonisierte Afrika zunehmend herausgearbeitet wurde, die These von der Biomacht der Medizin als effektivem Unterdrückungsinstrument der Kolonialmächte kaum haltbar. Schon alleine angesichts des spärlichen Gesundheitspersonals und der geringen Dichte von Gesundheitseinrichtungen war die Kolonialzeit weniger für die tatsächliche Erfassung der ganzen Bevölkerung, als für die vielfältigen Anpassungsprozesse bedeutsam, die sich aus der in vielerlei Hinsicht neuen Situation für den Medizintyp europäischer Provenienz ergaben. Dass diese notwendige Anpassung unter den Bedingungen von erst Kolonialwirtschaft und dann Völkerbundsmandat stattfand, hatte bleibende Folgen für das Gesundheitssystem. Ihre vielleicht wichtigsten lassen sich als fehlende sozio-ökonomische und sozio-kulturelle Basis des importierten Medizintyps sowie als hierarchische, patientenferne und bürokratische Organisationsform des dominierenden staatlichen Gesundheitswesens beschreiben.

Es ist zu hoffen, dass zukünftige historische und ethnologische, aber auch medizinische Forschung zum Gesundheitswesen in Afrika nicht aus einseitiger Begeisterung für kulturelle Identität oder naturwissenschaftlichen Fortschritt hinter den Versuch einer balancierten Sicht zurückfällt.

Bruchhausen, Walter / Roelcke, Volker (2002): Categorising ‚African medicine'. The German discourse on East African healing practices, 1885 - 1918, in: Waltraud Ernst (Hg.): Plural Medicine. London u. a., pp. 76 - 94

Bruchhausen, Walter (2003): Hexerei und Krankheit in Ostafrika. Beobachtungen zu einem missglückten interkulturellen Diskurs, in: ders. (Hg.): Hexerei und Krankheit. Historische und ethnologische Perspektiven. Münster u. a., S. 93 - 124

Bruchhausen, Walter (2003): „Practising Hygiene and Fighting the Natives' Diseases". Public and Child Health in German East Africa and Tanganyika Territory, 1900 -1960, in: Dynamis. Acta Hisp. Sci. Hist. Illus., No. 23, pp. 85 - 114.

Bruchhausen, Walter (2004): Die hygienische Eroberung der Tropen. Gesundheitsschutz als europäischer Export in kolonialer und nachkolonialer Zeit, in: Musée d'Histoire de la Ville de Luxembourg (Hg.): Sei Sauber ...! Eine Geschichte der Hygiene und öffentlichen Gesundheitsvorsorge in Europa. Köln, S. 202 - 215

Bruchhausen, Walter (2004): Medizinischer Pluralismus im Südosten Tansanias in Vergangenheit und Gegenwart (Habilitationsschrift). Bonn

Afrikanische Schriftsteller in Deutschland seit 1960 (mit einem vergleichenden Blick auf Frankreich, Belgien, Portugal)

Beteiligte:
János Riesz, Susanne Gehrmann, Dirk Naguschewski. Universität Bayreuth, Lehrstuhl für Romanische Literaturwissenschaft und Komparatistik

Laufzeit: **2001 - 2004**

Das Projekt hatte sich zum Ziel gesetzt, die berufliche und Lebenssituation afrikanischer Schriftsteller in Deutschland seit 1960 zu untersuchen und durch Gespräche, Interviews und die Analyse ihrer literarischen Werke zu erhellen. Dabei wurde auch die Situation afrikanischer Schriftsteller in europäischen Nachbarländern vergleichend in Augenschein genommen.
Damit situierte sich das Projekt an der Schnittstelle von mehreren Fragestellungen, die z. T. andernorts bearbeitet werden oder wurden: die Situation des Schriftsteller-Exils sowohl der afrikanischen Autoren wie generell das Phänomen der Autoren-(E-)Migration; das von Historikern wie Peter Martin behandelte Thema der „Afrikaner in Deutschland"; die Thematik „Afrika in der deutschen Wahrnehmung und in der deutschsprachigen Literatur"; der Wechsel von „Identitäten" und deren literarische Verarbeitung.
Als wichtigste Unterscheidung bei der Bearbeitung des Themas erwies sich diejenige zwischen Autoren, die nur (einmalig) ihre Erfahrung mit Deutschland und den Deutschen niedergeschrieben haben, und jenen, die sich in ihrer schriftstellerischen Arbeit - die sie in der Regel schon vorher begonnen hatten - auf eine langfristige Auseinandersetzung mit der deutschen Realität eingelassen haben und diese auch in ihren Werken und in ihrer Reflexion verarbeiten. Das kann auf mehreren Ebenen erfolgen: der thematisch-inhaltlichen Auseinandersetzung mit der deutschen Realität, der sprachlichen Annäherung an das neue Umfeld bis hin zum Sprachenwechsel, einem Überdenken und gelegentlich auch Neu-Schreiben der zuvor schon in Afrika geschriebenen Werke, bzw. ein neuer Blick auf Afrika, der sich auch durch die Erfahrung in Deutschland bestimmt.
Es zeigte sich, dass die Schriftsteller verschiedene Strategien wählten, um die für ihr schriftstellerisches Oeuvre konstitutive „Afrikanität" zu bewahren und sich andererseits in die neue Rezeptions-Situation in Deutschland einzupassen: einige hielten gerade an ihrer Verankerung in der afrikanischen Herkunftskultur fest (was dann erleichtert wurde, wenn sie über ihre Familie oder einen Freundeskreis von Landsleuten den täglichen Kontakt damit hatten), andere (die z. B. einen deutschen Lebenspartner gefunden hatten) gingen umgekehrt den Weg einer zunehmenden Insertion in die neue Umgebung.
Auf das Ganze der afrikanischen Literaturproduktion gesehen kann man sagen, dass ein wachsender Teil der von Afrikanern produzierten Belletristik heute außerhalb des Kontinents geschrieben wird und dass diese Literatur andere Wege geht als die in Afrika selbst produzierte und veröffentlichte. Für eine Reihe von Autoren

war das Exil in Europa geradezu die Voraussetzung für ihre schriftstellerische Existenz. Doch auch für die in Europa schreibenden Autoren war das Festhalten an ihrer „Afrikanität" und deren öffentliche Inszenierung die Bedingung für eine erfolgreiche Rezeption.

Für das Projekt war wichtig, dass wir neben dem Studium des Gesamt-Phänomens am Beispiel zahlreicher Autoren (ca. 20) auch Gelegenheit hatten, am Beispiel des in Bayreuth seit 15 Jahren lebenden und arbeitenden Theater-Autors und Regisseurs Sénouvo A. Zinsou den Vorgang des „Sich-Einschreibens" in die deutsche Realität an einem konkreten Beispiel, im Detail und mit einer sonst nicht erreichten Präzision zu erfassen und zu beschreiben.

Riesz, János / Dion, Robert / Lüsebrink, Hans-Jürgen (Hg.) (2002): Ecrire en langue Étrangère - Interférences de langues et de cultures dans le monde francophone. Montréal / Frankfurt/M

Riesz, János (Hg.): Blick in den schwarzen Spiegel - Das Bild des Weißen in der afrikanischen Literatur des 20. Jahrhunderts. Wuppertal

Riesz, János / Schmidt-Hannisa, Hans-Walter (Hg.): Lesekulturen / Reading Cultures. Bern etc.

Riesz, János / Oloukpona-Yinnon, Adjaï-Paulin (Hg.) (2003): Plumes Allemandes - Biographies et Autobiographies Africaines („Afrikaner erzählen ihr Leben"). Actes du Colloque International de Lomé à l'occasion de la réédition de la traduction trançaise de l'anathologie de Diedrich Westermann Onze autobiographies d'Africains (1938) du 21 au 23 février 2002. Lomé

Riesz, János / Gehrmann, Susanne (Hg.) (2004): Le Blanc du Noir. Représentations de l'Europe et des Européens dans les littératures africaines. Münster

Einheit der Menschheit - Differenz der Kulturen - Chancen der Kommunikation. Kategoriale Voraussetzungen der Globalisierung und ihre Anerkennungspotentiale im historischen Denken Europas und Chinas

Beteiligte:
- **Jörn Rüsen, Achim Mittag.** Kulturwissenschaftliches Institut am Wissenschaftszentrum Nordrhein-Westfalen, Essen
- **Horst Walter Blanke.** Universität Bielefeld, Fakultät für Geschichtswissenschaft und Philosophie

Laufzeit: **2001 - 2004**

Das Projekt erforschte fundamentale kulturelle Voraussetzungen der aktuellen Globalisierung und interkulturellen Kommunikation. Es standen dabei nicht zeitgeschichtliche Phänomene der Globalisierung im Mittelpunkt, sondern vielmehr deren zentrale, im historischen Denken anzusetzende Voraussetzungen. Das Projekt verband deren historische Rekonstruktion mit dem Versuch, mit chinesischen Kulturwissenschaftlern und Vertretern der chinesischen Tradition aus den verschiedenen Teilen der chinesischen Welt in einen interkulturellen Dialog über die Chancen wechselseitiger Fremdwahrnehmung und wechselseitigen Fremdverstehens einzutreten.

Die Projektarbeit vollzog sich auf drei verschiedenen Ebenen:

1. Im Arbeitsgebiet „europäische Aufklärung" (*Blanke*): Aufarbeitung der *Allgemeinen Historie der Reisen* (1747 - 1774), einem zentralen Text der europäischen Aufklärung, zunächst in Form einer bibliographischer Dokumentation, die die Quellen nachweist, dann - darauf aufbauend - eine Interpretation, die die expliziten und impliziten Menschheitskonzeptionen herausarbeitet.
2. Im Arbeitsgebiet „China" (*Mittag*): Eine Reihe von Fallstudien, die noch zu einer Monographie zusammengefasst werden sollen.
3. Den beiden in Bezug auf Europa und China entwickelten Frageperspektiven lagen zwei Leitfragen zugrunde: a) Lassen sich Universalisierungstendenzen mit gleicher Entwicklungsrichtung ausmachen, und, wenn ja, wie und unter welchen Bedingungen prägen sie sich aus? b) Wie wurden in Europa und China auf jeweils unterschiedliche Art Chancen der Kommunikation mit dem jeweils Anderen wahrgenommen? - Diesen beiden Leitfragen geht die Frage nach den Bedingungen der Möglichkeit des Vergleichens im Bereich der Historiographie und des historischen Denkens voraus. In Zusammenarbeit mit *Jörn Rüsen* haben wir uns mit dieser Frage eingehend auseinandergesetzt mit dem Ziel, einen Geschichtskultur-Vergleichsparameter zu entwickeln. Dessen Herzstück ist eine „Matrix der historischen Sinnbildung", die wir auf vier Workshop-Tagungen und der Abschlusskonferenz mit unseren chinesischen Partnern und Kollegen aus Japan und den USA angeregt und vielsprachig diskutierten. Diese von uns veranstalteten Tagungen, auf denen wir auch die abwechselnd von

Blanke und *Mittag* vorgelegten Manuskripte diskutierten, bewerten wir als besonders ertragreich. Eine Voraussetzung für die Intensität der Diskussionen war der bewusst klein gehaltene, in der Zusammensetzung nicht allzu stark fluktuierende Teilnehmerkreis, der in hervorragender Weise die Vielfalt der kulturellen Tradition(en) Chinas widerspiegelte. Er bot unseren chinesischen Partnern ein einzigartiges Diskussionsforum, das in einer solchen Form innerhalb Chinas zurzeit nicht zustande kommen kann. Die zum Teil sehr unterschiedlichen und erfrischend kontrovers verhandelten Positionen unter den Wissenschaftlern des chinesischen Kulturkreises zeigten sich auch und vor allem im Hinblick auf die divergierenden Sichtweisen des Ursprungs der Tradition des historischen Denkens und der Historiographie in China. Einige „Highlights" dieser Debatte werden in dem genannten Sammelband publiziert werden.

Blanke, Horst Walter und Mittag, Achim (eds.) (in press): „Humankind" in Historical Thinking - China and the West: Historical Reconstruction and an Intercultural Dialogue.

Blanke, Horst Walter (2005): The Rise of Historical Criticism and the Process of Professionalization in Historical Studies in Europe - The Case of Germany, in: Helwig Schmidt-Glintzer / Achim Mittag / Jörn Rüsen (eds.): Historical Truth, Historical Criticism, and Ideology. Chinese Historiography and Historical Culture from a New Comparative Perspective. Leiden / Boston (Leiden Series in Comparative Historiography; Vol.1), pp. 289 - 335

Blanke, Horst Walter (2004): Arkadien in Europa. Die europäische Berichterstattung über die Halbinsel l'Acadie, Île Royale und Nova Scotia im 17. und 18. Jahrhundert, in: Zeitschrift für Kanada-Studien, Bd. 44, 24. Jg., H. 1, S. 33 - 60.

Mittag, Achim (2002): Was heißt und zu welchem Ende betrieb man historische Kritik in China?, in: Oriens Extremus 43 [recte: 2004], S. 3 - 31

Mittag, Achim (2003): Die Konstruktion der Neuzeit in China. Selbstvergewisserung und die Suche nach Anschluss an die moderne Staatengemeinschaft, in: Renate Dürr / Gisela Engel / Johannes Süßmann (Hrsg.), Eigene und fremde Frühe Neuzeiten. Genese und Geltung eines Epochenbegriffs. München (Historische Zeitschrift. Beihefte N.F.), S. 139 - 164

Mittag, Achim (2004): „Offensive Expansion" und „innere Kolonisation" - das chinesische Fallbeispiel. Zu den Voraussetzungen der Expansion des chinesischen Großreichs (18./19. Jh.) im historischem Denken und geographisch-ethnographischem Wissen der mittleren und späten Ming-Zeit (16./17. Jh.), in: Renate Dürr / Gisela Engel / Johannes Süßmann (Hrsg.), Expansionen in der Frühen Neuzeit. Berlin (Zeitschrift für Historische Forschung. Beiheft; 34), S. 69 - 95

Wissenschaftssprache Chinesisch. Die Entstehung der modernen chinesischen Terminologie in Naturwissenschaften, Technik, Politik, Recht, Philosophie, Sozial- und Kulturwissenschaften unter westlichem Einfluss

Beteiligte:

- **Michael Lackner, Iwo Amelung, Yvonne Schulz Zinda, Joachim Kurtz, Christine Kämmer, Yishan Liu, Weiming Shi, Jingru Lee, Weigui Fang.** Universität Göttingen, Ostasiatisches Seminar (ab 2001: Universität Erlangen-Nürnberg, Institut für Außereuropäische Sprachen und Kulturen)
- **Hans Poser.** Technische Universität Berlin, Institut für Philosophie, Wissenschaftstheorie, Wissenschafts- und Technikgeschichte

Laufzeit: **1996 - 2000 / 2001 - 2002**

Im Rahmen des Projektes wurde die Entstehung des Vokabulars rekonstruiert, aus dem sich die moderne chinesische Wissenschaftssprache zusammensetzt. Gleichzeitig beinhaltete es einen exemplarischen Beitrag zur Erforschung interkultureller Begegnungen. Der Bereich der Sprache eignete sich hierzu besonders gut, weil er in der bisherigen Forschung zur Interkulturalität, insbesondere in Bezug auf China, vernachlässigt worden ist. Ziel war die Kompilation eines Historischen Wörterbuchs zur modernen chinesischen Wissenschaftssprache, in das sowohl obsolete als auch heute stabilisierte Termini aufgenommen wurden. Jeder Eintrag enthält Informationen über das erste nachweisbare Auftreten, die Herkunftssprache(n) und die morphologische Struktur der chinesischen Neuprägung. Besonders interessante Beispiele erhielten darüber hinaus eine kurze wortgeschichtliche Skizze. Langfristig besteht zudem die Planung, die Resultate einem Archiv für moderne chinesische Begriffsgeschichte zur Verfügung zu stellen, so dass es möglich sein wird, die zu erwartende Fülle gesammelter Informationen ausführlicher aufzubereiten. Auf der Grundlage wortgeschichtlicher Forschungen gelang es, das wechselvolle Schicksal derjenigen Begriffe zu rekonstruieren, die die moderne chinesische Geistesgeschichte in ihrer Auseinandersetzung mit dem Westen bis heute bestimmen. Eben weil Sprachen nicht ausschließlich aus äquivalenten Synonymen bestehen, muss stets auch das „Nichtäquivalente" erforscht werden, um die Ursachen wechselseitiger Missverständnisse aufzuklären und die Grundlage für die Einbeziehung Chinas in die wissenschaftlichen Diskurse der Gegenwart zu festigen. Die Ergebnisse können sich sehen lassen:

- Das angestrebte Werkzeug zum Verständnis westlich bzw. japanisch beeinflusster Texte im Zeitraum von ca. 1840 bis 1920 ist erstellt und wird von der internationalen Scientific Community genutzt; dem sprachlichen Niederschlag des Kulturtransfers sind wir insofern wesentlich näher gekommen. Durch die Einarbeitung von Texten, die maßgeblich zur Durchsetzung bestimmter terminologischer Optionen beitrugen, ist auch die terminologische Bandbreite (im Sinne der Fragestellung, warum sich ein Begriff als erfolgreich erwies), erheblich erweitert worden. Die sinologische Disziplin im engeren Sinne ist also fraglos bereichert und die andauernde Relevanz eines im weitesten Sinne „philologischen" Zugangs zu den Problemen des Faches bestätigt worden.

- Doch auch zu den grundsätzlichen kulturwissenschaftlichen Fragen von Konstruktion und Transformation von ‚Eigenem' und ‚Fremdem' haben wir etwas beizusteuern: statt Kulturvergleich aus einer vom Betrachter zumeist unreflektiert eingenommenen Vogelperspektive zu betreiben, haben wir eine Begegnungsgeschichte zunächst dokumentiert und sodann analysiert. Essentialisierenden Vorstellungen, die sich häufig aus kulturvergleichenden Ansätzen ergeben, können wir mit einer erdrückenden Menge an Material zu Faktoren begegnen. Auf diese Weise gelang es uns das auch in Theorien zum Kulturtransfer häufig anzutreffende (und immer noch tendenziell essentialisierende) „Vorher" und „Nachher" (oder gar „traditionell" und „modern") zu differenzieren und zu relativieren.
- Schließlich muss in diesem Zusammenhang auch die Verstetigung der Forschungsarbeiten in internationalem Zusammenhang genannt werden. Über die Projektlaufzeit hinaus ist ein solides Netz von Kooperationen mit mehr oder minder eigenständigen Forschern bzw. Forschergruppen entstanden.

Wissenschaftssprache Chinesisch / Modern Chinese Scientific Terminologies. Online-Database: http://www.wsc.uni-erlangen.de/wscdb.htm

Lackner, Michael et al. (ed.) (2001): New Terms for New Ideas: Western Knowledge and Lexical Change in Late Imperial China. Leiden

Lackner, Michael / Vittinghoff, Natascha (ed.) (2004): Mapping Meanings. The Field of New Learning in Late Qing China. Leiden

Interkulturelle Integration und Differenzierung

Das ‚Fremde' und das ‚Eigene'.
Probleme und Möglichkeiten interkulturellen Verstehens
(1992 - 1999)

Fremd ist der Fremde nur in der Fremde - Formen der Assimilierung und des Ausschlusses in westlichen Kulturen

Beteiligte:
Dan Diner, Friedrich Balke, Rebekka Habermas, Patrizia Nanz, Peter Sillem.
Universität Duisburg-Essen, Standort Essen, Fachbereich 1 - Philosophie, Geschichts-, Religions- und Sozialwissenschaften

Laufzeit: **11. - 13. Dezember 1992 (Symposium)**

Das Symposium hatte zum Ziel, unterschiedliche Formen der Fremdenabwehr in verschiedenen Einwanderungsländern (Europa, USA) zu thematisieren und Chancen einer gelungenen Integration jenseits von Assimilierung und Ausschluss aufzuzeigen. Zu diesem Zweck kamen international renommierte Wissenschaftler, Schriftsteller und politisch-kulturelle Experten aus verschiedenen Nationen in Frankfurt am Main zusammen. Die Aktualität des Themas und die hochkarätige Besetzung des Kongresses sicherten ein breites öffentliches Interesse.
Angesichts der sich häufenden Ausschreitungen gegenüber Ausländern in Deutschland hatte sich zu Beginn der 1990er Jahre nicht nur eine große politische, sondern auch eine wissenschaftliche Ratlosigkeit gezeigt. Eine bloße Aneinanderreihung von allzu sehr auf die Aktualität bezogenen Lippenbekenntnissen konnte diesem Defizit nicht abhelfen. Auch eine allein auf die deutschen Verhältnisse bezogene Auseinandersetzung mit dem Thema erschien nicht angemessen. Angestrebt war vielmehr, die wissenschaftlichen Perspektiven auf Phänomene des Rassismus durch einen internationalen Vergleich zu erweitern und darüber hinaus eine fruchtbare Diskussion so in Gang zu bringen, dass sich auch für eine breitere Öffentlichkeit neue Perspektiven im Umgang mit dem Fremden eröffneten.
Mindestens in dreifacher Hinsicht kann man das Symposium als einen Erfolg bewerten:

- Es gelang tatsächlich, der Debatte um die Konjunktur des Rassismus in Deutschland dadurch eine neue Wendung zu geben, dass sie aus dem nationalen Bezugsrahmen gelöst wurde. Der Vergleich mit den USA und Frankreich schärfte den Blick für die spezifischen Eigenarten der deutschen Situation, etwa die Anachronismen beim geltenden Staatsbürgerschaftsrecht, und lenkte die Diskussion immer wieder auf die Frage nach Möglichkeiten, bestimmte rechtliche und institutionelle Arrangements, die andere Staaten in ihrem Verhältnis zu ‚Fremden' getroffen haben, für Deutschland zu übernehmen. Eine regelrechte Wissensexplosion löste die interdisziplinäre Komponente unseres Konzepts aus:

Sie trat dem häufig in der Öffentlichkeit verbreiteten Eindruck entgegen, die Zurückdrängung fremdenfeindlicher Aktivitäten sei allein eine die offiziellen Institutionen des Staates angehende Aufgabe, der sie gleichsam „stellvertretend" für die Gesellschaft in Angriff nehmen könne.

- Das Engagement von geladenen Teilnehmern wie Publikum äußerte sich in der intensiven Beteiligung an den Diskussionen, die sich jeweils an die Vorträge anschlossen. Offensichtlich war es gelungen, durch die Auswahl der Referenten und die Zusammenstellung der Themen die ansonsten unvermeidliche Tagungsmüdigkeit auszuschalten und die intellektuelle Sättigungsgrenze so weit wie möglich nach vorne zu verlegen.
- Ein großes Medienecho bestätigt den Erfolg der Veranstaltung; die Presse äußerte sich in oft halbseitigen Berichten überschwänglich zum inhaltlichen Ertrag des Symposiums. Zahlreiche überregionale Tageszeitungen und Zeitschriften haben darüber hinaus einzelne Vorträge vorveröffentlicht. Die vielen Anfragen von Institutionen und Privatleuten nach dem Tagungsband mit den gesammelten Beiträgen unterstrichen das große Interesse der Öffentlichkeit an den Ergebnissen.

Balke, Friedrich / Habermas, Rebekka / Nanz, Patrizia / Sillem, Peter (Hg.) (1993): Schwierige Fremdheit. Über Integration und Ausgrenzung in Einwanderungsländern. Frankfurt a. M.

Fremde in Deutschland: Untersuchungen zu den Grenzen und Möglichkeiten der Integration muslimischer Minderheiten

Beteiligte:
Georg Stauth, Erhardt U. Heidt, Fridrik Hallsson, Sigrid Nökel, Levent Tezcan, Jörg Hüttermann. Universität Bielefeld, Fakultät für Soziologie, Forschungsschwerpunkt Entwicklungssoziologie

Laufzeit: **1994 - 1996**

Das Projekt widmete sich einer Analyse der Alltagsformen von Ausgrenzung und Besetzung von Fremdheit in der Eigenkultur. Ausgangsthese war dabei, dass der Integrationsprozess der Fremden, insbesondere der muslimisch-türkischen Minderheit in Deutschland, von neuen Formen des Ausgrenzungs- und Abgrenzungsverhaltens begleitet werde. Des Weiteren wurde angenommen, dass der gesellschaftlich vermittelte Zwang zum Gemeinschaftshandeln auch die Forderung nach Verallgemeinerung islamischer Sonderegelungen beinhalte. Im Zentrum der vier Teilprojekte stand die Wechselwirkung zwischen religiös gemeinschaftlichen, politisch-rechtlichen und von Konsumkultur bestimmten Normen sowie die mit ihnen verbundenen Generalisierungsstrategien und Regelungsmechanismen, vor allem unter muslimischen Immigranten. Die Untersuchungen fanden auf drei Ebenen statt: 1. Kulturelles Selbstverständnis des Fremden und des Eigenen, 2. Einbindung in verrechtlichte Prozesse des sozialen Lebens und 3. Zugang zum Massenkonsum.

Johannes Jörg Hüttermann (2002): Islamische Mystik. Ein gemachtes Milieu im Kontext von Modernität und Globalität. Würzburg.

Fridrik Hallsson (2001): Xenos und Zentrum: grundlagentheoretische Konzepte, Typen und Instrumente der Analyse inter-ethnischer Beziehungen auf der Grundlage empirischer Untersuchungen der Kulturbewegung in Keflavik/Island und in Frankfurt am Main und das Erklärungspotenzial einer qualitativen Einstellungsforschung (Dissertation). Bielefeld

Sigrid Noekel (2002): Die Töchter der Gastarbeiter und der Islam. Zur Soziologie alltagsweltlicher Anerkennungspolitiken. Eine Fallstudie. Bielefeld

Levent Tezcan (2003): Religiöse Strategien der machbaren Gesellschaft. Verwaltete Religion und islamistische Utopie in der Türkei. Bielefeld

Die soziale Konstruktion von Heimat: Symbolische Aneignung und interethnische Beziehungen im ländlichen Masuren (Polen)

Beteiligte:

- **Ulrich Mai, Mathias Wagner, Bettina Hunecke, Barbara Eßer.** Universität Bielefeld, Fakultät für Theologie, Geographie, Kunst und Musik
- **Wojciech Lukowski.** Universität Warschau, Institut für Soziale Studien, Polen

Laufzeit: **1995 - 1998**

Die empirische Analyse ethnischer Orientierungen in gemischt-ethnischen dörflichen Lebenswelten Masurens war arbeitsteilig in eine Reihe von lokalen Fallstudien gegliedert, die sich vor allem an der Situation der einzelnen betroffenen Ethnien orientierten: der Polen, Ukrainer und Deutschen. Insgesamt war der theoretische wie empirische Zugriff innerhalb des Forschungsprojektes interdisziplinär-sozialwissenschaftlich, freilich mit einer Akzentuierung vorgefundener lokaler, historischer wie aktueller Probleme symbolischer Aneignung von Lebensraum im Prozess interethnischer Verständigung.

Die empirischen Befunde der einzelnen Teilprojekte belegen sehr deutlich, dass die Bedingungen der Entstehung von Heimat als psychosoziales Konzept durch die konflikthaften Erfahrungen von Vertreibung, Deportation und meist ungewünschtem biografischem Neuanfang erheblich erschwert waren. So waren für viele, zumindest für die ältere Generation, Traumatisierung und Zwangscharakter der Umsiedlung für die Entwicklung affektiver Bindungen an die neue Heimat eher hinderlich. Ähnlich behinderten biografisches und kollektives Gedächtnis häufig die Formierung einer neuen Wir-Gemeinschaft, in der ethnische Orientierungen und alte Schuldzuweisungen erst langsam durch die Entstehung einer neuen gemeinsamen, d. h. Ethnien übergreifenden, regionalen oder lokalen Identität verdrängt werden konnten. Erkennbar wurden in der zweiten und dritten Nachkriegsgeneration interethnische Beziehungen entspannter bis hin zur Entwicklung von Doppelidentitäten. In der krisenhaften Lage nach der Wende von 1989/90, in der gerade das periphere Masuren von erheblicher struktureller Arbeitslosigkeit getroffen ist, sind allerdings gelegentlich Ansätze einer „Re-Ethnisierung" sozialer Beziehungen zu beobachten als Teil einer Strategie der Sicherung sozialen Kapitals. Die empirischen Befunde der Analyse einer Neuformierung sozialer Netzwerke unter der Belastung des Transformationsprozesses weisen allerdings nach, dass ethnische Orientierungen mit zunehmendem sozialem Status eher abnehmen.

Wagner, Mathias (2001): „Wir waren alle Fremde": Die Neuformierung dörflicher Gesellschaft in Masuren seit 1945, Bielefelder Geogr. Arbeiten Bd. 3. Münster (LIT)

Lukowski, Wojciech (2002): Spoleczne tworzenie ojczyzn. Studium tozsamosci mieszkancow Mazur [Die soziale Konstruktion von Heimat. Die Identität der Einwohner von Masuren]. Wydawnictwo Naukowe Scholar. Warszawa

Mai, Ulrich (Hg.) (2001): Heimat und Ethnizität. Über den Umgang mit Fremdheit in Masuren und Schlesien nach dem Zweiten Weltkrieg. Nordost-Archiv, NF Bd VIII / 1999, H. 1. Lüneburg

Mai, Ulrich (Hg.) (im Druck): Masuren: Trauma, Sehnsucht, leichtes Leben. Zur Gefühlswelt einer Landschaft, Bielefelder Geogr. Arbeiten Bd. 6.

Kielar, Marzanna (2000): Symboliczne zawlaszczanie indywidualnych przestrzeni zyciowych jako sposob tworzenia malych ojczyzn [Symbolische Aneignung individueller Lebensräume als Form der Heimatbildung]. Warszawa / Torun

Anthropology and the Question of the Other

Beteiligte:
Karl-Heinz Kohl, Tullio Maranhao. Universität Mainz,
Institut für Ethnologie und Afrika-Studien

Laufzeit: **30. April - 5. Mai 1995 (internationale Konferenz)**

Gegenstand der Tagung, an der sich neben Ethnologen auch Philosophen und Literaturwissenschaftler beteiligten, war ein erstes Resümee der so genannten Repräsentationsdebatte, die Mitte der 1980er Jahre in den USA begonnen hatte und die internationale Diskussion z. T. auch heute noch beherrscht. Für die Teilnahme konnten führende amerikanische Ethnologen wie Vincent Crapanzano, Nicholas Dirks, Stephen Gudeman, Stanley Tambiah, Dennis und Barbara Tedlock und Stephen Tyler gewonnen werden, während sich von deutscher Seite Heike Behrend, Volker Gottowik, Klaus-Peter Köpping und Ivo Strecker beteiligten. Die schwedische und britische Ethnologie waren durch Ulf Hannerz und Jean Lydall, die Philosophie durch Steven G. Crowell, die Literaturwissenschaft durch Jan C. Swearingen und R. Lane Kaufmann vertreten. Neben der Erörterung allgemeiner erkenntnistheoretischer Probleme nahmen Fragen der Verarbeitung und Darstellung ethnografischer Erfahrungen einen breiten Platz in den Beiträgen und Diskussionen ein. Die amerikanischen Wissenschaftler erhielten durch die Vorträge ihrer Kollegen Einblicke in den Diskussionsstand der deutschsprachigen Ethnologie. Ein Teil der Beiträge wurde 1998 als eigener Band veröffentlicht.

Tullio Maranhao (ed.) (1998): Anthropology and the Question of the Other, in: Paideuma. Mitteilungen zur Kulturkunde, 44

„Ethnische Gemeinden" in Großstädten. Prozesse ethnischer Assimilation oder Abgrenzung?

Beteiligte:
Ingrid Oswald. Freie Universität Berlin, Osteuropa-Institut
Viktor Voronkov. Centre for Independent Social Research (DCISR), St. Petersburg, Russland

Laufzeit: **1995 - 1997**

Das Projekt untersuchte Prozesse ethnischer Identitätsbildung unter ehemaligen Sowjetbürgern und die Bildung ethnischer Gemeinden in Großstädten. Es gliederte sich in zwei Teile: Der erste befasste sich mit der gegenwärtigen ethnischen Ausdifferenzierung der Bevölkerung in St. Petersburg, der zweite mit dem ethnischen Aspekt der Immigrationsbedingungen für Sowjetbürger der so genannten „vierten Welle", die seit Ende der 1980er Jahre in die Bundesrepublik bzw. nach Berlin gekommen sind.
Die Forschungsfragen des ersten Teils wurden vor dem Problemhintergrund einer zunehmenden „Ethnisierung" sozialer Beziehungen formuliert, von der in der Transformationsliteratur zu Osteuropa bzw. der Sowjetunion häufig die Rede ist. Untersucht werden sollte, wie bedeutsam für die Angehörigen der verschiedenen ethnischen Minderheiten in St. Petersburg ihre ethnische Zugehörigkeit ist und ob sich daraus relevante Handlungsorientierungen ableiten lassen.
In den bundesdeutschen Bestimmungen, die die Zuwanderung aus den sozialistischen Nachfolgestaaten regeln, wird explizit auf den Umstand der konfliktreichen ethnischen Beziehungen Bezug genommen, indem zwei Betroffenengruppen - deutschen Spätaussiedlern und jüdischen Flüchtlingen - privilegierte Immigrationsmöglichkeiten eingeräumt werden. Daher ergab sich für den zweiten Teil die Frage, inwieweit die sowjetischen Zuwanderer ihr im post-sowjetischen Kontext eingeübtes ethnisches Verhalten im neuen sozialen Umfeld reproduzieren und wie sich die bundesdeutschen Integrationsregelungen darauf auswirken. Als Datengrundlage dienten mehrere Reihen umfangreicher Leitfadeninterviews. Die Ergebnisse lassen sich in vier Punkten zusammenfassen:

1. Die Bedeutung von Ethnizität hat in den untersuchten sozialen Konstellationen - post-sowjetische Großstadt und sowjetische Immigration - zugenommen, so dass von einer „Renaissance von Ethnizität" gesprochen werden kann. In St. Petersburg wird gegenwärtig in den sich ausbildenden ethnischen Gemeinden bewusste symbolische Aufbauarbeit geleistet, die in der Re-Interpretation der historischen und kulturellen Bedeutung der jeweiligen Ethnie besteht. In Berlin wird bei den Zuwanderern die Teilidentität „ethnische Zugehörigkeit" aktiviert. Aufgrund der ausgeprägten Privilegienhierarchie der bundesdeutschen Aufnahmeregelungen hat sich eine vordergründig klare ethnische Ausrichtung der verschiedenen sowjetischen Zuwanderergruppen ergeben.

2. Die Ausbildung ethnischer Identitäten erfolgt nicht individuell, sondern kollektiv in bestimmten Milieus.
3. In St. Petersburg wurden in den ethnischen Gemeinden kognitive und normative Bezugsrahmen für das jeweilige Verständnis von ethnischen Gruppen entwikkelt. Diese „ethnischen Codes" werden gegenwärtig als verbindliche Orientierungs- und Verhaltensangebote popularisiert, auch teilweise angenommen. Die meisten ethnischen Gruppen sind auf Integration in die städtische, russisch dominierte Umwelt bedacht, was jedoch nicht Assimilationsbereitschaft bedeutet. Nur dort, wo Zugehörigkeit zu einer ethnischen Gruppe die Nutzung von wichtigen Ressourcen (Immigration) bedeutet, werden dissoziative Verhaltensformen gepflegt.
4. Für die sowjetischen Zuwanderer gehen die Entscheidungen für die Immigration und die Neuorientierung im Gastland mit einer deutlichen Ethnisierung ihrer Selbstwahrnehmung einher. Dies lässt sich auf die Prädisposition durch die ethnischen Codes zurückführen, aber auch auf den Ethnisierungseffekt der bundesdeutschen Zuwanderungsregelung. Da eine Integration über den Arbeitsmarkt gegenwärtig kaum möglich ist, beschränken sich die Integrationsmöglichkeiten in die aufnehmende Gesellschaft weitgehend auf ethnisch-kulturelle Traditionspflege und Selbstdarstellung.

Oswald, Ingrid / Voronkov, Viktor (1995): Die jüdische Gemeinde in St. Petersburg. Zwischen Assimilation und neuem Selbstbewusstsein, in: Hausleitner, M. / Katz, M. (Hg.): Juden und Antisemitismus im östlichen Europa. Wiesbaden, S. 93 - 108

Oswald, Ingrid / Voronkov, Viktor (Hg.) (1997): Post-sowjetische Ethnizitäten. Ethnische Gemeinden in St. Petersburg und Berlin / Potsdam. Berlin

Oswald, Ingrid (1998): Post-Soviet Ethnicities. Ethnic Codes in Post-Soviet Russia, and Soviet Immigrants in Germany, in: Balla, Bálint / Sterbling, Anton (Eds.): Ethnicity, Nation, Culture. Central and East European Perspectives. Hamburg, pp. 251 - 264

Voronkov, Viktor / Oswald, Ingrid (Hg.) (1998): Konstruirovanie etnichnosti. Etnicheskie obshchiny Sankt-Peterburga [Die Konstruktion von Ethnizität. Ethnische Gemeinden in St. Petersburg]. Sankt-Petersburg

Oswald, Ingrid (2000): Die Nachfahren des „homo sovieticus". Ethnische Orientierung nach dem Zerfall der Sowjetunion. Münster / New York / München / Berlin

Nationale Identität und der Umgang mit Fremden in Deutschland (1994 - 1996)

Beteiligte:
Klaus Roth, Daniel Drascek, Irene Götz. Universität München,
Institut für deutsche und vergleichende Volkskunde

Laufzeit: **1995 - 1997**

Das empirische Projekt nahm sich zum Ziel, subjektive nationale Identifikationen und die Wahrnehmung von Fremden vor dem Hintergrund der Biografien und der Lebenswelt von deutschen Interviewpartnern näher zu untersuchen. Anhand von 40 Fallporträts wurden die möglichen Zusammenhänge zwischen nationalen Identifizierungspraxen und dem Umgang mit Fremden analysiert.
Dabei wurde eine zentrale Arbeitshypothese durch die qualitative Forschung bestätigt: Auch wenn der National*staat* objektiv seine hergebrachten Funktionen einbüßt, so ist die besonders seit dem 19. Jahrhundert intensiv tradierte kollektive Vorstellung, eine nationale Identität zu haben, nicht nur dort in der Alltagsrealität für die situative Selbstverortung noch immer relevant, wo neue und alte Nationenkonzepte aktuell durch Identitätspolitik in den Alltag hinein vermittelt werden. Nationale Identität als die Vorstellung, einer „imagined community" anzugehören, aktualisiert sich vielmehr auch in anderen alltagsweltlichen Kontexten als Sprech- und Handlungspraxis in jeweils unterschiedlicher Weise über unterschiedliche Merkmale. Als relationales Phänomen impliziert sie direkt oder indirekt die Auseinandersetzung mit dem als komplementär vorgestellten ‚Fremden', und sie verbindet sich mit - je nach Kontext - unterschiedlichen normativen Verhaltenserwartungen („Fremde müssen sich an eine deutsche „Leitkultur" anpassen"; „Deutsche müssen sich im Ausland besonders untadelig benehmen"). Nationale Identität hat als kollektiv vermittelte Bewusstseinsform also durchaus noch immer alltagspraktische Relevanz, wenngleich sich ihr „alltäglicher Sinn" und ihre Gemeinschaft stiftende Funktion ausdifferenziert hat.
So nehmen die in einer aufwändigen Methode der Fallrekonstruktion erstellten Porträts zentralen Bezug auf genau jene Problemfelder, die sich insbesondere nach 1990 im Nationalstaat im Umbau als relevante öffentliche Diskurse erwiesen haben: Zunächst ist nach wie vor das Wissen um die nationalsozialistische Vergangenheit ein Aspekt, der auch für die individuelle nationale Identifizierung in jedem Fall - wenngleich in sehr unterschiedlicher Weise - eine Rolle spielt. Auch die nach der deutsch-deutschen Vereinigung erfahrenen oder herbeikonstruierten Ost-West-Unterschiede sind zentrale Einflussfaktoren nicht nur des öffentlichen Diskurses um das Nationale, sondern sie beeinflussen auch das subjektive nationale Bewusstsein und die weitere Wahrnehmung von ‚Eigen' und ‚Fremd' bei West- und insbesondere bei Ostdeutschen. Auch die Instrumentalisierung des Nationalen durch Politik und Medien, wie sie aktuell - z. B. in den Debatten um Einwanderung, Asyl und „Leitkultur" - besonders augenfällig ist, hinterließ, wie auch die älteren Vorstel-

lungen von der Kultur- und Volksnation, deutliche Spuren im Bewusstsein der Interviewten. Die Bilder von den ‚Fremden', wie sie sich in den öffentlichen Debatten über „Islamisten" oder die „Asylantenflut" finden, zeigten in den Äußerungen der Einzelnen besonders deutliche Spuren.

Götz, I. (2002): Deutsche Identitäten. Kontexte, kulturelle Formen und biographische Dispositionen in den 1990er Jahren. Habilitationsschrift, unveröffentlichtes Manuskript

Götz, I. / H. Honolka (1999): Deutsche Identität und das Zusammenleben mit Fremden. Fallanalysen. Opladen / Wiesbaden

Götz, I. (Hg.) (2001): Bilder vom Eigenen und Fremden. Biographische Interviews zu deutschen Identitäten, in: Berliner Blätter. Ethnographische und Ethnologische Beiträge, Sonderheft 4. Münster

Götz, I. (2004): Politisch-historische Ereigniszusammenhänge als Einflussfaktoren auf das nationale Bewusstsein, in: Hengartner, Thomas, Brigitta Schmidt-Lauber (Hg.): Leben - Erzählen. Beiträge zur Erzähl- und Biographieforschung. Festschrift für Albrecht Lehmann. Berlin / Hamburg, S. 361 - 390

Götz, I. (2002): Arbeiten, etwas leisten, helfen - Leitmotive nationaler Identifizierung im biographischen Kontext, in: Kaschuba, Wolfgang, Peter Niedermüller, Beate Binder (Hg.): Inszenierung des Nationalen. Geschichte, Kultur und die Politik der Identitäten am Ende des 20. Jahrhunderts. Köln / Weimar / Wien, S. 309 - 330

Untersuchung der Fremd- und Feindbilder zwischen Juden und Palästinensern in Israel bezüglich ihrer Entstehung, Interaktion und Möglichkeiten der Überwindung - Fallstudie: Händler in Nazareth

Beteiligte:

- **Ottmar Fuchs, Saleh Srouji, Ulrike Bechmann.** Universität Bamberg, Lehrstuhl für Pastoraltheologie und Kerygmatik
- **Peter Atteslander.** Universität Augsburg, Lehrstuhl für Soziologie und empirische Sozialforschung
- **Abu Hanna.** Universität Haifa, Galilee Center for Social Research, Israel

Laufzeit: **1995 - 1997**

Vorurteile, Fremd- und Feindbilder lassen sich unter vielfältigen Fragestellungen und im Rahmen verschiedener sozialwissenschaftlicher Disziplinen untersuchen. In der vorliegenden Studie, die das Thema der Entstehung und Interaktion von Fremd- und Feindbildern zwischen Juden und Palästinensern in Israel am Beispiel Nazareths zum ersten Mal in deutscher Sprache aufgreift und die sich als summarische Vorarbeit für spätere Detailstudien versteht, war es ein ganzer Fragenkomplex, den es zu behandeln galt: Unter welchen Bedingungen entwickeln sich negative Meinungen, Einstellungen und Vorurteile zwischen miteinander im Konflikt stehenden Gesellschaften bzw. Volksgruppen, vor allem, wenn es um die Konstellation Mehrheit - Minderheit geht? Wie wirken sich politische Verschärfungen, ökonomische Instabilitäten, militärische Auseinandersetzungen zwischen den Konfliktparteien einerseits, Friedensinitiativen andererseits auf die jeweilige Verständigungsszene aus? Welche Rolle spielen Medien, Kriege, Erziehung oder Religion in der Gefühlswelt der Betroffenen? Was empirisch untersucht wird, wird zugleich auf die Potenz hin analysiert, wo und wie Barrieren überwunden werden können. Welche Möglichkeiten bzw. Vorschläge werden angeboten, um stereotype Vorstellung, geprägte negative Bilder und Hass zu entschärfen? Welche Chance hat das Miteinander- bzw. Nebeneinander-Leben zwischen den beiden Völkern auf dem Hintergrund des empirischen Materials selbst?
Es wurde auffällig, dass der ungelöste politische Konflikt permanent Wahrnehmungsverzerrungen hinsichtlich der anderen Seite produziert und dass dabei die Sozialisation in der Familie wie aber auch in den Bildungseinrichtungen eine besondere Rolle spielt. Ähnliches gilt für die Medien. Gleichwohl gibt es in den Interviews selbst Anregungen und Vorschläge, die auf die Überbrückung der Differenzen hingerichtet sind und die sich auf dem Weg zur Ermöglichung eines friedlichen Zusammenlebens als Ressourcen für eine veränderte Kommunikation in den befragten Kommunikationsbereichen identifizieren lassen: Auf der politischen Ebene vor allem in der Anerkennung der Rechte der nationalen Minderheit und in der Abschaffung diskriminierender Gesetze, auf der Sozialisationsebene im kommunikativen Einüben der Begegnung mit Menschen der anderen Gruppe und in der darin möglichen Entdämonisierung der anderen Seite, in Kindergarten und Schule

in der Aufhebung der Trennung von Schul- und Bildungswesen zu Gunsten integrativer Projekte und Modelle und im religiösen Bereich in der in den jeweiligen Religionen auszubauenden Anerkennung der Anderen und in interkulturellen Begegnungen vor Ort, schließlich in den Medien in deren Verantwortung, komplexe Probleme auch komplex und nicht in Schwarz-Weiß-Zeichnungen darzustellen.

Srouji, Saleh (2002): Fremd- und Feindbilder zwischen Juden und Palästinensern in Israel, in: Ulrike Bechmann / Ottmar Fuchs (Hg.): Von Nazareth bis Bethlehem: Hoffnung und Klage. Münster, S. 19 - 133

Politische Diskurse in der Ausländer-, Asyl- und sonstigen Zuwanderungspolitik 1978 - 1993

Beteiligte:
Jochen Blaschke. Berliner Institut für Vergleichende Sozialforschung e. V., Berlin

Laufzeit: **1996 - 1998**

Gefragt wurde in diesem Projekt insbesondere nach den Netzwerken der Debatte und ihrer historischen Entwicklung entlang der politischen Konflikte um dieses Politikfeld in den letzten 20 Jahren. Aus dieser Analyse wurde ein Diskursmodell abgeleitet und auf die politischen Interessen hin untersucht, die in diesem Politikfeld zu unterschiedlichen Zeiten und Situationen in unterschiedlicher Weise zum Ausdruck kamen. Trotz der nunmehr 20-jährigen Tätigkeit des Bewilligungsempfängers in diesem wissenschaftlichen Feld konnten neue Erkenntnisse über Art und Umfang der Kontinuität und der Politikdefizite gesammelt werden, die für den Zeitraum bis 1993 in dem Stichwort „Sklerose" zusammengefasst wurden. Dies gilt auch für die Traditionen sowie für die Lebensdauer der Netzwerke, der Programme und der in diesem Feld beteiligten Protagonisten. Von besonderem Wert für die weitere Arbeit ist deshalb die spezifische Analyse der über 20 Netzwerke in diesem Feld, die zum Teil seit mehr als 25 Jahren für die Konsensbildung vor allem zwischen Bund und Ländern, aber auch mit außerparlamentarischen Agenturen verantwortlich sind. Eine Politik der Netzwerkbildung gehört zu den Grundstrategien in diesem Politikfeld.
Von besonderer Bedeutung sind auch die Erkenntnisse über die Rolle von Wissenschaft bei der Formulierung von Strategien und Programmen, die diese seit Mitte der 1970er Jahre zum Teil von den dafür administrativ Verantwortlichen übernommen hat. Auf wissenschaftlicher Ebene zeigen sich aber spezifische Defizite. Trotz der Etablierung von Netzwerken setzte sich die Kompetenzaufsplitterung fort und hat eine Vernetzung nur rudimentär entstehen lassen. Alle Agenturen und Institutionen verfügen über ihre „eigenen" Wissenschaftler und Gutachter. Eine Kooperation - etwa bei der Formulierung von Forschungsschwerpunkten oder bei der Umsetzung in die universitäre und außeruniversitäre Lehre - findet kaum statt.
Das Projekt war in einer Zeit der vorsichtigen Umorientierung deutscher Migrationspolitik platziert, die sich bei den Vertretern einer liberaleren Grundhaltung z. B. in der Hoffnung auf eine „Wende" nach den Bundestagswahlen äußerte. Selbst eher restriktiv argumentierende Experten leugneten in der Regel nicht die Notwendigkeit neuer politischer Initiativen, auch wenn sie eher auf europäische Lösungen (Stichwort „Lastenverteilung") setzten. Schon die politischen Umstände lassen also vermuten, dass die Projektergebnisse in einem anderen Kontext präsentiert werden können, als dies nach dem Wahlkampf des Spätsommers 1998 zu vermuten war. Ob mit dem vorliegenden „Machtwechsel" auch entsprechende politische Strategien verbunden sind, muss abgewartet werden. In die aber zu erwartenden Debatten wollen sich die beteiligten Wissenschaftler mit ihren Ergebnissen intensiv einmischen.

Muslimische Frauen in einem nicht-muslimischen Land. Prozesse der Verarbeitung in Deutschland

Beteiligte:
Hermann W. Schönmeier. Universität des Saarlandes, Saarbrücken,
Zentrum Europa und Dritte Welt, Entwicklungspolitische Forschung und Beratung

Laufzeit: **9 Monate (1996) (Vorstudie)**

Die prekärer werdende Situation ethnisch-kultureller Minderheiten in Deutschland wird durch extreme Positionen innerhalb der Minderheiten selbst zusätzlich erschwert. Dies gilt in Deutschland insbesondere für den Islam und für den im Zusammenhang mit der in den islamischen Ländern zu verzeichnenden Identitätskrise stehenden islamischen Fundamentalismus. Dabei geht es um die gesellschaftliche Akzeptanz säkularer oder religiöser Wert- und Ordnungsvorstellungen. Das sich in den islamischen Staaten vollziehende Ringen um die richtige Lösung wirkt sich auch auf die islamischen Minderheiten in der deutschen Diaspora aus und beeinflusst überdies die Gestaltung des Zusammenlebens mit anderen kulturellen und religiösen Gruppen.
Ziel des Forschungsvorhabens war es, diese Auseinandersetzung zwischen den verschiedenen islamisch-säkularen und islamistischen Strömungen anhand der Orientierungs- und Akkulturationsprozesse muslimischer Frauen in einer nicht-muslimischen Umwelt in Deutschland zu erfassen und zu analysieren. Leitfrage war, wie sich das Ringen um die richtige islamische Position von muslimischen Gemeinden in der Diaspora auf Frauen auswirkt, die sich in Deutschland neu orientieren müssten. Die gewonnenen Ergebnisse sollen über die spezifisch wissenschaftliche Zielsetzung hinaus zur Verbesserung der Lage muslimischer Frauen dienen und einen Beitrag zum interkulturellen Dialog in der deutschen Gesellschaft leisten. Dabei erhoffte man sich praxisrelevante Empfehlungen zur gesellschaftlichen Konfliktminimierung. Die Vorstudie widmete sich der praktischen und theoretischen Vorbereitung des Projekts.

Countries, Boundaries, Enemies and Friends in South Africa. Intercultural understanding based on cross cutting identities and cross cutting cleavages

Beteiligte:

- **Ivo Strecker, Bettina Schmidt, Paul Drechsel.** Universität Mainz, Institut für Ethnologie und Afrika-Studien
- **Robert Thornton.** University of Witwatersrand, Johannesburg, Südafrika

Laufzeit: **1995 - 1997**

Südafrika befindet sich in einem Transformationsprozess von einer hochgradig gespaltenen zu einer multikulturellen, pluralistischen und (potenziell) demokratischen Gesellschaft. In den Befragungen und Gesprächen wolle man die Auffassungen der Bevölkerung von der eigenen Geschichte und ihr Selbstverständnis erkunden und darüber hinaus Aufschluss über den Wandel der gesellschaftlichen Institutionen erhalten. Durch teilnehmende Beobachtung sollten die dabei gewonnenen Einsichten vertieft werden.

Die wohl wichtigste Erkenntnis der Untersuchung ist, dass sich ohne die heute wirksamen Globalisierungsprozesse die südafrikanische Gesellschaft in Polarisierungen auflösen würde. Eine Auswertung der empirischen Daten ergab, dass sich alle kulturell unterschiedlichen Gruppen in Südafrika mit der anglo-amerikanischen Kultur identifizieren und nur auf dieser gemeinsamen Identitätsbasis ein gegenseitiges Verstehen möglich ist. Eine besondere Rolle spielen hier die Medien, die eine „virtuelle Realität" schaffen, in der Materialität, Lokalität und selbst zeitliche Abfolgen nur eine bedingte Rolle spielen.

Drechsel, Paul / Schmidt, Bettina (1995): Südafrika. Chancen für eine pluralistische Gesellschaftsordnung. Geschichte und Perspektiven. Wiesbaden

Symbolische Exklusion. Eine empirische Analyse der Formen und Folgen der Ethnisierung moderner Gesellschaften - dargestellt am Beispiel deutschstämmiger, polnischer und türkischer Migranten nach Deutschland.

Beteiligte:

- **Klaus Eder, Katrin Mattusch, Oliver Schmidtke.** Humboldt-Universität Berlin, Philosophische Fakultät III, Institut für Sozialwissenschaften, Lehrstuhl für vergleichende Strukturanalyse
- **Jost Halfmann, Michael Bommes.** Universität Osnabrück, Institut für Migrationsforschung und Interkulturelle Studien (IMIS)
- **Bernhard Giesen.** Universität Gießen, Institut für Soziologie
- **David E. Morrison.** Leeds University, Institute of Communication Studies, Leeds, Großbritannien

Laufzeit: **1997 - 2000**

Das Forschungsprojekt hat drei Ziele verfolgt. Es hat erstens untersucht, wie die durch ethnische Differenzierung erzeugte soziale Exklusion mit Formen symbolischer Exklusion, die im Mediendiskurs mit Images des „Anderen" symbolisch aufgeladen werden, verknüpft wird. Es hat zweitens die „identitären Praktiken" analysiert, die auf symbolische Exklusion reagieren und mit ihr „praktisch" umzugehen versuchen. Es hat drittens versucht zu klären, wie diese identitären Praktiken zur Reproduktion sozialer Exklusion beitragen.

Das Forschungsdesign zur Beantwortung dieser drei Fragestellungen war auf der Logik vergleichender Fallanalysen aufgebaut. Die zu untersuchenden Fälle (soziale Gruppen) waren nach „ethnischer" Zugehörigkeit (russlanddeutsch, polnisch, türkisch) unterschieden. An diesen Fällen wurden Strategien des Umgangs mit der Aufnahmegesellschaft (auf der Basis von Interviews, Fokusgruppen und ethnischer Medienberichterstattung) wie diskursive Strategien des Umgangs mit diesen Gruppen durch die Aufnahmegesellschaft (an Hand der nationalen Medienberichterstattung) analysiert. Die Codierung dieser Daten war am Ziel orientiert, Indikatoren für die Ausmaß und Funktionsweise symbolischer Exklusion bzw. Inklusion zu gewinnen. Der Vergleich diskursiver Strategien des Umgangs mit Immigrantengruppen wurde in eine Sekundäranalyse sozialer Ungleichheiten eingebettet, die zwischen den ethnischen Gruppen selbst und diesen Gruppen und der indigenen Bevölkerung bestehen. Damit konnte der generelle methodisch-theoretische Anspruch eingelöst werden, die diskurstheoretisch begründete Analyse von Strategien des Umgangs mit Differenz an eine Sozialstrukturanalyse der deutschen Gesellschaft anzubinden und damit das Verhältnis von symbolischer Exklusion und sozialer Exklusion genauer zu bestimmen.

Die ausgewählten Zuwanderergruppen sind charakteristisch für die Geschichte und Entwicklung der Migration in die Bundesrepublik Deutschland. Die türkischen Migranten gehören zu den „Gastarbeitern", deren Zuwanderung in Zeiten des Wirtschaftsbooms von der Bundesrepublik gefördert wurde. Die polnische Migration nach Deutschland stand nach 1945 im Zeichen des Kalten Krieges. Die Zuwanderung von Aussiedlern bzw. Spätaussiedlern war und ist das Resultat zunächst der geopolitischen Umwälzungen nach dem Zweiten Weltkrieg.

Unterlagen die drei Gruppen unterschiedlichen Aufnahmebedingungen, die jeweils vorteilhafter für eine der Gruppen waren, so sind sie jedoch in der jüngeren Zeit gleichermaßen von Formen der Exklusion betroffen. Die von den Zuwanderern gegen diese Praktiken unternommenen Aktionen werden nicht selten in der Öffentlichkeit negativ bewertet, was symbolische Exklusionseffekte verstärkt.

Dass symbolische Exklusion die soziale Exklusion überlagert und auch dann noch fortdauert, wo soziale Exklusion abnimmt, konnte gezeigt werden. Symbolische Exklusion ist ein zunehmend wichtigerer Mechanismus der Exklusion. Inwieweit er von sozialer Exklusion abgekoppelt werden kann und die bloße ideelle Abgrenzung soziale Differenzen bestimmt und Konflikte provoziert, ist in den untersuchten Gruppen in unterschiedlicher Weise sichtbar geworden: am wenigsten bei den Polen, am ehesten bei den Türken.

Eder, Klaus / Rauer, Valentin / Schmidtke, Oliver / et al. (2004). Die Einhegung des Anderen. Türkische, polnische und russlanddeutsche Einwanderer in Deutschland. Wiesbaden

Eder, Klaus (2005): Soziale Ordnung und symbolische Macht. Einige Überlegungen zur Dynamik von Transnationalisierungsprozessen, in: Hans-Jürgen Aretz & Christian Lahusen (Hg.): Die Ordnung der Gesellschaft. Festschrift zum 60. Geburtstag von Richard Münch. Frankfurt/Main

Rauer, Valentin (2004): Ethnische Vereine in der Selbst- und Fremdbewertung. Für einen relationalen Sozialkapital-Ansatz, in: Ansgar Klein, Kristine Kern, Brigitte Geißel & Maria Berger (Hg.): Zivilgesellschaft, Sozialkapital und Demokratie. Herausforderungen politischer und sozialer Integration. Wiesbaden, S. 211 - 229

Rauer, Valentin / Schmidtke, Oliver (2001): Integration als Exklusion? Zum medialen und alltagspraktischen Umgang mit einem umstrittenen Konzept, in: Berliner Journal für Soziologie, H. 11, S. 277 - 296

Schmidtke, Oliver (2001): Symbolische Gewalt im öffentlichen Diskurs: Eine kommunikationstheoretische Deutung ethnisch-kultureller Ungleichheit, in: Anja Weiß, Cornelia Koppetsch, Albert Scharenberg & Oliver Schmidtke (Hg.): Klasse und Klassifikation. Die symbolische Dimension sozialer Ungleichheit. Opladen, S. 139 - 174

Entstehung, Tradierung und Relevanz von Fremd- und Feindbildern im alevitisch-sunnitischen Konflikt der Türkei

Beteiligte:
Udo Steinbach, Ismail Engin. Deutsches Orient-Institut, Hamburg

Laufzeit: **1997 - 1999**

Mit dem Brandanschlag auf ein Hotel in Sivas 1993, bei welchem 35 alewitische Intellektuelle und Künstler den Flammen zum Opfer gefallen waren, hatte das Projekt einen aktuellen Zeitbezug. Warum hatten türkische Sunniten, während des Freitagsgebets in der Moschee aufgehetzt, diesen Anschlag auf türkische Alewiten verübt? War eine in die Anfänge der türkischen Geschichte zurückreichende Animosität zwischen islamischer Orthodoxie und alewitischer Heterodoxie erneut hochgekommen? War es das Aufbegehren eines zunehmenden Islamismus gegen den türkischen Laizismus gewesen, wobei die Alewiten als überzeugte Säkularisten mit dem Staatslaizismus identifiziert wurden? Oder war wieder einmal der Konflikt zwischen konservativer Gesellschaft und Linksradikalen eskaliert? Die Erklärungsversuche warfen mehr Fragen auf, als sie beantworteten.
Nach dem Vorfall von Sivas hatten sich Akademiker und Experten verstärkt mit den Alewiten beschäftigt, wobei im Hintergrund immer die Frage nach der „Identität" der Alewiten stand. Auch die Alewiten in der Diaspora meldeten sich zu Wort und entwickelten unter anderen Rechts- und Gesellschaftsbedingungen entstandene Vorstellungen, wobei es zu Wechselwirkungen zwischen ihnen und den Alewiten in der Türkei kam. „Jeder möchte sich seinen eigenen Alewiten basteln", brachte der Kolumnist Balkis 1998 die divergierenden Bestrebungen nach einer alewitischen Identitätsfindung auf den Punkt.
Das Projekt wies so viele Facetten auf, dass eine Bearbeitung nur mit der Unterstützung von Experten im In- und Ausland möglich war. Es gelang, 48 Autoren aus 18 verschiedenen Fachdisziplinen sowie Journalisten und graphische Künstler aus Deutschland, der Türkei, Frankreich, den Niederlanden und den USA zur Mitarbeit zu gewinnen. Dadurch konnte die ganze Bandbreite des Forschungs- und Diskussionsstands bezüglich der Alewiten und des Alewitentums abgedeckt werden. Es entstand ein dreibändiges Sammelwerk - das erste seiner Art -, das vermittelt, was es bedeutet, ein „Alewite" zu sein und wie es sich religiös, kulturell, soziologisch und politisch niederschlägt. Die Beiträge beschränken sich nicht nur auf Alewiten in der Türkei, sondern auch auf die alewitische Diaspora in Westeuropa, speziell die in Deutschland und in Frankreich.
Da sich jeder Autor von einem anderen Ansatzpunkt her mit dem Thema „Alewiten und Alewitentum" befasst hatte, mussten die Projektbearbeiter Begriffe und Definitionen vereinheitlichen. Sie schufen damit Grundlagen für weitere Forschungen über Alewiten.
Das Fazit aller Beiträge war, dass die Alewiten nicht nur eine Religionsgemeinschaft sind, die sich aus historisch unterschiedlich gewachsenen Teilen zusammen-

setzt, sondern dass sie darüber hinaus eigene mystische Vorstellungen vom „Sein" entwickelt haben, die sich sowohl von der morgenländisch-islamischen als auch von den abendländischen Philosophie abheben.

Engin, Ismail / Franz, Erhard (2000 - 2001) (Hrsg.): Aleviler / Alewiten, Band 1: Kimlik ve Tarih / Identität und Geschichte; Band 2: Inanç ve Gelenekler / Glaube und Traditionen; Band 3: Siyaset ve Örgütler / Politik und Organisationen. (Deutsches Orient Institut, Mitteilungen 59 - 61). Hamburg

Engin, Ismail (1999): Abschlussbericht des Forschungsprojektes „Entstehung, Tradierung und Relevanz von Fremd- und Feindbildern im alevitisch-sunnitischen Konflikt der Türkei" / Closing report of the research project „Emergence, Handing-down and Relevance of the concepts of enemy and foreign within Alewite-Sunnite Conflict in Turkey". ORIENT, Jg. 40 Nr. 4, Hamburg, S. 545 - 572

Grenzen und Grenzziehungen: Konzepte und Praktiken der Interkulturalität in Indien

Beteiligte:
Monika Boehm-Tettelbach, Martin Fuchs. Universität Heidelberg, Südasien-Institut

Laufzeit: **2. - 4. Dezember 1996 (Symposium)**

Der Workshop diente der Sondierung der Möglichkeiten einer langfristig angelegzen Forschungskooperation zwischen Wissenschaftlerinnen und Wissenschaftlern an deutschen und indischen Universitäten auf dem Gebiet der Kultur- und Sozialwissenschaften Südasiens. Als tragende Verbindung erwies sich ein reflexiver Ansatz, der sowohl der unterschiedlichen Positionalität der verschiedenen Forscher Rechnung zu tragen als auch einen kritischen Umgang mit der Frage der Alterität zu gewährleisten sowie die Konstitutionsleistungen der sozialen Akteure um den Transfer zwischen wissenschaftlichem und gesellschaftlichen Diskursen zu erschließen vermag.
Im Zentrum des Workshops stand eine Auseinandersetzung mit indischen Erfahrungen von Interkulturalität, die ein konstitutives Merkmal der indischen Zivilisation bildet, und den Wandlungen, denen die interkommunitären Beziehungen in Indien in neuer Zeit ausgesetzt sind. Auf diese Weise wurde ein Abstand zu etablierten Schematisierungen - wie dem Theorem des Kastensystems oder der Festlegung religiöser Gemeinschaften - herzustellen gesucht. Zugleich wurde es damit möglich, diese zumeist getrennt abgehandelten Gegenstandsbereiche perspektivisch zusammenzuführen. Die Diskussion in den einzelnen Panels entfaltete sich entlang der Forschungsfelder, die von den verschiedenen Teilnehmern vertreten und in Kurzreferaten eingeführt wurden („Ethnizität“ und religiöse Grenzziehungen, „Kommunalismus“, die verschiedenen Ebenen religiöser Praxis, Dalit-Problematik, Öffentlichkeit und ihre Veränderung, Gender-Konzepte). Plädiert wurde für eine Verstärkung innerindischer Vergleiche und eine Beleuchtung der lokalen Aneignungsweisen nationaler und transnationaler Diskurse.

Der Chiapas-Effekt: Zur symbolischen Politik der Zapatistas und ihrer Perzeption in der mexikanischen und internationalen Öffentlichkeit

Beteiligte:

- **Renate Rott, Anne Huffschmid.** Freie Universität Berlin, Lateinamerika-Institut, Soziologie
- **Teresa Carbó.** Centro de Investigaciones y Estudios Superiores en Antropología Social (CIESAS), Mexiko-Stadt, Mexiko

Laufzeit: **1997 - 1999**

Die Studie untersucht ein Phänomen, das hier im Doppelsinn als „Diskursguerilla" verstanden wird. Zum einen beschäftigt sie sich mit der „Öffentlichkeitsarbeit" (Kommunikationsstrategien, Textproduktion) und Rezeption der Zapatistischen Armee der Nationalen Befreiung (EZLN), eine überwiegend indigene Guerillabewegung im südlichen Mexiko, die seit 1994 weniger mit Waffengewalt denn mit ungewöhnlicher und ‚widersinniger' Textproduktion auf landes- und weltweite Resonanz gestoßen ist und somit - in Abgrenzung zu konventionellen bewaffneten oder sozialen Bewegungen - zunächst buchstäblich als „Diskursguerilla" zu bezeichnen wäre. Zugleich wird mit dem Begriff eine Strategie diskursiver Intervention in (inter-)diskursive Formationen bezeichnet, die auf Besetzung und Subversion hegemonialer Diskursschauplätze abzielt. Denn bei den *Zapatistas* handelt es sich um eine (sozial) marginale Gruppe, die sich durch eine Vielzahl von Ein- und Umkopplungsmanövern auf den Diskursbühnen mexikanischer und internationaler Öffentlichkeit legitimieren konnte und sich somit politische Präsenz verschaffte. Zugleich lässt sich am Beispiel der zapatistischen Wortergreifung die Bedeutung einer politisch-kulturellen Dimension zeigen, die einen auf rein sozioökonomischen Kategorien basierenden Diskurs transzendiert und die Kategorie der Alterität (Differenz, Diversität, Anerkennung) sowie Fragen der politisch diskursiven Methodologie (Stil, Paradoxie, Widersinn) in das Zentrum der politischen Analyse rückt. Die diskursanalytisch geleitete Untersuchung ermöglicht also ein Verständnis sozialer, ‚randständiger' Bewegungen im Kontext zunehmend globaler Weltöffentlichkeit als *diskursive Akteure*, das über traditionelle sozialwissenschaftliche Zuschreibungen hinaus die Fokussierung kulturell diskursiver Subjektpotenziale erlaubt und auch für die Analyse anderer Zusammenhänge fruchtbar zu machen wäre.

Im Zentrum der Studie stehen einerseits die Diskursmanöver der *Zapatistas*, die ausgehend von ihrer ‚indigenen Legitimation' und im Rekurs auf national(staatlich)e Diskursrepertoires des postrevolutionären Mexiko eine grenzüberschreitende Dynamik entfalten und ein eigenes symbolisch diskursives Repertoire begründen. Da hier davon ausgegangen wird, dass es sich bei der EZLN um eine strukturell interaktive Bewegung handelt, untersucht die Arbeit andererseits, wie die zapatistische Diskursguerilla auf ausgewählten Diskursbühnen inner- und außerhalb Mexikos rezipiert worden ist (Presse, Intellektuelle, soziale Bewegungen). Leitfragen der vorliegenden Arbeit, die ausschließlich das *öffentliche* Wechselspiel der

Diskurse zwischen Guerilla und Gesellschaft(en) fokussiert, waren: Wie lässt sich die Attraktion der zapatistischen Rede in der Wahrnehmung der (Welt-)Öffentlichkeit begründen? Wie ist diese Rede im Einzelnen konfiguriert, auf welche Diskurs und Symbolrepertoires rekurriert sie, welche Spannungen und Widerhaken ergeben sich bei der Lektüre? Welche Rolle kommt in dieser Inszenierung der Figur des Wortführers *Subcomandante Marcos* als multifunktionales Autorenkonstrukt zu? Welche Rolle spielen Presse und Internet bei der Konstitution des Phänomens? Welche Schlüsse und Lehren werden in unterschiedlichen ,Lagern' aus der zapatistischen Mobilmachung gezogen? In welchem Verhältnis stehen Sprachbilder (Symbole, Metaphern) zu den „sprechenden Bildern", die die diskursive Sichtbarkeit der maskierten Aufständischen begründen?

Die Studie kann als Beispiel für die Fruchtbarkeit kulturwissenschaftlicher Lektüren politischer Bewegungen und Phänomene verstanden werden. Entscheidend dafür ist, dass derartige analytische Lektüren Text und (sozialen, politischen, ökonomischen und kulturellen) Kontext stets als wechselseitig durchdrungen denken, also notwendig in kultur- *und* zugleich sozialwissenschaftlichen Kategorien denken (Sprache, Intertextualität, Öffentlichkeit, kulturelle/politische/soziale Kontexte etc.).

Huffschmid, Anne (2004): Diskursguerilla: Wortergreifung und Widersinn. Die Zapatistas im Spiegel der mexikanischen und internationalen Öffentlichkeit, Heidelberg

Huffschmid, Anne (2001): El nuevo teatro mexicano: los performances politicos de Fox y Marcos", in: Iberoamericana. America Latina - Espana - Portugal, Vol. 1, No. 2., Madrid/Berlin/ Hamburg

Huffschmid, Anne (2001): Tomar la palabra y no el poder, in: Klaus Bodemer / Sabine Kurtenbach / Klaus Meschkat (Hg.): Violencia y regulacion de conflictos en America Latina. Hamburg / Caracas

Huffschmid, Anne (2000): Spinnen im Netz: Zapatismo als Maskerade und paradoxe Politik, in: Ulrich Brand / Ana Esther Cecefia (Hg.): Reflexionen einer Rebellion. „Chiapas" und ein anderes Politikverständnis. Münster

Huffschmid, Anne (1998): Wortergreifung und Low Intensity Revolution zur realutopischen Provokation der mexikanischen Zapatistas, in: Widerspruch. Beiträge zur sozialistischen Politik, Nr. 34. Zürich

Soziale Beziehungen und psychosoziale Befindlichkeit von deutschen und türkischen Jugendlichen

Beteiligte:
Hans Merkens, Olaf Morgenroth. Freie Universität Berlin, Fachbereich Erziehungs- und Unterrichtswissenschaften, Institut für Allgemeine Pädagogik

Im Projekt erfolgte eine umfangreiche Datenerhebung zum Themenbereich „Soziale Erziehung", indem Jugendliche differenziert nach erwünschten Beziehungen zur Eigen- bzw. Fremdgruppe und zum Eigen- bzw. Fremdgeschlecht befragt wurden. Ebenso wurde die psychosoziale Befindlichkeit mit verschiedenen Itembatterien erhoben.

Das erste und wichtigste Ergebnis des Projektes ist, dass in der Schule die soziale Integration zwischen deutschen und türkischen Jugendlichen gut gelingt. Angesichts der öffentlichen Diskussion über Fremdenfeindlichkeit muss dieses Resultat besonders hervorgehoben werden. Es stellt sich unabhängig von der Schulform dann ein, wenn von der jeweils anderen Gruppe eine hinreichende Anzahl von Schülerinnen bzw. Schülern in der Klasse vertreten ist. Damit wird ein Umstand bestätigt, der in der Forschung gut fundiert ist: Fremdenfeindlichkeit nimmt dann ab, wenn genügend individuelle persönliche Kontakte vorhanden sind. Die Schule ist offensichtlich - wie auch die Shell-Jugendstudie (Münchmeier 2000) bestätigt - ein Ort, an dem soziale Integration gelingen kann. Was bei den Befunden überrascht, die hier mitgeteilt werden, ist allerdings die gewünschte Intensität der interethnischen Kontakte bei schulbezogenen Aktivitäten. Insbesondere die türkischen und deutschen Gymnasiastinnen hegen hier hohe Erwartungen.

Ein zweites bemerkenswertes Resultat ist, dass die eigenethnische Orientierung bei türkischen und deutschen Jugendlichen in Bezug auf Familie und etwas weniger auf Freizeit hoch ist, dass daraus aber keine Ablehnung der anderen Gruppe entsteht, sondern grundsätzlich auf Toleranz gesetzt wird. So bringen deutsche Jugendliche ein hohes Verständnis dafür auf, dass das Türkische eine gemeinsame Sprache sein könnte. Dies gilt für Hauptschul-Jugendliche noch mehr als für Gymnasiasten und die türkischen Jugendlichen, die auf eine eigenethnische Identität großen Wert legen, in ihrer Familie im überwiegenden Anteil aber auch die deutsche Sprache benutzen. Die wechselseitige Durchdringung ist im Alltag also weiter fortgeschritten, als man bei der Bewertung einzelner Resultate vermuten sollte.

Münchmeier, R. (2000): Miteinander - Nebeneinander - Gegeneinander? Zum Verhältnis zwischen deutschen und ausländischen Jugendlichen, in: Jugend 2000, 13. Shell Jugendstudie, Bd. 1, Opladen, S. 221 - 260

„Fremde im eigenen Land". Die staatliche Ausgrenzung der indianischen Bevölkerungsmehrheit in der Republik Bolivien (1825 - 1952/53). Ein Beitrag zur Diskussion von Diskriminierung und Verfolgung im 19./20. Jahrhundert

Beteiligte:
Wolfgang Benz, Wolf Gruner. Technische Universität Berlin, Fachbereich 1, Kommunikations- und Geschichtswissenschaften, Zentrum für Antisemitismusforschung

Laufzeit: **1998 - 2002**

Das Projekt umfasste die Periode von der bolivianischen Unabhängigkeit 1825 bis zur nationalen Revolution von 1952/53. Ungeachtet aller Gleichheitspostulate verschlossen die kreolischen Eliten schon wenige Jahre nach der Unabhängigkeit den indianischen Völkern alle Möglichkeiten, an der Gestaltung des neu errichteten Staates Bolivien teilzuhaben. Die indianische Bevölkerungsmehrheit stellte für kreolischen Eliten, die eine Republik nach europäischem Vorbild aufbauten, nicht nur eine demografische, sondern zugleich auch ökonomische, kulturelle und politische Konkurrenz dar. Die herrschende Minderheit sah die indianische Bevölkerung, die sich vor allem aus den Aymara und Quechua zusammensetzte, unterschiedslos als „Indios" oder „Indígenas", konstruierte diese also als die „Anderen". Um sie von der Macht fernzuhalten, gestand man ihnen nur ein Staatsbürgerrecht zweiter Klasse zu per Alphabetismus- und Zensusklauseln in den Verfassungen. Damit wurde die indianische Mehrheit von politischen Rechten und öffentlichen Funktionen ausgeschlossen. Der Zugang zu Bildung und Militär blieb den Indígenas ebenfalls verschlossen. Frondienste und Zwangsabgaben prägten den Alltag der indianischen Mehrheitsbevölkerung auch in der Republik Bolivien auf brutale Weise. Die im 19. und 20. Jahrhundert vorgenommenen staatlichen Landenteignungen sowie die unzähligen „illegalen" privaten Landusurpationen der Großgrundbesitzer, Kirchen und lokalen Behörden verschärften den Grundkonflikt zwischen der indianischen Bevölkerungsmehrheit und der herrschenden Minderheit. Erklärtes Ziel der Letzteren bildete die Zerstörung der Dorfgemeinschaften, weil diese angeblich das Haupthindernis auf dem Wege Boliviens zum Fortschritt darstellten. Einen wesentlichen Faktor für den Erhalt vieler Ayllus bildete der gegen Ende des 19. Jahrhunderts zunehmend koordinierte Widerstand der Indígenas mittels unterschiedlicher Aktionen wie legalen Eingaben an den Staat sowie durch viele Aufstände, die vom Staat oft mit brutalen Mitteln bekämpft wurden. Das bis heute dominierende Narrativ, das die bolivianische Geschichte als Geschichte der kreolischen Eliten beschreibt, gründet auf einer schon im 19. Jahrhundert im Parlament wahrzunehmenden Haltung, die Situation der Bevölkerungsmehrheit zu ignorieren. In der Konsequenz fanden sich die Indígenas als „parias de su patria", als „Fremde im eigenen Land" wieder. In der Republik verbanden sich die über Jahrhunderte eingeübten Herrschaftspraktiken der Kolonialzeit mit Maßnahmen zur Einführung kapitalistischer Produktion und Rationalität. Europäische Vorstellungen einer urbanisierten „Zivilisation" dominierten den Diskurs der kreolischen Eliten und disqualifizierten die traditionellen Vorstellungen der Aymaras und Quechuas von Arbeit, Kleidung, Hygiene, Gemeinschaft, Zeit und Raum als unzivilisatorisch und antimodern. Unter den kreolischen Eliten herrschten Vorstellungen, die von der „Zivilisierung der Eingeborenen" bis hin zu Forderungen nach der „Vernichtung der Wilden" reichten. Letztere konnten sich jedoch nicht durchsetzen, denn der bolivianische Staat hing finanziell und ökonomisch von den Aymara und Quechua ab. Dies erklärt, warum es in Bolivien trotz der systematischen Segregation der indigenen Bevölkerung zumindest auf dem Andenhochland zu keinem Völkermord gekommen ist. Da die Wurzeln der aktuellen sozialen Konflikte in Bolivien also in der Diskriminierungsgeschichte seit der Unabhängigkeit zu suchen sind, sollte die künftige Forschung Bolivien mit anderen lateinamerikanischen Staaten mit indigenen Mehrheitsbevölkerungen wie Guatemala und Ecuador vergleichen, aber auch mit Kolonialgesellschaften sowie mit Apartheid-Staaten wie Südafrika.

Gruner, Wolf (2000): Un mito enterrado: La fundación de la República de Bolivia y la liberación de los indígenas. Sobre el discurso parlamentario en el siglo IX, in: Historias de mitos de ayer y hoy. Revista de la Coordinadora de Historia, Tomo 4. La Paz, pp. 33 - 47

Gruner, Wolf (2002): Der begrabene Mythos: Die Unabhängigkeit Boliviens und die Befreiung der indianischen Bevölkerung. Zum parlamentarischen Diskurs der Republik im 19. Jahrhundert, in: Zeitschrift für Geschichtswissenschaft, Jg. 50, S. 237 - 260

Gruner, Wolf (2002): Die Republik Bolivien und die staatliche Diskriminierung ihrer bolivianischen Bevölkerungsmehrheit (1825 - 1952/53), in: Wolfgang Benz und Angelika Königseder (Hg.): Judenfeindschaft als Paradigma. Studien zur Vorurteilsforschung. Berlin, S. 273 - 279

Gruner, Wolf (2003): „Los parias de la patria". La discriminación estatal de los indígenas en la República de Bolivia (1825 - 1952/53), in: Identidad, ciudadanía y participación popular desde la colonia al siglo XX, ed. de Josefa Salmon y Guillermo Delgado, Edition Plural. La Paz, pp. 181 - 190

Der moderne Gartenstaat: Die Regierungen der südostasiatischen Staaten zwischen kulturellem Partikularismus und rationalisierendem Universalismus

Beteiligte:
- **Christian Sigrist.** Universität Münster, Institut für Soziologie
- **Tilman Schiel.** Bayreuth
- **Shamsul Amri Bahaduruddin.** Universiti Kebangsaan, Dept. of Sociology and Anthropology, Ukm Bangi, Malaysia
- **Jomo Kwame Sundaram.** University of Malaya, Dept. of Economics and Administration, Kuala Lumpur, Malaysia
- **Ria Gondowarsito.** Universitas Mercu Buwana, Jakarta, Indonesien

Laufzeit: **1998 - 2000**

Immer wieder wird von Regierungen nichteuropäischer Staaten das „Recht auf kulturelle Differenz" eingefordert, um unter Berufung auf „eigene Werte" die fehlende Relevanz der „eurozentristischen" Menschenrechte zu erklären. Diese Art von Kulturrelativismus wurde am Beispiel einiger Länder Südostasiens untersucht. In den Ländern Indonesien, Malaysia und Singapur spielen die „asiatischen Werte" eine entsprechende Rolle, wobei allerdings jede Regierung unter „asiatischen Werten" etwas anderes versteht. Gemeinsam ist ihnen allerdings, dass diese Werte autoritäre Regierungsformen (in Indonesien zu Zeiten Suhartos sogar mit einer Tendenz zu totalitären Zügen) als kulturspezifische und deshalb angemessene Elemente festlegen. Eine weitere Gemeinsamkeit besteht darin, dass diese Werte eine kompromisslose nachholende Entwicklung geradezu verlangen. Diese partikularistischen „eigenen" kulturellen Werte dienen deshalb insbesondere der Rechtfertigung für eine forcierte Entwicklungsstrategie des rationalisierenden Universalismus, d. h. für das schnellstmögliche Erreichen wirtschaftlicher, technischer und wissenschaftlicher Standards, wie sie - von Europa ausgehend - im Verlauf der Globalisierung weltweit für gültig erklärt werden.

Die Fragwürdigkeit der Berufung auf partikularistische „eigene" Werte als Rechtfertigung für universalistische Entwicklungsstrategien zeigt sich im Umgang mit subnationalen (ethnischen, regionalen) Partikularismen: Diese werden nämlich unterdrückt, wenn sie den Entwicklungszielen im Wege stehen, bzw. wo möglich so umgeformt, dass sie in diese Strategie (Tourismusförderung) passen. Auch dies ist übrigens nachholende Entwicklung, die in Europa zur Zeit des Absolutismus stattgefunden hat. Allerdings zeigt sich dabei auch noch (gleichfalls ähnlich wie in Europa) eine weitere Funktion der „eigenen kulturellen Werte": Sie sollen die nationale Identität stärken und den „schädlichen" europäischen und US-amerikanischen Einflüssen, wie sie mit der Globalisierung einhergehen, das „gesunde Eigene" entgegensetzen. Eine besondere Rolle spielt dabei die Sprachpolitik (Nationalsprachen statt „Dialekte"). Aber auch der Versuch (besonders in Indonesien unter Suharto), eine für alle verbindliche nationale Ideologie zu schaffen und „separatistische" Kulturelemente auszurotten, ist Werkzeug des „Gartenstaats", den rationalisierenden Universalismus durchzusetzen.

Schiel, Tilman (1998): Die Wirtschaftskrise in Asien - eine Skizze, in: Peripherie, Nr. 71

Schiel, Tilman (1999): Moderner ,Gartenstaat' und Menschenrechte. Südostasien zwischen kulturellem Partikularismus und rationalisierendem Universalismus, in: Peripherie, Nr. 73/74

Schiel, Tilman (in Review): „Modernity, Ambivalence and the Gardening State" [Mskr. liegt der Redaktion der Zeitschrift Thesis Eleven zur Begutachtung vor]

Die Verfremdung des Anderen. Der Wandel von der inklusiven Mehrfachidentität zur exklusiven Ethno-Identität: Kollektive Selbstzuschreibungen in Jugoslawien (von Anfang der 1960er Jahre bis 1990)

Beteiligte:

- **Holm Sundhaussen.** Freie Universität Berlin, Osteuropa-Institut
- **Wolfgang Höpken, Laslo Sekeij.** Universität Leipzig, Historisches Seminar
- **Mirjana Vasovic, Predrag Markovic, Svetlana Ljuboja.** Belgrad, Serbien

Laufzeit: **1998 - 1999**

Im Zentrum des Projekts stand die Frage, ob es im ehemaligen Jugoslawien eine kollektive Mehrfachidentität (d. h. eine ethnonationale und eine jugoslawisch-politische Identität) gegeben hat und wann, wie und warum sich aus der inklusiven Mehrfachidentität eine exklusive ethnonationale Identität herausbildete. Hinter der Fragestellung stand die Annahme, dass das Verhältnis der Nationen in Jugoslawien nicht durch eine konstante („essenzielle") Gegnerschaft geprägt wurde (auch wenn diese in Teilen der Bevölkerung privatim oder in Subsystemen mittels eines „kollektiven" Gedächtnisses „kultiviert" wurde), sondern dass kollektive Identitäten grundsätzlich variabel sind bzw. Prozessen der Definition und Re-Definition unterliegen. Die aus der Auswertung von Umfragen, Medien und bisher unzugänglichen Partei- und Staatsdokumenten gewonnenen Ergebnisse beziehen sich auf zwei Aspekte:

1. Entgegen der in den 1990er Jahren sowohl in Jugoslawien wie im Ausland verbreiteten Auffassung, dass die national-jugoslawische Identität (im Sinne einer Staatsnation) von der Mehrheit der Bevölkerung nie akzeptiert worden sei, hat die Untersuchung eindeutig belegen können, dass es sich dabei um einen Mythos handelt. Die transnationale (jugoslawische) Identität (neben der ethnonationalen Identität) ist von großen Teilen der Bevölkerung bis Ende der 1980er Jahre angenommen worden. Erst Anfang der 1990er Jahre wurde diese Mehrfachidentität gezielt und erfolgreich von intellektuellen, politischen und militärischen Akteuren auseinandergesprengt. Aus Anderen wurden Fremde und Feinde.
2. Die Partei (der Bund der Kommunisten Jugoslawiens) und Tito selbst sind Anfang der 1960er Jahre von der Zukunftsvision eines nationalen Jugoslawismus abgerückt und haben den (ethnischen) Einzelnationalismen größeren Raum zugebilligt. Worauf die Kehrtwende in Titos Auffassung zurückgeführt werden muss, ist bislang nicht geklärt.

Markovic, Predrag (2001): Odnos partije i Tita prema jugoslovenskom i nacionalnom identitetu [Die Haltung der Partei und Titos zur jugoslawischen und nationalen Identität], in: Sekelj, Laslo (Hg.): Identitet: Srbi i/ili Jugosloveni [Identität: Serben und/oder Jugoslawen]. Beograd, S. 13 - 62

Ljuboja, Svetlana (2001): Štampa o jugoslovenskom i srpskom identitetu [Die Presse über die jugoslawische und serbische Identität], in: Sekelj, Laslo (Hg.): Identitet: Srbi i/ili Jugosloveni [Identität: Serben und/oder Jugoslawen]. Beograd, S. 63 - 100

Vasovic, Mirjana (2001): Socijalno-psihološki aspekti formiranja jugoslovenskog identiteta [Sozialpsychologische Aspekte der Formierung einer jugoslawischen Identität], in: Sekelj, Laslo (Hg.): Identitet: Srbi i/ili Jugosloveni [Identität: Serben und/oder Jugoslawen]. Beograd, S. 101 - 142

Sekelj, Laslo (2001): SFRJ: O potrazi za politickom zajednicom 1968 - 1988 [Die Sozialistische Jugoslawische Bundesrepublik: Auf der Suche nach der politischen Gemeinschaft 1968 - 88], in: Sekelj, Laslo (Hg.): Identitet: Srbi i/ili Jugosloveni [Identität: Serben und/oder Jugoslawen]. Beograd, S. 143 - 214.

Markovic, Predrag / Mrakovic-Curcija, Magdalena (1999): Jugoslovenski i srpski identitet stanovnika Beograda u ogledalu licnih imena [Yugoslav and Serbian Identity of Belgrade Citizens as Reflected through Personal Given Names], in: Godišnjak za društvenu istoriju, Vol. 6, No. 1, S. 42 - 56

Bilder der anderen Kultur. Formen der Migrantendarstellung als der „anderen Kultur" in deutschen Schulbüchern von 1981 bis 1997

Beteiligte:
Frank-Olaf Radtke, Aygen-Sibel Celik, Bernd Fechler, Thomas Höhne, Thomas Kunz. Universität Frankfurt am Main, Fachbereich Erziehungswissenschaften, Institut für Schulpädagogik und Didaktik der Elementar- und Primarstufe /BE II

Laufzeit: **1998 - 2000**

Gegenstand der Untersuchung waren die *Formen* der Thematisierung von Migrantinnen und Migranten und ihren Kindern in Schulbüchern der Primar- und Sekundarstufe I für die Bundesländer Bayern und Hessen und die Fächer Heimat-/ Sachkunde bzw. Sozialkunde/Politik. Untersucht wurden die Muster, nach denen „Ausländer", „Migranten", „Flüchtlinge", „Fremde" bzw. „Fremdheit" in Schulbüchern thematisiert und bebildert werden.
Das Schulbuch wird als ein *Medium* unter anderem aufgefasst, mit dem sozial gültige und allgemein geteilte Wahrnehmungsmuster der sozialen Realität einstudiert, erlernt und immer wieder reproduziert werden. Gerade in Schulbüchern wird über aufwändige Zulassungsprozeduren gültig gemachtes Wissen an die nächste Generation weitergegeben. Das Schulbuchwissen wird als institutionell gebundenes, soziokulturell anerkanntes Wissen behandelt. Schulbücher werden insofern in den jeweiligen Unterrichtseinheiten als Teil eines thematischen Diskurses über Ausländer betrachtet. Eine forschungsleitende Frage war, wie Erziehung in Relation zu den außerschulischen Bedingungen der massenmedialen Präsentation des „Ausländerproblems" ihren *pädagogisch-normativen Sozialisations- und Aufklärungsanspruch* zu realisieren versucht. Von besonderem Interesse war in diesem Zusammenhang, welche Rolle das in den 1990er Jahren entwickelte Programm der *interkulturellen Pädagogik* bei der Erzeugung, Korrektur oder auch affirmativen Bekräftigungen der öffentlichen Bilder vom ‚Fremden' spielt.
Bei der Studie handelt es sich um eine erste konsequent *diskursanalytisch* ausgerichtete Untersuchung von Schulbüchern, mit deren Hilfe eine Einschätzung der Wirkungsweisen von Schulbuchtexten in Richtung auf eine noch ausstehende Wirkungsforschung vorbereitet wird.
Zusammenfassend lässt sich feststellen, dass sich in den in die Untersuchung einbezogenen Schulbüchern die gleichen, auch im öffentlichen Diskurs über Migranten geläufigen Darstellungen wieder finden. Migranten werden, um sie als solche kennzeichnen zu können, zunächst mit typisierenden Zuschreibungen eingeführt bzw. bebildert, in denen wiederkehrende semantische Merkmale wie Haut- und Haarfarbe, Barttracht und Kopfbedeckung etc. miteinander verknüpft werden. Diese Zuschreibungen werden entlang polarisierender Entgegensetzungen - 'wir' / 'sie', 'eigen' / 'fremd', 'modern' / 'vormodern' - organisiert. Ihre Hervorhebung ist die paradoxe Voraussetzung dafür, Identität zu behaupten und im Programm der Erziehung zu Toleranz und zum Abbau von Vorurteilen pädagogische Anstrengun-

gen darauf zu richten, die gerade hervorgekehrten Differenzen und Merkmale sozial unwirksam zu machen, also Diskriminierung aufzuheben. Dabei bleiben Migranten asymmetrisch Objekt der Beobachtung durch ihre deutschen Mitschüler oder deren (Integrations-)Hilfe, sie haben jedoch keine eigene Stimme. Nur ausnahmsweise finden sich in Schulbüchern Versuche, den Diskurs über Migranten selbst zum Problem/Gegenstand des Unterrichts zu machen oder die Zuschreibung von Gruppenmerkmalen zu durchkreuzen.

Höhne, Thomas / Kunz, Thomas / Radtke, Frank-Olaf (1999): Zwischenbericht: Bilder von Fremden: Formen der Migrantendarstellung als der „anderen Kultur" in deutschen Schulbüchern von 1981 - 1997, in: Frankfurter Beiträge zur Erziehungswissenschaft, Reihe Forschungsberichte, Bd. 1. Frankfurt am Main (online: http://www.uni-frankfurt.de/fb/fb04/personen/radtke/Publikationen/Bilder_von_Fremden.pdf)

Höhne, Thomas / Kunz, Thomas / Radtke, Frank-Olaf (im Druck): Bilder von Fremden. Was unsere Kinder aus Schulbüchern über Migranten lernen können, Frankfurter Beiträge zur Erziehungswissenschaft, Reihe Monographien, Bd. 3. Frankfurt am Main

Höhne, Thomas (2003): Schulbuchwissen. Umrisse einer Wissens- und Medientheorie des Schulbuchs, Frankfurter Beiträge zur Erziehungswissenschaft, Reihe Monographien, Bd. 2. Frankfurt am Main

Höhne, Thomas / Kunz, Thomas / Radtke, Frank-Olaf (2000): 'Wir' und 'sie' - Bilder von Fremden im Schulbuch, in: Forschung Frankfurt, Wissenschaftsmagazin der Johann-Wolfgang-Goethe-Universität, H. 2, S. 16 - 25

Ein Leben zwischen den Kulturen? Italienische Einwanderer in der Bundesrepublik Deutschland, 1960 bis 1990

Beteiligte:
Ulrich Herbert, Yvonne Rieker. Universität Freiburg, Historisches Seminar, Lehrstuhl für Neuere und Neueste Geschichte

Laufzeit: **1998 - 2001**

Als die Bundesregierung 1955 den Anwerbevertrag mit Italien abschloss, spielte neben einer wirtschaftlichen Laissez-faire-Politik das staatliche Bedürfnis nach Kontrolle gesellschaftlicher Prozesse eine erhebliche Rolle. Zugleich wurden die italienischen Arbeitnehmer sozialpolitisch und tarifrechtlich ihren deutschen Kollegen gleichgestellt. Angesichts des Primats der Ökonomie in der Beschäftigungspolitik kam das auf Kontrolle zielende Staatsverständnis der frühen Bundesrepublik in der Praxis der Gastarbeiterpolitik nicht recht zum Tragen, zumal von einem einheitlich ausgerichteten und abgestimmten Handeln der Bundesregierung nicht die Rede sein konnte. Die 1955 angestrebte umfassende Lenkung der italienischen Arbeitsmigration stieß zudem in den 1960er Jahren infolge der EWG-Freizügigkeitsregelungen an äußere politische und institutionelle Grenzen. Gleichwohl trugen die Weichenstellungen 1955 maßgeblich dazu bei, dass die sozial- und tarifrechtliche Gleichstellung auf die Arbeitnehmer aus den übrigen Anwerbeländern ausgedehnt wurde. Auch die Bemühungen um die gesellschaftliche Eingliederung der italienischen Arbeitnehmer und deren Familienangehörigen unter der Ägide eines christlich-konservativen Familienbildes und unter dem Einfluss der Caritas setzten für die nachfolgenden Migranten Maßstäbe.
Die Vorreiterrolle der italienischen Arbeitsmigration für die weitere „Gastarbeiter"-Beschäftigung war nicht nur durch die EWG-Mitgliedschaft Italiens beeinflusst, sondern auch durch die im öffentlichen Diskurs zwar tabuisierte, unterschwellig aber dennoch sehr präsente deutsche Erinnerung an die Zwangsarbeit unter dem Nationalsozialismus, durch die enge Bindung der deutschen katholischen Kirche an die römische Kurie sowie durch einen touristischen Blick auf Italien, der romantisierende und bildungsbürgerliche Elemente aufgriff und der in der westdeutschen Bevölkerung ein Gegengewicht gegen negative Italienklischees bildete. Entscheidend für die Integration Hunderttausender italienischer Migranten waren die Kontakte und Erfahrungen am Arbeitsplatz, in der Nachbarschaft und - bei der „zweiten Generation" - die schulische Sozialisation. Dies und die als korrekt empfundene Behandlung am Arbeitsplatz ließen den italienischen Migranten die Bundesrepublik trotz der Fremdenfeindlichkeit zu einem Land werden, das sie zwar nicht liebten, aber der erfahrenen Verlässlichkeit wegen doch schätzten. Insgesamt war die Integration der italienischen, aber auch der übrigen ausländischen Arbeitnehmer und ihrer Familien vor dem Anwerbestopp 1973 weniger problematisch, als man das nach dem nicht lange zurück liegendem Einsatz von Kriegsgefangenen und „Fremdarbeitern" hätte erwarten können.

Die deutsche Ausländerpolitik der 1960er und 1970er Jahre war von der Hoffnung bestimmt, die Angeworbenen würden im Falle einer wie auch immer gearteten Krise in ihre Herkunftsländer zurückkehren. Den statistischen Daten und den lebensgeschichtlichen Rückblicken zufolge war es nämlich nicht nur so, dass die Fluktuation der italienischen Arbeitnehmer und auch ihrer Familien zwischen ihrem Herkunftsland und der Bundesrepublik einen enormen Umfang erreichte. Selbst jene Hunderttausende Italiener, die am Ende dauerhaft in Deutschland blieben, gingen trotz wachsender Verweildauer meist ebenfalls von einer künftigen Rückwanderung nach Italien aus. Dort hatten sie ihre Ersparnisse angelegt, Häuser gebaut und familiäre Kontakte gepflegt. Insofern kann von einem doppelten Rückkehr-Mythos gesprochen werden, der sich nicht auf die deutsche Politik beschränkte, sondern auch jene seit Jahrzehnten in der Bundesrepublik lebenden italienischen Arbeitnehmer erfasste.

Bei den heute in Deutschland lebenden italienischen Migranten, die faktisch zu Einwanderern geworden sind, liegen die Wurzeln dieses Mythos in einer Identitätskonstruktion, die von dem nicht von Beginn an unrealistischen, inzwischen jedoch überholten und dennoch nachwirkenden Wunsch geleitet war, als erfolgreiche Familie aus der Fremde in einen Heimatort zurückzukehren, der mit dem Abstand der Jahre jedoch verblasste. Das Ausweichen vor einer grundsätzlichen Entscheidung prägte nicht nur die bundesdeutsche Politik, sondern ebenso das Handeln der italienischen Migranten.

Rieker, Yvonne (2003): Ein Stück Heimat findet man ja immer. Die italienische Einwanderung in die Bundesrepublik. Essen

Memory, Agency and Violence: The Controversy on Intercommunal Relationships in India

Beteiligte:

- **Monika Boehm-Tettelbach, Maren Bellwinkel-Schempp, Brigitte Schulze, Michael Jauch, Javeed Alam, Roma Chatterji, Deepak Mehta.** Universität Heidelberg, Südasien-Institut, Abteilung Moderne Indologie
- **Martin Fuchs.** Neckargemünd

Laufzeit: **1998 - 2001**

Das Projekt untersuchte Formen der Interkulturalität und deren Gefährdung in Indien, einem Land mit langer multikultureller Tradition. Die Forschung erstreckte sich auf drei indische Städte bzw. Stadtteile - Hyderabad, Kanpur und Dharavi in Mumbai (Bombay) -, die 1990/91 bzw. 1992/93 Schauplätze teilweise pogromartiger Auseinandersetzungen zwischen Hindus und Muslimen gewesen waren. Die Untersuchung konzentrierte sich auf ökonomisch und sozial unterprivilegierte Gruppen, aus deren Umfeld viele der Opfer der Unruhen wie auch der unmittelbaren Täter stammten. Im Zentrum des Projekts stand die direkte Interaktion und Kommunikation mit Angehörigen der betroffenen Gruppen (teilnehmende Beobachtung).

Das Projekt versuchte, Interkulturalität gleichzeitig durch die Linse der Gewalt und die Linse „alltäglicher" Interaktion zu betrachten. Tatsächlich zeigte sich, dass sich beide Prozessformen wechselseitig durchdringen und brechen. Während im Moment der Gewalt Reste an Solidarität mit dem jeweils Anderen erhalten bleiben, erscheint in den „Normalsituationen" des Alltags der betroffenen Gruppen der Antagonismus zwischen ihnen in einen Latenzzustand versetzt, versteckt in Alltagssprache und gepflegt von bestimmten Personen und Organisationen. Es ließ sich aber in allen drei untersuchten urbanen Kontexten eine signifikante habituelle Akzentverschiebung beobachten: Auch die Mehrzahl derjenigen, die nicht zur (Wieder-)Aufnahme interpersonaler Alltagskontakte über Religions- und Gemeinschaftsgrenzen hinweg bereit sind, versuchen nachdrücklich eine Art negativer Koexistenz zu bewahren - eine Haltung, die bis heute Bestand hat und bestimmt wird von einem Streben nach Teilhabe an ökonomischer und sozialer - also der gesellschaftlichen - „Entwicklung". Diese Verschiebung ist zum einen bestimmt durch die Erfahrung anonymisierter Gewalt, die sich linearer Narration verweigert und in vielen Bereichen unaufgearbeitet bleibt. Zum anderen spielt eine entscheidende Rolle, dass die Mobilisierung von Makroidentitäten unvermeidlich auf nationaler Ebene stattfindet, aber über die lokalen Konfliktkonstellationen vermittelt werden muss. Die oft überkomplexen und überdeterminierten lokalen Konstellationen funktionieren in „alltäglichen" Situationen als Filter, welche die Wirkung nationaler Diskurse zerstreuen. Bei aller Unterschiedlichkeit der Konstellationen in den drei Untersuchungsgebieten ließen sich doch wichtige gemeinsame Momente erkennen, die jeweils eine Eigendynamik aufweisen und in ihrer Eigenlogik zu verfolgen sind. Die verschiedenen Momente konstituieren das Feld, in dem sich interkulturelle Beziehungen und Konflikte entwickeln. So wird die Eindeutigkeit religiöser Zuordnung insbesondere unter den Dalit durch ihren grundlegenden sozialen Anerkennungskampf gebrochen, der dazu führt, dass diese konstant ein breites ethisch-religiöses Spektrum aktiv explorieren und Grenzen zwischen verschiedenen Religionen öffnen. Das Wechselspiel zwischen Distanzierung gegenüber nationalen und hegemonialen Diskursen und deren Übersetzung und Aneignung von Seiten marginalisierter städtischer Gruppen zeigt sich auch in ihrem Umgang mit administrativen Diskursen. Dies betrifft insbesondere die Aushandlungen zwischen Slumbewohnern und staatlichen Stellen über Slumentwicklungsprogramme. Die Eigendynamiken dieser Prozesse markieren nicht nur Zonen, in denen die verschiedenen (Gruppen-)Akteure autonome Strukturen und Mediationsmechanismen schaffen und reproduzieren; sie konstituieren auch Brücken über Gemeinschaftsgrenzen hinweg.

Das Projekt erweist die Wichtigkeit kontextbezogener Bedeutungen und situativer Beziehungen für die Sicherung und Regulierung von Interkulturalität. Diese enthalten universale Geltungsansprüche, die auf zwischenmenschliche Realisation statt abstrakte Subsumtion zielen.

Mehta, Deepak / Chatterji, Roma (2001): Boundaries, Names, Alterities: A Case Study of a „Communal Riot" in Dharavi, Bombay, in: Veena Das, Arthur Kleinman, Margaret Lock, Mamphela Ramphele und Pamela Reynolds (Eds.): Remaking a World. Violence, Social Suffering and Recovery. Berkeley, pp. 201 - 249

Chatterji, Roma (2003): Plans, Habitation and Slum-Redevelopment: The Production of Community in Dharavi, Mumbai. New Delhi

Bellwinkel-Schempp, Maren (2005): Pigs and Power. Urban Space and Urban Decay, in: Evelyn Hust and Michael Mann (Eds.): Urbanization and Governance in India. New Delhi, pp. 201 - 228

Fuchs, Martin (2005): Slum as achievement: Governmentality and the agency of slum dwellers, in: Evelyn Hust and Michael Mann (Eds.): Urbanization and Governance in India. New Delhi, pp. 103 - 123

Chatterji, Roma / Fuchs, Martin / Mehta, Deepak (in Vorbereitung): Living with Violence: History, Voice, Documents. Delhi

Migration, Ethnizität und Nationalismus in Lateinamerika

Beteiligte:
Barbara Potthast, Universität Bielefeld,
Fakultät für Geschichtswissenschaft und Philosophie

Laufzeit: **2. - 4. April 1998 (Symposium)**

Auf dem Workshop fand eine intensive Debatte um die Konzepte Migration, Ethnizität und Nationalismus in Lateinamerika statt. Neben der theoretischen Absicherung bildeten Fragen nach dem Zusammenhang der drei Konzepte einen Schwerpunkt der Diskussionen. Darüber hinaus zeigte die Analyse verschiedener Beispiele die Bandbreite der Verknüpfungen von Migration und Ethnizität einerseits sowie der Ausbildung nationaler Identitäten in Lateinamerika andererseits. Lateinamerika ist ein Kontinent, der seit über fünfhundert Jahren von den verschiedensten Migrationen geprägt ist. Das Aufeinandertreffen der indigenen Bevölkerung und der afrikanischstämmigen und europäischstämmigen Migranten führte zur Ausbildung von Gesellschaften eines ganz eigenen mestizischen Charakters, der dann wiederum Auswirkungen auf neue Einwanderer und die Ausbildung neuer ethnischer Identitäten nahm. Dabei gilt es zu bedenken, dass regionale Unterschiede und die spezifischen Mythen und Orientierungen zu einem nicht unwesentlichen Teil von der jeweils konkreten nationalen Geschichte der Migrationsbewegungen und den Mechanismen von Inklusion und Exklusion der Zielgesellschaften der Einwanderer abhängen.

Der Verlauf des Integrationsprozesses bei Aussiedlerfamilien aus Staaten der ehemaligen UdSSR in den ersten zwei Jahren nach der Einreise

Beteiligte:
Ingo Richter, Helmut Holzmüller, Walter Kiefl. Deutsches Jugendinstitut e. V., München

Laufzeit: **1999 - 2000**

Das Projekt erforschte die Wirkungen von Integrationsverläufen auf Familien (Familienbeziehungen und Familienzusammenhalt). Dabei wurden zwei Forschungsinstrumente miteinander kombiniert. 1998 und 1999 erfolgten Fragebogen-Interviews mit 1997 eingewanderten Aussiedlerfamilien. Parallel hierzu wurden aus dem Grundsample 30 Familien bzw. Familienmitglieder ausgewählt, die über zwei Jahre lang regelmäßig Tagebuchaufzeichnungen vornahmen und dabei betreut wurden. Die Erfahrungen mit dem strukturierten Tagebuch zeigten, dass damit ein sinnvolles und praktikables Instrument zur zeitnahen Erfassung von Ereignissen, ihrer Veränderung sowie ihres „Umfeldes" und damit die Voraussetzung zur Beobachtung von Prozessen vorliegt. Durch die Hinzunahme teilstrukturierter Befragungen ließen sich gegebene Begrenzungen erweitern bzw. Informationen besser zuordnen. Die auf Daten unterschiedlicher Instrumente beruhende Einzelfalldarstellung von zwei Familien leistete zusätzlich nicht nur einen Beitrag zum umfassenderen Verständnis von Integrationsprozessen auf verschiedenen Ebenen, sondern lieferte auch wichtige Hinweise auf innerfamiliale Differenzierungen und im Ansatz auf Entwicklungen bzw. Veränderungen. Die Ergebnisse lassen sich in folgender Weise zusammenfassen: Die Schwierigkeiten der Einwanderung und die unsichere Zukunftsperspektive haben nicht dazu geführt, die Ausreiseentscheidung grundsätzlich in Frage zu stellen. Dabei zeigen die Ausreisemotive von Eltern und Kindern zum Teil erhebliche Unterschiede. Teilweise sind sie generationsbedingt, teilweise gehen sie auf das politische und persönliche Schicksal von Eltern und Großeltern nach 1941 zurück. Sowohl Befragungsdaten als auch Tagebucheintragungen zeigen den zentralen Wert guter Deutschkenntnisse, deren Bedeutung vor allem als Vorbedingung einer beruflichen Integration von den Teilnehmern immer wieder betont wurde. Fast alle Aussiedler litten darunter, dass sie auch im günstigen Fall nur eine unterqualifizierte Beschäftigung gefunden hatten bzw. erwarten konnten. Dies - verbunden mit dem Eindruck der Entwertung mitgebrachter Kenntnisse und Qualifikationen - erhöhte das Risiko von Orientierungs- und Anpassungsproblemen, wofür auch die vorliegende Untersuchung Hinweise lieferte. Die Betonung der Wichtigkeit von Kontakten zu einheimischen Deutschen fand bislang noch wenig Niederschlag im Alltag der Aussiedler. Interaktionsfördernde Gelegenheiten wurden nur vereinzelt wahrgenommen; vermutlich auch deshalb, weil die Familien in der Einwanderungssituation stark belastet sind, weil angesichts bereits am neuen Wohnort lebender Aussiedlerfamilien Kommunikationsbedürfnisse auch einfacher befriedigt werden können und weil sich die Zuwanderer in einer relativ schwachen sozialen und psychologischen Situation sehen (auch aufgrund ihrer zumeist fehlenden oder schlechten deutschen Sprachfähigkeiten). Trotz hoher Integrationsbereitschaft zeigte sich eine starke Orientierung am Herkunftsmilieu. Die Anteilnahme an den dortigen Lebensverhältnissen und vor allem die Kontakte mit Angehörigen aus der alten Heimat sind im Allgemeinen in der Anfangsphase sehr wichtig. Aufbau und Veränderung von Netzwerken der neu eingereisten Aussiedler können mit dem Tagebuchverfahren umfassend beobachtet werden. Die genauer beobachteten Familien bzw. ihre Mitglieder haben während des Untersuchungszeitraums gewisse Integrationsfortschritte gemacht. Dazu gehören vielfach eine Verbesserung von Sprachkenntnissen, Ableistung und Bestehen von Sprachkursprüfungen, Erreichen unterschiedlicher kleinerer Ziele, Eröffnung weiterer Möglichkeiten usw. Bei Jugendlichen zeigten sich - konkurrierend mit einer starken Familienorientierung - stärker als bei Erwachsenen Tendenzen, die Chancen der Lebensgestaltung in einer individualistischer geprägten Gesellschaft wahrzunehmen und zu nutzen.

Holzmüller, Helmut (2002): Die Integrationsbedingungen für junge Aussiedler/innen haben sich grundlegend verändert. In: Collatz, Jürgen / Heise, Thomas (Hg): Psychosoziale Betreuung und psychiatrische Behandlung von Spätaussiedlern. Berlin. S. 65 - 99

Holzmüller, Helmut / Kiefl, Walter (2000): Der Verlauf des Integrationsprozesses bei Aussiedlerfamilien aus den Staaten der ehemaligen UdSSR in den ersten zwei Jahren nach der Einreise. Forschungsbericht über die Pilotphase. München: Deutsches Jugendinstitut, Abteilung Familie und Familienpolitik

Kiefl, Walter / Holzmüller, Helmut (2000): Tagebuchaufzeichnungen. Untersuchung der Integrationsverläufe von Aussiedlerfamilien. Sozialwissenschaften und Berufspraxis, 23 Jg., H. 1, S. 49 - 59

Kiefl, Walter / Holzmüller, Helmut (2000): Strukturierte Tagebücher als Prozess begleitende Verfahren. Soziale Arbeit, 49 Jg., H. 8, S. 300 - 306

Individuation und soziale Identität bei türkischen Jugendlichen in Berlin

Beteiligte:
Hans Merkens, Dagmar Bergs-Winkels, Petra Butz, Farzaneh Alizadeh, Sandra Hupka, Meral Karatas, Heinz Reinders, Julia Schneewind.
Freie Universität Berlin, Fachbereich Erziehungswissenschaft, Psychologie und Sportwissenschaft, Institut für Allgemeine Pädagogik

Laufzeit: **1999 - 2001**

Die Forschergruppe ging der Frage nach, wie die Kinder türkischer Migranten in Berlin ihre eigene Zukunft im Spannungsfeld von Mehrheit und Minderheit sehen, welche Optionen sie entwickeln und auf welche Ressourcen sie zurückgreifen. Die Forscherinnen und Forscher haben dabei bezüglich der eigenen Zukunftsplanung versucht, vier verschiedene Möglichkeiten der Entscheidung zu differenzieren:

- *Assimilation*. Die Jugendlichen passen sich an die deutsche Gesellschaft an.
- *Segregation*. Die Jugendlichen entscheiden sich für eine türkische soziale Identität.
- *Integration*. Die Jugendlichen entscheiden sich für ein Sowohl-als-auch zwischen Mehrheit und Minderheit.
- *Diffusion*. Die Jugendlichen fällen in keine Richtung eine Entscheidung.

Die Untersuchung wurde in allen Schulformen der Sekundarstufe I durchgeführt. Es hat zwei aufeinander folgende Erhebungen im Verlauf eines Jahres gegeben. An der ersten Erhebung haben 293, an der zweiten 312 und an beiden Erhebungen 191 türkische Jugendliche im Alter von 14 bis 16 Jahren teilgenommen, die zum ersten Messzeitpunkt die 8. Klasse besucht haben. Will man die Ergebnisse für die türkischen Jugendlichen aus dieser Untersuchung zusammenfassend auf einen Nenner bringen, dann gibt es drei vielleicht überraschende Befunde: Der erste lautet, dass eine starke ethnische Orientierung in Richtung auf die Eigengruppe offensichtlich kein Hinderungsgrund dafür ist, sich in vielen Bereichen für eine Assimilation an das Deutsche bzw. eine Integration in die deutsche Gesellschaft zu öffnen. Dabei entwickeln die Jugendlichen eine soziale Identität, die man am besten mit sektoral bezeichnen kann und bei der einer der Sektoren dem türkischen und dem Stolz, Türke zu sein, vorbehalten bleibt. Die soziale Integration in die deutsche Gesellschaft wird also zumindest während der Schulzeit bewältigt und mit der emotionalen Assimilation an das Türkische zu vereinbaren versucht. Mit dem korrespondiert, dass die strukturelle Assimilation mindestens ansatzweise gelingt. Wir haben türkische Jugendliche von allen vier Schulformen der Sekundarstufe I befragen können. Das zweite Ergebnis ist, dass zumindest dann, wenn es jeweils eine hinreichende Anzahl Jugendlicher aus der eigenen ethnischen Gruppe und einer anderen ethnischen Gruppe gibt, eher persönliche Merkmale bei Freundschaftsbeziehungen über Wahl oder Ablehnung entscheiden als ethnische Kategorisierungen. Drittens scheint die Schule auf der Sekundarstufe I in der von uns untersuchten Altersgruppe keinen Beitrag für eine Verbesserung der sozialen Integration türkischer Jugendlicher zu leisten.

Merkens, Hans / Schmidt, Folker (Hg.) (2001): Individuation und soziale Identität bei türkischen Jugendlichen in Berlin. Abschlussbericht eines von der VolkswagenStiftung geförderten Projekts, hg. in der Reihe Berichte aus der Arbeit des Instituts für Allgemeine Pädagogik - Abt. Empirische Erziehungswissenschaft - der Freien Universität Berlin, Bd. 34, Berlin

Hupka, S. / Karatas, M. / Reinders, H. (2001): Soziale Identität und personenbezogene Zukunftsperspektiven bei türkischen Jugendlichen. in: J. Mansel, W. Schweins und M.Ulbrich-Herrmann (Hg.): Zukunftsperspektiven junger Menschen. Wirtschaftliche und soziale Entwicklungen als Herausforderung und Bedrohung (256 - 264). Weinheim & München

Hupka, Sandra / Karatas, Meral (2001): Netzwerke türkischer und deutscher Schüler als Integrationsindex und Bedingungsfaktor schulischer Entwicklung. in: Schulforschung und Schulentwicklung. Erfurt, S. 149 - 160

Merkens, Hans / Schneewind, Julia (2001): Inklusion und Exklusion von Mitgliedern der türkischen Minorität in Schulklassen. in: Migration und Integration in Berlin: wissenschaftliche Analysen und politische Perspektiven. Opladen, S. 251 - 270

Ethnische Grenzziehung und soziale Kontexte

Beteiligte:
Hartmut Esser, Stephan Ganter, Angela Jäger, Birgit Becker, Daniela Scherer.
Universität Mannheim, Mannheimer Zentrum für Europäische Sozialforschung, Arbeitsbereiche III: Probleme der westeuropäischen Integration

Laufzeit: **1999 - 2000 (Pilotstudie)**

Die Pilotstudie für das Forschungsvorhaben „Ethnische Grenzziehung und soziale Kontexte" hatte zum Ziel, ein innovatives Konzept für die Analyse der sozialen Verankerung von Einstellungs- und Verhaltensmustern gegenüber Immigranten in seiner prinzipiellen Durchführbarkeit zu testen. Dieses Ziel ist in den wesentlichen Punkten erreicht worden. Es konnte gezeigt werden, dass es möglich ist, auf der Basis eines netzwerkanalytischen Ansatzes die erforderlichen Informationen über relevante Akteure im sozialen Umfeld der Befragten zu erheben und darüber hinaus die notwendigen Voraussetzungen für Follow-up-Interviews mit diesen Netzpersonen zu schaffen. Rund 70 % der Befragten waren bereit, Adressen der Netzpersonen anzugeben, die es ermöglichen, mit diesen Personen Kontakt für ein Folgeinterview aufzunehmen. In immerhin fast 61 % der Fälle, in denen die Maximalzahl von 5 Netzpersonen genannt wurde, ist es gelungen, mindestens vier Adressen zu erhalten. Bei den Netzwerken mit vier Alteri liegt der Anteil vollständiger Nennungen bei rund 31 % und bei den Netzwerken mit drei Alteri bei 40 %. In Anbetracht dieser Eckdaten kann das geplante Untersuchungsdesign mit guten Gründen als realisierbar eingestuft werden.

Ganter, Stephan (2001): Zu subtil?, in: Kölner Zeitschrift für Soziologie und Sozialpsychologie, H. 53, S. 11 - 135

Ganter, Stefan (2003): Soziale Netzwerke und interethnische Distanz. Theoretische und empirische Analysen zum Verhältnis von Deutschen und Ausländern. Wiesbaden

Becker, Birgit (2005): Der Einfluss der Bezugsgruppe auf die Einstellung gegenüber Ausländern in Ost- und Westdeutschland, in: Zeitschrift für Soziologie, H. 32, S. 40 - 59

Einwanderkulturen, Netzwerke und ihre Integrationsqualität. Eine komparative Analyse im Vergleich der Zuwanderungsnationalitäten und Bundesländer

Beteiligte:
Dietrich Thränhardt, Uwe Hunger, Holger Kolb, Handan Cetinkaya-Ross.
Universität Münster, Institut für Politikwissenschaft

Laufzeit: **1999 - 2002**

Das Forschungsprojekt behandelte die Fragestellung, welche Rolle Einwanderervereine beim Integrationsprozess in der Bundesrepublik Deutschland spielen. Hierzu wurden zwei parallele Studien durchgeführt: erstens eine Organisationsstudie zu Einwanderervereinen in Deutschland, zweitens eine Sozialdatenanalyse zur Integration von Einwanderern. In der Organisationsstudie wurden zum ersten Mal Daten auf Bundesebene erhoben durch die Auswertung des bundesweiten Archivs des Bundesverwaltungsamts; die Daten zur Integrationsanalyse wurden aus Sekundäranalysen bundesweiter Befragungsstudien und amtlichen Statistiken gewonnen.
Die Ergebnisse des Projekts zeigen einen engen Zusammenhang zwischen der Art der Organisationsbildung der Zuwanderergruppen und Art bzw. Erfolg ihrer Integration. Zwischen den betrachteten Einwanderungsnationalitäten (Italiener, Griechen, Türken, Spanier, ehem. Jugoslawen) konnten deutliche Unterschiede in der Art der gebildeten Organisationen (Elternvereine, Sportvereine, religiöse Vereine) und dem Erfolg in zentralen Integrationsbereichen herausgearbeitet werden. So konnte z. B. gezeigt werden, dass Nationalitäten (insbesondere Spanier und Griechen), die sich bereits früh mit Fragen der Bildung in Deutschland beschäftigt und sich hierzu in Vereinen organisiert haben, heute deutlich bessere Bildungswerte aufweisen als Zuwanderungsnationalitäten (insbesondere Türken und Italiener), die sich nicht so intensiv mit diesem Thema auseinandergesetzt und in entsprechenden Vereinen organisiert haben. Insbesondere bei Spaniern lässt sich feststellen, dass Vereine im Bereich Bildung eine große Rolle gespielt haben. Heute sind noch über 25 % der spanischen Vereine Bildungsvereine, die sich für eine bessere schulische Behandlung spanischer Kinder in Deutschland einsetzen. Bei den Italienern sind dagegen weniger als 5 % der Vereine Bildungsvereine (Ergebnisse der Archivauswertung). Unter den betrachteten Nationen belegen italienische Schüler den letzten Platz in der Bildungshierarchie. Entsprechende Zusammenhänge lassen sich auch in anderen Bereichen nachweisen.
Ein zweiter Analysestrang behandelte die Frage nach der Bedeutung des föderalen Systems der Bundesrepublik Deutschland als determinierendem Faktor der Integration. Diese Frage konnte insbesondere im Hinblick auf das Bildungssystem beantwortet werden. Wie bereits bei den einzelnen Zuwanderungsnationalitäten konnten erhebliche Unterschiede im Bildungserfolg auf Bundesländerebene gefunden werden. Diese Diskrepanzen sind über Jahrzehnte stabil und wurden durch die Berechnung von Maßzahlen erstmals interregional vergleichbar gemacht. Diese

Ergebnisse sind insbesondere vor dem Hintergrund der aktuellen Analysen der PISA-Studie von besonderem Interesse, da die PISA-Studie ebenfalls Unterschiede zwischen den Bundesländern ermittelt hat. Diese auf der Basis von Leistungstests ermittelten Unterschiede verhalten sich jedoch spiegelverkehrt zu den auf der Basis der offiziellen Schulstatistiken ermittelten Unterschieden der vorliegenden Studie. So schneidet z. B. Bayern in der PISA-Länderstudie besonders gut ab, weist jedoch in seiner offiziellen Statistik seit Jahrzehnten eine Sonderschulquote von mehr als 10 % für die italienischen Kinder aus und hat die höchste Quote von Schulabbrechern. Aber auch die offiziellen Bildungsstatistiken werden problematisiert, weil sie wenig über Leistungsstandards aussagen.

Thränhardt, D. / Hunger, U. (Hg.) (2000): Einwanderer-Netzwerke und ihre Integrationsqualität in Deutschland und Israel (Studien zu Migration und Minderheiten, Bd. 11). Münster / Hamburg / Berlin / London / Freiburg i. Br.

Hunger, U. / Thränhardt, D. (2001): Vom ‚katholischen Arbeitermädchen vom Lande' zum ‚italienischen Gastarbeiterjungen aus dem Bayerischen Wald'. Zu den neuen Disparitäten im deutschen Bildungssystem, in: Klaus J. Bade (Hg. für den Rat für Migration e. V.): Integration und Illegalität in Deutschland, Osnabrück, S. 51 - 61

Hunger, U. (2001): Party Competition and Inclusion of Immigrants in Germany, in: German Policy Studies, No. 3, pp. 302 - 330

Hunger, U. / Thränhardt, D. (2003): Der Bildungserfolg von Einwandererkindern in den Bundesländern. Diskrepanzen zwischen der PISA-Studie und den offiziellen Schulstatistiken in: Auernheimer, G. (Hg.): Schieflagen im Bildungssystem. Die Benachteiligung der Migrantenkinder. Opladen, S. 51 - 77

Hunger, U. (2004): Wie können Migrantenselbstorganisationen den Integrationsprozess betreuen? Wissenschaftliches Gutachten im Auftrag des Sachverständigenrates für Zuwanderung und Integration des Bundesministeriums des Innern der Bundesrepublik Deutschland, Nürnberg. Online: http://www.bamf.de/template/zuwanderungsrat/expertksen/expertise_hunger.pdf

Aussiedlerintegration in Arbeitsmarkt und Gesellschaft

Beteiligte:

- **Klaus F. Zimmermann, Thomas K. Bauer, Eric Zwintz, Lieselotte Locher.** IZA Forschungsinstitut zur Zukunft der Arbeit, Bonn
- **Günter Hedtkamp, Barbara Dietz, Heike Roll.** Osteuropa-Institut München
- **Klaus J. Bade.** Universität Osnabrück, Institut für Migrationsforschung und Interkulturelle Studien (IMIS)
- **Christoph M. Schmidt.** Universität Heidelberg
- **Elvira R. Barbaschina.** Nowosibirsk, Russland
- **Barry R. Chiswick.** University of Illinois, Chicago, USA
- **Zvi Eckstein.** Tel Aviv, Israel
- **Tamar R. Horowitz, Shifra Sagy.** Beer Sheva, Israel
- **Ira N. Gang.** New Jersey, USA

Laufzeit: **1998 - 2000**

Das Vorhaben gliederte sich in drei Schwerpunkte. In einem ersten Schwerpunkt wurden die Veränderung der Struktur der Zuwanderung von Aussiedlern sowie die Integration der dadurch identifizierten Aussiedlerkohorten in die Gesellschaft und den Arbeitsmarkt dokumentiert. Der zweite Schwerpunkt des Projekts konzentrierte sich auf die Frage, ob die Veränderung der Zuwanderungsstruktur der Aussiedler auf die Herausbildung und Inanspruchnahme von Netzwerken Einfluss genommen hat. In einem dritten Schwerpunkt wurde schließlich die soziale Integration der Aussiedler vor dem Hintergrund der Entwicklung von Migrationsnetzwerken untersucht. Weiterhin wurde geprüft, welchen Einfluss die Integration in Migrationsnetzwerke bzw. die soziale Integration auf den ökonomischen Erfolg der Aussiedler hat. Die Studie basiert auf einer Bestandsaufnahme der bislang zum Thema Aussiedlermigration und Integration veröffentlichten Studien sowie der wichtigsten Veröffentlichungen zu Migrationsnetzwerken, zur ethnischen Enklavenbildung und zur gesellschaftlichen sowie ökonomischen Integration von Migranten im internationalen Vergleich. Parallel hierzu wurde eine Panel-Analyse der Löhne und der Arbeitslosigkeit von Aussiedlern durchgeführt sowie eine Untersuchung der beruflichen Mobilität. Zudem wurde die Netzwerkpartizipation als Element sozialer Einbindung untersucht. Dazu wurden verschiedene Modelle im Vorhaben entwickelt, die als abhängige Variablen Indikatoren der Akkulturation, der sozialen Integration und der Netzwerkpartizipation enthielten. Schließlich wurde die wirtschaftliche Integration empirisch untersucht. Die empirische Analyse basierte ebenfalls auf den Daten der Zuwanderer-Stichprobe des sozioökonomischen Panels für die Jahre 1994 bis 1997. Ergebnisse des Forschungsprojekts: Die Integration der Aussiedler der 1990er Jahre in Arbeitsmarkt und Gesellschaft konnte in wesentlichen Aspekten dokumentiert werden. Deutlich wurde die große Bedeutung der Migrationsnetzwerke bei der Zuwanderung, Ansiedlung und Integration der Aussiedler. Migrationsnetzwerke haben jedoch auch zur Herausbildung von

Migrationsenklaven geführt, die Zeichen von gesellschaftlicher Segregation aufweisen. Bei der Integration der Aussiedler in den Arbeitsmarkt fielen die Zuwanderer aus der vormaligen Sowjetunion im Vergleich zu Aussiedlern aus Polen und Rumänien durch eine höhere Arbeitslosigkeitswahrscheinlichkeit und geringere Einkommen auf. Die soziale Integration war maßgeblich von der Aufenthaltsdauer in Deutschland bestimmt. Zudem zeigten die empirischen Ergebnisse, dass jüngere Aussiedler und Zuwanderer aus Polen und der vormaligen Sowjetunion größere Probleme haben, sich in die deutsche Gesellschaft zu integrieren, als ältere Aussiedler und solche aus Rumänien. Die Partizipation der Aussiedler in Netzwerken und die soziale Integration waren positiv mit der ökonomischen Integration verknüpft. Bezogen auf die Integrationspolitik wiesen die durchgeführten Analysen auf die Schlüsselfunktion der deutschen Sprache für die soziale und die wirtschaftliche Integration der Aussiedler hin. Die zunehmende Integration der neuen Ausländerkohorte in herkunftslandbezogene Migrationsnetzwerke lässt es geboten erscheinen, diese Netzwerke in der Integrationsarbeit weitaus stärker als bislang zu berücksichtigen und einzubeziehen.

Bauer, Thomas / Dietz, Barbara / Zimmermann, Klaus F. / Eric Zwintz (2005): German Migration: Development, Assimilation, and Labour Market Effects. in: European Migration: What do we know? (Klaus F. Zimmermann, ed.). Oxford, S. 197 - 261

Zimmermann, Klaus F. (2000): Aussiedler seit 1989 - Bilanz und Perspektiven. in: Jahrbuch für Wirtschaftsgeschichte (JWG) 2000/1, S. 225

Zwintz, Eric (2000): Arbeitsmarktqualität und Arbeitsmarkterfolg von Zuwanderern in Deutschland. Frankfurt am Main.

Dietz, Barbara (2000): German and Jewish migration from the former Soviet Union to Germany: background, trends and implications. Journal of Ethnic and Migration Studies, 26 (4), pp. 635 - 652

a) Schriftkulturelle Ressourcen und Barrieren bei marokkanischen Kindern in Deutschland (1999 bis 2002).
b) Schriftkulturelle Ausdrucksformen der Identitätsbildung bei marokkanischen Kindern und Jugendlichen in Marokko (2002 bis 2005)

Beteiligte:

- **Utz Maas.** Universität Osnabrück, Fachbereich Sprach- und Literaturwissenschaft
- **Ulrich Mehlem.** Berlin
- **Mohamed Elmeblaoui.** Université Oujda, Faculté des Lettres et Sciences Humaines, Dept. Arabe, Marokko
- **Rachida Bouali.** Université Mohammed 1er, Faculté des Lettres et des Sciences Humaines, Marokko

Laufzeit: **1999 - 2002, 2002 - 2005**

An einer Reihe von Schulen in Deutschland und Marokko wurden die schriftkulturellen Praktiken bei Schulanfängern bis hin zu Gymnasiasten in einer Pseudo-Longitudinalstudie erhoben, um darin Grade der Aneignung der jeweiligen Schrift- und orthografischen Systeme und Formen der Selbstpositionierung in kulturellem Feld zu bestimmen (in schriftkulturellen Praktiken also das zu identifizieren, was in der sozialwissenschaftlichen Diskussion als „Identitätsakte" gefasst wird). Untersucht wurde insbesondere die Spannung zwischen den vorgegebenen kulturellen Identifikationsmustern des öffentlichen Diskurses, den „legitimen" kulturellen Mustern und den Mustern, die für die individuelle Praxis der Schreiber tatsächlich leitend waren. Schriftkulturelle Praktiken werden als Schlüsselbereich der gesellschaftlichen Modernisierung verstanden, insofern moderne Gesellschaftsformen (nicht nur, aber insbesondere auch schon im produktiven Sektor) an eine dezentrierte, symbolisch „optimierte" Sprachpraxis gebunden sind, die in der (orthografisch geregelten) Schrift ihren Fluchtpunkt hat.

Vor dem Hintergrund der gesellschaftlichen Dynamik in dem Auswanderungsland Marokko und im Einwanderungsland Deutschland wurde in den schriftkulturellen Praktiken der Schüler eine erhebliche Bandbreite von Dissoziierungen der verschiedenen kulturellen Momente greifbar:

1. In Deutschland bestehen die spezifischen Leistungen der marokkanischen Kinder darin, dass sie die aus dem familialen Kontext - im überwiegenden Fall aus der berberischen Muttersprache - mitgebrachten sprachlichen Ressourcen (sprachliches Wissen) auf die Anforderungen der deutschen Gesellschaft ausrichten, indem sie in der Schule vermitteltes und z. T. nur implizit erworbenes Wissen über sprachliche Strukturen und deren orthografische Repräsentation auch auf ihre Herkunftssprachen anwenden. Bemerkenswert ist dabei, dass diese Kinder dabei in der Regel kaum Förderung erfahren. Das gilt so für das Elternhaus, wo ein pragmatischer Umgang mit Schrift nicht nur durch fehlende Schriftkenntnisse bei vielen Müttern, sondern auch die kultische Verehrung des

„heiligen" hocharabischen Textes blockiert wird. Das gilt aber auch für die Schule, wo die didaktischen Konzepte und die Voraussetzungen in der Lehrerausbildung die spezifischen Fähigkeiten dieser Kinder nicht in Rechnung stellen.

2. In Marokko zeigte sich, dass in dem Maße, wie die marokkanische Schule die sprachlichen Ressourcen der Schüler nutzt, auch ein Gefälle in den Leistungen von arabophonen und berberophonen Schülern fassbar wird; der Ausschluss des marokkanischen Arabisch aus der schulischen schriftkulturellen Praxis stellt hierbei eine erhebliche Barriere dar. Inwieweit die Einbeziehung des Berberischen (seit 2003) auch die Aneignung von Schriftkultur durch berberophone Schüler erleichtert, ist noch offen. Die marokkanische Situation ist zwar immer noch durch den Widerspruch einer grundsätzlich verfügbaren schriftkulturellen Matrix und ihrer normativen Erstarrung gekennzeichnet; dass sich dennoch eine große Zahl von Schülern solchen normativen Zwängen widersetzt und in ihren Spontanverschriftungen nach regelgeleiteten und systematischen Lösungen sucht, zeigt, dass die gesellschaftlichen Umbrüche der letzten Jahrzehnte auch das marokkanische Schulwesen erreicht haben, dessen Modernisierung auf längere Sicht zur Entwicklung nachhaltiger Literalität beitragen könnte.

Maas, Utz (2004): Geschriebene Sprache, in: U. Ammon u. a. (Hg.): Soziolinguistik. Ein internationales Handbuch. Berlin, Bd. 1, S. 633 - 645

Maas, Utz / Mehlem, Ulrich / Schröder, Christoph (2004): Mehrsprachigkeit und Mehrschriftigkeit bei Einwanderern in Deutschland, in: Klaus J. Bade, Michael Bommes und Rainer Münz (Hg.): Migrationsreport 2004. Fakten - Analysen - Perspektiven. Für den Rat für Migration. Frankfurt - New York, S. 117 - 149

Maas, Utz (2003): A plea for a linguistic definition of minor languages: The languages of Morocco as a diagnostic case, in: J. Sherzer / Th. Stolz (Ed.): Minor languages. Approaches, Definitions, Controversies. Bochum, pp. 121 - 136

Maas, Utz / Mehlem, Ulrich (2002): Schriftkulturelle Probleme der Migration: Kinder marokkanischer Einwanderer in Deutschland, in: Jochen Oltmer (Hg.): Migrationsforschung und interkulturelle Studien. Zehn Jahre IMIS (IMIS-Schriften Bd. 11). Osnabrück, S. 333 - 366

Mehlem, Ulrich (2001): Structures de temporalité dans les narrations des élèves marocains en Allemagne: le passage de l'oral à l'écrit, in: Languages and Linguistics 8, Fes: Université Sidi Mohamed Ben Abdellah, pp. 133 - 151

Mehlem, Ulrich (2003): Experiment Muttersprache. Marokkanische Kinder schreiben Berberisch und Arabisch in Deutschland, in: Jürgen Erfurt, G. Budach, S. Hofmann (Hg.): Mehrsprachigkeit - Migration - Schule. Frankfurt/Berlin, S. 107 - 118

Die englische Herausforderung. Wahrnehmung und Wirkung Großbritanniens im Deutschland des 19. Jahrhunderts (1815 - 1871)

Beteiligte:
Wolfgang von Hippel, Bernhard Stier. Universität Mannheim, Historisches Institut, Seminar für Neuere Geschichte

Laufzeit: **1999 - 2000**

Das Vorhaben untersuchte die Wahrnehmung Großbritanniens und ihren Einfluss auf Wissenschaft und Wirtschaft, öffentliche Meinung, Politik und Kultur in Deutschland zwischen Errichtung des Deutschen Bundes und Reichsgründung. Ziel war es, an diesem Beispiel Funktion und Bedeutung von Vorbildern für die ökonomische, soziale und politische Modernisierung einer traditionalen Gesellschaft in historischer Perspektive herauszuarbeiten. Grundlage bildete die Weltausstellungs-Thematik und die Auswertung fachwissenschaftlicher und populärer Zeitschriften, Korrespondenzen und Reiseberichte (auch unveröffentlichte).

Für den Untersuchungszeitraum, der die Phase zwischen „Anglophilie" und deutsch-britischem „Antagonismus" abdeckt, ist eine breite, thematisch vielfältige und überwiegend unvoreingenommene Auseinandersetzung mit Großbritannien festzustellen. Sie lässt sich nicht auf eine geschlossene Perspektive oder gar auf eine eindeutig negative Sichtweise reduzieren. Das deutsche Bild von Großbritannien war noch bis in die Anfangsjahre des Kaiserreichs von 1871 überwiegend sachorientiert und differenziert sowie keineswegs negativ festgelegt. Offenbar wurde diese Sichtweise erst mit eskalierender England-Feindschaft gegen Ende des Jahrhunderts negativ umgeschrieben und vereinheitlicht.

Eine Analyse der deutschen Wahrnehmung Großbritanniens muss zwischen verschiedenen Ebenen des Diskurses unterscheiden und die spezifische Funktion, den jeweiligen Kontext sowie die immanenten, quasi „textsortenspezifischen" Vorgaben unterschiedlicher Redeweisen über das Fremde berücksichtigen. Öffentliche, zumal publizistische, sowie private, amtliche und wissenschaftliche Reden über Großbritannien folgten unterschiedlichen Vorgaben und Mustern, welche die jeweiligen inhaltlichen Aussagen weitgehend vorstrukturierten. Der Vergleich verschiedener Perspektiven zeigt, dass sich Öffentlichkeit des Diskurses und Grad der nationalen Intoleranz umgekehrt proportional verhalten: Je individueller, aber auch je fachspezifischer die Sicht erfolgte, desto geringer ausgeprägt war in der Regel die einseitig negative Wahrnehmung Großbritanniens. Aus diesem Grund sollte die nicht-öffentliche, d. h. auch die nicht gedruckte Sicht auf das Inselreich bei der Untersuchung von Fremdbildern künftig stärker einbezogen werden. Sie kommt hauptsächlich in privaten Aufzeichnungen breiter Bevölkerungsgruppen zum Vorschein.

Ein zentraler Aspekt dieses auf die deutschen Besucher und deren eigene Welt bezogenen Diskurses über Großbritannien ist der Zusammenhang von Fremdwahrnehmung, Selbstbild und Nationalismus. Er bestimmte nicht allein die

Rezeption der Londoner Weltausstellungen, sondern lässt sich auch für andere Themen bzw. Phasen nachweisen. Wie die untersuchten „Ego-Dokumente" belegen, ist die Wahrnehmung des Fremden von der Reflexion über das Eigene nicht zu trennen. Diese Einsicht entzieht einer auf die Erkenntnis vermeintlich objektiver Realitäten gerichteten Forschung zumindest ein Stück weit den Boden; sie öffnet andererseits den Blick für den subjektiven Prozess der Produktion von Wirklichkeit durch die Rezipienten und erlaubt damit Einblicke in die Mentalität der Zeit wie einzelner Gruppen von Zeitgenossen. Die relativistische These von der reflexiven Dimension des Fremdbildes, die anhand der Weltausstellungs-Thematik entwickel worden ist, trägt dieser Einsicht Rechnung und versucht, die wirkungsmächtigen „eingebildeten Realitäten" im Wahrnehmungsprozess zu erfassen. Damit gewinnen die Ergebnisse des Projekts zugleich Bedeutung für allgemeinere theoretisch-konzeptionelle Debatten über eine Geschichte der interkulturellen Wahrnehmungsweisen und Deutungsmuster.

Stier, Bernhard (2001): Wahrnehmung Großbritanniens, deutsche Selbstdarstellung und nationale Frage. Südwestdeutschland auf den Londoner Weltausstellungen der Jahre 1851 und 1862, in: Zeitschrift für die Geschichte des Oberrheins, Nr. 149, S. 263 - 316

Stier, Bernhard (2004): Schwaben und Badener auf der „EXPO". Südwestdeutschland und die Londoner Weltausstellungen der Jahre 1851 und 1862, in: Momente. Beiträge zur Landeskunde von Baden-Württemberg H. 1, S. 17 - 24

Ethnisierung von Einrichtungen der offenen Jugendarbeit - Aus- und Abgrenzungsprozesse von Jugendlichen

Beteiligte:
- **Hans H. Reich, Ulrike Pörnbacher.** Universität Koblenz Landau, Institut für Interkulturelle Bildung, Campus Landau
- **Eckart Machwirth.** Institut für Interkulturelle Studien, Landau/Pfalz

Laufzeit: **1999 - 2002**

Aus den rund 200 Einrichtungen der offenen Jugendarbeit in Rheinland-Pfalz wurden auf der Basis einer schriftlichen Umfrage 6 Fälle ausgewählt, um Aus- und Abgrenzungsprozesse von Jugendlichengruppen an diesen Einrichtungen qualitativ zu untersuchen und dabei die Bedeutung ethnischer Gruppierungen und ethnischer Argumente herauszuarbeiten. Über 21 Gruppen an diesen sechs Einrichtungen konnten eingehende Informationen von den Jugendlichen selbst und von den sozialpädagogischen Mitarbeitern der Einrichtungen erhoben werden.
Unter dem Gesichtspunkt der ethnischen Zusammensetzung lassen sich drei Typen unterscheiden: mono-ethnische Gruppen, gemischte Gruppen mit ethnischer Dominanz und multi-ethnische Gruppen. Mono-ethnische Jugendgruppen bilden sich namentlich aus dem Kreis der neueren Zuwanderergruppen (in den betrachteten Fällen: russlanddeutsche Aussiedler, albanischsprachige Flüchtlinge aus dem Kosovo) und aus dem Kreis der altansässigen einheimischen Bevölkerung. Insgesamt nimmt das Selbstverständnis der Gruppen seinen Ausgangspunkt in der gemeinsamen Biografie, die insbesondere durch gemeinsamen Schulbesuch geprägt ist. Es ist zu erwarten, dass ethnisch gemischte Gruppen mehr und mehr den Normalfall darstellen.
Die Abgrenzungsprozesse der jugendlichen Gruppen verlaufen nicht primär entlang ethnischer Grenzziehungen; vielmehr ist der soziale Status in Form der Bildungszugehörigkeit das entscheidende Merkmal.
Kennzeichnend für die Jugendlichen mit höherer Bildungszugehörigkeit (hier einheimisch-deutsche) ist die Konstruktion von Differenz durch Zuschreibung unzivilisierten (kulturell niedrigen) Verhaltens. Ethnisierende Deutungen finden sich dagegen nur in geringem Maße.
Auf Seiten der konkurrierenden Gruppen (hier insgesamt der unteren Bildungszugehörigkeit und gemischt-ethnisch) wird ein Bild der Differenz konstruiert, das durch Zuschreibungen von Arroganz, Überheblichkeit, Fremdenfeindlichkeit geprägt ist. Interessant ist an dieser Stelle die gleichzeitige Dekonstruktion dieser Eigenschaften. In ihren Narrationen stilisieren diese Jugendlichen die Fremdgruppe als psychisch und körperlich schwach. Insofern findet hier eine Umdeutung der realen Machtverhältnisse statt.
Den Unterschieden in der Argumentation entsprechen Unterschiede im Handeln. Die soziale Distinktion der bildungshöheren Jugendlichen verbindet sich mit dem Aufgreifen von räumlichen Alternativen zu den Einrichtungen der offenen Jugend-

arbeit, die sich ihnen für ihr Gruppenleben aufgrund ihrer weiteren Ressourcen bieten. Die bildungsbenachteiligten Gruppen, die über solche Ressourcen nicht verfügen, setzen Strategien der Abwehr, Verteidigung und Verdrängung innerhalb und außerhalb der Einrichtungen ein und kämpfen um ihre Positionen an den Einrichtungen selbst. Es ist dieses komplementäre Handlungsmuster von Distinktion/ Rückzug einerseits und Abwehr/Verdrängung andererseits, welches dazu führt, dass sich im Verlauf der zyklischen Gruppensukzessionen an den Jugendzentren eine gerichtete Veränderung der Besucherstrukturen vollzieht und die Einrichtungen der offenen Jugendarbeit in zunehmendem Maße zu Einrichtungen für benachteiligte Jugendliche, d. h. auch Migrantenjugendliche, werden. Der Befund, dass in den betrachteten Fällen Rückzug und Abwehr in starkem Zusammenhang mit Fragen des Machterhalts stehen, verweist darauf, dass bei der Erforschung von Integrationsprozessen Theorien intergruppalen Verhaltens mit Theorien der Macht zu verbinden sind.

Pörnbacher, U. (1999): Ethnisierung von Einrichtungen der Offenen Jugendarbeit, in: Journal für Konflikt- und Gewaltforschung, H. 1, S. 121 - 130

Pörnbacher, U. / Reich, H. H. (2003): Abschlussbericht des Projekts „Ethnisierung von Einrichtungen der Offenen Jugendarbeit". Landau

Pörnbacher, U. (2005): Jugendliche und die narrative Konstruktion ihrer (Ohn)Macht, in: Journal für Konflikt- und Gewaltforschung, H. 2

Pörnbacher, U. (in Vorbereitung): Jugendliche und die narrative Konstruktion von Differenz

Wir können einander nur durch den Entwicklungsprozess der gegenseitigen Fremd- und Selbstbilder verstehen: Beziehungen Türkei und Europa bzw. Deutschland

Beteiligte:
Elçin Kürsat-Ahlers, Dursun Tan, Hans-Peter Waldhoff. Universität Hannover, Institut für Soziologie

Laufzeit: **4. - 6. Dezember 1998 (Symposium)**

Die Veranstalter hatten sich mit dem Symposium das Ziel gesetzt, die Entstehung der gegenseitigen Selbst- und Fremdbilder in der Beziehung zwischen Europa und der Türkei und die unterschiedlichen Zivilisationskonzepte in den Brennpunkt der Aufmerksamkeit zu rücken, um vor diesem Hintergrund die Beziehung Europäische Union - Türkei fundierter bearbeiten zu können. Im Rahmen der dreitägigen Veranstaltung kamen 30 Vertreterinnen und Vertreter der Geistes- und Gesellschaftswissenschaften aus der Türkei und Deutschland zusammen. Das dem Symposiumsplan zugrunde liegende Modell der Mehrebenenanalyse mit prozessualer Vorgehensweise erwies sich als sehr fruchtbar; sowohl im Hinblick auf die Untersuchung der spannungsgeladenen Beziehungen zwischen der Türkei und Europa als auch der innergesellschaftlichen Entwicklungen in der Türkei. Die wechselseitige Wirkung von psychischen Faktoren, Machtverhältnissen in der Gesellschaft und zwischenstaatlichen Machtbalancen erschien als ein effektiver Theorierahmen für das Verständnis auch solcher, in der Literatur als die Domäne der Politikwissenschaft kategorisierter Phänomene wie Menschenrechte und Demokratisierungs- bzw. Entdemokratisierungsschübe. Hieraus ergaben sich interessante Anknüpfungspunkte für den Wissenschaftszweig der Imagologie. Ferner brachte das Symposium die Erkenntnis, das Eigen- und Fremdbilder sowie ihre Wechselwirkung ohne eine Machtanalyse und herrschaftssoziologische Perspektive auf der innergesellschaftlichen und internationalen Ebene nicht ausreichend erklärt und analysiert werden können. Wichtigste empirische Erträge lagen insbesondere für die deutschen Wissenschaftlerinnen und Wissenschaftler in folgenden Bereichen:

- Einsicht in die Perspektive der Machtzentren in der Türkei (Armee, Zivilbürokratie, Medien sowie NGO's durch Diskussionen mit Experten aus der Türkei);
- eine detaillierte Darstellung der Bereiche der Demokratiedefizite, die sich auch als ein wichtiges Hindernis für die von der Türkei erwünschte europäische Integration erwiesen haben;
- auf beiden Seiten: Anregungen für die Korrektur gegenseitiger Fehlwahrnehmungen aufgrund mangelnder Empathie und dadurch bedingter einseitiger Kenntnisse.

Kürsat-Ahlers, Elçin / Tan, Dursun / Waldhoff, Hans-Peter (2001): Türkei und Europa. Facetten einer Beziehung in Vergangenheit und Gegenwart. Frankfurt/Main, IKO - Verlag für interkulturelle Kommunikation. Wissenschaftliche Schriftenreihe: ZwischenWelten (Bd. 6)

Die Champagne als innovative Region und die deutschen Lande im hohen Mittelalter: Perzeption, Rezeption, Transformation und Transfer des ‚Fremden'

Beteiligte:
Alfred Haverkamp, Frank G. Hirschmann, Sonja Benner. Universität Trier, FB III: Mittelalterliche Geschichte, Institut für Geschichte der Juden

Laufzeit: **1999 - 2001**

Die Champagne stellte sich im hohen Mittelalter bis zur Mitte des 14. Jahrhunderts als eine in jeder Hinsicht innovative Landschaft und ein Treffpunkt von Anderen, darunter auch Fremden, verschiedener Länder, Sprachen, Religionen und Kulturen dar. Dies wurde an drei ausgewählten Themenschwerpunkten - den Städten, dem jüdischen Leben und dem Kulturtransfer - exemplifiziert und vertieft.

1. Die urbanen Zentren der Champagne

Aufgrund ihrer vielen Gemeinsamkeiten und ihrer vergleichbaren Entwicklung sind die urbanen Zentren der Champagne als Bestandteile einer Städtelandschaft zu betrachten. Unter ihnen zeichneten sich die alten Kathedralstädte und unter den nachwachsenden Zentren die den Grafen von Champagne unterstehenden Orte durch einen Vorsprung vor allem im wirtschaftlichen und administrativen Bereich aus. Die Vorreiterrolle zeigt sich auch daran, dass benachbarte Herrschaften Maßnahmen der Grafen innerhalb ihrer Hauptorte kopierten. Gerade in den gräflichen Städten, vor allem in den Messe- und Residenzstädten Troyes, Provins und Bar-sur-Aube, den Drehpunkten des europäischen Handels, trafen Gruppen unterschiedlicher Prägung aufeinander, die untereinander und mit den Einheimischen nicht nur in wirtschaftlichen, sondern auch in anderen Lebensbereichen mehr oder weniger stark kommunizierten, so dass sie weit überwiegend bis zum ausgehenden 13. Jahrhundert nicht als Fremde, sondern zutreffender als „die Anderen" wahrgenommen wurden.

2. Das jüdische Leben in der Champagne

Unter den in der Region Champagne lebenden „Anderen" bildeten die Juden eine große Gruppe. Seit dem 12. Jahrhundert ist eine deutliche Konzentration des jüdischen Lebens in der Grafschaft Champagne zu konstatieren. Als wichtiger Faktor hierfür erwiesen sich die als Schutzherren der Juden auftretenden Grafen, die eng mit jüdischen Finanziers kooperierten und sich den von den Königen erlassenen und von zahlreichen Baronen unterzeichneten antijüdischen Bestimmungen entzogen. Dies erklärt auch die Migrationsströme von den benachbarten Herrschaften in die Grafschaft. Innerhalb der urbanen Zentren bestanden zudem vielfältige Beziehungen zwischen jüdischen und nichtjüdischen Bewohnern, wobei erstere zunächst eindeutig nicht als ‚Fremde' angesehen wurden. Die Perspektive veränderte sich seit dem ausgehenden 13. Jahrhundert durch die königlichen und andere „von oben" gesteuerte Maßnahmen, durch die die Juden stärker in die Rolle des ‚Fremden' gedrängt wurden.

3. Der Kulturtransfer

Das Innovative der Champagne im hohen Mittelalter resultierte gleichermaßen aus den von den Grafen initiierten und geförderten Neuerungen wie aus der Begegnung von ‚Eigenem' und ‚Anderem' und dem damit verbundenen Erfahrungsaustausch. Dass Neuerungen von der Champagne ausstrahlten und sukzessive in das östlich angrenzende Reich transferiert wurden, spiegelt sich in der herrschaftlichen Raumdurchdringung durch die Einrichtung von Ämtern und Bailliagen, der Gründung von Kollegiatstiften und dem Vordringen der champagnisch-gräflichen Währungen nach Osten wider. Darüber hinaus wurden mit der Ostwanderung der Lombarden und mit der erzwungenen Migration der Juden vor allem - aber keineswegs allein - das Wissen und die Techniken bargeldloser und über weite Entfernungen funktionierender Finanztransaktionen transferiert.

Benner, Sonja (im Druck): Châlons-en-Champagne. Die Stadt, das Chorherrenstift Toussaint und das Umland bis zur Mitte des 14. Jahrhunderts (Trierer Historische Forschungen 55). Trier

Benner, Sonja / Escher, Monika / Hirschmann, Frank G. (1999): Christliche Gemeinden und jüdische Siedlung. Drei Landschaften im Vergleich: Champagne, Brabant und die Rheinlande, in: Christoph Cluse, Alfred Haverkamp und Israel J. Yuval (Hg.): Jüdische Gemeinden und ihr christlicher Kontext in kulturräumlich vergleichender Betrachtung (5. - 18. Jahrhundert). Internationale Konferenz an der Universität Trier, 18. - 22. Oktober 1999 (Kleine Schriften des Arye-Maimon-Instituts 2). Trier, S. 20 - 21.

Benner, Sonja / Reverchon, Alexander (2003): Juden und Herrschaft: Die Champagne vom 11. bis frühen 14. Jahrhundert, in: Christoph Cluse, Alfred Haverkamp und Israel J. Yuval (Hg.): Jüdische Gemeinden und ihr christlicher Kontext in kulturräumlich vergleichender Betrachtung von der Spätantike bis zum 18. Jahrhundert (Forschungen zur Geschichte der Juden A 13). Hannover, S. 151 - 213

Escher, Monika / Hirschmann, Frank G. (2005): Die urbanen Zentren des hohen und späten Mittelalters. Vergleichende Untersuchungen zu den Städten und Städtelandschaften im Westen des Reiches und in Ostfrankreich (Trierer Historische Forschungen 50). Trier

Hirschmann, Frank G. (2000): Recherches sur Vanault-les-Dames et Vanault-le-Châtel du Xe au XIIIe siècle, in: Patrick Demouy und Charles Vulliez (ed.): Vivre au village en Champagne à travers les siècles. Actes du colloque d'histoire régionale, Reims, 10 et 11 juin 1999. Reims

Erfahrungen in den Metropolen Europas (London vs. Paris) aus der Sicht karibischer Schriftsteller

Beteiligte:
Ulrich Fleischmann, Christoph A. von Gagern. Freie Universität Berlin, Lateinamerika-Institut

Laufzeit: **1999 - 2001**

Texte karibischer Autoren, die seit Ende des Zweiten Weltkriegs die Migration nach Europa thematisiert haben, stehen untereinander in einem diskursivem Zusammenhang, der in kritischer Weise ins Wirklichkeitsverständnis ihrer Leser eingreift. Wenn die überwiegend als literarische Fiktion konzipierten Texte auch nicht als objektive Repräsentation der geschilderten Verhältnisse gelten können, so werden zentrale Beobachtungen und Argumentationslinien in objektivierenden Untersuchungen bestätigt. Der Diskurs karibischer Autoren über Migration nach Europa suggeriert so Wege kultureller Adaption, die über einseitige Assimilierung hinausgehen.
Entgegen aktuellem europäischem Selbstverständnis, soziale Ungleichheit mit der Dekolonisierung überwunden zu haben, geht aus den literarischen Schilderungen karibischer Migration hervor, dass auch in den internationalisierten europäischen Metropolen die soziale Interaktion mit rassisch oder kulturell als fremd Stigmatisierten in nachhaltiger Weise von Xenophobie belastet war und ist.
Obgleich zumeist auf subtilere Weise als vormals in den karibischen Kolonien, wird eine pluralistische Vielfalt von Kulturen in komplexer Überschneidung (wie z. B. in Paris oder London) zwar vorgeblich geduldet, aber insgeheim wirkungsvoll im Sinne fortbestehender eurozentrischer Überzeugungen hintertrieben.
Das Festhalten an einem zu Kolonialzeiten entwickelten Muster erweist sich in verschleierter Form nicht nur weiterhin als wirkungsvoll, sondern erfährt im Zuge von Globalisierung und einer vielfach als Bedrohung empfundenen Einwanderung von Außereuropäern eine Revitalisierung in Form von vermehrten Tendenzen antagonistischer Polarisierung und ethnischer Abschottung.
Als Konsequenz der geschilderten sozialen Ungleichheit resultiert bei karibischen Autoren eine durchaus konstruktive Kritik, denn sie denunzieren keineswegs ausschließlich europäische Missstände, sondern beinhalten ebenso kritische Selbstreflexion.
Sowohl gegen fügsame Assimilation als auch gegen polarisierende Selbstabgrenzung in Antwort auf europäische Xenophobie gerichtet, lässt sich die kritische Perspektivierung verallgemeinernd auf den Nenner bringen, dass sie sich gegen eine Denkweise ausspricht, die versucht, eine komplexe ethnische Vielfalt in europäischen Metropolen hartnäckig nach einem übersichtlichen und beherrschbaren Schema zu gliedern.
Karibische Autoren erweisen sich in dem analysierten literarischen Diskurs über Migration nach Europa gleichsam als Experten für die Vereinbarkeit unterschied-

licher Kulturen, indem sie selektive und ambivalente Adaption unterschiedlicher Traditionen propagieren, die die Rigidität einer vorherrschenden exklusivistischen europäischen Denkweise in Bezug auf kulturelles Miteinander subvertiert. Anknüpfend an die Kreolisierung in der Karibik bringen sie Richtung weisende Anregungen für eine kulturelle Hybridisierung in Europa und ein komplexeres pluralistisches Organisationsmuster ein, das über europäische Gesellschaften hinaus für einen globalisierten Verbund von Ethnien Gültigkeit beanspruchen kann.

Der Ansatz der Kreolisierung von in Kontakt befindlichen Kulturen eröffnet zweifellos hoffnungsvollere Perspektiven als eine zuspitzende Polarisierung kultureller Differenzen mit der Konsequenz von sozialer Segregation und militanter Konfrontation, wie sie auch in Europa zunehmend absehbar werden. Im diachronischen Verlauf des Diskurses ändert sich die Perspektive auf karibische Diasporen in Europa quasi von einem Problemfall kultureller Entwurzelung zu Schrittmachern einer globalen Kreolisierung. Ihre Kritik ebenso wie ihre Anregungen erscheinen umso beherzigenswerter, als glaubwürdig demonstriert wird, dass von der propagierten Transkulturation nicht etwa Einbußen, sondern wechselseitig bereichernde Entwicklungsimpulse ausgehen.

von Gagern, Chris (2002): Ernüchterndes Europa: Wie karibische Schriftsteller eine Adaptionsstrategie der Kreolisierung entwickeln. Norderstedt

von Gagern, Chris (2005): „Disillusioned by Europe" in Caribbean Critical Cultures - Cultural Critiques (Proceedings of the Caribbean Conference 2001 in Vienna). Wien

von Gagern, Chris (2002): „Continuity and Change in Europe's Caribbean Diaspora" in special issue on „Cultural (Dis-)continuities in the African Diaspora" of Wadabagei - Journal of the Caribbean and its Diaspora (Medgar Evers College, City University New York) [due to appear]

Türkische Gastarbeiter in der Bundesrepublik - Politik und Lebenswirklichkeit

Beteiligte:
Ulrich Herbert, Karin Hunn. Universität Freiburg, Historisches Seminar, Lehrstuhl für Neuere und Neueste Geschichte

Laufzeit: **2000 - 2003**

Die zentralen Ergebnisse der Studie hängen unmittelbar mit der Anlage der Untersuchung zusammen: Die Dissertation betrachtet die Geschichte der türkischen Migrantinnen und Migranten erstmals sowohl aus deutscher als auch aus türkischer Perspektive. Außerdem werden die politischen, wirtschaftlichen und gesellschaftlichen Rahmenbedingungen des gleichermaßen ungeplanten wie ungewollten Einwanderungsprozesses mit den Alltagserfahrungen der türkischen Migranten innerhalb und außerhalb der Betriebe verbunden. Dieser Ansatz ermöglicht es, die immer noch dominierende nationale Engführung in der bundesdeutschen Migrationsforschung zu überwinden und jenseits kulturalistischer Reduktionen zu erklären, warum diese Einwanderung sowohl für die Migranten als auch für die bundesdeutsche Gesellschaft so schwierige und bis in die Gegenwart hineinreichende Herausforderungen mit sich brachte. Es wird herausgearbeitet, dass es angesichts der komplexen und ungünstigen Rahmenbedingungen des Einwanderungsprozesses verfehlt wäre, die in dessen Verlauf zutage getretenen Probleme primär auf die Kultur und Religion der Zuwanderer zurückzuführen. Erst in dem Maße, in dem die Ausländerbeschäftigung aus (sozial-)politischen und wirtschaftlichen Gründen unerwünscht wurde, die Perspektiven für einen weiteren Aufenthalt in der Bundesrepublik ungewiss und die Möglichkeit eines weiteren Verbleibs der türkischen „Gastarbeiter" an die Voraussetzung der Integrationswilligkeit und -fähigkeit gekoppelt wurden, gewannen die islamische Kultur und Religion als Aus- und Abgrenzungsmerkmale an Bedeutung. Diese Entwicklung wurde durch die defizitäre Migrationspolitik der türkischen Regierung zusätzlich vorangetrieben: Zwar erkannten die politisch Verantwortlichen in der Türkei rasch, dass eine Rückkehr der Migranten eine wirtschaftliche und soziale Belastung für die instabile türkische Gesellschaft darstellen würde. Um aber den Devisenzufluss aus Deutschland nicht zu gefährden, hielten sie - zumindest rhetorisch - an der Vision fest, dass die türkischen Migranten längerfristig zurückkehren würden. Das wiederum erschwerte neben den aus der Türkei importierten politischen und religiösen Konflikten sowie Organisationen die Orientierung der türkischen „Auslandsarbeiter" auf ihr Leben in der Bundesrepublik.

Die Tatsache, dass die primär wirtschaftlich und politisch motivierte, aber kulturell und religiös begründete gegenseitige Abgrenzung so stark ausgeprägt war, hing vor allem mit zwei Faktoren zusammen: Zum einen mit dem nationalen Selbstverständnis der Deutschen, die sich bis in die jüngste Gegenwart mehrheitlich als ethnisch und kulturell homogene Gemeinschaft betrachteten; zum anderen mit dem historisch bedingten Minderwertigkeits- und Diskriminierungskomplex vieler Türken gegenüber den wirtschaftlich, technisch und wissenschaftlich überlegenen westeuropäischen Ländern, an die die Türkei seit Gründung der Republik unter hohen sozialen Kosten den Anschluss sucht. Im Falle des deutsch-türkischen Verhältnisses kam erschwerend hinzu, dass sich dieser Komplex wegen der zunehmenden Abhängigkeit von der Bundesrepublik und der zunehmenden Ablehnung der dort lebenden Türken vergrößerte. Die daraus resultierenden Verletzungen und Verunsicherungen wurden wiederum vielfach durch die Bezugnahme auf die eigenen religiösen und kulturellen Werte kompensiert, die jenen des „Westens" als moralisch überlegen entgegengesetzt wurden.

Hunn, Karin (2002): Kulturelle Begegnungen zwischen Konflikt und Synthese. Anmerkungen zur Geschichte der Einwanderung aus der Türkei (Beitrag für das elektronische Portal „Dialog der Kulturen" der Online-Akademie der Friedrich-Ebert-Stiftung: www.fes-online-akademie.de)

Hunn, Karin (2002): Aufstand der „Konjunktur-Kulis". Ein Rückblick auf den „Türkenstreik" bei Ford, in: iz3w (blätter des informationszentrums 3. welt), Nr. 10, S. 16 - 19

Hunn, Karin (2002): Asymmetrische Beziehungen: Türkische „Gastarbeiter" zwischen Heimat und Fremde. Vom deutsch-türkischen Anwerbeabkommen bis zum Anwerbestopp (1961 - 1973), in: Archiv für Sozialgeschichte, 42 Jg., S. 145 - 172

Hunn, Karin (2004):Angeworben und geblieben. Zur Geschichte der türkischen Einwanderer in der Bundesrepublik (Beitrag für das elektronische Portal „Europathemen" der Bundeszentrale für politische Bildung: www.bpb.de/themen/E1C4EU,,0,Angeworben_ und_ geblieben.html

Hunn, Karin (2004): Irgendwann kam das Deutschlandfieber auch in unsere Gegend... Türkische „Gastarbeiter" in der Bundesrepublik Deutschland - von der Anwerbung bis zur Rückkehrförderung, in: Jan Motte/Rainer Ohliger (Hg.): Geschichte und Gedächtnis in der Einwanderungsgesellschaft. Migration zwischen historischer Rekonstruktion und Erinnerungspolitik. Essen, S. 73 - 88

Migration und kulturelle Differenz in Gemeinden: Eine historisch systematische Untersuchung

Beteiligte:
Klaus J. Bade, Michael Bommes. Universität Osnabrück,
Institut für Migrationsforschung und Interkulturelle Studien (IMIS)

Laufzeit: **2000 - 2002 (Pilotphase)**

Die Leitfragestellung des Forschungsprojekts lautete, in welchem Ausmaß und in welcher Weise die politische „Verwaltung" von Migrationsprozessen und dabei verwendete rechtsförmige und administrative Unterscheidungs- und Beschreibungsweisen „Interkulturalität" als gesellschaftliche Kommunikationsform befördern. Dabei ging das Projekt empirisch von der Beobachtung aus, dass sich dafür Gemeinden als politische Gebietskörperschaften besonders eignen; denn sie sind im föderalen Staatsaufbau der Bundesrepublik Deutschland zentrale Träger öffentlicher Verwaltung. Gegenstand war die eigenständige Bedeutung von Organisationen für die Entwicklung soziokultureller Strukturen. In der Pilotphase des Projekts wurde anhand der beiden Städte Osnabrück und Ulm untersucht, wie politische Verwaltungen in den Gemeinden der Bundesrepublik Deutschland drei große Zuwanderungsströme der Nachkriegszeit - die Zuwanderung der Arbeitsmigranten, der Asylsuchenden und der Aussiedler - verarbeitet haben, welche Realität(en) der Migration daraus für die beiden Städte resultier(t)en und welche Rolle dabei Interkulturalität als Beobachtungs- und Verarbeitungsform spielte.

Die empirischen Ergebnisse des Forschungsprojekts zeigen, dass Migration und kulturelle Wandlungsprozesse keine vorgängigen Ereignisse in der sozialen Umwelt kommunaler Organisationen sind, die solche Organisationen von außen veranlassen zu reagieren. Der Modus, in dem Migration als Problem in Organisationen konzipiert wird, ist nicht extern determiniert, sondern abhängig von der historisch strukturellen Verfassung kommunaler Einrichtungen. Die Art des Vorkommens von Migranten in Organisationen ist selbst ein Teil des sozialen und kulturellen Wandlungsgeschehens, das mit internationaler Migration und ihren sozialen Folgen verbunden ist. In kommunalen Organisationen (ebenso wie in den Organisationen anderer gesellschaftlicher Bereiche) bilden sich erst die sozialen Strukturen, die als Migration registriert werden. Mit der Entstehung von Zuständigkeiten und Einrichtungen in Kommunen, mit der Beschreibung von Problemen, Lösungen und angemessenen Mitteln entstehen die Schemata, mittels derer bestimmt wird, welche Art von Geschehen Migration in einer Kommune darstellt und welche kulturellen und sozialen Folgen damit für eine Gemeinde verbunden sind. Alles, was geschieht, wird in solchen Schemata registriert und weiterverarbeitet. Gegenstand des durchgeführten Projekts war nicht die soziale Situation von Migranten in Kommunen als „Ganzes", sondern die soziale und kulturelle Wirklichkeit, die entsteht, wenn sich Kommunen als Organisationsform des politischen Systems mit Migration und Migranten befassen. Diese kommunale Einbettung schlägt sich dann auf Seiten der

Migranten nieder, insbesondere in ihren kulturellen Formen der Organisation und Selbstpräsentation.

Bommes, Michael (2003): Die politische „Verwaltung" von Migration in Gemeinden. in: Jochen Oltmer (Hg.): Migration steuern und verwalten: Deutschland vom späten 19. Jahrhundert bis zur Gegenwart, Göttingen, S. 459 - 480

Bommes, Michael / Bade, Klaus J. / Karagiannis, Evangelos / Koch, Ute (2002): Migration und kulturelle Differenz in Gemeinden: Eine historisch-systematische Untersuchung. Forschungsbericht über ein Forschungsprojekt, gefördert von der VolkswagenStiftung

Bommes, Michael: Bundesrepublik Deutschland: Die Normalisierung der Migrationserfahrung, in: Klaus J. Bade (Hg.): Einwanderungskontinent Europa: Migration und Integration am Beginn des 21. Jahrhunderts. Beiträge der Akademie für Migration und Integration, H. 4, Osnabrück, S. 49 - 60

Koch, Ute (2002): Migration und kulturelle Differenz in Gemeinden: das Beispiel Osnabrück. in: Klaus J. Bade / Jochen Oltmer (Hg.): Zuwanderung und Integration in Niedersachsen seit dem Zweiten Weltkrieg. Osnabrück, S. 321 - 349

Koch, Ute (2001): Interkulturalität in kommunalen Verwaltungen. in: „Interkulturelle Öffnung" als Integrationsstrategie für die Verwaltung. Dokumentation eines Fachgesprächs, Berlin, 21. September 2001, S. 17 - 21

Internet: http://www.tik-iaf-berlin.de/downloads/2_TiK_Fachgesp_InterkulOeff.pdf

Grenzland oder Schmelztiegel? Gemeinsamkeiten und Abgrenzungen von Einwander/innen unterschiedlichster Herkunft in einem traditionellen Zuwanderungsstadtteil

Beteiligte:
Volker Kreibich, Gerold Caesperlein, Katrin Gliemann. Universität Dortmund, Fakultät Raumplanung, Fachgebiet Geographische Grundlagen und Raumplanung in Entwicklungsländern

Laufzeit: **2000 - 2002**

Um den jahrelang zu pauschalen Blick auf Migrant/inn/en der realen Ausdifferenzierung anzupassen, widmete sich das Forschungsprojekt den intra- und interkulturellen Beziehungen unterschiedlicher Einwanderungsgruppen in einem Zuwanderungsstadtteil. Berücksichtigt wurden die Einflüsse der konkreten Stadtstruktur auf die sozialen Prozesse, die mit jahrzehntelanger Einwanderung und Etablierung verbunden sind.
Die Ergebnisse stehen im Widerspruch zu (scheinbar) „bewährten" Planungsmeinungen: Weder trifft das „Problemgespenst" einer Ghettoisierung in einem klassischen Einwanderungsstadtteil wie dem Dortmunder Borsigplatzviertel zu, noch existiert eine multikommunikative Gesellschaft. Die Forschungsergebnisse müssten dazu führen, die hohe Fluktuation als Handlungsgrundlage zu akzeptieren und einen realitätsnäheren Umgang mit Einwanderungsstadtteilen zu pflegen. Eine „unaufgeregtere" Bestandsaufnahme sozialer Immigrationswirklichkeit würde allerdings voraussetzen, dass sich die Planung von Klischees trennt. Die Ergebnisse sind als relevant einzuschätzen für die Einwanderungspolitik von Bund, Ländern und Kommunen.
Das Projekt hat gezeigt, dass sich trotz des Rückzugs einzelner Eingewanderter in die eigene Gruppe kein stabiles „Ghetto" entwickelt, da gleichzeitig „Fliehkräfte" aus der eigenen Gruppe entstehen, z. B. durch Emanzipationschancen in der Aufnahmegesellschaft oder die inzwischen vorhandene Meinungsvielfalt in den Gruppen. Kontakte zu anderen Einwanderinnen und Einwanderern sind wenig ausgeprägt, weil Immigrant/inn/en aufgrund der biografischen Migrationsbedingungen und des Bezugs zur Eigengruppe sehr auf sich selbst bezogen sind. Hinzu kommen die generelle Abwertung der Einwanderung durch die Aufnahmegesellschaft und die Ausrichtung sozialer Institutionen, insbesondere die nationalitätenspezifische Betreuung durch die Wohlfahrtsverbände.
Durch die immense Fluktuation im untersuchten Viertel können Bewohner/innen größere Einrichtungen nicht aufrechterhalten und setzt sich die „Gruppe" stets neu zusammen. Auch macht sich eine Abschottung einzelner Gruppen durch die Fluktuation räumlich kaum bemerkbar: Nur in wenigen Straßen lassen sich dauerhafte Übergewichte einzelner Nationalitäten feststellen; zudem gibt es auch hier einen ständigen Bevölkerungsaustausch. Die Entwicklung auf dem Immobilienmarkt weist

in dieselbe Richtung: Der Eigentumsanteil von Einwanderinnen und Einwanderern liegt immer noch weit unterhalb der jeweiligen Bevölkerungsanteile.

Welche Bedeutung hat der Raum bei dieser Entwicklung? - Trotz vieler Kommunikationsmöglichkeiten (u. a. Läden, Eckkneipen, Parks) ist der Austausch zwischen den Gruppen im Borsigplatzviertel gering. Die Raumgestalt ist eine notwendige Bedingung, aber keine hinreichende. Auch die Kommunikation über Symbole, z. B. religiöse Bauten, ist zwar vorhanden, aber unauffällig. Im Baulichen spiegelt sich die Funktion des Durchgangsstadtteils: Keine Gruppe hinterlässt dauerhaft Spuren.

Räumliche Planung sollte sich nicht in allgemeinen Forderungen nach einer Bevölkerungsmischung verlieren, sondern die Funktionen des Stadtteils unterstützen:

- Schaffung einer offenen Infrastruktur, durch die die Stadtteil-Bewohner/innen auch für kurze Zeit Anschluss finden und sich im Stadtteil engagieren können;
- Sicherung bzw. Ergänzung der vielseitig nutzbaren Bausubstanz;
- Sicherung von Beratungsangeboten ohne nationale Abgrenzungen;
- Absehen von Versuchen, mit Quotierungen o. ä. eine bestimmte Bevölkerungsverteilung festlegen zu wollen. Das führt auch zu einer Neudefinition von planerischem Erfolg, der sich eben nicht an einer Verringerung der Fluktuation festmacht. Weitere Forderungen richten sich an die Gesamtstadt, die durch ihre negative Außensicht großen Anteil am Wechselspiel aus Stigmatisierung und Abgrenzung hat.

Caesperlein, Gerold / Gliemann, Katrin (2001): Combining biographical narrative interviews and historic quantitative data sets in urban research, in: Blasius, Jörg; Hox, Joop; Leeuw, Edith de; Schmidt, Peter (Hg.): Social Science Methodology in the New Millennium. Proceedings of the 5th International Conference on Logic and Methodology. Opladen

Caesperlein, Gerold / Gliemann, Katrin (2001): Die zweite Perspektive der Einwanderung - Überlegungen und Planungskonzepte auf Basis biographischer Interviews mit langjährigen Bewohner/innen von Einwanderungsstadtteilen, in: Arbeitskreis Stadterneuerung an deutschsprachigen Hochschulen / Institut für Stadt- und Regionalplanung der TU Berlin: Jahrbuch Stadterneuerung 2001. Berlin, S. 35 - 48

Diskursgeschichte der Assimilation. Jüdisch-deutsche Angleichungsprozesse und das Wissen vom Lebendigen 1780 - 1848

Beteiligte:
Dan Diner, Susanne Omran. Simon-Dubnow-Institut für jüdische Geschichte und Kultur e. V. an der Universität Leipzig

Laufzeit: **2001 - 2002**

Ziel des Projekts war es, aus interdisziplinärer Perspektive das Thema der jüdischen Assimilation, wie es seit dem ausgehenden 18. Jahrhundert beschrieben worden ist, aufzugreifen, um die Formierung von kollektiver Identität und die Herstellung von kulturellen Unterschieden unter dem doppelten Aspekt des modernen Wissens vom lebendigen Organismus und der sich herausbildenden Mediengesellschaft zu befragen. Auf dem Wege einer Analyse der historischen Semantik des Begriffs „Assimilation", d. h. einer Untersuchung des enormen Bedeutungszuwachses, den dieser Begriff im 19. Jahrhundert sowohl auf politisch-sozialen als auch naturwissenschaftlichen Feldern erfahren hat, sollte die Entstehung einer spezifisch modernen kulturellen Logik von ‚Eigenem' und ‚Fremdem', von Vereinheitlichungen und Ausschließungen nachvollzogen werden: einer Physio-Logik, mit der während des 19. Jahrhunderts im Problem der „jüdischen Assimilation" die Erkenntnisse der neuen Wissenschaft vom Leben mit Vorstellungen der sozialen Gemeinschaft als eines einheitlichen Organismus zusammengebracht worden sind. Das Projekt konzentrierte sich auf die Entstehungsphase dieser kulturellen Logik von der Spätaufklärung bis zum Vormärz.
Während der Projektdurchführung bestätigte sich, dass es einer Diskursgeschichte der Assimilation vor allem auf das gleichzeitige Vorkommen dieses Konzepts in sehr unterschiedlichen Wissenskontexten ankommen muss. Die Bezugnahme auf „assimilatorische" Vorgänge erhält seit dem Ende des 18. Jahrhunderts nicht nur im Kontext der Herausbildung nationaler Gemeinschaft Relevanz, sondern „Assimilation" dient zugleich - und zunächst sogar in erster Linie - als ein physiologischer Leitbegriff der Beschreibung organischer Lebensprozesse. So fällt etwa die Anforderung an die jüdische Bevölkerung, ihre Aussicht auf rechtliche Gleichstellung durch eine fortschreitende Angleichung an die deutsche Kultur zu verbessern, zeitlich mit einem neu entstehenden biologischen Interesse an der Erforschung der Ernährungsvorgänge bei Tieren und Pflanzen zusammen. Solche Koinzidenzen disparat erscheinender Gegenstände des Wissens, die in der Rede von Assimilation erfolgen, verleihen diesem Konzept eine besondere Tragweite, insofern sie die Ordnung des Politischen und die Ordnung des „Lebendigen" ins Verhältnis setzen. Erst auf dieser Grundlage hat sich die Vorstellung der „jüdischen Assimilation" im 19. Jahrhundert in Deutschland etablieren können. Um dies deutlich zu machen, hat sich die Arbeit an dem Projekt zunächst auf einen spezifischen Topos der Geschichtsschreibung des Judentums im 19. Jahrhundert konzentriert, der - als

eine Art Kontrastfolie - den Diskurs der Assimilation in seinen Umrissen zu erhellen vermag.

Im Rahmen des Projekts wurde ferner die Auseinandersetzung um die Beerdigungsrituale der Juden im ausgehenden 18. Jahrhundert untersucht. Diese Auseinandersetzung entzündete sich an dem wissensgeschichtlich neuartigen Problem der Unbestimmbarkeit einer Grenze zwischen Leben und Tod. Im Zustand des Scheintodes waren am Körper des Menschen, so warnten Mediziner, weder Zeichen des Lebens noch des Todes eindeutig erkennbar. Insofern die Juden die frühe Beerdigung als ein verbindliches Gebot betrachteten, von dem sie nicht abweichen wollten, geriet ihre Bestattungspraxis in den Verdacht, die Gefahr eines grausamen Todes - des Lebendig-Begrabenseins - in Kauf zu nehmen. Mit der Scheintod-Debatte kündigt sich ein Diskurs an, der die Zugehörigkeit der Juden zur kulturellen Gemeinschaft anhand des Kriteriums ihrer grundsätzlichen Stellung zum Leben überprüft, die mit der Genese des Konzepts der Assimilation in Zusammenhang steht.

Das Projekt wurde nicht zu Ende geführt. Weitere Ergebnisse liegen daher nicht vor.

Omran, Susanne (2002): „Unvollkommener Tod". Die Genese kultureller Differenz aus dem Widerstreit von jüdischem Bestattungsritual und dem Wissen vom Lebendigen. In: Leipziger Beiträge zur jüdischen Geschichte und Kultur. Bd. 1,

Omran, Susanne (2002): Mumien-Körper. Zu einer Figur der Dauer und der Erneuerung des Judentums im 19. Jahrhundert. In: Dietmar Schmidt (Hg.): KörperTopoi. Sagbarkeit - Sichtbarkeit - Wissen. Weimar

Omran, Susanne (2000): Frauenbewegung und „Judenfrage". Diskurse um Rasse und Geschlecht nach 1900. Frankfurt, New York

Konstruktionen des ‚Fremden' und des ‚Eigenen': Prozesse interkultureller Abgrenzung, Vermittlung und Identitätsbildung (1999 - 2006)

Ethnische Grenzziehung und soziale Kontexte

Beteiligte:
Hartmut Esser, Angela Jäger, Birgit Becker, Daniela Scherrer. Universität Mannheim, Fakultät für Sozialwissenschaften, Lehrstuhl für Soziologie und Wissenschaftslehre

Laufzeit: **2002 - 2005**

Das Forschungsprojekt befasste sich mit den Bedingungen und Ursachen alltagsweltlicher Abgrenzung zwischen ‚Einheimischen' und ‚Fremden' in der Bundesrepublik Deutschland. Ziel war die Erklärung der unterschiedlichen Ausprägung distanzierender Meinungen, Einstellungen und Verhaltenstendenzen seitens der deutschen Bevölkerung gegenüber Immigranten und deren Nachkommen. Besonderes Interesse galt dabei den immer wieder festgestellten Unterschieden zwischen den alten und neuen Bundesländern. Den theoretischen Hintergrund bildete ein allgemeines Modell zur Erklärung ethnischer Grenzziehung, welches auf der Frame-Selektionstheorie aufbaut und Verknüpfungen zu Erkenntnissen der Bezugsgruppen- und „Social influence"-Forschung herstellt. Dem Forschungsvorhaben lag die These zugrunde, dass an ethnischen Differenzierungen orientierte soziale Distanzen keine rein individuellen Einstellungen darstellen, sondern als kollektive Repräsentationen in Bezugsgruppen und Milieus verankert sind. Der Schwerpunkt des Projekts nach einer vorausgegangenen Pilotphase lag auf der Analyse der Verankerung distanzierender Einstellungen in personalen Kernnetzwerken. Die empirische Grundlage für die Untersuchungen wurde durch eine im Rahmen des Projekts durchgeführte umfangreiche Primärerhebung (N = 2.010) unter zufällig ausgewählten Erwachsenen aus Leipzig, Dortmund, Cottbus und Heilbronn sowie deren wichtigsten Kommunikations- und Interaktionspartnern gelegt. Unter Verwendung eines innovativen Untersuchungsdesigns wurden dabei unter anderem sowohl die Einschätzungen der Befragten über ihre relevanten Bezugspersonen erfasst als auch - wenn möglich - die eigenen Angaben der jeweils genannten Netzpersonen erhoben. Es zeigt sich, dass die im Kernnetzwerk vorherrschende Meinung einen wichtigeren Prädikator sozialer Distanzen gegenüber Immigranten darstellt. Neben den auch in anderen Studien zu Ausländerfeindlichkeit immer wieder gefundenen Effekten von Bildung und Alter sowie dem Einfluss des Ausmaßes an persönlichen Kontakten mit Ausländern liefert die wahrgenommene wie auch die tatsächliche Haltung der wichtigsten Bezugspersonen einen eigenständigen Beitrag zur Erklärung der beobachteten Ausprägungen sozialer Distanzen. Die Verankerung distanzierender Einstellungen im nahen sozialen Umfeld wird auch daran deutlich, dass miteinander in einem Kernnetzwerk verbundene Personen mit höherer Wahrscheinlichkeit tatsächlich die gleiche Haltung gegenüber Ausländern aufweisen wie zwei zufällig ausgewählte Personen, die nichts miteinander zu tun haben. Neben den inhaltlichen Studien wurden auch für die Netzwerkanalyse interessante methodische Fragestellungen untersucht. Zentral war hier die Validierung der Angaben der Befragten über die Einstellungen ihrer Bezugspersonen. Ein weiteres wichtiges Ergebnis ist, dass „Proxy-Angaben" eher die allgemeine Grunddisposition einer Person erfassen als deren tatsächliche spezifische Einstellung.

Becker, Birgit (2005): Der Einfluss der Bezugsgruppe auf die Einstellung gegenüber Ausländern in Ost- und Westdeutschland. Zeitschrift für Soziologie, 34 Jg., H. 1, S. 40 - 59.

Jäger, Angela (im Druck): Explaining the „accuracy" of proxy reports on attitudes towards immigrants in Germany. Two approaches compared. Metodološki zvezki. Advances in Methodology and Statistics

Scherrer, Daniela (2004): Einstellungshomogenität zur Fremdenfeindlichkeit im sozialen Nahumfeld (Diplomarbeit). Universität Mannheim, Lehrstuhl für Soziologie und Wissenschaftslehre

Becker, Birgit (2003): Soziale Distanzen zu Ausländern im Ost-West-Vergleich (Diplomarbeit). Universität Mannheim, Lehrstuhl für Soziologie und Wissenschaftslehre (ausgezeichnet mit dem Preis der Karin-Islinger-Stiftung zur Auszeichnung und Förderung wissenschaftlicher Forschungsarbeiten von Studierenden)

Jäger, Angela (2004): Forschungsprojekt Ethnische Grenzziehung und soziale Kontexte II - Methodenbericht. Mannheim: Mannheimer Zentrum für Europäische Sozialforschung. Online:http://www.mzes.uni-mannheim.de/publications/papers/Methodenbericht_Ethnische_Grenzziehung.pdf

Langzeituntersuchung des Einstellungssyndroms „Gruppenbezogene Menschenfeindlichkeit" in der Bevölkerung (2002 - 2011)

Beteiligte:

- **Wilhelm Heitmeyer.** Universität Bielefeld, Institut für interdisziplinäre Konflikt- und Gewaltforschung
- **Steffen Kühnel.** Universität Göttingen, Methodenzentrum Sozialwissenschaften
- **Peter Schmidt.** Universität Gießen, Institut für Politikwissenschaft
- **Ulrich Wagner.** Universität Marburg, Fachbereich Psychologie

Laufzeit: **2002 - 2005**

Die Grundidee des Projekts besteht in der theoretischen Annahme der Existenz eines Syndroms der *Gruppenbezogenen Menschenfeindlichkeit*. Das heißt, dass Menschen allein aufgrund ihrer zugeschriebenen oder tatsächlichen Zugehörigkeit zu schwachen Gruppen mit Abwertungen, Ausgrenzungen und Diskriminierungen belegt werden. Der Syndromgedanke betont, dass Fremdenfeindlichkeit, Antisemitismus, Islamophobie, Obdachlosenfeindlichkeit etc. nicht unabhängig voneinander sind. Je nach sozialem Klima und politischer Mobilisierung können gleich mehrere Gruppen zu Zielen dieser feindseligen Abwertungen werden. Mit Hilfe von Surveys und Panelanalysen werden *Ausmaß*, *Entwicklung* und *Ursachen* dieses Syndroms untersucht. Das Untersuchungskonzept unterscheidet zwischen sozialen Kontexten, Erklärungsansätzen, moderierenden Faktoren, Einstellungssyndrom sowie Verhaltensintentionen und -verhaltensweisen.
Die wichtigsten Projektergebnisse der ersten Förderphase nach den ersten dreieinhalb Jahren des Langzeitprojekts lassen sich in theoretischer, methodologischer und empirischer Hinsicht vorstellen.
Ein zentraler Ansatz zur Erklärung von Einstellungen im Sinne gruppenbezogener Menschenfeindlichkeit ist die Theorie der sozialen Desintegration. Es wird davon ausgegangen, dass Desintegrationserfahrungen, -ängste und -erwartungen den Nährboden für eine Ideologie der Ungleichwertigkeit schaffen und Personen in der Folge zur Abwertung schwacher Gruppen tendieren. Dies lässt sich inzwischen empirisch bestätigen. Der Nachweis gelang über die wiederholte mehrjährige quer- und längsschnittliche Erfassung der Syndromelemente. Auch eine Verbesserung der Messgenauigkeit der relevanten Variablen wurde erreicht. Konformatorische Analysen auf dieser breiten Datenbasis zeigen, dass Menschen dazu neigen, nicht nur einzelne oder im Syndrom erfasste Gruppen abzuwerten, sondern dass die Abwertung über die verschiedenen Gruppen hinweg kovariiert und auch über die Zeit hinweg intraindividuell sowie über die erfassten Kohorten hinweg stabil bleibt. Neueste Befunde auf der Basis der Befragung 2005 weisen darauf hin, dass auch auf der Ebene diskriminativer und aggressiver Verhaltensintentionen ein solches Syndrom nachweisbar sein könnte. Nunmehr ergibt sich ein differenziertes Bild zur Entwicklung der Verbreitung von Syndromelementen in der Bevölkerung. Fremden-

feindlichkeit nimmt kontinuierlich zu, ebenso wie das Reklamieren von Etabliertenvorrechten. Ein leicht abnehmender Trend ist bei der Heterophobie - also der Abwertung von Homosexuellen, Obdachlosen und Behinderten - zu beobachten, muss aber noch differenzierter analysiert werden. Die Entwicklung der Islamophobie muss besonders vorsichtig eingeschätzt werden, weil es im Einstellungsspektrum sowohl Zunahme als auch Stagnation gibt. Beim Sexismus ist eher eine geringfügige Abnahme zu konstatieren. Mit ähnlichem Verlauf und stabilen Ausmaßen zeigen sich die Werte bei Rassismus und Antisemitismus. Eine empirische Absicherung eines Syndroms auf Verhaltensebenen bedarf aber der Erfassung weiterer Daten und Messzeitpunkte. Im Rahmen des Projektes wurden so genannte reliable und valide Instrumente entwickelt, die der Umfrageforschung in dieser Form noch nicht vorlagen und mittlerweile auch bei anderen Wissenschaftlern Verwendung finden. Derzeit wird parallel ein europäisches Instrument zur Erfassung der Prädikatoren, Ausdrucksformen und Konsequenzen von Vorurteilen gegenüber Minderheiten entwickelt. Ein Vortest in acht europäischen Staaten ist für den Herbst und Winter 2005 geplant.

Heitmeyer, W. (2002): Gruppenbezogene Menschenfeindlichkeit. Die theoretische Konzeption und erste empirische Ergebnisse, in: Heitmeyer, W. (Hg.): Deutsche Zustände, Folge 1, Frankfurt a. M., S. 15 - 34

Heyder, A. / Iser, J. / Schmidt, P. (2005): Israelkritik oder Antisemitismus? Meinungsbildung zwischen Öffentlichkeit, Medien und Tabus, in: Heitmeyer, W. (Hg.): Deutsche Zustände, Folge 3, Frankfurt a. M., S. 144 - 165

Mansel, J. (2004): Wiederkehr autoritärer Aggression. Soziale Desintegration und gruppenbezogene Menschenfeindlichkeit, in: Lautermann, R. / Klimke, D. / Sack, F. (Hg.): Punitivität. 8. Beiheft des Kriminologischen Journals, S. 105 - 137

Wagner, U. / Christ, O. / Pettigrew, T.F. / Stellmacher, J. / Wolf, H. (under review). Prejudice and minority proportation: Contact instead of threat effects. (Social Psychology Quarterly)

Zick, A. / Küpper, B. / Wolf, C. / Davidov, E. / Schmidt, P. / Heitmeyer, W. (under review): The syndrome of group-focused enmity: Theory and test, in: Zick, A., Pettigrew, T.F., Wagner, U. (Eds.): Journal of Social Issues. Special Issue on Prejudice and Discrimination in Europe

Konstruktionen des ‚Fremden' und des ‚Eigenen' in Prozessen interkultureller Abgrenzung, Vermittlung und Identitätsbildung durch stammeseigene Gesetzgebung nordamerikanischer Indianer (vornehmlich bei Stämmen des Südwestens und dortigen Pueblos sowie einiger Nordweststämme)

Beteiligte:

- **Wolfgang Fikentscher, Eva Ruhnau.** Universität München, Humanwissenschaftliches Zentrum
- **Robert D. Cooter.** University of California, Berkeley, USA
- **Don Owen Costello.** Portland State University, Portland, USA

Laufzeit: **2001 - 2005**

Die beiden Antragsteller Robert D. Cooter und Wolfgang. Fikentscher, als Rechtsethnografen und Anthropologen tätige Forscher des nordamerikanischen indianischen, papuanischen und taiwanesisch-austronesischen *Gewohnheitsrechts*, wollten auch das derzeit immer wichtiger werdende selbst gegebene nordamerikanische *Gesetzes- und Verordnungsrecht* indianischer Stämme in seiner Entwicklung, seinem Wachstum, seiner gesellschaftlichen Bedeutung in der Praxis, seiner rechtlichen Handhabung sowie seiner tatsächlichen Anwendung und Befolgung als Merkmal kultureller Identitätsstiftung einer Bevölkerungsminderheit erkunden und der wissenschaftlichen Deutung zugänglich machen. Dabei ging es einerseits um eine *weitere* Bestätigung (neben dem stammeseigenen Gewohnheitsrecht) kulturell unabhängigen Verhaltens dieser Stämme innerhalb der heutigen nordamerikanischen Gesellschaft als einer multikulturellen, andererseits um neue Ansätze der Rechtsvergleichung, Rechtsmethodenvergleichung und interkulturell vergleichenden Rechtstatsachenforschung. Dadurch wurden die beiden Bezüge zur Findung des „eigenen Selbst" des Stammes und zur In-Verhältnis-Setzung des Stammes zu anderen Stämmen und zur „weißen" Kultur hergestellt. Zwischen den Stämmen und zwischen indianischen Rechtskulturen und der sie umgebenden Rechtskultur der USA und ihrer Einzelstaaten bestehen vielfältige Beziehungen, die sich in der zunehmend an Bedeutung gewinnenden Stammesgesetzgebung widerspiegeln und die Rechtskultur vergleichend zu untersuchen sich ebenso lohnte wie (in der früheren Studie von 1998) der Nachweis von ungeschriebenem stammeseigenem Gewohnheitsrecht. Das galt auch und nicht zuletzt für den bisher noch nicht erforschten Umgang indianischer Rechtskulturen mit ihrer je eigenen neuen *stammeseigenen* Gesetzgebung, weil Techniken wie Auslegung, Analogie, Umkehrschluss usw. ebenso wie der Umgang mit Geltung beanspruchenden Texten überhaupt großenteils unbekannt und jedenfalls andersartig als in der „Anglo Kultur" sind.

Als wesentliche und zu weiteren Forschungen herausfordernde Ergebnisse stellten sich u. a. die folgenden heraus: (1) Die Regelungsdichte stammeseigenen Gesetzes und Verordnungsrecht ist unterschiedlich. Schriftlich niedergelegtes Recht wird von Indianern überwiegend als notwendiges Übel betrachtet, dem man sich aber wegen des zunehmenden Kontaktes mit den „Weißen" nicht entziehen kann. Darum findet sich indianisches Gesetzes und Verordnungsrecht vor allem auf Gebieten wie Straßenverkehr, wirtschaftliche Tätigkeiten auf der Reservation, Spielkasinos, usw. Je weniger ein Stamm mit der „Anglo-Kultur" in Verbindung tritt (was Teil der Stammespolitik sein kann), desto weniger besteht die Tendenz zu schriftlicher Niederlegung von Recht. (2) Der rechtstechnische Umgang mit schriftlichem Recht entspricht, von Ausnahmen abgesehen, weder der anglo amerikanischen Common-law-Tradition noch der kontinental europäischen. Im Allgemeinen findet keine *statutory interpretation* und auch keine methodenbewusste Gesetzesauslegung und Normanwendung statt. Die Ergebnisse sind gleichwohl durchweg nachvollziehbar und plausibel. (3) Es besteht gerade auch innerhalb indianischen Gesetzrechts ein indianisches Kollisionsrecht nach Art des kontinental europäischen interlokalen Privatrechts, das jedoch noch weitgehend dogmatisch unerforscht ist. Stammesgerichte neigen dazu, aus der interlokalrechtlichen Zuständigkeit (jurisdiction) auf das in Konfliktsfällen anwendbare Recht zu schließen (lex fori). Auch Staatengerichte gehen so vor. Ein stärkeres Sich-bewusst-Werden stammeseigenen Kollisionsrechts würde zu einer Festigung der Stammesidentität beitragen.

Cooter, Robert D. / Wolfgang Fikentscher (forthcoming): American Indian Law Codes: Pragmatic Law and Tribal Identity

Gender, Ethnizität und Identität. Die neue Dienstmädchenfrage im Zeitalter der Globalisierung

Beteiligte:
Marianne Krüger-Potratz, Helma Lutz, Susanne Schwalgin. Universität Münster, Fachbereich 6: Erziehungswissenschaft und Sozialwissenschaften, Arbeitsstelle Interkulturelle Pädagogik

Laufzeit: **2002 - 2005**

Im neuen Jahrtausend sind trotz aller (gesetzlichen) Maßnahmen, die auf Regulierung und Professionalisierung haushaltsnaher persönlicher Dienstleistungen gerichtet sind, in zunehmendem Maße Migrantinnen als Haushaltsarbeiterinnen (Putz- und Kinderfrauen, Altenbetreuung und -pflege) in deutschen Haushalten zu finden. Wir gehen von einem fortdauernden Trend aus, der auch in Zukunft von Migrantinnen aus Osteuropa, Lateinamerika und Asien abgedeckt wird.
Die zentralen Ergebnisse des Projektes beziehen sich auf vier Aspekte:

- *Bezahlte Haushaltsarbeit* entzieht sich trotz vielfältiger Bemühungen nach wie vor einer Professionalisierung. Neben fehlgeschlagenen Versuchen einer Regularisierung dieses privaten Arbeitsmarktes liegen die Gründe darin, dass Haushaltsarbeit als vergeschlechtlichte Tätigkeit gilt, schlecht bezahlt wird und wenig Prestige hat. Sie widersetzt sich der Professionalisierung, weil sie als familiale oder nachbarschaftliche unentgoltene Dienstleistung als Alltagskompetenz gilt, die meritokratischen Prinzipien nicht zugänglich ist.
- Für die betroffenen Arbeitnehmerinnen ist das Zusammenfallen von Arbeitsort und Privatraum als intimer Raum der Arbeitgeber/innen problematisch. Dennoch haben alle Beteiligten das Bedürfnis, Haushaltsarbeit zu „normalisieren". Zur Analyse der vielschichtigen Beziehungen dieser Situation greifen Erklärungsansätze, die von einer Dichotomie zwischen Privatheit und Öffentlichkeit, von regulierter und nicht-regulierter Arbeit ausgehen, zu kurz.
- Haushaltsarbeit ist ein umkämpftes Feld sozialer Ungleichheit und interkulturellen Austausches, in dem die sich überkreuzenden Differenzen und Gemeinsamkeiten (z. B. Gender, Klasse, Ethnizität, Religion, Sprache, Erziehung) zwischen Arbeitgeberin und Arbeitnehmerin ausgehandelt werden. Monokausale Erklärungsansätze, die von einer Re-Feudalisierung bezahlter Haushaltsarbeit ausgehen und diese ausschließlich als einseitiges Ausbeutungsverhältnis werten, werden diesem komplexen Beziehungsgeflecht nicht gerecht. *Haushaltsarbeit ist Grenzziehungsarbeit* als hochkomplexe und hierarchisierte Austauschbeziehung, in denen fortwährend Grenzen zwischen Privatheit und Öffentlichkeit, Nähe und Distanz, Intimität und Distinktion ausgehandelt werden.
- *Illegalität* ist besonders für die Arbeitnehmerinnen problematisch. Ihre Situation ist geprägt von den folgenden sich überkreuzenden strukturellen und biografischen Faktoren:

- Doppelter Illegalisierung, d. h. einem illegalen Aufenthalts- und dem illegalen arbeitsrechtlichen Status,
- der geografischen Nähe oder Ferne zwischen ihrem Arbeits- und Herkunftsort,
- den individuellen Unterschieden im Umgang mit Illegalität, die nur vor dem Hintergrund der jeweils unterschiedlichen biografischen Erfahrung verständlich werden,
- den transnationalen Beziehungen zu den Herkunftsorten und Familien.

Auf gesellschaftlicher Ebene lässt sich ein Spannungsverhältnis zwischen staatlicher Rechtsetzung, Souveränität und Effektivität einerseits und den menschenrechtlich begründeten Ansprüchen von betroffenen Personen andererseits konstatieren. Dieses Spannungsverhältnis ist weder für Deutschland noch im europäischen Vergleich hinreichend untersucht worden; daher fehlt die Grundlage, um angemessene Lösungsvorschläge zu entwickeln, die eine transnationale Lebensführung der Betroffenen einbeziehen muss.

Zur Ausgestaltung und Funktionsweise transnationaler Familien, vor allem in Bezug auf transnationale Haushaltsführung einschließlich Mutterschaft, konnten vertiefte Einblicke gewonnen werden. Um transnationale Familien- und Haushaltsführung umfassend zu untersuchen, müsste jedoch die Perspektive zurückgebliebener Familienangehöriger einbezogen werden.

Lutz, Helma (in Vorbereitung): Migration und Haushaltsarbeit. Die neue Dienstmädchenfrage im Zeitalter der Globalisierung.

Lutz, Helma (2004): Transnationale Biographien in globalisierten Gesellschaften, in: Ottersbach, Markus / Yildiz, Erol (Hg.): Migration in der metropolitanen Gesellschaft. Zwischen Ethnisierung und globaler Neuorientierung. Münster, S. 207 - 217

Lutz, Helma (2004): Life in the Twilight Zone: Migration, Transnationality and Gender in the Private Household, in: Journal of Contemporary European Studies, Vol. 12, No. 2, pp. 47 - 56

Lutz, Helma (2003): Geschlecht, Ethnizität, Profession. Die neue Dienstmädchenfrage im Zeitalter der Globalisierung. Münster

Lutz, Helma (2002): In fremden Diensten. Die neue Dienstmädchenfrage in Europa als Herausforderung für die Migrations- und Geschlechterforschung, in: Karin Gottschall & Birgit Pfau-Effinger (Hg.): Zukunft der Arbeit und Geschlecht. Opladen, S. 161 - 182

Bedeutung und Relevanz translokaler, transnationaler Beziehungen für alternative Entwicklungen am Persischen Golf (Iran, Provinz Hormozgan) und Organisation eines Symposiums: Anthropological Perspectives on Iran: The New Millennium And Beyond

Beteiligte:

- **Karl-Heinz Kohl, Shahnaz Razieh Nadjmabadi.** Universität Frankfurt am Main, Philosophie und Geschichtswissenschaften, Institut für Historische Ethnologie
- **Burkhard Schnepel.** Universität Halle Wittenberg, Fachbereich Geschichte, Philosophie und Sozialwissenschaften, Institut für Ethnologie

Laufzeit: **2002 - 2005**

Im Rahmen des Forschungsprojekts ist es zum ersten Mal gelungen, die Geschichte der arabischen Besiedlung in der iranischen Küstenregion Hormozgan am Persischen Golf aufzuarbeiten und einen Gesamtüberblick über westliche und persische Quellen zu vermitteln, in denen die arabische Bevölkerung dieser Region überhaupt Erwähnung findet. Es wurde aufgezeigt, dass die heute existierenden Beziehungen zwischen den iranischen und arabischen Gruppen am Persischen Golf keine rezente Erscheinung, sondern historisch begründet sind. Durch die Ausarbeitung und Analyse beider Schwerpunkte wurde einerseits die ökonomische Interdependenz, aber auch die soziale und kulturelle Grenze zwischen dem iranischen und arabischen Raum thematisiert. Auf der theoretischen und methodologischen Ebene wurden Ansätze erörtert, die einen Diskussionsrahmen bieten, um ähnliche Themenstellungen in anderen Regionen des Irans ethnologisch zu erforschen.

Auf Grund der erstmaligen Erarbeitung der Forschungsthemen im Raum des Persischen Golfes konnte die Aufmerksamkeit eines internationalen Fachkreises geweckt werden, und die Ergebnisse der Forschungsarbeit wurden im Rahmen von nationalen und internationalen Tagungen und Konferenzen vorgestellt und diskutiert. Ein ganz wichtiges Ereignis war die Organisation des Symposiums Anthropological Perspectives on Iran: The New Millennium And Beyond. Zum ersten Mal seit der Revolution von 1979 im Iran hatten Ethnologen aus den USA, Europa und dem Iran die Gelegenheit, sich ohne politische und inhaltliche Einschränkungen über den Stand und die Zukunft ethnologischer Forschung im Iran auszutauschen. Die aus dem Iran kommenden Ethnologen nutzten das Treffen, um ihre Forschungsarbeiten einem größeren internationalen Publikum vorzustellen und die Ergebnisse zur Diskussion zu stellen. Die ausländischen Fachwissenschaftler wiederum hatten die Gelegenheit, die Schwierigkeiten ihrer Forschungspraxis während der letzten 20 Jahre im Iran zu erörtern und gemeinsam mit den iranischen Kollegen Wege und Möglichkeiten gegenseitiger Unterstützung zu diskutieren.

Mit der Organisation des Symposiums, der Durchführung des Forschungsprojekts und der Teilnahme an den verschiedenen internationalen Tagungen und Konferenzen ist es gelungen, ethnologische und sozialwissenschaftliche Fragestellungen im

Iran - einem Land, das politisch, sozial und wirtschaftlich immer wieder bedroht ist, von der internationalen Gemeinschaft ausgeschlossen zu werden - in übergreifende und überregionale Diskussionen und Themenstellungen einzubinden.

Nadjmabadi, Shahnaz (2003): Vom Krieg vertrieben. Die iranische Bevölkerung am Persischen Golf und die Folgen des Irak-Krieges., in: journal-ethnologie.de, Nr. 2 (Onlinepublikation)

Nadjmabadi, Shahnaz (2003): Schicksalsgemeinschaften am Persischen Golf. Der Alltag der Menschen an der iranischen Küste, in: Uni Report, Johann Wolfgang Goethe-Universität, Frankfurt am Main, 12. Februar, Jg. 36, S. 5 (Online: http://www.muk.uni-frankfurt.de/Publikationen/UniReport/dokumente/ ur_3_4/unireport_0302.pdf)

Nadjmabadi, Shahnaz (2004): From „alien" to „one of us" and back: field experiences in Iran, in: Iranian Studies, vol. 37, no. 4, Oxford, pp. 603 - 612

Nadjmabadi, Shahnaz (2005): „Arabisiert" oder „iranisiert"? Siedlungsgeschichte in der iranischen Provinz Hormozgan am Persischen Golf, in: Welt des Islam, Bd. 45, No. 1, Leiden, pp. 108 - 150

Spanien und das Heilige Römische Reich vom 14. Jahrhundert bis zum Beginn des habsburgischen Großreiches: Konstruktionen des Eigenen und des Fremden

Beteiligte:
Klaus Herbers, Nikolas Jaspert. Universität Erlangen-Nürnberg, Institut für Geschichte, Lehrstuhl für Mittelalterliche Geschichte und Historische Hilfswissenschaften

Laufzeit: **25. - 29. September 2002 (wissenschaftliche Fachtagung)**

Als zentrales Ergebnis der Tagung und des Sammelbandes (2004) soll zuerst der besondere Wert der neuen Quellenfunde hervorgehoben werden. Archivgestützte Beiträge erweitern das Fundament, auf dem zukünftige vergleichende Studien aufbauen können. Weiterhin soll hier die - unterschiedlich starke - xenologische Ausrichtung vieler Beiträge betont werden.
Am Beginn dieses Sammelbandes werden fünf aus der Xenologie abgeleitete Untersuchungsfelder genannt, die auch bei der Erforschung der deutsch-spanischen Beziehungen des Spätmittelalters mit Gewinn berücksichtigt werden könnten: 1) die Orte der Begegnung zwischen Fremden, 2) soziale Gruppen und ihr Leben in der Fremde, 3) die Frage nach den Beziehungen zwischen Institutionen über mittelalterliche Herrschaftsgrenzen hinweg, 4) die Rezeption fremder Einflüsse sowie 5) Fremdwahrnehmung seitens spanisch- oder deutschsprachiger Personen.
Unter den Begegnungsstätten nahmen die Höfe wie Avignon und stärker noch der burgundische Hof eine wichtige Stellung ein. Unter den Städten fanden die großen Handelszentren der Iberischen Halbinsel wie Barcelona und Valencia, aber auch kirchliche Zentren wie Toledo besondere Beachtung.
Das zweite Untersuchungsfeld, die sozialen Gruppen und ihr Leben in der Fremde, ist besonders breit; daher konnten nicht alle Kollektive in ihren Beziehungen zur Iberischen Halbinsel bzw. zum römisch-deutschen Reich untersucht werden. Im Vordergrund standen folgende Gruppen: 1. Adlige, die als Söldner, Reisende, Pilger, Diplomaten oder als Dynasten Kontakt mit der Fremde aufnahmen; 2. Kaufleute und Händler, die über die internationalen Messen oder über Gesellschaften Geschäftsbeziehungen mit der Ferne unterhielten; 3. Geistliche erscheinen als Reisende, Gesandte, Theologen, Konzilstellnehmer und Ordensreformer; 4. Juristen und die Kunstschaffenden. Natürlich gab es zwischen diesen Gruppen Grauzonen und Schnittmengen - man denke nur an die Ordensritter oder die geistlichen Juristen.
Diese Reisenden und Grenzgänger gehörten häufig übergeordneten Institutionen an, die unter gewissen Umständen als Vehikel des Kulturkontakts und -transfers dienen konnten. Dass z. B. die Kirche als bedeutendste internationale Institution des Mittelalters in diesem Gefüge eine herausragende Rolle spielte, dürfte wenig überraschen; auf welch unterschiedliche Art und Weise dies mitunter geschah, verdient allerdings Beachtung. Konzilien, Höfe und Orden, aber auch wissenschaftli-

ches Know-how, theologische Dispute und monastische Reformbewegungen als Medien oder als Orte kirchlicher, internationaler Kommunikation wurden genannt. Herausgearbeitet wurde, dass bei diesen und anderen Gelegenheiten fremde Einflüsse aufgegriffen und auch abgewandelt wurden. Dies galt - mit Einschränkungen - für Herrschaftskonzepte und deren Visualisierung; noch deutlicher wird dies an der Kunst.

Schließlich als fünfter und letzter Gesichtspunkt: die Fremdwahrnehmung. Mal aus der Sicht mittelalterlicher Reisender, mal aus derjenigen von Händlern, Theologen, Mönchen oder Kaufleuten wurden Erfahrungen mit den Fremden, Beobachtungen unbekannter Eigenheiten, aber auch Stereotype und Vorurteile vorgestellt und analysiert. Vereinzelt wurde das „Andere" dabei nicht allein als das Unbekannte, sondern auch als das Nicht-Zugehörige thematisiert.

Insgesamt stellen die hier versammelten Aufsätze gerade aufgrund ihrer räumlichen Zuspitzung einen beachtlichen Beitrag zur Alteritäts- und Fremdheitsforschung des Spätmittelalters dar.

Herbers, Klaus / Jaspert, Nikolas (Hg.) (2004): Das kommt mir Spanisch vor. Eigenes und Fremdes in den deutsch-spanischen Beziehungen des späten Mittelalters, Geschichte und Kultur der Iberischen Welt 1. Münster / Berlin

Nationale Minderheiten in der Globalisierung. Ethnizität als Element von Ausdifferenzierungsprozessen der Lebenslagen von Minderheitengruppen im ländlichen Raum Rumäniens

Beteiligte:

- **Wilfried Heller, Josef Sallanz, Corinna Anderl.** Universität Potsdam, Mathematisch-Naturwissenschaftliche Fakultät, Institut für Geographie
- **Jochen Blaschke.** Berliner Institut für Vergleichende Sozialforschung e. V.
- **Ioan Ianos.** University of Bucharest, Faculty of Geography, Department of Human and Economic Geography, Bukarest, Rumänien
- **Peter Jordan.** Österreichisches Ost- und Südosteuropa-Institut, Wien, Österreich
- **Traian Rotariu.** University Babes-Bolyai, Faculty of Sociology and Social Work, Sociology Department, Cluj-Napoca, Rumänien

Laufzeit: **2002 - 2005**

Im Zuge des Transformations- und Globalisierungsprozesses kam es in den letzten 15 Jahren auch in Rumänien zu einer Annäherung an westliche Lebensmuster und parallel dazu zu einer Binnendiversifizierung der Lebensverhältnisse. Allerdings wurde das Land nicht flächendeckend von den internationalen ökonomischen Verflechtungen erfasst, sondern es fand sogar eine stärkere regionale Ausdifferenzierung statt. Traditionelle und moderne Gesellschaften leben hier nach wie vor nebeneinander. In vielen ländlichen Räumen Rumäniens, so auch in den unterschiedlichen Regionstypen Dobrudscha sowie Banat und Siebenbürgen, haben sich traditionelle Lebensweisen, Besitzstrukturen, Arbeitstechniken und Bewirtschaftungsformen bis in die heutige Zeit erhalten. Die Regionen Banat und Siebenbürgen zeichnen sich aber hinsichtlich der aktuellen wirtschaftlichen Situation, des Internationalisierungsgrades und der internationalen Verflechtungen im Vergleich zur Dobrudscha durch einen relativ hohen Verstädterungsgrad aus. Internationale Einflüsse kommen im Banat und in Siebenbürgen wesentlich mehr zur Geltung, und ökonomische Investitionen versprechen wegen der Lage sowie wegen bestimmter endogener Faktoren viel mehr Effizienz. Dies trifft für die Dobrudscha nur eingeschränkt zu. Bezüglich des ländlichen Raums muss außerdem festgehalten werden, dass er einerseits Transformationsprobleme auffängt, andererseits vollzieht sich die Stabilisierung des rumänischen Arbeitsmarktes auf einer sehr niedrigen Ebene, was bedeutet, dass ein großer Teil der Betriebe nur für die Subsistenz arbeitet.
Nach Auswertung des gewonnenen Materials und unter Berücksichtigung der ökonomischen und politischen Rahmenbedingungen zum Zeitpunkt unserer qualitativen Befragungen im Laufe des Jahres 2003 lässt sich bezüglich der These, dass Ethnizität im Transformationsprozess einen Bedeutungswandel erfahre, zusammenfassend Folgendes feststellen: Die Betonung, die Wiederentdeckung und die Konstruktion der ethnischen Identität haben bei den untersuchten Minderheitengruppen unterschiedliche und zum Teil auch widersprüchliche Konsequenzen her-

vorgerufen. Die Akzentuierung der eigenen Kultur ist für viele Angehörige ethnischer Minderheiten, speziell aber der kleineren, zentral für die Wiedergewinnung ihrer Selbstachtung und für die Anerkennung durch die Mehrheitsgesellschaft sowie durch die anderen Minderheiten. Es kann festgehalten werden, dass die Transformationsprozesse in Rumänien - trotz vieler politischer, ökonomischer und sozialer Reformen, also insgesamt positiver Veränderungen - eine längere Zeit benötigen, damit Neuerungen im Bewusstsein der Menschen fest verankert werden und im Alltag Anwendung finden. Gleichwohl kann man behaupten, dass der Grad der Reflexivität über die Kultur- und Sozialbedingtheit der eigenen Weltsicht und der Relativierung der eigenen Position als Mitglied einer sozialen Gruppe bei vielen im Zuge des komplexen Strukturwandels höher geworden ist.
Ethnizität ist nach wie vor ein Schlüsselbegriff in einer Zeit zunehmender Globalisierung. Die Einbindung Rumäniens in die europäischen und nordatlantischen Strukturen spielt im gesamten Transformationsprozess eine nicht geringe Rolle. Infolgedessen befinden sich die Menschen hier in einer Spannung zwischen vereinheitlichenden Prozessen einerseits und der Schaffung vielfältiger Identitäten andererseits auf der Suche nach dem persönlichen Gleichgewicht, wobei die ethnische Identität nur eine mögliche Form darstellt, sich selbst oder kollektiv zu artikulieren. Ein Abschlusssymposium im November 2005 soll außerdem die Anwendbarkeit von Forschungsergebnissen für die Politikberatung überprüfen und diskutieren.

Heller, Wilfried (in Vorbereitung): Ethnizität und Globalisierung. Zum Bedeutungswandel ethnischer Kategorien in Transformationsländern, in: Geographische Zeitschrift, 92 Jg., H. 1

Heller, Wilfried (in Vorbereitung): Zur Bedeutung von Ethnizität in Transformationsländern unter dem Einfluss von Globalisierung, in: W. Heller / P. Jordan / T. Kahl / J. Sallanz (Hg.): Ethnizität in der Transformation. Zur Situation nationaler Minderheiten in Rumänien (Wiener Südosteuropa Studien) [Die Beiträge der Teilnehmer am Wiener Workshop erscheinen in diesem Sammelband]

Anderl, Corina (in Vorbereitung): Siebenbürger Sachsen, Banater Schwaben und Landler als Deutsche in Rumänien. Zur Ambivalenz der kulturellen Funktion von Ethnizität in multiethnischen Regionen, in: W. Heller / P. Jordan / T. Kahl / J. Sallanz (Hg.): Ethnizität in der Transformation. Zur Situation nationaler Minderheiten in Rumänien (Wiener Südosteuropa Studien)

Sallanz, Josef (2005): Bedeutungswandel von Ethnizität im ländlichen Raum Rumäniens: Fallbeispiel Dobrudscha, in: W. Heller / P. Jordan / T.

Kahl / J. Sallanz (Hg.) (in Vorbereitung): Ethnizität in der Transformation. Zur Situation nationaler Minderheiten in Rumänien (Wiener Südosteuropa Studien)

Sallanz, Josef (Hg.) (in Vorbereitung): Die Dobrudscha: Ethnische Minderheiten - Kulturlandschaft - Transformation. Ergebnisse einer Forschungsexkursion in den rumänischen Südosten

Identitätsentfaltung über Bikulturalismus und Enklavenbildung? Eine vergleichende Analyse der Problematik kultureller Selbstbehauptung russisch-jüdischer Immigranten der 1990er Jahre in Israel, Deutschland und den USA

Beteiligte:

- **Julius H. Schoeps, Willi Jasper, Olaf Glöckner.** Moses Mendelssohn Zentrum e. V., Europäisch-Jüdische Studien, Universität Potsdam
- **Eliezer Ben-Rafael, Yochanan Peres.** Tel Aviv University, Department of Sociology, Tel Aviv, Israel
- **Paul A. Harris, Richard Topolski.** Augusta State University, Department of Political Science + Department of Psychology, Augusta/Georgia, USA

Laufzeit: **2003 - 2005**

Im Mittelpunkt der Untersuchung, an der sich Historiker, Soziologen, Politik- wie auch Kulturwissenschaftler beteiligen, stehen Besonderheiten und Probleme der soziokulturellen Integration von jüdischen Emigranten aus dem Gebiet der früheren Sowjetunion die sich seit Anfang der 1990er Jahre in Deutschland, Israel und den USA ansiedeln. Sowohl bei den quantitativen als auch bei den qualitativen Untersuchungen hat sich in allen drei Aufnahmeländern bestätigt, dass die jüdischen Emigranten aus der früheren Sowjetunion in starkem Maße dazu neigen, sich im sozio-kulturellen Bereich eigene Strukturen aufzubauen („Russian Communities"), welche sich u. a. in eigenen Kulturzentren, Begegnungsstätten, Interessenverbänden, informellen Netzwerken und Medien ausdrücken (in Israel auch in Form eigener Schulen und politischer Parteien). Diese ausgeprägte sozio-kulturelle „Infrastruktur" bedeutet aber nicht, dass sich die Immigranten von ihren jeweiligen Aufnahmegesellschaften abkapseln oder dass sie in der Gefahr stehen, ähnlich wie andere Zuwanderungsgruppen und ethnische Minderheiten marginalisiert zu werden. (Es bilden sich also keine russischsprachigen „Parallelgesellschaften".)
In Israel und in den USA entwickeln die russisch-jüdischen Zuwanderer zudem „additive Identitäten" (additive Integration). Sie identifizieren sich zumindest teilweise mit der Kultur und Politik der Aufnahmegesellschaft, aber unter Beibehaltung der russischen Sprache und Kultur.
In Deutschland ist dieser Trend - hin zu einer additiven Identität - bisher nicht zu erkennen. Eine nationale oder kulturelle Identifikation der russisch-jüdischen Zuwanderer mit der deutschen Aufnahmegesellschaft fehlt weitgehend (sie ist nur für einen sehr kleinen Prozentsatz der interviewten Personen nachweisbar). Die Gründe erscheinen komplex:
Sprachliche Integration (anhand der Selbsteinschätzung der Befragten): In Israel ist die sprachliche Integration am weitesten vorangeschritten. In Deutschland ist die sprachliche Integration (Deutscherwerb) bisher am schlechtesten vorangekommen - dies hat direkte Auswirkungen auf die Situation am Arbeitsmarkt.

Sozialer Status: Der erreichte soziale Status (Einkommen, berufliche Position) der Immigranten ist in den USA mit Abstand am höchsten. In Deutschland wiederum sind sozialer Status und Aufwärtsmobilität am geringsten, deutlich geringer auch als in Israel (wohin 1 Million und damit der überwiegende Teil der russisch-jüdischen Emigranten der 1990er Jahre gesiedelt sind.)
Interaktion mit der einheimischen Bevölkerung: Kontakte und Interaktion mit der einheimischen Bevölkerung sind am stärksten in Israel entwickelt, es folgen die USA. Die niedrigsten Werte ergeben sich wiederum in Deutschland. Dies hat Auswirkungen auf die Identifikation der Immigranten mit der jeweiligen aufnehmenden Nation. Allerdings ist auch in Deutschland die Fluktuationsrate gering geblieben.
Transnationaler Charakter der Emigration: Unabhängig von den Fortschritten oder Rückschlägen ihrer Integration in Israel, Deutschland und den USA lässt die Gruppe der russisch-jüdischen Emigranten ein vergleichsweise starkes Bestreben erkennen, sich auch in einer „transnationalen Gemeinschaft" (der russischsprachigen Juden) verankert zu wissen. Dies zeigt sich sowohl in intensiven persönlichen Kontakten (Kontinente übergreifend) als auch in der kulturellen Zusammenarbeit, außerdem in der Formierung transnationaler Organisationen (wie dem „Weltkongress russischsprachiger Juden e. V." mit Büros in Moskau, New York, Jerusalem und Berlin). Als einer der wichtigsten gemeinsamen Identitätsfaktoren innerhalb der russisch-jüdischen Diaspora erweist sich die Solidarität mit Israel.

Ben-Rafael, Eliezer / Lyubansky, Mikhail / Glöckner, Olaf / Harris, Paul / Schoeps, Julius / Israel, Yael / Jasper, Willi (forthcoming): Building a Diaspora. Russian Jews in Israel, Germany and the United States

Jasper, Willi / Schoeps, Julius H. et al. (2005) (Hg.): Russische Juden und Transnationale Diaspora (Reihe: Menora, Jahrbuch für deutsch-jüdische Geschichte, Bd. 15, 2004). Berlin

von Mering, Sabine / Glöckner, Olaf (forthcoming) (Ed.):. Russian Jewish Emigration after the Cold War - A Transnational Community in the Making? (International Colloquium Report. Brandeis University Press)

Die virtuelle zweite Generation - Zur Aushandlung ethnischer Identität im Internet am Beispiel der Inder/innen der zweiten Generation in Deutschland

Beteiligte:
Werner Schiffauer, Urmila Goel, Mareile Paske, Navina Khatib, Thomas Steller. Europa-Universität Viadrina, Frankfurt/Oder

Laufzeit: **2004 - 2006**

Ziel des Forschungsprojekts „Die virtuelle zweite Generation", das in der Kultur- und Sozialanthropologie angesiedelt ist und ethnographische Methoden verwendet, ist die Analyse des ethnisch definierten Internetportals www.theinder.net. Das „Indernet" wurde im Sommer 2000 von drei jungen Studenten, deren Eltern aus Indien stammen, gegründet mit dem Ziel, Inder/inne/n der zweiten Generation Kommunikation und Information rund um Indien zu bieten. Im ersten Jahr sind sowohl der Inhalt als auch die Nutzerzahlen massiv gestiegen; danach hat sich beides auf einem hohen Niveau stabilisiert. Das Portal, das auch mehrere Krisen überlebt hat, ist weit bekannt und genießt hohes Ansehen. Es bietet sowohl redaktionelle Artikel und Veranstaltungsankündigungen als auch interaktive Foren. Das Forschungsprojekt analysiert, welche Funktionen und Bedeutungen dieser neu geschaffene virtuelle Raum für „Inder/innen der zweiten Generation" und insbesondere die Aushandlung ethnischer Identität unter ihnen hat. Die Feldforschung hierfür umfasst zum einen teilnehmende Beobachtung auf dem Internetportal und bei Offline-Veranstaltungen, zum anderen narrative Interviews mit Redakteur/inn/en, Nutzer/inne/n (aktiven und Lurkern*), anderen Webmastern, Journalist/inn/en, Nicht-Nutzer/inne/n etc.

„Inder/innen der zweiten Generation" gehören nach Mecheril zur Kategorie der „anderen Deutschen". Sie wurden zwar in Deutschland sozialisiert und haben hier ihren Lebensmittelpunkt, werden aber sowohl von der Mehrheitsgesellschaft als auch von ihren Eltern als anders wahrgenommen. Mit dem „Indernet" haben sie sich einen Raum geschaffen, in dem sie nicht anders, sondern die Norm sind. Hier treffen sie andere mit ähnlichem „ethnischem" Hintergrund, mit ähnlichen familiären und Diskriminierungserfahrungen. In diesem selbst gestalteten und selbst kontrollierten Raum gehören sie der „Norm" an und können so als unterschiedliche Individuen und nicht als Angehörige einer Kategorie wahrgenommen werden. Auf dem „Indernet" können sie - angelehnt an die Analyse von Miller und Slater - sowohl „Inder/innen der zweiten Generation sein" als auch „Indien repräsentieren". Diese Möglichkeiten haben sie offline nur in eingeschränktem Maße, da sie zum einen in absoluten Zahlen nur eine kleine Gruppe sind, die geographisch verstreut lebt, und zum anderen offline nicht die Macht und Ressourcen zur Selbstrepräsentation haben.

Das „Indernet" kann aber nicht unabhängig von der Offline-Welt verstanden werden. Es ist aus einem in der physischen Welt nicht gestillten Bedarf nach Information, Kommunikation und Netzwerken entstanden. Es konnte sich etablieren, da die Gründer offline Kontakte knüpfen, ihr Portal vernetzen und vermarkten konnten. Es war erfolgreich, da die Nutzer/innen Informationen über Offline-Veranstaltungen bekamen und das „Indernet" als ein weiteres Medium in ihr alltägliches Leben einbauen konnten. Das „Indernet" ist klar in Deutschland verortet; es ist trotz eines gegenteiligen Eindrucks nicht Teil eines transnationalen Netzwerks. Dabei erfüllt es für unterschiedliche Nutzer/innen unterschiedliche Bedürfnisse und spricht nicht alle Mitglieder seiner Zielgruppe an.

Inwieweit das sich selber als unpolitisch verstehende „Indernet" aufgrund seiner Betonung von ethnischer Zugehörigkeit und dem Verwenden von nationalen Symbolen durchaus politische Positionierung hat und verbreitet, verdient weitere Analyse.

*Lurker = Zuschauer, passiver Teilnehmer

Goel, Urmila (2005): Fatima and theinder.net - A refuge in virtual space, in: Angelika Fitz, Merle Kröger, Alexandra Schneider und Dorothee Wenner (Ed.): Import Export - Cultural Transfer - India, Germany, Austria. Berlin, pp. 201 - 207

Weitere Publikationen auf www.urmila.de/forschung.

Schwarzes Europa: (Vergessene) Geschichte und Gegenwart eines Kontinents - Eine vergleichende interdisziplinäre Studie zu Identitäten, Positionalitäten und Differenzen

Beteiligte:

- **Randolph Ochsmann, Peggy Piesche, Timo Wandert.** Universität Mainz, Fachbereich Sozialwissenschaften, Psychologisches Institut. Abt. Sozialpsychologie
- **Sara Lennox.** University of Massachusetts, Germanic Languages and Literatures, Amherst/Massachusetts, USA
- **Fatima El-Tayeb.** University of California, Department of Literature, San Diego/ California, USA

Laufzeit: **2005 - 2008**

Die Geschichte schwarzer Europäer/innen, deren momentane Anzahl auf 18 Millionen geschätzt wird, ist bislang noch weitgehend unbekannt. Dies liegt zum einen an der mangelnden Bereitschaft vieler europäischer Nationen, sich mit den Schattenseiten der eigenen Kolonialgeschichte auseinanderzusetzen. Zum anderen ist dies mit dem ebenfalls weit verbreiteten Glauben verbunden, Europa bestehe zwar aus vielen verschiedenen Ethnien, die aber alle zur gleichen Rasse gehörten. Auf diese Weise wird schwarzen Europäer/inne/n oft selbstverständlich die Rolle der Fremden zugewiesen, statt sie als Teil der Pluralität des neuen vereinten Europa zu begreifen. Ziel des Forschungsvorhabens ist die Erarbeitung von wissenschaftlichen Werkzeugen, die der Geschichte, den jetzigen Erfahrungen und den Perspektiven der schwarzen Bevölkerung Europas gerecht werden. Das empirische Forschungsvorhaben gliedert sich in drei Teilbereiche: Die Selbst- und Fremdwahrnehmung schwarzer Menschen in Europa, die öffentliche Selbstdarstellung schwarzer Deutscher und Chiffren und Rhetoriken kultureller Differenz. Der zuletzt genannte Teilbereich behandelt Repräsentationen und Images des Schwarzen. Alle Teilbereiche werden zunächst als eigenständige Bereiche erarbeitet und schließlich wieder zusammengeführt. Als Basis soll an der Universität Mainz ein Zentrum für Black European Studies entstehen. Voraussichtliches Projektende: Februar 2008.

Eggers, M. / Kilomba Ferreira, G. / Piesche, P. / Arndt, S. (Hg.) (2005): Das Ding mit dem Subjekt. In Deutschland angekommen? - Critical Whiteness in Gesellschaft, Kultur und Wissenschaft. Münster

Wandert, T. / Ochsmann, R. (2005): Even the rat was white: Weißsein, Rassismus und „Rasse" in der Psychologie, in: Eggers, M., Kilomba Ferreira, G., Piesche, P. & Arndt, S. (Hg.): Das Ding mit dem Subjekt. In Deutschland angekommen? - Critical Whiteness in Gesellschaft, Kultur und Wissenschaft. Münster

Erwerb und Vermittlung interkultureller Kompetenz

Das ‚Fremde' und das ‚Eigene'. Probleme und Möglichkeiten interkulturellen Verstehens (1992 - 1999)

Konfliktkulturen und interkulturelle Mediation

Beteiligte:

- **Norbert Ropers, Petra Haumersen, Frank Liebe.** Berghof-Stiftung für Konfliktforschung, Berlin
- **Jacques Salzer, Université Dauphine.** Paris, Frankreich
- **Thomas Fiutak, University of Minnesota.** Minneapolis, USA

Laufzeit: **1994 - 1998**

Hinsichtlich der Forschungsfrage, welche Voraussetzungen und Bedingungen es Mediator/inn/en ermöglichen, in interkulturellen Konflikten konstruktiv zu intervenieren und wie die Forderung nach Neutralität des Mediators und des Verfahrens der Konfliktbearbeitung bei unterschiedlicher (nationaler) kultureller Herkunft der Konfliktparteien einzulösen seien, waren die wichtigsten Ergebnisse:

1. Die Rolle nationaler kultureller Zugehörigkeit für einen konstruktiven Verlauf der Konfliktbearbeitung in interkulturellen Konflikten wird zu Unrecht als größer als die anderer möglicher Gruppenzugehörigkeiten angesehen.
   Die Annahme, allein schon die unterschiedliche nationale Zugehörigkeit gegnerischer Konfliktparteien mache einen Konflikt zu einem interkulturellen und erfordere eine Besetzung der Mediatorenrolle mit einem Angehörigen einer dritten - formal gesehen neutralen - nationalen Kultur, hielt der empirischen Überprüfung in Mediations-Rollenspielen, in denen die Spieler tatsächlich unterschiedlicher Nationalität waren, nicht stand. Zwar kam es zum - teils unbewussten, teils strategischen - Rückgriff auf Vorurteile u. ä.; dies aber bezog sich ebenso auf die nationale wie auf alle möglichen anderen Gruppenzugehörigkeiten der Beteiligten. Für einen konstruktiven Verlauf der Konfliktbearbeitung ist die Kompetenz des Mediators, einen Raum für gleichberechtigte Kommunikation der Konfliktparteien zu schaffen, entscheidender als das formale Kriterium „Nationalität des Mediators".
2. Wenn wie bei Inter-Gruppen-Konflikten die unterschiedlichen Gruppenzugehörigkeiten der Konfliktbeteiligten selbst Bestandteil des Konflikts sind, weil dieser mit gesellschaftlichen Inklusions- bzw. Exklusionserfahrungen entsprechend der Wir-Gruppenzugehörigkeit verknüpft ist, bietet ein Setting, das den Konfliktparteien ein Mediatorenteam gegenüberstellt, das sich aus je einem Angehörigen der involvierten Gruppen und einem „Neutralen" zusammensetzt, spezifische Potenziale für einen konstruktiven Verlauf. In der empirischen Überprüfung im Rahmen zweier komplexer Simulationen zeigte sich vor allem,

- dass sich die „Knackpunkte" des Konflikts bereits in der Phase der Teambildung manifestierten (beispielsweise an unterschiedlichen Rollendefinitionen der „Nicht-Neutralen", an der unterschiedlichen Betonung bestimmter Aspekte des Konfliktgegenstands), was - sofern eine Verständigung darüber stattgefunden hat - das Potenzial für ein genaueres Verständnis des Konflikts sowie der Anliegen der Konfliktparteien und damit zu einer gelungenen Kontextualisierung des Verfahrens bietet;
- dass ein Mediatorenteam zu einem Vorbild für einen konstruktiven Umgang mit den Unterschieden zwischen den Konfliktparteien werden kann. Die Voraussetzung dafür ist allerdings ein reflektierter Umgang mit den Unterschieden im Team, der es ihm ermöglicht, ungeachtet fortbestehender und offen liegender Unterschiede eine gemeinsame Haltung und Strategie für das Vorgehen in der Konfliktbearbeitung zu erreichen und beizubehalten.

Solche Mediatorenteams stehen vor der Aufgabe, in ihrer Konfliktdiagnose die Kulturalisierung sozialer Unterschiede zu vermeiden, ohne die Bedeutung kultureller Unterschiede zu vernachlässigen. Daraus ergibt sich die Frage, welche individuellen Voraussetzungen Mediatoren dafür mitbringen müssen und welche institutionellen Bedingungen einem solchen, die je eigene Herkunftskultur transzendierenden Reflexions- und Kommunikationsprozess förderlich wären.

Liebe, Frank (1996): Interkulturelle Mediation - eine schwierige Vermittlung. Eine empirisch-analytische Annäherung zur Bedeutung von kulturellen Unterschieden, (Berghof Report Nr. 2). Berlin

Haumersen, Petra / Liebe, Frank (1999): Multikulti: Konflikte konstruktiv. Trainingshandbuch Mediation in der interkulturellen Arbeit; Mülheim a. d. Ruhr [erscheint demnächst unter dem Titel „Wenn Multikulti schief läuft. Trainingshandbuch interkulturelle Mediation" mit neuem 1. und 6. Kapitel in zweiter Auflage, Mülheim a. d. Ruhr, 2005]

Liebe, Frank / Haumersen, Petra (2000): Demokratisierung durch Konflikt. Transformative Konfliktbearbeitung als partizipatives Modell, in: Zeitschrift für internationale Bildungsforschung und Entwicklungspädagogik (ZEP), 23. Jg., H. 2, S. 11 - 17

Liebe, Frank (im Druck): Mediation im politischen Feld; in: Hagen Kordes, Burkhard Müller, Hans Nicklas (Hg.): Handbuch interkultureller Wandel. Probleme - Handlungsfelder - Methoden; Frankfurt, New York

Interkulturelle Synergie in Arbeitsgruppen

Beteiligte:
Alexander Thomas, Ulrich Zeutschel. Universität Regensburg, Institut für Psychologie

Laufzeit: **1995 - 1998**

Es wurde ein Unternehmensplanspiel SYNTEX entwickelt, das ein Textilunternehmen abbildet, das von einem international zusammengesetzten Führungsteam geleitet werden musste mit der Zielstellung, einen hohen Gewinn zu erzielen, Arbeitsplätze zu sichern und ein hohes Maß an Zufriedenheit bei den Mitarbeitern zu erreichen. Die Führungsmannschaft bestand in den verschiedenen Versuchsdurchgängen aus monokulturell deutschen, indonesischen und U.S.-amerikanischen Teilnehmern und aus den sich daraus ergebenden Kombinationsmöglichkeiten.
In einem Satz zusammengefasst lautet das Ergebnis „Synergy is not for free!". In den verschiedenen plurikulturellen Varianten konnten Synergieeffekte beobachtet werden, die allerdings nur dann entstehen und handlungswirksam werden, wenn spezifische Bedingungen erfüllt sind. Zu diesen Bedingungen gehört ein hohes Maß an Sensibilität für die kulturspezifischen Unterschiede in der Wahrnehmung, im Denken, Urteilen, Empfinden und Handeln der miteinander interagierenden Personen und der Fähigkeit, mit daraus entstehenden Divergenzen Ziel führend und produktiv umzugehen. Weiterhin konnte festgestellt werden, dass synergetische Effekte nur dann erzielt werden, wenn Macht-, Einfluss- und Kompetenz-Asymmetrien (z. B. sprachlicher Art) abgebaut bzw. aufgelöst werden und in der Arbeitsgruppe ein Beziehungsverhältnis etabliert ist, das nach dem Prinzip der wechselseitigen Kontingenz funktioniert. Am Beispiel bikultureller Arbeitsgruppen (deutsche/U.S.-amerikanische Teilnehmer und deutsche/indonesische Teilnehmer) konnten adaptive Gegensätze in den Arbeitsgruppen herausgearbeitet werden; und zwar im Bezug auf gruppenrelevante Themen wie Problembearbeitung, Teamzusammenarbeit, Lob und Kritik, Arbeitstechnik, Macht und Kontrolle. Aufbauend auf den laborexperimentell gewordenen Forschungsergebnissen wäre es möglich gewesen, ein für plurikulturell zusammengesetzte Arbeitsgruppen passendes Training zu entwickeln und zu erproben, was aber auf Grund der oben bereits genannten mangelnden Kooperationsbereitschaft der angesprochenen Unternehmen nicht realisierbar war.

Zeutschel, U. / Thomas, A. (1999): Towards Intercultural Synergy. In Global Player. International Management and Business Culture, Vol. 9, No. 5, p. 41

Thomas, A. (1999): Interkulturelle Forschung am Institut für Psychologie der Universität Regensburg. Divergenzen, Konsequenzen und Synergiepotential deutsch-japanischer Arbeitsgruppen, in: SIETAR Newsletter, 5. Jg., H. 3, S. 34 - 36

Stumpf, S. (Hg.) (1999): Heterogenität in Gruppen (Themenheft). Gruppendynamik, in: Zeitschrift für angewandte Sozialpsychologie, 30. Jg., H. 2

Stumpf, S. / Thomas, A. (1999): How to Cope with the Diversity of Diversity Research on Group Effectiveness: Some Outlines for Future Empiricla Research, Theory Building and Practical Applications, in: Psychologische Beiträge. Vierteljahresschrift für alle Gebiete der Psychologie. 41. Jg., H. 3, pp. 403 - 421

Stumpf, S. (1999): Wann man von Synergien in Gruppen sprechen kann: Eine Begriffsanalyse, in: Gruppendynamik. 41. Jg., H. 3, S. 191 - 206

Interkulturelle schulische Erziehung: Einstellungen und Erfahrungen von Lehrerinnen und Lehrern

Beteiligte:

- **Ulrich Wagner, Gert Sommer.** Universität Marburg, Fachbereich Psychologie
- **Georg Auernheimer.** Universität Köln, Seminar für Pädagogik

Laufzeit: **1997 - 1999**

Das Forschungsprojekt befasste sich mit dem Umgang von Lehrerinnen und Lehrern mit interkulturellen Situationen und Konflikten, den Determinanten dieses Lehrerverhaltens und den Auswirkungen dieses Verhaltens auf Schülerinnen und Schüler. Angenommen wurde, dass Lehrerverhalten in interkulturellen Konfliktsituationen durch eine Reihe von Merkmalen vorhersagbar ist; wie ihr Alter, ihr Geschlecht und ihre Berufserfahrung sowie psychologische Variablen wie die Einstellungen von Lehrerinnen und Lehrern zu Maßnahmen gegen Ausländerfeindlichkeit im schulischen Kontext, ihre generelle Einstellung zur Akkulturation von Migranten in der Bundesrepublik, ihre persönlichen Kontakte und Erfahrungen mit Ausländerinnen und Ausländern, spezifische Persönlichkeitsdispositionen (insbesondere Autoritarismusneigung), berufsbezogenen Kompetenz- und Kontrollüberzeugungen, das Ausmaß ihrer berufsspezifischen und außerberuflichen sozialen Unterstützung sowie das Ausmaß beruflicher Belastungen. Zur Analyse der Zusammenhänge wurden Lehrerinnen und Lehrer befragt; außerdem wurde das lehrerspezifische Verhalten in interkulturellen Kontexten in Beziehung gesetzt zu wichtigen Schüler- und Klassenvariablen. Dazu zählen insbesondere die Einstellungen der Schülerinnen und Schüler zu ethnischen Minderheiten und ihre persönlichen Beziehungen zu nicht-deutschen Mitschülerinnen und Mitschülern sowie das generelle Schul- und Klassenklima. Insgesamt wurden sechs empirische Studien durchgeführt.

Die Ergebnisse zeigen, dass Lehrerinnen und Lehrer zumeist sachangemessen mit interkulturellen Situationen und speziell mit Äußerungen von Ausländerfeindlichkeit umgehen, dass sie aber zu problematischen Reaktionen auf interkulturelle Konflikte neigen. Dies gilt insbesondere für stärker autoritäre Lehrerinnen und Lehrer. Erstaunlicherweise scheinen aber gerade stärker autoritäre Lehrerinnen und Lehrer ein Verhalten zu zeigen, das mit einer stärkeren interkulturellen Kontaktaufnahmen durch türkische Schülerinnen und Schüler kovariiert. Wie genau dieser Zusammenhang zu erklären ist, wird Gegenstand weiterer Forschung sein. Qualitative Analysen stärken die Annahme, dass der Umgang von Lehrpersonen mit kulturellen Differenzen nicht unbefangen ist.

Aus den Untersuchungsergebnissen können verschiedene praktische Hinweise für das pädagogische Handeln von Lehrerinnen und Lehrern abgeleitet werden. Der Zusammenhang zwischen dem Handeln von Lehrerinnen und Lehrern und ihren Akkulturationseinstellungen, ihrer Autoritarismusneigung und erfahrenen sozialen Unterstützung verweist auf die Bedeutung dieser Variablen: Lehrerinnen und

Lehrer werden aus Reflexionen über ihre eigenen Überzeugungen zur Akkulturation von ethnischen Minderheiten Gewinn für ihre pädagogische Arbeit ziehen können. Im amerikanischen Sprachraum sind Methoden entwickelt worden, die als Hilfsmittel für solche Reflexionen eingesetzt werden können. Führende Autoren aus der Autoritarismusforschung schlagen zur Modifikation von Autoritarismusneigung beispielsweise die Value-Confrontation-Technique vor. Auch hier wäre zu prüfen, wie weit sich Modifikationen dieser Intervention beispielsweise in Fortbildungsveranstaltungen von Lehrerinnen und Lehrern einsetzen lassen. Aus den Befunden zur sozialen Unterstützung ergibt sich, dass die Analyse spezieller Belastungssituationen im Lehrerberuf weiter vorangetrieben werden muss. Ein Teil der im Projektrahmen durchgeführten Studien beschäftigte sich speziell mit solchen organisationspsychologischen Fragestellungen. Zu erwarten ist, dass auch Zusammenhänge zwischen lehrerspezifischen Beanspruchungs- und Belastungssituationen und dem Umgang mit interkulturellen Konflikten und deren Bewältigung aufzeigbar sind.

Auernheimer, G. / van Dick, R. / Wagner, U. / Petzel, T. (2001): Interkulturalität im Arbeitsfeld Schule. Opladen

Auernheimer, G. / von Dick, R. / Petzel, T. / Sommer, G. / Wagner, U. (1998): Wie gehen Lehrer/innen mit kulturellen Differenzen um? Ergebnisse aus einer Lehrerbefragung, in: Zeitschrift für Erziehungswissenschaft, H. 1, S. 597 - 611

Van Dick, R. / Govaris, H. / Wagner, U. / Kodakos, T. (2003): Der Einfluss kultureller Hintergründe und individueller Orientierungen auf den Umgang von Lehrerinnen und Lehrern mit interkulturellen Problemsituationen: Eine Untersuchung an griechischen und deutschen Lehrkräften, in: Psychologie in Erziehung und Unterricht, H. 50, S. 342 - 352

Wagner U. / Auernheimer G. / Petzel T. / Van Dick R. (2000): Teachers' authoriarianism and intercultural education, in: International Journal of Psychology, No. 35, pp. 92 - 92

Wagner, U. / van Dick, R. / Petzel, T. / Auernheimer, G. / Sommer, G. (2000): Der Umgang von Lehrerinnen und Lehrern mit interkulturellen Problemsituationen: Die Bedeutung von ethnischen Einstellungen, in: Psychologie in Erziehung und Unterricht, H. 47, S. 46 - 65

Konflikttreiber - Konfliktschlichter

Beteiligte:

- **Georg Elwert (†), Julia Eckert, Manuela Leonhardt, Kristóf D. Gosztonyi.** Freie Universität Berlin, Institut für Ethnologie, Regionalbereich Afrika
- **Bruce Kapferer.** University College London, Großbritannien
- **Stephan Feuchtwang.** University of London, Großbritannien
- **Wendy James.** Harvard University, Cambridge, USA
- **James Scott.** Yale University, Hartford, USA
- **Jonathan Friedman.** University of Lund, Schweden
- **Günther Schlee.** Universität Bielefeld
- **Ivo Strecker.** Universität Mainz, Institut für Ethnologie

Laufzeit: **1996 - 1998**

Ziel des Projekts war es, zu erkunden, wie militante Konflikte eskalieren und wie sie zur Deeskalation gebracht werden können. Dabei waren wir davon ausgegangen, dass Konflikte vielfach von „Konflikttreibern", politischen Unternehmern mit instrumentellen Interessen am Konfliktgeschehen, vorangetrieben werden. Die Arbeitshypothese des Projekts, dass sich in Konflikten unter Bedingungen z. B. der Kriegsmüdigkeit, das Verhältnis zwischen Eliten und Anhängern dergestalt verändern würde, dass deeskalative Strategien für politische Unternehmer rational würden, hat sich nicht bestätigt. Die Bevölkerung hat nur dann Möglichkeiten, deeskalative Strategien einzufordern, solange demokratische Institutionen politische Eliten an ihre Wähler binden. Die Rolle der Demokratie ist allerdings uneindeutig, denn Parteienkonkurrenz kann auch chauvinistische Mobilisierung anregen. Dennoch kann sich ein etwaiges deeskalatives Interesse der Bevölkerung nur über demokratische Institutionen ausdrücken. Andere Strategien der Verweigerung von Unterstützung, wie Desertion, Flucht, oder „inneres Exil", sind wenig effektiv. Vor allem haben Gegeneliten, Schlichtungsunternehmer meist nur in demokratischen Verfahren Chancen, sich gegenüber Kriegsunternehmern durchzusetzen. Ihre Chancen sind auch deshalb schlechter, weil sie nicht im gleichen Maße wie Kriegsunternehmer soziales und ökonomisches Kapital in Bezug setzen können.

Freilich werden in Konflikten demokratische Strukturen zerstört und Friedensinteressen dadurch unplausibel gemacht, dass Situationen geschaffen werden, in denen die Bedrohung real und daher Verteidigung als einzige Möglichkeit gesehen wird. Verteidigungsinteressen überlagern also Friedensinteressen, obwohl diese in allen untersuchten Fällen gegeben waren. Insbesondere können Friedensinteressen etablierte Gewaltmärkte nicht aushebeln; sie können allenfalls aktionistische Gewalt drosseln, die auf ein hohes Maß an Binnenmobilisierung angewiesen ist.

Die Binnenmobilisierung beruht vielfach auf der gleichzeitigen Militanz und ideologischen Vagheit bzw. Offenheit inhaltlicher Positionen. Letztere macht es möglich, unterschiedliche Interessengruppen zu binden. Dennoch besteht in fast allen

Konfliktparteien und zu fast allen Zeitpunkten eine interne Fraktionierung, gruppeninterne Konkurrenz und eine Rollendifferenzierung. Unterschiedlich war jedoch der Grad, in dem Konflikteliten auf die Unterstützung ihrer Anhänger angewiesen waren.

Langfristige Konfliktregulierung oder Schlichtung scheinen dann gelingen zu können, wenn eine Dezentralisierung von Schlichtungsinstitutionen mit der Durchsetzung des Gewaltmonopols einhergeht. Von den Konfliktparteien geteilte Institutionen auf allen politischen und administrativen Ebenen sind hierbei zentral.

Eckert, Julia / Elwert, Georg, Gosztonyi, Kristof / Zitelmann, Thomas (1999): Konfliktreiber - Konfliktschlichter. Vergleichende Forschungen in Bosnien, Bombay und Oromiya Regional State. Sozialanthropologische Arbeitspapiere Nr. 75. Berlin

Eckert, Julia (2003): The Charisma of Direct Action. Power and Politics and the Shivsena. Delhi

Eckert, Julia (2002): Die Verstetigung des Konflikts: zur Rolle von Religion im Hindu-Nationalismus, in: Minkenberg, Michael / Willems, Ulrich (Hg.): Politik und Religion (PVS-Sonderheft Nr. 33, Wiesbaden, S. 346 - 366.

Gosztonyi, Kristof / Rossig, Rüdiger (1999): Klientelsysteme in Bosnien und Herzegowina, in: Bundesinstitut für ostwissenschaftliche und internationale Studien: Wirtschaftstransformation in Osteuropa. Globalisierung und Sonderwege. Köln

Zitelmann, Thomas (1998): Bomben in Addis Ababa. Nachricht, Gerücht, Selbstinformation, in: Köhler, Jan und Sonja Heyer (Hg.): Anthropologie der Gewalt. Chancen und Grenzen sozialwissenschaftlicher Forschung. Berlin, S. 205 - 216

Analyse der psychologischen Prozesse beim Problemlösen und der Entstehungsbedingungen interkultureller Handlungskompetenz in plurinationalen Arbeitsgruppen

Beteiligte:

- **Alexander Thomas, Stefan Kammhuber, Gabriel Layes, Hora W. Tjitra, Markus Molz, Olav Schroth, Patricia Simon.** Universität Regensburg, Institut für Psychologie
- **Marie-Line Messerer.** Frankreich

Laufzeit: **1996 - 1999**

Die Forschungsarbeiten konzentrierten sich einerseits auf die Analyse von Problemlösungsprozessen in mononationalen im Vergleich zu plurinational zusammengesetzten Arbeitsgruppen und auf die Förderung interkultureller Handlungskompetenz in Arbeitsgruppen durch interkulturelles Training. Die Forschungsergebnisse ergaben, dass die soziale Interaktion eine zentrale Analyseeinheit darstellt, wenn man sich interkulturellen Phänomenen auf einer theoretischen Ebene annähern will. Aus diesem Grund ist eine multiperspektivische Betrachtung sozialer Interaktionen unter kulturspezifischen Einflussfaktoren von Bedeutung. Diese führte zu dem Ergebnis, dass die soziale Interaktion eine Struktur darstellt, in der zwei oder mehr Subjekte gleichzeitig auf einen gemeinsamen Interaktionsgegenstand und aufeinander bezogen sind, wodurch sich drei verschiedene Betrachtungsebenen ergeben; nämlich eine sachliche Ebene der Interaktionsgegenstände, eine interpersonale Ebene der Beziehungsverhältnisse und eine historische Ebene der Handlung leitenden Konzepte, die die einzelnen Handlungsträger in die Interaktion hineintragen. Da sich auf jeder Ebene Orientierungspunkte ausbilden, an denen die Interaktionspartner ihr Handeln ausrichten können, lassen sich verschiedene Handlungstypen unterscheiden. Diese lassen sich als Ziel-, Beziehungs-, und Klärungsorientierung bezeichnen.

In dem Forschungsprojekt wurde weiterhin untersucht, inwieweit interkulturelle Lernkonzepte auf der Basis situierten Lernens entwickelt werden können. Die Ergebnisse zeigen, dass es möglich ist, auf der Basis systematische und theoriegeleitete Trainings zu entwickeln, die von den Teilnehmern in hohem Maße akzeptiert werden und in denen sie flexibles interkulturelles Wissen konstruieren können. Die Grundlage für diese Trainingsentwicklungen bildet die Tatsache, dass interkulturelles Wissen immer an den Kontext gebunden ist, in dem es erworben wird, und dass dies Konsequenzen für die Anwendung dieses Wissens in einem spezifischen Handlungsfeld hat. Es konnte gezeigt werden, dass die „anchored inquiory" als eine allgemeine Lernkonzeption konsistent ist mit den theoretischen Grundannahmen. Es wurden mehrere nach dem Konzept des situierten Lernens entwickelte Trainings konzipiert und angereichert durch videografierte kritische Interaktionssituationen. Diese wurden erfolgreich getestet. Es zeigte sich, dass situiertes Lernen deutlich dem instruktionsorientierten Lernen im interkulturellen Kontext überlegen ist; und das nicht nur im Bezug auf Akzeptanzwerte, sondern auch in der angestrebten Lernleistung.

Inzwischen wird in der interkulturellen Forschung und Praxis dem Begriff „Interkulturelle (Handlungs-)Kompetenz" als zentrale Schlüsselqualifikation große Bedeutung zugemessen. Nicht zuletzt auf Grund der Ergebnisse dieses Forschungsprojekts lassen sich entsprechende Ausbildungs- und Trainingsmethoden weiterentwickeln. (siehe hierzu Thomas, A. / Kinast, E.-U. / Schroll-Machl, S. (2003) (Hg.): Handbuch interkulturelle Kommunikation und Kooperation. Band I: Grundlagen und Praxisfelder. Göttingen)

Stumpf, S. / Thomas, A. (Hg.) (2003): Teamarbeit & Teamentwicklung. Göttingen

Thomas, A. / Zeutschel, U. (2003): Zusammenarbeit in multikulturellen Teams, in: Wirtschaftspsychologie aktuell, 10. Jg., H. 2, S. 31 - 39

Thomas, A. (2003): Lernen und interkulturelles Lernen, in: A. Wierlacher / A. Bogner (Hg.): Handbuch interkulturelle Germanistik. Stuttgart / Weimar, S. 276 - 287

Thomas, A. (2002): Interkulturelle Kompetenzen im internationalen Management, in: C. M. Schmidt (Hg.): Wirtschaftsalltag und Interkulturalität. Wiesbaden, S. 23 - 39

Stumpf, S. / Thomas, A. (Eds.) (2000): Diversity and Group Effectiveness. Lengerich

Interkulturelle Kompetenz im Unternehmen (IKU)

Beteiligte:
György Széll, René Del Fabbro. Universität Osnabrück,
Fachbereich Sozialwissenschaften

Laufzeit: **1997 - 1999**

Ziel des Projekts war es, die historische Dimension von interkultureller Kompetenz am Beispiel der multinationalen Unternehmen BMW und Siemens näher zu analysieren und die wichtigsten Theorien und Modelle interkultureller Kommunikation empirisch zu überprüfen. Anhand von historischen Quellen aus Unternehmensarchiven mit ergänzenden Interviews von Zeitzeugen konnte aufgezeigt werden, dass die beiden Unternehmen in Hinblick auf interkulturelle Kompetenz zwei verschiedene Unternehmenstypen verkörpern. Während Siemens über eine schon seit knapp eineinhalb Jahrhunderten gereifte interkulturelle Kompetenz verfügt, die sich im Sinne eines Sozialintellekts innerhalb des Unternehmens entwickelte, blieb dieser Faktor bei BMW auf einen eng begrenzten Personenkreis beschränkt. Am Beispiel des aktuellen Fehlschlags der BMW AG mit der 1994 erworbenen Rover Group konnte aufzeigt werden, wie die Vielschichtigkeit unterschiedlicher interkultureller Problemlagen unterschätzt wurde und in eine negative Dynamik mündete.
Individualpsychologisch sind bei Auslandsentsendungen zwei idealtypische Verhaltensmuster belegt: das Bemühen um Sensibilität gegenüber der Fremdkultur auf der einen Seite und der dezidierte Rückzug in die Eigenkultur auf der anderen. Dabei fällt auf, dass sich eine intensive Auseinandersetzung mit der Fremdkultur jenseits von Geschäftsinteressen nur äußerst selten belegen lässt. Während das Arrangement mit der Fremdkultur vielfach zum (geschäftlichen) Erfolg führt, ist ein Scheitern der Auslandsentsendung aufgrund des Festhaltens an eigenkulturellen Mustern und/oder vordergründigen Karrierezielen geradezu vorprogrammiert.
Einzelne Auslandsentsandte, die anhand der Quellen auch auf ihr Verhalten in der Eigenkultur beobachtet werden konnten, zeigten in der sozialen Interaktion durchgängig erhebliches Geschick, d. h. sie bewiesen die gegenwärtig allseits geforderte soziale Kompetenz. Das in der Literatur vielfach thematisierte Verhältnis von sozialer und interkultureller Kompetenz könnte man aufgrund der empirischen Beobachtungen vereinfacht so formulieren: Wer im eigenkulturellen Umfeld soziale Kompetenz zeigte, bemühte sich im fremden Interaktionsrahmen auch um interkulturelle. Soziale Kompetenz ist eine Grundvoraussetzung für den Erwerb interkultureller Kompetenz, reicht aber aufgrund unterschiedlicher Kulturstandards allein nicht für die Bewältigung interkultureller Begegnungs- und Konfliktsituationen aus.

Del Fabbro, René (im Druck): Interkulturelle Theorie und unternehmenshistorische Empirie - Die Beispiele Siemens und BMW, in: Rudolf Boch (Hg.): Unternehmen und Unternehmer im 19. Jahrhundert

Del Fabbro, René (2005): Interkulturelle Theorie und historische Empirie - Vermittlung interkultureller Kompetenz anhand von Beispielen aus der Geschichte, in: Bernhard Zimmermann (Hg.): Interdiziplinarität und Interkulturalität. München / Mering, S. 57 - 71

Del Fabbro, René (2003): Internationaler Markt und nationale Interessen. Die BMW AG in der Ära Castiglioni 1917 - 1930, in: Sozial.Geschichte, H. 2, S. 35 - 62

Del Fabbro, René (2000): Interkulturelle Kompetenz im Unternehmen - Die historische Dimension, in: Historical Social Research, No. 3/4, S. 75 - 113

Probleme und Möglichkeiten interkulturellen Verstehens - Konfliktpotenzial und Chancen in der Bewältigung von Managementaufgaben in deutsch-chinesischen Gemeinschaftsunternehmen

Beteiligte:
Monika Schädler, Renate Krieg, Kerstin Nagels. Hochschule Bremen, Fachbereich Wirtschaft, AWS/Wirtschaftssinologie

Laufzeit: **1997 - 1999**

Das Projekt thematisierte Konflikte und Chancen in der Bewältigung von Managementaufgaben in deutsch-chinesischen Gemeinschaftsunternehmen. Kernpunkt der Untersuchung waren Interviews in Joint Ventures, in denen neben dem persönlichen Erleben interkultureller Zusammenarbeit Fragen der Organisationsstrukturen und des Personalmanagements im Vordergrund standen. Es wurde dabei angenommen, dass interkulturelle Kompetenz ohne entsprechende Organisationsstrukturen nicht einsetzbar sei bzw. umgekehrt die synergetische Wirkung einer angepassten Organisation nur bei einer Besetzung durch kulturell kompetente Fachleute freigesetzt werden könne.
Das Untersuchungsteam, bestehend aus Wissenschaftlern aus Bremen, Shanghai und Toronto, führte 1997 und 1998 mehr als 200 Interviews mit Managern und Angestellten in 20 Unternehmen in verschiedenen Gebieten Chinas und Taiwans durch. Im Mittelpunkt standen Fragen zur Organisationsstruktur und zu solchen Funktionen in Kooperationsprojekten, die ein bestimmtes Maß an interkultureller Kompetenz erforderten, sowie zu den sich im Wandel befindlichen Rollen des Individuums im Unternehmen in einer sich wandelnden gesellschaftlichen Umgebung. Die Reflexion des eigenen kulturellen Hintergrunds bildete einen Teil der Arbeit des internationalen Teams.
Einige Ergebnisse:

- Chinesische und deutsche Interviewpartner bestätigten die Unterschiede in den Erwartungen an die Hierarchie des Unternehmens, begleitet von unterschiedlichen Erwartungen an Qualifikation und Arbeitsmethoden. Während in asiatischen Strukturen Loyalität und die Umsetzung von Befehlen vorherrschende Merkmale des Verhaltens der Angestellten sind, erwarten ausländische Manager, dass ihre Angestellten Verantwortung übernehmen und Initiative und Kreativität zeigen. Diese fehlende Übereinstimmung resultiert oft im Verlust an Vertrauen und dem Zweifel der ausländischen Manager an den Fähigkeiten ihres chinesischen Personals.
- Ein interessantes Ergebnis war, dass eine bestimmte Gruppe chinesischer Mitarbeiter flache Hierarchien bevorzugte, insbesondere die junge Generation in der Volksrepublik China und viele junge Frauen in Taiwan. Diese Interviewpartner nannten oft die kurze Verweildauer des ausländischen Managementpersonals von maximal 5 Jahren als Problem für ihre eigene Karriere.

- Die jungen Angestellten in China sahen sich selbst als Agenten des Wandels, lernbegierig und mit hohen Karriereerwartungen, während diese Generation in Taiwan eher traditionelle Strukturen zu akzeptieren schien - mit Ausnahme einer Gruppe von jungen Frauen.

Die Ergebnisse wurden und werden in mehreren Beiträgen in Zeitschriften und Sammelbänden veröffentlicht und auf einer Reihe von Tagungen und Konferenzen auf der ganzen Welt vorgetragen. Eine internationale Konferenz zum „interkulturellen Management" fand 1999 in Bremen statt.

Schädler, Monika / Freimuth, Joachim (2005): Probleme der Identitätsentwicklung in deutsch-chinesischen Joint Ventures, in: Christian Scholz (Hg.): Identitätsbildung: Implikationen für globale Unternehmen und Regionen. München, S.109 - 130

Freimuth, Joachim / Krieg, Renate / Schädler, Monika (2005): Kulturelle Konflikte in deutsch-chinesischen Joint-Ventures: Dargestellt am Beispiel der Einführung von Konzepten der Personalführung, in: Zeitschrift für Personalforschung, 19. Jg., H. 2, S.159 - 180

Eickhoff, Melanie / Krieg, Renate / Krüger, Carola (2003): Der Gender-Aspekt in der wirtschaftlichen Zusammenarbeit: Situation und Wahrnehmungen von Managerinnen in Unternehmen mit deutscher Kapitalbeteiligung in China, in: M. Schüller (Hg.): Strukturwandel in den deutsch-chinesischen Beziehungen. Analysen und Praxisberichte. Hamburg, S.154 - 177

Krieg, Renate / Nagels, Kerstin (2001): Receptiveness to Changing Practices in Human Resource Management: A Comparison of Mainland Chinese and Taiwanese Employees in German-Chinese Business, in: Leo Douw, Cen Huang, David Ip (eds.): Rethinking Chinese Transnational Enterprises. London, pp. 38 - 63

Nagels, Kerstin (im Druck): Indigenous and Expatriate Managers in Sino-German Joint Ventures: Natural Antagonists?, in: Chan Kwok Bun and Leo Douw (eds.): Politics of Culture in Transnational Management in China. Leiden

Neue Formen der Vermittlung interkultureller Kompetenz für die Berufsfelder Polizei, Strafvollzug und Soziale Arbeit

Beteiligte:
Wolf Rainer Leenen, Andreas Groß, Harald Grosch. Fachhochschule Köln, Fakultät für Angewandte Sozialwissenschaften, Institut für interkulturelle Bildung und Entwicklung

Laufzeit: **1998 - 1999 (Pilotphase)**

Ziel des Forschungsprojekts war die Entwicklung neuer Formen der Vermittlung interkultureller Kompetenz bzw. die Förderung interkultureller Handlungskompetenz. Konkret ging es um die Entwicklung und Erprobung von Trainingskonzepten und Trainingsprogrammen einschließlich der erforderlichen Module, Materialien und methodischen Handreichungen für drei Berufsfelder: Polizei, Strafvollzug und kommunale Sozialverwaltung. Dabei sollten die Kommunikations- und Handlungsfähigkeit, insbesondere auch die Konfliktlösungskompetenz in interkulturellen Kontaktsituationen und multikulturellen Arbeitskontexten verbessert werden. Zum Profil interkultureller Handlungskompetenz in unterschiedlichen Berufsfeldern gehörten einerseits allgemeine Fähigkeiten wie Fremdsprachenkenntnisse, kulturelles Deutungs- und Orientierungswissen oder Ambiguitätstoleranz, andererseits aber auch spezielle, mit den jeweiligen professionellen Anforderungen verknüpfte berufsfeld- und begegnungsspezifische Fertigkeiten wie z. B. Streitschlichtung und Konfliktlösungsstrategien in der Polizeiarbeit. Das Handlungsforschungsprojekt verband die Erkenntnisse der klassischen Migrations- und Kultursoziologie sowie der deutschen „Ausländerpädagogik" mit Ergebnissen der amerikanischen Kulturbegegnungs- und Kommunikationstrainingsforschung. Verknüpft wurden erprobte amerikanische Trainingsansätze zur Vorbereitung von Führungskräften auf einen Auslandseinsatz, *Culture-awareness*-Ansätze amerikanischer Hochschulen, Elemente aus der britischen *multi-cultural education* und *cultural diversity programs for the work place* mit deutschen Ansätzen der pädagogischen Werkstattarbeit. Dies bedeutete die Abkehr von den landeskundlich orientierten Informationsseminaren über die Herkunftskulturen und damit die Abwendung von rein kognitiv orientierten Lernansätzen hin zu erfahrungsorientiertem, entdeckendem und selbst organisiertem Lernen.
Auf der Grundlage mehrerer Veranstaltungen wurde für beide Berufsfelder ein Trainingsmodul zur „Interkulturellen Sensibilisierung" entwickelt, das im polizeilichen Kontext bereits erprobt werden konnte und auf hohe Akzeptanz bei den beteiligten Trainer/inne/n der integrierten Fortbildung und den Beamt/inn/en des Wach- und Wechseldienstes stieß.
Die Entwicklung im Bereich des Strafvollzugs verlief demgegenüber zögerlicher: Hier wurde zwar ebenfalls ein Modul mit entsprechendem Berufsfeldbezug entwickelt; die Erprobung mit der Zielgruppe der Vollzugsbeamten hat sich jedoch aus organisationsinternen Gründen verzögert und konnte erst später erfolgen.

Im Überblick kann auf folgende interessante Einzelergebnisse der Pilotphase hingewiesen werden:

- Interkulturelle Kompetenz ist als eine zusätzliche Kompetenzkomponente zu verstehen, die auf (vorhandenen) sozialen Kompetenzen der Berufstätigen aufbaut.
- Interkulturelle Kompetenz muss im Handlungsfeld von Polizei und Strafvollzug zunächst und allererst „kulturallgemeine“ Kompetenz sein.
- Kulturallgemeine Kompetenz setzt „awareness“ voraus und muss durch Module zur Kulturspezifik ergänzt und vertieft werden.
- Der Einfluss kultureller Faktoren darf in Fortbildungen nicht isoliert vermittelt werden, sondern muss mit individuellen und sozial-strukturellen bzw. sozial-situativen Einflüssen verschränkt werden.
- Voraussetzung für die Akzeptanz einer interkulturellen Fortbildung ist ihre Orientierung an der professionellen Rolle der Teilnehmer/innen und an der zielgruppenspezifischen Handlungsrelevanz.
- ine interaktive Anlage des Forschungs- und Entwicklungsprozesses kann die Praxisrelevanz und die Berücksichtigung des Teilnehmer-Horizontes im Training absichern.
- Weil Fortbildungserfolge im Kontext bestimmter Organisationskulturen wieder gelöscht werden, müssen Personalentwicklungsmaßnahmen grundsätzlich durch Organisationsentwicklungsschritte flankiert werden.
- Die Organisationsentwicklung muss als „Zangenbewegung“ angelegt sein, die „bottom-up“- und „topdown“-Strategien miteinander verknüpft.

Auf die Pilotphase folgte ein dreijähriges Forschungsprojekt (siehe S. 295)

Minderheitenkonflikte und interkulturelle Kompetenz in baltischen Grenzregionen

Beteiligte:
Hanns J. Buchholz. Universität Hannover, Geographisches Institut, Abt. Kulturgeographie

Laufzeit: **1. - 7. April 1997 (Symposium)**

Das Symposium widmete sich dem Thema „Fremde in der eigenen Heimat. Minderheitenkonflikte durch Errichtung und Verschiebung von Staatsgrenzen im baltischen Raum und Wege der Konfliktbewältigung". Gemeint sind damit Bevölkerungsgruppen, die „zu Hause", in ihrer „eigenen" Heimat geblieben und trotzdem zu einer „ausländischen" Minderheit geworden waren, weil aufgrund politischer Ereignisse die staatliche Zuordnung ihrer Heimat verändert wurde. Dabei wurden Fallbeispiele vorgestellt, die die Fremdheit im eigenen Land veranschaulichten. Ziel des Symposiums war es, herauszufinden, was unter „interkultureller Kompetenz" in der gegebenen Situation der baltischen Grenzregionen zu verstehen ist und wie diese Kompetenz den öffentlichen Entscheidungsträgern und den privaten Akteuren verschafft werden könne. Insbesondere galt es in den einzelnen Beiträgen, zu sondieren, wie der Begriff „Interkulturelle Kompetenz" zu definieren und zu operationalisieren ist, konkrete Fragestellungen für zukünftige Forschungsvorhaben zu formulieren sowie Arbeitshypothesen und Arbeitsmethoden zu diskutieren.
Als Ergebnis der Diskussionen und der lokalen Einsichten wurden a) eine Auswahl von Fallbeispielen und b) eine Liste spezifischer Fragestellungen zusammengestellt. Als Problem wurde erkannt, dass es erhebliche Unterschiede gibt zwischen den mehr statistisch-deskriptiven Ansätzen der baltischen Wissenschaftler und dem mehr analytisch-systematischen Fragenkatalog, wie er in der westlichen Forschungsliteratur enthalten ist. Außerdem wurden die Teilnehmer auf weitere Experten zur Frage der Minderheiten im Baltikum aufmerksam.

Kulturelle Gesundheitskonzepte. Entwicklung von Konzepten und Handlungsstrategien zur Gesundheitsvorsorge in einer ethnisch-vielfältigen Gesellschaft

Beteiligte:
Dankwart Danckwerts, Manfred Hielen, Yilmaz Türkan. Universität Duisburg-Essen, Standort Duisburg, Philosophie - Religionswissenschaft - Gesellschaftswissenschaften, Fach: Soziale Arbeit und Erziehung

Laufzeit: **1998 - 1999 (Pilotphase)**

Mittels einer Grundlagenforschung in zwei Stadtteilen Duisburgs wurden kulturelle Gesundheitskonzepte bei türkischen Migrant/inn/en untersucht. Im Mittelpunkt standen dabei Verständnis und Wahl „informeller" Gesundheitssysteme.

Im Gegensatz zum orthodoxen Islam wird im Volksglauben die strafende Absicht Gottes als Krankheitsursache angenommen. Im Volksglauben existiert auch die Vorstellung, dass durch magische Beeinflussungen Krankheiten hervorgerufen werden können. Zwar wird die Existenz von Geistern, Zauberei und des bösen Blickes im Koran nicht verneint, eine Beschäftigung und Ausübung mit diesen Wesen und Kräften jedoch eindeutig verboten. Erlaubt sind nur Handlungen, die gemäß des Glaubens und in Übereinstimmung mit dem Koran ausgeführt werden. Der Volksglauben ignoriert jedoch dieses Verbot und hat vielfältige Vorstellungen über Zauberei und Geister entwickelt und Praktiken geschaffen, mit denen diese Wesen und Kräfte im eigenen Interesse manipuliert und kontrolliert werden können. Neben dem formellen Gesundheitswesen in der Türkei gibt es daher einen informellen Bereich, zu dem alle heilkundigen Spezialisten zu rechnen sind, deren Tätigkeit offiziell von der Regierungsseite nicht anerkannt ist und die sich aus diesem Grunde in einem halblegalen Rahmen bewegen. Traditionelle Heiler sind in der Türkei oft leichter zu erreichen als die Ärzte der Gesundheitszentren. Zudem kommen traditionelle Heiler aus derselben sozialen Schicht und teilen das gleiche kulturelle Wissen mit ihren Klienten. Dies gilt in gleichem Maße für die in Deutschland lebenden Migrant/inn/en. Insbesondere die erste Generation bedient sich regelmäßig dieses informellen und inoffiziellen Systems. Da dies aber beispielsweise in der Türkei offiziell verboten ist, kann niemand ohne weiteres zugeben, dass er oder sie zu einem Gelbsuchtheiler, Handaufleger oder religiösen Würdenträger geht. Eine Untersuchung der Existenz und Bedeutung eines formellen und informellen Gesundheitssystems für eingewanderte türkische Menschen kann somit nur durchgeführt werden, wenn die biographischen Erfahrungen in den Mittelpunkt gestellt werden. Dabei stellte sich die Frage, inwieweit die biographische Methode als Erhebungsinstrument auf Personen aus anderen Kulturkreisen überhaupt anwendbar ist.

Aus diesem Grund wurde in einem ersten Schritt in der Pilotphase mittels einer Sekundäranalyse die Anwendbarkeit der biographischen Methode als Erhebungsinstrument untersucht. Die Ergebnisse verweisen darauf, dass Lebensgeschichte als kulturelle Konstruktion betrachtet werden muss, die sich auf die Weltsicht des erzählenden Individuums bezieht. Diese Weltsicht ist geprägt durch die individuelle Lebenserfahrung und die kulturell geteilten Sinnbezüge. Daraus geht hervor, dass die kulturelle Bestimmtheit der Lebensgeschichte eine wünschenswerte Eigenschaft und ein Teil des Forschungsinteresses ist. Die Methode ist also anwendbar. Zur Überprüfung dieses Ergebnisses in der Praxis wurden in einem zweiten Schritt drei Interviews mit türkischen Einwanderern geführt. Auch sie bestätigen die Ergebnisse der Sekundäranalyse.

Die Erfahrungen der für die Pilotphase arbeitenden Forschungsgruppe verweisen auf zwei wesentliche Aspekte einer interdisziplinären und interkulturellen Zusammenarbeit:

- Erstens ist zu berücksichtigen, dass die muttersprachigen Mitarbeiter/innen zumeist nicht mehr den kulturellen Hintergrund der so genannten ersten Generation haben. Aufgrund dieser Situation wird das Vorhandensein kulturell-religiös beeinflusster Krankheitsursachen und eines hieraus resultierenden informellen Gesundheitssystems häufig als Aberglaube abgelehnt.
- Zweitens ist es aufgrund der verschiedenen Erfahrungen und Qualifikationen der Beteiligten sowie der unterschiedlichen Methoden der berührten Fachdisziplinen notwendig, zunächst eine neue gemeinsame Grundlage für die weitere Arbeit zu entwickeln.

Hielen, Manfred (1998): Altenhilfe für Einwanderer. Anforderungen an eine ethnisch-orientierte Altenhilfe. Abschlussbericht des DRK-Pilotprojektes: Ethnischer Schwerpunkt Altenhilfe (ESA). Duisburg

Yilmaz, Türkan (1997): Ich muss die Rückkehr vergessen. Die Migrationsgeschichte und die Lebenssituation im Alter der türkischen Migrantinnen in der Bundesrepublik. Duisburg

Grundlagenprobleme interkultureller Kooperation - Analysen am Beispiel eines Bildungsreformprojekts in Kamerun

Beteiligte:
Rainer Kokemohr, Hans-Christoph Koller. Universität Hamburg, Institut für Allgemeine Erziehungswissenschaft

Laufzeit: **23. - 25. September 1998 (Symposium)**

Das Symposium galt der Diskussion von Grundproblemen interkultureller Kooperation, wie sie sich im Aufbau und der Sicherung einer Modell-Primärschule im ländlichen Raum Kameruns manifestieren. Die Diskussion war also auf eine aktuelle Kooperation im Bildungsbereich bezogen, die einerseits in entsprechenden Dokumenten aus dem Handlungszusammenhang der Modellschule repräsentiert und andererseits durch die Anwesenheit wichtiger Handlungspartner der verschiedenen Projektebenen wirksam wurden. Das wichtigste Projektergebnis ist der Aufbau des IPSOM („Institut Pédagogique pour Sociétés en Mutation"). Die Konzeption dieser Lehrerausbildungsinstitution wird auf die Probleme des Landes reagieren, die durch das Ausbildungssystem bearbeitet werden können. Die Konzeption des IPSOM ist in interkultureller Kooperation im Lande selbst entwickelt worden und nicht ein Importmodell aus dem Norden. So wird etwa der Studienbetrieb nur zu einem geringen Teil in klassischen Seminaren und Vorlesungen geführt werden. Überwiegend wird er in vierwöchigen Arbeitsepochen organisiert sein, die im fortgesetzten Wechsel zwischen theoretischer Arbeit, empirischer Felderkundung und Forschung sowie praktischem Handeln angesetzt werden und den Prinzipien verpflichtet sein werden, die als Spezifika didaktischer und organisatorischer Art in der Reformschule entwikkelt und in Begleitforschung untersucht worden sind (und im IPSOM weiterer Forschung ausgesetzt sein werden): die didaktischen Prinzipien der konkurrierenden Lesarten und der Interaktion (*principe de l'inférence singulière*, alltagssprachlich = *principe des sens divers* und *principe d'interaction*) als Prinzipien der sozialen Konstruktion von Wissen; und das Organisations- und Handlungsprinzip reziproker Verantwortungsübernahme (*principe de responsabilité réciproque*)
Drei Forschungsperspektiven sind zu nennen: Zunächst sind, wie schon angedeutet, die didaktischen und organisatorischen Prinzipien des Reformmodells untersucht worden und weiter zu untersuchen. Dann haben sich (teils schon vor dem Symposium) historische Lasten des Landes als besonders wichtig für das Reformprojekt herausgestellt. Hier sind unter anderem die transgenerativen Traumafolgen des Befreiungs- und nachfolgenden Bürgerkrieges der 1950er und 1960er Jahre sowie die kolonialistischen und neokolonialistischen Implikationen zu nennen. Schließlich sind trotz der praktisch sehr guten und erfolgreichen Zusammenarbeit Fragen nach Möglichkeiten und Bedingungen einer Kooperation angesichts unterschiedlicher historischer und kultureller Herkünfte dringlicher geworden.

Foaleng, Michel (im Druck): Schulreform. Nord-Süd-Kooperation und postkoloniale Gesellschaft Anspruch und Wirklichkeit eines Reformansatzes in Bandjoun (Kamerun). Frankfurt a. M.

Priso, Moukoko (1998): Die Bildung im Licht der Bedürfnisse der afrikanischen Länder. Online: http://www.ecole-pilote.de

Franceschini, Rita (1998): Elle dit ìvousª. Elle dit ìvousª, donc, vous du CERP, hein? (Jean-Blaise). Die Übernahme der Verantwortlichkeit und was uns der Gebrauch der Pronomen dazu sagen kann. Online: http://www.ecole-pilote.de

ma Solo, Masiala (1998): Analyse critique sur la recherche fondamentale menée conjointement par l'Université Hambourg, EZE et l'OEPP à l'Ecole Pilote de Mbô. Online: http://www.ecole-pilote.de

Kokemohr, Rainer (2002): Die Not der Selbstverbürgung in gegenwärtigen Gesellschaften, in: Werner Friedrichs, Olaf Sanders (Hg.): Bildung / Transformation. Kulturelle und gesellschaftliche Umbrüche aus bildungstheoretischer Perspektive. Bielefeld, S. 111 - 128

Grundzüge interkultureller Hermeneutik und Methoden des Kulturverstehens

Beteiligte:
Günter Abel, Marco Brusotti. Technische Universität Berlin, Institut für Philosophie, Wissenschaftstheorie, Wissenschafts- und Technikgeschichte

Laufzeit: **1998 - 2000**

Gadamers hermeneutischer Zirkel und insbesondere dessen Resultat, die „Verschmelzung der Horizonte", sind von der interkulturellen Hermeneutik scharf kritisiert worden. Bei allen Unterschieden bestehen strukturelle Analogien zwischen dem hermeneutischen Zirkel und dem von Nelson Goodman in seinem „new riddle of induction" beschriebenen „virtuous circle": Die Bewegung in diesem konstruktivistischen „virtuous circle" führt jedoch nicht zu einer „Horizontverschmelzung", sondern zu einem „Überlegungsgleichgewicht" (reflective equilibrium). Eine theoretische Rekonstruktion zeigt, dass die Figur eines Gleichgewichts des Verstehens bzw. der Interpretation von der eingangs erwähnten Kritik nicht getroffen wird: Unter bestimmten Einschränkungen kann sich das Gleichgewicht also als Standard gelingenden Verstehens, als Maßstab interkultureller Kompetenz behaupten. Die Theorie des Gleichgewichts muss aber in eine Theorie der Kulturbeschreibung eingebettet werden. Ansätze, Kulturen als Zeichensysteme zu verstehen und zu interpretieren, sind in verschiedenen Disziplinen ausgearbeitet worden. Das Projekt untersuchte die Interpretations- und zeichenphilosophischen Grundlagen interkulturellen Verstehens. Die Untersuchung konzentrierte sich auf zwei komplementäre sprach- und symboltheoretische Zugänge zum Ritus. Einerseits wurde auf die von Nelson Goodman erarbeitete Theorie symbolischer Systeme und auf ihre Verwendung zur Analyse des symbolischen Funktionierens von Ritualen durch Israel Scheffler Bezug genommen. In Übereinstimmung mit Goodmans Betonung der kognitiven Rolle der Kunst hebt Scheffler die kognitive Rolle von Ritualen hervor und abstrahiert bewusst von deren sozialen Funktionen. Seine Theorie beschränkt sich auf die symboltheoretische Analyse der verschiedenen Modi ritueller Symbolisierung oder Referenz und auf die Ausarbeitung des notwendigen begrifflichen Instrumentariums. Dementsprechend wurde als komplementärer sprach- und symboltheoretischer Zugang zum Ritus ein nicht-kognitivistischer gewählt: die von Wittgenstein ausgehende sprach- und kulturphilosophische Untersuchung der Ausdrucksfunktionen von Ritualen und ihrer Einbettung in Lebensformen. Im Allgemeinen wurde versucht, im Anschluss an Wittgensteins Begriffe „Vergleichsobjekt" und „übersichtliche Darstellung" die theoretischen Grundlagen von Kulturbeschreibung und Kulturvergleich zu explizieren. Der Begriff der „übersichtlichen Darstellung" ist dabei zu Gilbert Ryles Begriff einer dichten Beschreibung und zu dessen ethnologischer Anwendung durch Clifford Geertz in Beziehung gesetzt worden. Unter „übersichtlicher Darstellung" versteht Wittgenstein eine „Synopsis", eine „Gruppierung des Tatsachenmaterials", in der die mannigfaltigen Verwandtschaften und Differenzen innerhalb einer Klasse von heterogenen sprachlichen bzw. symbolischen Tatsachen eine überschaubare Ordnung erhalten. Wittgensteins Ansatz reflektiert selbstkritisch die westliche Prägung symboltheoretischer Begriffe und die Problematik ihrer Anwendung auf fremde Kulturen. Er durchschaut so die kulturelle Bedingtheit nicht nur der vergleichenden Methode des von ihm eingehend kritisierten britischen Ethnologen James Frazer, sondern auch seiner eigenen Methode: Er betrachtet die „übersichtliche Darstellung" als „eine Art der „Weltanschauung, wie sie scheinbar für unsere Zeit typisch ist"; als eine spezifisch moderne, d. h. für ihn westliche Blickweise auf Eigenes und Fremdes. Gegen Gellner aber wird zugleich nachgewiesen, dass Wittgensteins „ethnologische Betrachtungsweise" nicht zu einem radikalen Relativismus führt.

Brusotti, M. (2000): Der Okzident und das Fremde. Wittgenstein über Frazer, Spengler, Renan, in: U. Dietrich, M. Winkler (Hg.): Okzidentbilder: Konstruktionen und Wahrnehmungen. Leipzig, S. 31 - 61

Brusotti, M. (im Druck): Wittgensteins Kritik der evolutionären Anthropologie, in: Chr. Asmuth, H. Poser (Hg.): Figuren von Evolutionen

Brusotti, M. (im Druck): ‚Blicke weiter um dich!' „Ethnologische Betrachtungsweise" und Kritik der Ethnologie bei Wittgenstein, in: G. Abel, M. Kroß, M. Nedo (Hg.): Ludwig Wittgenstein: Ingenieur - Philosoph - Künstler.

Neue Formen der Vermittlung interkultureller Kompetenz für die Berufsfelder Polizei und Strafvollzug

Beteiligte:
Wolf Rainer Leenen, Harald Grosch, Andreas Groß. Fachhochschule Köln, Forschungsschwerpunkt Interkulturelle Kompetenz

Laufzeit: **1999 - 2003**

Das Projekt ist für die Berufsfelder Polizei und Strafvollzug konzipiert worden. Die Entwicklung feldspezifischer interkultureller Weiterbildungsansätze ist inhaltlich in beiden Berufsfeldern sehr ähnlich verlaufen; allerdings waren das Entwicklungstempo und die Umsetzungsmöglichkeiten in der Forschungs-, Entwicklungs- und Erprobungsphase sehr unterschiedlich, was mit unterschiedlichen Kooperationsstrukturen zusammenhing: In der Polizei wurde mit regionalen Weiterbildungsstrukturen kooperiert, im Strafvollzug waren zunächst eine Modell-Strafvollzugsanstalt und dann die zuständige landeszentrale Weiterbildungseinrichtung der Kooperationspartner. Durch die weitgehende Übereinstimmung in der inhaltlichen Entwicklung des Qualifizierungsansatzes beschränken wir uns in der Darstellung im Folgenden auf das Berufsfeld Polizei.
Die Herausforderung, sich auf eine wesentlich pluralisiertere und in ihren Zentren multikulturelle Gesellschaft einstellen zu müssen, stellt für die Polizei eine innovative Entwicklungsaufgabe dar, die mit Schulungen und Fortbildungen im Sinne einer „Reparatur-Weiterbildung", die lediglich die gravierendsten Fehler und Schwächen in der Polizeiarbeit abzustellen versucht, nicht erfolgreich zu meistern ist. Die besondere Schwierigkeit liegt darin, dass die notwendige Transformation einen qualitativen Sprung in mehrerer Hinsicht und auf verschiedenen Ebenen erfordert: Es geht um neue Inhalte von Aus- und Fortbildung, andere Vermittlungsmethoden, veränderte Anforderungen an Trainer und Weiterbildner sowie um Impulse für organisatorische Veränderungen, die Behörden vom Typus einer mono- oder multikulturellen Organisation schrittweise in interkulturelle Organisationen überführen. Der Weg zu einer solchen interkulturellen Polizeiorganisation, die verspricht, die Herausforderungen einer multikulturellen Umwelt nach außen und in ihrem Inneren besser zu bewältigen, führt offenbar über Veränderungen, die die gesamte Organisation über die Breite der alltäglichen Berufsanforderungen betreffen. Auf allen Organisationsebenen müssen die Mitarbeiter systematisch mehr interkulturelle Kompetenzen erwerben, um als Polizei aller Bürger in einer multikulturellen Umwelt bestehen zu können. Interkulturelle Kompetenz ist dabei kein moralisch aufgeladener Anspruch, sondern ein differenziertes Handlungsvermögen, das je nach situativer Anforderungslage unterschiedlich gefüllt werden muss. Interkulturelle Kommunikationskompetenz im persönlichen Kontakt mit dem Bürger stellt sich anders dar als die interkulturelle Lehrkompetenz eines Trainers in einer Fortbildungsstelle oder als die interkulturelle Führungs- und Leitungskompetenz eines Inspektionleiters. Das Kölner Modellprojekt hat hierzu die Grundrichtung aufzeigen und aller-

erste Entwicklungsschritte angehen können. In enger Kooperation mit Polizeibehörden in der Köln-Bonner Region konnten Erfolg versprechende interkulturelle Qualifizierungsstrategien entwickelt, neue Inhalte und Methoden der Aus- und Fortbildung erprobt und den Lernprozess fördernde Materialien und Medien produziert werden. Mit dem gewählten Kooperationsansatz konnten vor allem die Chancen genutzt werden, die in der Perspektivenverschränkung und Entwicklungszusammenarbeit von (Hochschul-)Forschung und (Polizei-)Praxis liegen. Dieser Ansatz hat insbesondere in der Entwicklungs- und Erprobungsphase der Lernprogramme zur Sicherung der Problem- und Handlungsrelevanz der Inhalte, zur Teilnehmerakzeptanz und zur Anschlussfähigkeit an bereits bestehende Programme der Organisation beigetragen. In der sich jetzt anschließenden Implementationsphase wird es Aufgabe sein, die Programme aus der Sondersituation des Modellprojekts in die normale Struktur und Kultur der Organisation zu überführen und dabei auch organisationale Veränderungen anzustoßen.

Leenen, W. R. / Groß, A. / Grosch, H. (2002): Interkulturelle Kompetenz in der Polizei: Qualifizierungsstrategien, in: Gruppendynamik und Organisationsberatung, Nr. 1, S. 97 - 120

Leenen, W. R. (2002) (ed.): Enhancing intercultural competence in police organizations. Münster / New York / München / Berlin

Groß, A. / Zick, A. (2002): Neue Formen der Vermittlung interkultureller Kompetenz für die Berufsfelder Polizei und Strafvollzug, in: Institut für interdisziplinäre Konflikt- und Gewaltforschung (Hg.): Fremdenfeindlichkeit bekämpfen und Demokratiefähigkeit stärken. Dokumentation zum internationalen Kolloquium (5. - 7. Dezember 2002 in Berlin)

Leenen, W. R. / Grosch, H. / Groß, A. (2005): Bausteine zur interkulturellen Qualifizierung in der Polizei. Münster / New York / München / Berlin

a) Das Eigene und das Fremde
b) Interkulturalität - Multikulturelle Gesellschaften und Interkulturelle Erziehung

Beteiligte:
Ursula Klesing-Rempel. Deutscher Volkshochschulverband,
Institut für Internationale Zusammenarbeit, Regionalbereich Lateinamerika

Laufzeit: **a) 18. - 21. April 1996 (Internationale Fachtagung)**
b) 6. - 10. September 1999 (Symposium)

Eine der wichtigen Erkenntnisse in den Projektaktivitäten, den Seminaren und den Workshops lässt sich als Suchbewegung einer möglichen Konzeptdefinition der „Interkulturalität" benennen, um dem Begriff einen theoretischen Rahmen verschaffen zu können. Die bisherigen Ergebnisse, die darauf abzielen, den Begriff der „Interkulturalität" und das „Verstehen" des Eigenen und des Fremden sinnvoll in den Alltag einfließen zu lassen, weisen eher auf ein methodologisches Vorgehen in der Praxis hin. Die interdisziplinäre Reflexion orientiert sich im aktuellen weltweiten Kontext an der kulturellen Diversität ohne Ausschluss des Rechts auf kulturelle Partikularität und Entwicklung aller existierenden Kulturen.
In diesem Zusammenhang wurde die Hinterfragung der theoretischen Konzeptverständnisse von Kultur, Identität, Tradition, Modernität, Entwicklung und Historizität zu einem Kernkonzept der interkulturellen Diskussion.
Der Eurozentrimus und die damit verbundene Dominanz des Rationalitätsverständnisses westlicher Kulturen macht eine zunehmende Konzepthinterfragung erforderlich. Es ist zu fragen, inwieweit in jahrhundertelanger wissenschaftlicher Tradition von Theorieentwicklung ausschließende Konzepte entwickelt wurden, die zur Interpretation partikularer Kulturen wenig geeignet sind. Die Analyse von Herrschaftsdenken bietet somit die Grundlage eines sich aus der jeweiligen Kultur heraus entwickelnden neuen perspektivischen Denkens, die miteinander in einen Dialog treten.
Zur Vermeidung einer partiellen Vision von Kultur gehört auch die Verbindungslinie zwischen Gender und Interkulturalität. Die Gender-Frage sollte im jeweiligen kulturellen Kontext erörtert werden. Kultur und Gender erfordern eine dynamische Interpretation von Kultur, da Kultur immanent limitiert wie auch ebenso dynamisch ist und sich somit permanent verändert. Der interkulturelle Dialog bezieht sich hier auf die Notwendigkeit der Gender-Denaturalisierung, womit gemeint ist, dass die Diskriminierung der Frau in der jeweiligen Kultur - insbesondere der indianischen, in der das kulturell kollektive Referenzsystem weitgehend vorherrscht - als natürlich und somit nicht veränderbar betrachtet wird. Andererseits sollte ein interkultureller Dialog gleichermaßen eine Dekodifizierung wie auch ein Verständnis der anzestralen Kulturen beinhalten, zugunsten neuer kultureller Deutungsmuster zur Situation der indianischen Frau.

Die Interkulturalität erscheint durch die Bearbeitung diverser Themenstellungen für die Pädagogik von Bedeutung, da sich hier alle Begrifflichkeiten auf mögliche reflexive und inhaltlich orientierte Lernprozesse beziehen können.
Hier sollen Fragen aufgeworfen werden, wie Handlungs- und Sinnformen fremder Kulturen verstanden werden können, wenn das Verstehen stets und notwendigerweise in einem Handlungs- und Sinnzusammenhang in einer Kultur situiert ist, und was somit ein Verstehen fremder Kulturen unter der Voraussetzung von kultureller Pluralität heißen kann.
Das Erlernen interkultureller Kompetenzen wird somit zu einem Querschnittsbildungsauftrag für alle. Aus der kontinuierlichen Bearbeitung der Interkulturalität ist ein Konsortium aus staatlichen, internationalen Organisationen und lateinamerikanischen Nichtregierungsorganisationen Mittelamerikas (Mexiko-Guatemala-Nicaragua) entstanden. Ab 2005 wird es sich der interkulturellen Pädagogik widmen. Die erste Projektphase besteht in der Erarbeitung eines pädagogischen Vorschlags, an der Theoretiker wie Praktiker teilnehmen werden. Die zweite Phase wird eine Ausbildungsphase für Praktiker und Lehrer sein. Das Projekt läuft über zwei Jahre.

Klesing-Rempel, Ursula (1999): Lo Propio y lo Ajeno. Plaza y Valdés. México
IIZ / DVV, CEAAL (2002): Interculturalidad, Sociedad Multicultural y Educación Intercultural. Castellanos Editores. México
Consorcio Intercultural (2004): Reflexiones de Raúl Fornet-Betancourt. Sobre el Concepto de Interculturalidad. México

Cross-Cultural Management and the Dynamics of Change in China

Beteiligte:
Monika Schädler, Renate Krieg, Kerstin Nagels. Hochschule Bremen, Fachbereich Wirtschaft, AWS/Wirtschaftssinologie

Laufzeit: **20. - 22. September 1999 (Internationale Konferenz)**

Die Tagung brachte ca. 30 Wissenschaftler aus Europa, Kanada und China in Bremen zusammen, um Forschungsergebnisse aus verschiedenen akademischen Disziplinen zum interkulturellen Management vorzustellen und zu diskutieren. In der VR China haben in den vergangenen zwei Jahrzehnten rapide Veränderungen im Sozial- und Wirtschaftssystem stattgefunden. Ziel der Tagung war es deshalb, zu untersuchen, wie diese Dynamik die gegenseitigen Wahrnehmungen und Erwartungen chinesischer und ausländischer Kooperationspartner bereits beeinflusst hat. Des Weiteren wurde der Versuch unternommen, Trends und Tendenzen in der Entwicklung des interkulturellen Managements in China zu identifizieren. Das Hauptaugenmerk der Diskussionen lag auf der VR China; jedoch wurden auch entsprechende Forschungsergebnisse für Taiwan und Hongkong einbezogen.
Im Einzelnen:

- *Panel 1: Generating Cross-Cultural Competence in Sino-Foreign Management.* Hier wurden sowohl Bedeutung und Inhalt des Begriffs „interkulturelle Kompetenz" als auch die Bestimmungsfaktoren für den Erfolg (oder das Scheitern) der interkulturellen Begegnung diskutiert (Chong/St. Gallen, Schenk/Saarland). Die angemessene Vorbereitung für die Teilnehmer interkultureller Interaktionen wurde ebenso erörtert wie die Rolle, die Sprache dabei spielt (Selmer/Hongkong).
- *Panel 2: Personnel Management in Sino-Foreign Joint Ventures.* Die Teilnehmer diskutierten die Rolle des Personalmanagements in ausländisch investierten Unternehmen, u. a. die Frage, inwieweit sich die Unternehmen dem eher „traditionellen" Konzept der Personalverwaltung angepasst oder (Elemente von) Human Resource Management eingeführt haben. Vor dem Hintergrund der Konkurrenz um qualifiziertes Personal zwischen den ausländisch investierten Unternehmen wurden die Erwartungen chinesischer Mitarbeiter an die Rolle des Personalmanagements und seine Funktionen untersucht (Munder/Furtwangen, Cen/Leiden, Ni/Shanghai).
- *Panel 3: Cultures of Organisation.* In diesem Themenkomplex wurde untersucht, welche Form der Unternehmensorganisation verschiedene Gruppen von Managern und Mitarbeitern in China für akzeptabel und wünschenswert erachten. Die Diskussion verschiedener Konzepte von Hierarchie und Zentralisierung wurde dabei auch in Hinblick auf die strategische Betrachtung geführt, zu welchem Grad westliche Organisationsstrategien generell mit chinesischen Einstellungen vereinbar sind (Lu/Shanghai, Wong/Hongkong).

- Panel 4: Dimensions of Change and Diversity in Cross Cultural Management Issues in China.
  Hervorgehoben wurde die Vielfalt und die Mehrdeutigkeit von Fragen interkulturellen Managements (in China) durch die Dekonstruktion der Homogenität und Einzigartigkeit der betroffenen Kulturen. Besondere Referenzpunkte waren hierfür sowohl die verschiedenen Mitarbeitergenerationen als auch Unterschiede, die „Gender" zugeschrieben werden können. Darüber hinaus wurde die Unterschiedlichkeit des Grades der Akzeptanz und Adaption westlicher Managementkonzepte in China aus dem Blickwinkel individueller Transformationsprozesse diskutiert (Nagels/Bremen, Krieg/Bremen, Schuchardt/Bremen).

Die Konferenz zeigte die Unterschiedlichkeit des Diskurses über Kultur und kulturelle Unterschiede in den Sozial- und den Managementwissenschaften auf. Sie verdeutlichte deshalb auch den dringenden Bedarf an interdisziplinärer Diskussion in diesem Bereich. Ferner wurde festgestellt, dass auch das Thema der „political correctness", das Beiträge zur interkulturellen Kommunikation durchzieht und im Spannungsverhältnis zur pragmatischeren Nutzenorientierung in der Managementlehre steht, intensivere Betrachtung erfordert.

Nagels, Kerstin (im Druck): A Tentative Assessment of the Impact of Generational Change on Cross-Cultural Management Issues in China, in: AWS-Mitteilungen, Nr. 9

Krieg, Renate (im Druck): Engendering Cross-Cultural Management - The Cases of Mainland China and Taiwan; in: AWS-Mitteilungen, Nr. 9

Krieg, Renate / Nagels, Kerstin / Schädler, Monika (Eds.) (im Druck): Cross-Cultural Management and the Dynamics of Change in China, in: AWS-Mitteilungen, Nr. 9

Die Relevanz ethnologischer Themen für den Erwerb interkultureller Kompetenz in der schulischen Sozialisation

Beteiligte:
- **Josephus Platenkamp, Christiana Lütkes.** Universität Münster, Institut für Ethnologie
- **Ursula Bertels, Sabine Eylert, Sandra de Vries.** Ethnologie in Schule und Erwachsenenbildung (ESE) e. V., Münster

Laufzeit: **2000 - 2002**

Ziel der Studie war es, Schülerinnen und Schülern durch ethnologischen Unterricht interkulturelle Kompetenz zu vermitteln und die hierdurch erzielte Wirkung wissenschaftlich zu überprüfen. Grundlage für die Pilotstudie war die von ESE (Ethnologie in Schule und Erwachsenenbildung e. V., Münster) entwickelte Definition von interkultureller Kompetenz: Interkulturelle Kompetenz ist die in einem Lernprozess erreichte Fähigkeit, im mittelbaren oder unmittelbaren Umgang mit Mitgliedern anderer Kulturen einen möglichst hohen Grad an Verständigung und Verstehen zu erzielen. Für die Dauer eines Schuljahres unterrichteten vier Ethnologinnen jeweils eine 7. und 8. Klasse an zwei Münsteraner Realschulen zu den Themen „fremde Kulturen" und „interkulturelle Verständigung". Der ethnologische Unterricht fand im Rahmen des regulären Lehrplans statt in den Fächern Geografie, Politik, Religion, Geschichte und Kunst. Jede Projektklasse erhielt ca. 70 Unterrichtsstunden.
Zur Vermittlung von interkultureller Kompetenz wurden für den ethnologischen Unterricht fünf Lernziele festgelegt:

Lernziel 1: Aneignung und Beschaffung von Informationen und Entwickeln von Interesse
Lernziel 2: Einüben des Perspektivenwechsels
Lernziel 3: Erkennen und Überwinden von Ethnozentrismus
Lernziel 4: Reflektieren von Situationen des interkulturellen Umgangs
Lernziel 5: Fördern von Einstellungen und Werten

Grundlage des Unterrichts war darüber hinaus der theoretische Ansatz der Dritt-Kultur-Perspektive (nach Gudykunst u. a., 1977). Dieser beinhaltet, dass man sich exemplarisch mit Kulturen beschäftigt, zu denen man zunächst keinen persönlichen Bezug hat, um dann in einem zweiten Schritt den Umgang mit fremden Kulturen im eigenen Land zu erlernen. Die Beschäftigung mit Regionen, die vom Alltag der Schülerinnen und Schülern sehr weit entfernt sind (z. B. Indonesien, Mexiko, Pakistan und Papua-Neuguinea), ermöglicht den Schülerinnen und Schülern dabei, sich relativ unvoreingenommen auf eine andere kulturelle Sichtweise einzulassen.
Die Auswertung des Unterrichts erfolgte mittels verschiedener Methoden. So wurden von den einzelnen Unterrichtsstunden Beobachtungsprotokolle angefertigt. Darüber hinaus wurde durch eine Vorher/Nachher-Fragebogenerhebung, die in den Unterrichtsklassen, aber auch in Kontrollklassen durchgeführt wurde, überprüft, ob

dieser Unterricht eine positive Wirkung in Bezug auf die Sensibilisierung für fremdkulturelle Zusammenhänge bei den Schülerinnen und Schülern hatte. Sowohl die Ausarbeitung der Erhebung als auch die Auswertung der Fragebogen und der Beobachtungsprotokolle wurde von Psychologinnen und Psychologen sowie Soziologinnen und Soziologen durchgeführt. Das Gesamtergebnis des Projekts kann als positiv bewertet werden. Die Ausgangshypothese, die Behandlung von ethnologischen Themen im Unterricht vermittle interkulturelle Kompetenz, konnte bewiesen werden. Hierdurch wurde ein wichtiger Schritt in Hinblick auf die Konzeption und Anwendung interkultureller Pädagogik gemacht.
Im Projektanschluss wurden drei der Mitarbeiterinnen an einer am Projekt beteiligen Schule befristet als Teilzeitlehrkräfte für interkulturelle Kompetenz angestellt und/oder erhielten Lehraufträge an den Universitäten Münster, Köln und Trier. Auf Anfrage eines Schulbuchverlages werden einige der während des Projekts erarbeiteten Unterrichtseinheiten in einer Projektmappe veröffentlicht. Im Schuljahr 2003/2004 wurde ein weiterführendes Schulprojekt mit dem Titel „Die Vermittlung von interkultureller Kompetenz in der Schule - ein ethnologischer Ansatz" an zwei Schulen in Münster durchgeführt (gefördert durch die Nordrhein-Westfälische Stiftung für Umwelt und Entwicklung).

Bertels, Ursula / Eylert, Sabine / Lütkes, Christiana / de Vries, Sandra (2004): Ethnologie in der Schule - Eine Studie zur Vermittlung Interkultureller Kompetenz. Münster u. a.

Bertels, Ursula / Eylert, Sabine (2003): Was hat das mexikanische Totenfest mit interkultureller Kompetenz zu tun?, in: 21 - Das Magazin für zukunftsfähige Bildung, H. 1. Berlin, S. 59 - 60

de Vries, Sandra / Bertels, Ursula (2003): Ethnologie in der Schule - Eine Pilotstudie, in: Forum für Kriminalprävention, Bd. 2. Bonn, Seite 6 - 8

de Vries, Sandra / Bertels, Ursula (2001): Ethnologie in der Schule, in: Landeszentrale für politische Bildung Baden-Württemberg (Hg.): Interkulturalität in Bildung und Ausbildung. Bad Urach, S. 103 - 109

Bertels, Ursula / Lütkes, Christiana (2001): Perspektivenwechsel als Grundlage interkultureller Kompetenz - Erfahrungen des Projekts „Ethnologie in der Schule", in: Internationale Schulbuchforschung, Bd. 4. Braunschweig, S. 453 - 464

Konstruktionen des ‚Fremden' und des ‚Eigenen': Prozesse interkultureller Abgrenzung, Vermittlung und Identitätsbildung (1999 - 2006)

The multilingual historical subject trapped in the status of sub-alternity by hegemonic language networks: Theoretical approach and case studies: multilingualism and the prevailing use of English in India and South Africa

Beteiligte:

- **Patrick V. Dias.** Universität Frankfurt am Main, Fachbereich Erziehungswissenschaften, Professur für Erziehung und Entwicklungsprozesse in der „Dritten Welt"
- **Neville Alexander.** University of Cape Town, Project for the Study of Alternative Education in South Africa (PRAESA)

Laufzeit: **2002 - 2004**

1. Unser Vorhaben in Indien und Südafrika beabsichtigte, die *Handlungsfähigkeit und -mächtigkeit* der im dominanten Sprachnetzwerk vermeintlich untergeordneten mehrsprachigen Subjekte beispielhaft aufzuzeigen, auszugestalten und auszubauen. Deshalb lag die Hauptverantwortung der Handlungsforschung bei den situationskundigen und engagierten Fachkräften aus den beiden Ländern. Als Betroffene von Strukturen der Über- und Unterlegenheit haben sie an verschiedenen Handlungsorten und -stufen des Bildungswesens soziale Transformationsprozesse exemplarisch und effektiv in Gang gesetzt. Diese werden über den Ablauf des Projekts hinaus eigenständig weitergeführt.
2. Es wurde erkannt, dass Sprachen als Ausdruck der Identitäts- und Aussagefähigkeit des Subjekts in der Vielfalt ihrer Konkretionen als kommunikatives, expressives, technisches und gestalterisches Medium (nicht allein als gesprochenes und geschriebenes Wort) wahrzunehmen sind. Die in Indien und Südafrika immer noch lebendigen ‚Sprachen' - trotz hegemonialer Sprachnetze: hier Englisch - bleiben Ort und Vehikel, wo das historische Handlungssubjekt zu sich selbst kommt, sich mit seinem Wissen und Können äußert, aber auch versteckt und verteidigt. Es bedient sich nach eigenem Ermessen der polyvalenten Kommunikationsstrukturen, der multiplen ‚literacies' und der poly-technischen Fähigkeiten, um sie kontext- und zielbewusst einzusetzen und durch multiple Lernprozesse weiterzuentwickeln. Alle damit verbundenen Vorgänge wurden und werden aufmerksam beobachtet, begleitet, dokumentiert, analysiert und pädagogisch gefördert.
3. Folgerichtig wurde mit empirischen Methoden erforscht, wie die *soziale, sprachliche und erzieherische Praxis* der mehrsprachig aufwachsenden bzw. zu erziehenden Subjekte aussieht und welche institutionellen Vorkehrungen förderlich

bzw. hinderlich für eine mehrsprachige Erziehung und Lebenspraxis sind. Die ausgewählten analytischen Einheiten in der Region Kapstadt in Südafrika, Maharashtra, Goa und Orissa in Indien waren die Akteure auf den verschiedenen Stufen des Erziehungswesens - Schüler und Studenten von der Grundschule bis hin zur ‚College'-Ebene, Lehrer/innen in der Fortbildungsphase sowie Santhal-(aboriginal)-Frauen.

4. In diesem Kontext haben wir eine *Konzeption einer bi-, tri- bzw. multilingualen Bildung* vor allem in den ersten Stufen des formalen Erziehungssystems unter Ablehnung des subtraktiven Ansatzes, in dem die Erlernung der Mutter- bzw. Hauptsprache lediglich ein transitorisches Mittel zum Kompetenzerwerb in der dominanten Sprache ist, erarbeitet. Unser Ziel war es, eine positiv-additive und ausgeglichene Beherrschung von zumindest zwei oder drei Sprachen auf allen Ebenen und Gebieten des Erziehungssystems zu erreichen. Zwecks effektiver Implementierung wurden sowohl innovative pädagogische Verfahren der Unterrichtsgestaltung in Demonstrationsschulen erprobt als auch erforderliches Lernmaterial und stützender Lesestoff bereitgestellt. Es wurden gleichzeitig Kooperationen mit ähnlichen Erziehungsinstitutionen angebahnt, die fortbestehen.
5. Der Vergleich Indien - Südafrika hat sich als sehr einsichtsreich und praktisch bereichernd erwiesen. Die sprachliche Praxis in den indischen ländlichen Schulen und im Bereich des naturwissenschaftlichen und technischen Unterrichts war äußerst wertvoll. Ferner findet ein andauernder Gedankenaustausch zwischen den Partnerinstitutionen und eine gegenseitige Betreuung und Beratung auf akademischer Ebene zwischen PRAESA und dem HBCSE statt.

Dias, Patrick V. (Hg.) (2004): Multiple Languages, Literacies and Technologies. New Delhi / Frankfurt

Alexander, Neville (Hg.) (2005): Mother Tongue Based Bilingual Education in Southern Africa: The Dynamics of Implementation. Cape Town

Bloch, Carole / Alexander, Neville (2003): A luta continua! The relevance of the continua of biliteracy to South African multilingual schools, in: Hornberger, Nancy (Ed.): Continua of Biliteracy. An Ecological Framework for Educational Policy, Research, and Practice in Multilingual Settings. Clevedon

October, Michellé (2002): Medium of Instruction and ist Effect on Matriculation Examination Results for 2000, in: Western Cape Secondary Schools, Praesa Occasional Papers, No.11. Cape Town

Mehrotra, Swati / Khunyakari, Ritesh / Chunawala, Sugra / Natarajan, Chitra (2005): Drawing posters to understand children's ideas on science and technology. New Delhi / Frankfurt

Gastdozentur für den mosambikanischen Psychologen Viktor Igreja

Beteiligte:

- **Peter Riedesser.** Universitätsklinikum Hamburg-Eppendorf, Klinik und Poliklinik für Psychiatrie und Psychotherapie, Abteilung für Psychiatrie und Psychotherapie des Kindes- und Jugendalters
- **Viktor Igreja**

Laufzeit: **Mai bis November 2002**

Während eines sechsmonatigen Aufenthalts am Universitätsklinikum Hamburg-Eppendorf hielt der mosambikanische Ethnopsychologe Viktor Igreja 15 Vorlesungen, in denen er „nicht-westliche" Konzepte von Gesundheit, Krankheit, Trauma, Therapie und Prävention vorstellte. Den inhaltlichen Schwerpunkt bildeten die Fachgebiete Psychotraumatologie und die medizinische Anthropologie. Die Vorlesungen richteten sich an Medizinstudenten, Psychiater, Psychotherapeuten, Sozialarbeiter und Gesundheitsfachleute, die mit Flüchtlingen in Hamburg bzw. in Deutschland arbeiten. Hauptziel der Veranstaltungen war es, der Zielgruppe ein tieferes Verständnis für die Bedeutung kultureller Besonderheiten beim Umgang mit traumatischen Erfahrungen zu ermöglichen. Insbesondere ging es dabei um die Bewältigung traumatischer Erlebnisse wie Kriege, Naturkatastrophen, gewaltsame Vertreibungen und Fluchterfahrungen.

Igreja, Viktor / Riedesser, Peter / Walter, J. (2003): Trance-Phänomene bei ehemaligen Kindersoldaten in Mosambik: diagnostische und therapeutische Aspekte. In: G. Klosinski (Hg.): Grenz- und Extremerfahrungen im interdisziplinären Dialog. Tübingen, S. 35 - 41

Igreja, Viktor / Riedesser, Peter (2002): Traumatischer Elternverlust bei Kindern und Jugendlichen und ihre Behandlung durch traditionelle Heiler in Mosambik. In: KINDER-ANALYSE. Zeitschrift für die Anwendung der Psychoanalyse in Psychotherapie und Psychiatrie des Kindes- und Jugendalters. 10. Jg./Heft 3, Stuttgart, S. 253 - 262

Kulturen im Vergleich

Das ‚Fremde' und das ‚Eigene'. Probleme und Möglichkeiten interkulturellen Verstehens (1992 - 1999)

Die türkischen Kolonien in Bamberg und Colmar - ein deutsch-französischer Vergleich sozialer Netzwerke von Migranten im interkulturellen Kontext

Beteiligte:
Klaus Kreiser, Gaby Straßburger, Horst Unbehaun, Lale Yalçin-Heckmann.
Universität Bamberg, Institut für Orientalistik, Lehrstuhl für Türkische Sprache, Geschichte und Kultur

Laufzeit: **1994 - 1996**

Die Forschungskonzeption, zwei Kolonien in Städten zu vergleichen, die hinsichtlich gewisser Kriterien (Industriestruktur, Einwohnerzahl und Migrantenpopulation) „vergleichbar" erschienen, andererseits aber auch wegen ganz unterschiedlicher Rahmenfaktoren (Ausländergesetzgebung, Wohnungssituation, Bildungssystem etc.) und nicht zuletzt auch wegen verschiedener Verläufe der Zuwanderung ganz unterschiedliche Resultate erwarten ließ, erwies sich als sehr produktiv, und zwar in mehrfacher Hinsicht. Einerseits schärfte der „kontrastive Blick" auf soziale Entwicklungen das analytische Verstehen und Einordnen einzelner Phänomene. In beiden Kolonien fanden sich eine Reihe von ähnlichen Entwicklungen, die zu Verallgemeinerungen, zumindest für andere mittelgroße Städte, Anlass geben könnten. Andererseits mussten festgestellte Differenzen zu der Frage führen, woraus diese resultiert haben mögen. Die zum Teil doch deutlichen Verschiebungen und Schwerpunktsetzungen in den Koloniegeschichten und deren Status quo deuten darauf hin, dass den Rahmenfaktoren in der Tat ein sehr großes Gewicht zukommt. Freilich kann nicht behauptet oder nachgewiesen werden, dass in jedem Fall bestimmte Entwicklungen auf gesellschaftliche und staatliche Wirkgrößen zurückzuführen wären. Dennoch haben an verschiedenen Stellen die „Eigensichten" der Migranten sehr deutliche Hinweise auf Gründe für unterschiedliche Entwicklungslinien bieten können. Durch die Berücksichtigung vorgefundener Rahmenfaktoren werden ihre Aussagen einer Interpretation zugänglich.

Unbehaun, Horst (1995): Les associations des immigrants turques à Bamberg et Colmar, in: Les annales de l'autre Islam. Paris, No. 3, S. 349 - 364

Mutschmann, Ellen / Straßburger, Gaby / Unbehaun, Horst / Yalçin-Heckmann, Lale (1996): Turkish Migrants, „Ghetto" and Housing: Examples from Two Middle Sized Cities in France and Germany; in: Emine Komut (ed.): Housing Question of the Others. Habitat II Conference. Ankara, S. 221 - 233

Straßburger, Gaby / Unbehaun, Horst / Yalçin-Heckmann, Lale (1997): Die türkischen Kolonien in Bamberg und Colmar - ein deutsch-französischer Vergleich sozialer Netzwerke von Migranten im interkulturellen Kontext. Forschungsprojekt-Abschlussbericht an die Volkswagen-Stiftung. Online-Publikation: http://elib.uni-bamberg.de/volltexte/2000/2.html als pdf-Datei

Unbehaun, Horst (1997): „Ethnic leaders" in lokalen Organisationen türkischer Migranten. Katalysatoren der Entwicklung einer Kolonie, in: H.-P. Waldhoff / D. Tan / E. Kürsat-Ahlers (Hg.): Brücken zwischen Zivilisationen. Frankfurt / M, S. 197 - 212

Unbehaun, Horst / Yalçin-Heckmann, Lale (1999): Fransa ve Almanya'daki göcmen Türk topluluklari: Iki orta büyüklükteki sehirde derneklesme ve cemaatlesme süreçleri [Türkische Kolonien in Frankreich und Deutschland: Entwicklung des Vereinslebens und der sozialen Netzwerke]; in: Toplum ve Bilim, Istanbul, No. 82, S. 78 - 90

Kulturthema Toleranz. Inhalte, Formen und Grenzen der Toleranz im öffentlichen Zeitgespräch der deutschsprachigen Länder 1949 - 1990

Beteiligte:
Alois Wierlacher, Harald Tanzer, Peter Vollbrecht, Wolf-Dieter Otto, Rainer Haarbusch. Universität Bayreuth, Fachgebiet Deutsch als Fremdsprache (Interkulturelle Germanistik)

Laufzeit: **1994 - 1999**

Leitidee des Forschungsprojekts ist das Konzept der „aktiven Toleranz", das in Abgrenzung von dem Konzept der „Duldungstoleranz" in verschiedenen Diskursen verfolgt wurde. Es konnte nachgewiesen werden, dass dieses Konzept im Mittelpunkt aller Neubestimmungs- und Neubegründungsversuche des Toleranzprinzips innerhalb des Untersuchungszeitraums steht. Weiterhin konnte gezeigt werden, dass sich während des Untersuchungszeitraums in den verschiedenen Diskursen in unterschiedlichen Ausprägungen und variierender Intensität ein xenologischer Toleranzbegriff herausbildet, sich das Toleranzverständnis in Deutschland nach 1945 aus dem Zusammenhang von Fremdheits- und Toleranzfragen entwickelt und sich dadurch grundsätzlich von allen geisteswissenschaftlichen Begriffsbestimmungen unterscheidet. Das Konzept steht somit in einem Zusammenhang mit der Debatte um das Verhältnis von Eigenem und Fremdem, dessen Wurzeln sowohl in der Definition des Fremdem als dem „aufgefassten Anderen" als auch in der Korrelation von Internationalität und Interkulturalität und in der Erkenntnis des hybriden Charakters der Kulturen liegen.
In einer Fülle von Belegen konnte gezeigt werden, dass schon das Wort „Toleranz" entgegen dem üblichen Sprachgebrauch keineswegs nur eine passiv-hinnehmende Gesinnung oder das bloße Zulassen abweichender Vorstellungen, die man nicht verhindern kann, bezeichnet, sondern eine schöpferisch-produktive, praxisorientierte und humane Kategorie der Konstruktion mitmenschlicher Wirklichkeit ist, die sich am Besten - wie bereits im Projektantrag angenommen - in einem ganzen Fächer unterschiedlicher Toleranzbegriffe beschreiben lässt.
Im verfassungspolitisch-juristischen Diskurs, der die politische Geschichte der Bundesrepublik begleitet, zeigt sich die Entwicklung eines xenologischen Toleranzbegriffs mit Blick auf die Verfassungswirklichkeit; ein Wandel von dem noch obrigkeitsstaatlichem Denken verpflichteten Verständnis des „toleranten Staates" hin zum Staat als „Wächter der Toleranz" zwischen den Bürgern. In einer neueren Publikation zur Verfassungsinterpretation nimmt die Auseinandersetzung mit dem Fremden eine Zentralstellung ein und legt in diesem Zusammenhang Toleranz als ein „hermeneutisches Prinzip der Verfassungsinterpretation" dar.
Der hier erwähnte Wandel des Toleranzverständnisses prägt in vielfacher Weise ausgerechnet mit Ausnahme des kulturpolitischen Diskurses die Entwicklung des Toleranzdenkens zu einem xenologischen Toleranzbegriff.

Grenzen der Toleranz werden insbesondere im verfassungspolitischen Diskurs thematisiert. Das Modell der „streitbaren Demokratie", das auch unter dem Terminus der „wehrhaften Demokratie" diskutiert wird, basiert auf einer kulturspezifischen Ausprägung politischer Vorstellungen von Toleranz in Deutschland. Das aus der deutschen Geschichte erklärliche, in demokratischen Verfassungsstaaten aber ungewöhnliche Arsenal einer „wehrhaften Demokratie" ist aus einem fremdkulturellen Blickwinkel vielfach unverständlich und wird, wie in amerikanischen empirischen Forschungen, gelegentlich sogar als Intoleranz ausgelegt werden, was nur verständlich wird, wenn man die völlig anders gearteten Interessen bei der Beschäftigung mit Toleranzfragen und ihren geschichtlichen Hintergründen mit bedenkt.

Ein weiterer Schwerpunkt der Projektarbeit lag auf der Aufarbeitung des wissenschaftlichen Diskurses nach 1945. Zu Beginn der Projektarbeit mussten die wichtigsten Vorarbeiten zur Toleranzthematik gesichtet werden; dabei konnte man feststellen, dass noch keine Bibliographie existiert, die sich auf den Toleranzdiskurs konzentriert.

Um diese Lücke zu schließen und gleichzeitig den Grundstein für eine internationale und interkulturelle Toleranzforschung zu legen, wurde die *Bayreuther Bibliographie kulturwissenschaftlicher Toleranzforschung 1945 - 1995* erarbeitet.

Wierlacher, Alois (1996): Die vernachlässigte Toleranz. Zur Grundlegung einer interdisziplinären und interkulturellen Toleranzforschung, in: Ders. (Hg.): Kulturthema Toleranz. München, S. 11 - 30

Wierlacher, Alois (1996): Aktive Toleranz, in: Ders. (Hg.): Kulturthema Toleranz. München, S. 51 - 82

Wierlacher, Alois (1996): Toleranzdiskurse in Deutschland. Prolegomena zu einer Geschichte des öffentlichen Toleranzgesprächs in der Bundesrepublik Deutschland (1949 - 1989). Zugleich ein Beitrag zur Kulturthemenforschung interkultureller Germanistik, in: Ders. (Hg.): Kulturthema Toleranz. München, S. 515 - 564

Haarbusch, Rainer (1996): Bayreuther Bibliographie kulturwissenschaftlicher Toleranzforschung 1945 - 1995, in: Alois Wierlacher (Hg.): Kulturthema Toleranz. München, S. 635 - 670

Otto, Wolf-Dieter (1996): Toleranzkultur und Pädagogik oder: Wie reden deutsche Pädagogen über Toleranz? Zur Ausdifferenzierung eines pädagogischen Toleranzdiskurses in Deutschland zwischen 1949 und 1989. Ergebnisse eines Forschungsprojekts, in: Alois Wierlacher (Hg.): Kulturthema Toleranz. München, S. 565 - 631

Das Bild des Eigenen gegenüber Anderen. Die Bedeutung von Konfessionskulturen für Konflikt und Integration in Europa - Versuch einer Bestandsaufnahme

Beteiligte:

- **Friedrich W. Graf.** Helmut-Schmidt-Universität, Universität der Bundeswehr Hamburg, Lehrstuhl für Evangelische Theologie und Sozialethik
- **Trutz Rendtorff.** Universität München, Evangelisch-Theologische Fakultät. Institut für Systematische Theologie

Laufzeit: **26. - 28. September 1994 (Kolloquium)**

Die Zielsetzung des Kolloquiums war es, die Relevanz der unterschiedlichen Konfessionskulturen in den einzelnen Ländern Europas zu erheben. Die darauf abzielende Bestandsaufnahme sollte zunächst die zeitgeschichtliche, soziologische und religionsgeschichtliche Basis dafür liefern, die Frage nach den möglichen fördernden Beiträgen bzw. Widerstandspotentialen der jeweiligen Konfessionskultur in den Prozessen kultureller Integration beantworten zu können. Fragen dieser Art haben in der theologischen wie in der sozialwissenschaftlichen Literatur bisher, wenn überhaupt, nur am Rande Beachtung gefunden. Dagegen haben die politischen Praktiker in Brüssel um den Präsidenten Jacques Delors die politische Relevanz der differenten Konfessionsprägung der europäischen Länder durchaus schon wahrgenommen. Wie sich gezeigt hat, treten dabei allerdings sofort die theoretischen und konzeptionellen Fragen auf, ob und auf welchem methodischen Wege die Relevanz von religiös geprägten Konfessionskulturen überhaupt empirisch nachweisbar erhoben werden kann, wenn man sich nicht auf die vergleichsweise geringe Aussagekraft kirchensoziologischer Daten beschränken will. Dieser Herausforderung hat sich das Kolloquium im Sinne einer an Ernst Troeltsch anschließenden konfessionskulturellen Forschung zu stellen versucht.
Aktuelle Perspektiven ergaben sich dabei auch durch die zunehmende Präsenz nichtchristlicher, vor allem islamischen Traditionen entstammender Bevölkerungsgruppen in allen europäischen Ländern, die sich der Erwartung einer kulturellen - und das heißt primär: einer religiösen bzw. konfessionellen Integration - nicht fügen. Dabei sollte vor allem geprüft werden, ob sich entgegen den Erwartungen an eine weitgehende Homogenisierung Europas im Zuge des Integrationsprozesses gegenläufige Tendenzen abzeichnen, die eine differenzierte Wahrnehmung der kulturellen Prozesse fordern. Integration in politisch-ökonomischer Hinsicht bei gleichzeitiger Erneuerung von Fremdheiten der kulturell-religiösen Verfasstheiten als erwartbare Entwicklung in diese Richtung zu fragen verlangt eine methodische und inhaltliche Offenheit für die Wahrnehmung der unterschiedlichen Konfessionskulturen in Europa.
So etwas wie ein „Gesamtergebnis" des Kolloquiums zu formulieren, fällt schwer. Die traditionellen Konfessionen haben sich in Westeuropa verflüssigt und sind durchlässig geworden. Als Faktoren einer überindividuellen kulturellen Identität

erscheinen sie teils nur noch im historischen Rückblick, teils nur noch in Verbindung mit anderen, sozialen oder kulturellen Linien der Differenzierung einer Gesellschaft. Demgegenüber gibt sich der Islam als geschlossene „konfessionelle" Größe mit klarer sozialer und kultureller Funktion zu erkennen. Trotzdem aber bleiben auch für das Christentum Elemente eines konfessionellen Habitus gesellschaftlich bedeutsam, etwa die Vielfalt europäischer Arbeitsethiken und die sehr unterschiedlich ausgeprägte Bereitschaft, Religion in Bildung zu transformieren. Je mehr gesellschaftliche Konflikte durch schnellen sozialen Wandel relevant werden, desto mehr gewinnen auch alte konfessionelle Gegensätze wieder an Gewicht.

Ursprung und Funktion nationaler Wahrnehmungsklischees in der deutschen und in der französischen Literatur von der Frühen Neuzeit bis zum 19. Jahrhundert

Beteiligte:
Horst Thomé, Ruth Florack. Universität Stuttgart,
Institut für Literaturwissenschaft, Neuere deutsche Literatur II

Laufzeit: **1995 - 1999**

Am Beispiel von Deutschland und Frankreich hat das Stuttgarter Forschungsprojekt erforscht, welche Rolle die Literatur bei der Entstehung, Verbreitung und Tradierung nationaler Stereotype gespielt hat. Den Schwerpunkt der Untersuchung stellte die Zeit vor der Französischen Revolution und dem Nationalismus des 19. Jahrhunderts dar, da sich die seit Jahrhunderten tradierten, längst zu Klischees erstarrten Wahrnehmungsmuster von „dem" Franzosen und „dem" Deutschen als zählebiger erwiesen haben als die kriegsbedingten Feindbilder.

Die entscheidende Leistung des Forschungsprojekts liegt in den Anstößen zu einer Revision der Imagologie als einem prominenten Zweig der Komparatistik. Diese Anstöße stützen sich auf folgende Forschungsergebnisse:

1. Nationale Stereotype sind nicht unmittelbar an den Diskurs gekoppelt, der in einer Kultur (z. B. der französischen) über eine fremde Kultur (z. B. die deutsche) geführt wird, sondern sie gehen auf ein *gemeinsames* - grenzüberschreitendes - Reservoir zurück.
2. Die Analyse von Literatur in einem weiter gefassten Sinn hat ergeben, dass nationale Stereotype ihre Beglaubigung über die Jahrhunderte hinweg aus dem Konzept des Nationalcharakters beziehen; dieses Konzept, das seit dem Humanismus allen bekannten europäischen Völkern bzw. Nationen feste positive *und* negative Eigenschaften als „Wesensmerkmale" bzw. „Charakterzüge" zuschreibt, wird aus den historisch sich verändernden Wissenskonstellationen je neu gespeist (z. B. aus Medizin, Staatswissenschaft, Geographie). Dass die Stereotype über das kollektive Wissen derart „abgesichert" sind, macht verständlich, warum sie in der Aufklärung nicht zum Gegenstand der Vorurteilskritik werden.

Aus den Punkten 1 und 2 folgt, dass die bisher in der Komparatistik grundlegende Vorstellung von Auto- und Heterostereotypen aufgegeben werden muss, da sie - vorschnell Ergebnisse der Sozialpsychologie auf Nationalkulturen applizierend - übersieht, dass sie das Konzept von einem Kollektivsubjekt „Nation" unreflektiert fortschreibt.

3. Wenn nationale Stereotype, positiv oder negativ gewendet, in literarischen Texten (im engeren Verständnis) auftauchen, so ist ihre Funktion textabhängig zu beschreiben: Einzelne Textsorten, wie z. B. die Komödie, weisen Stereotype

> besonders ausgeprägt auf; auffällig oft erfüllen nationale Stereotype eine satirische (z. B. in Sittenkritiken) oder polemische (z. B. in der Literaturkritik) Funktion. Diese Funktion ist also jeweils für den einzelnen Text in seinem spezifischen Kontext zu beschreiben, während der Versuch einer Bündelung von Einzelbeobachtungen in Bezug auf einen Autor zu fragwürdigen Hypostasierungen von dessen „Einstellungen" gegenüber der ‚Eigenen' wie der ‚Fremden' Kultur führen muss - deshalb ist der für die Imagologie zentrale Bild-Begriff aufzugeben.

Das von uns gewählte diskursanalytische Verfahren eröffnet in Theorie und Praxis neue Perspektiven interdisziplinärer Zusammenarbeit, denn ein derartiger Zugriff auf nationale Stereotype, der auf vorschnelle Totalisierungen (wie beim traditionellen Bildbegriff der Imagologie und der üblichen Aufteilung von Auto- und Heterostereotypen) verzichtet, lässt sich mit konstruktivistischen Ansätzen in Soziologie und Geschichtswissenschaft (etwa in Bezug auf die Konstruktion nationaler Identität) vermitteln.

Florack, Ruth (Hg.) (2000): Nation als Stereotyp. Fremdwahrnehmung und Identität in deutscher und französischer Literatur. Tübingen

Florack, Ruth (2001): Tiefsinnige Deutsche, frivole Franzosen. Nationale Stereotype in deutscher und französischer Literatur. Stuttgart / Weimar / Metzler

Florack, Ruth (2000): Nationenstereotype und die Konstruktion nationaler Identität. Deutschland und Frankreich im historischen Vergleich, in: Deutsch-Französisches Institut (Hg.): Frankreich-Jahrbuch 2000. Politik, Wirtschaft, Gesellschaft, Geschichte, Kultur. Opladen, S. 93 - 106

Florack, Ruth (2002): China-Bilder in der deutschen Literatur? Überlegungen zur komparatistischen Imagologie, in: Zhang Yushu / Hans-Georg Kemper / Horst Thomé (Hg.): Literaturstraße. Chinesisch-deutsches Jahrbuch für Sprache, Literatur und Kultur, H. 3. Beijing, S. 27 - 45

Florack, Ruth (2003): Nationale Eigentümlichkeit - eine (un)verzichtbare Größe der Literaturgeschichtsschreibung? in: Hermann Korte (Hg.): Der Deutschunterricht, H. 6, S. 36 - 43

Zeitlichkeit im Kulturvergleich

Beteiligte:
Manfred Stosberg, Shingo Shimada. Universität Erlangen-Nürnberg, Sozialwissenschaftliches Forschungszentrum (SFZ), Zentralinstitut

Laufzeit: **12. - 14. Oktober 1995 (Symposium)**

Bei der Durchführung des Symposiums wurde auf das übliche Schema von Vortrag und Diskussion verzichtet und stattdessen eine konzentrierte Diskussion über gemeinsam ermittelte zentrale Fragen zum Thema der Zeitlichkeit im Kulturvergleich geführt. So stellte jeder Teilnehmer ein Arbeitspapier über seine aktuelle Forschung zur Verfügung, das als Diskussionsgrundlage allen Teilnehmern zur Lektüre zugeschickt wurde. Alle Beteiligten konnten sich vor dem Symposium einen umfassenden Überblick über die fachlichen Interessen der anderen Teilnehmer verschaffen. In der abschließenden gemeinsamen Diskussionsrunde wurden die Ergebnisse der Arbeitsgruppen vorgestellt, und es wurde versucht, sie miteinander zu verknüpfen. Dabei kristallisierten sich einige zentrale Themenkomplexe heraus:

1) *Die theoretisch-methodische Frage der Vergleichbarkeit der Kulturen.*
   In diesem Diskursstrang wurde deutlich, dass Zeitlichkeit allein nicht als Gegenstand der Forschung betrachtet werden könne, da gerade sie die Perspektive präge, aus der der Forscher eine fremde Kultur wahrnimmt. Es bestehe die Notwendigkeit der theoretischen Problematisierung des Verhältnisses zwischen der Zeit des Forschers, der Zeit der Erforschten und der Zeit des Forschungsprozesses selbst, in dem sich der Forscher und der Erforschte in einem konkreten Zeit-Raum-Rahmen begegnen.
2) *Die Problematisierung der Dichotomie zwischen der ‚Moderne' und der ‚Tradition'.*
   Vor allem von nicht-westlichen Teilnehmern wurde das Unbehagen gegenüber dieser Einteilung geäußert, die aufgrund eines bestimmten Zeitkonzeptes der linearen Entwicklung vollzogen wird. Einigkeit bestand darin, dass dieses zeitliche Differenzverhältnis selbst innerhalb der westlichen Gesellschaften an Relevanz verliere.
3) *Die Infragestellung des linearen Zeitkonzeptes als der dominanten Zeitkategorie der Moderne.*
   Es wurde die Bedeutung des Modernisierungsprozesses im Westen hervorgehoben, durch den das lineare Zeitkonzept seine dominierende Rolle gewonnen habe. Dies bewirke eine Verengung der westlichen Perspektive auf das Problem der „Zeitlichkeit".
4) *Die Komplexität der Zeitlichkeit im Kulturvergleich.*
   Mit der Reflexion auf die Verengung des Zeitbegriffs auf das lineare Zeitkonzept im Westen wurde die Komplexität der Zeitlichkeit in verschiedenen Kulturen sichtbar.

Am Ende wurde versucht, die theoretischen und methodischen Fragen zum Thema der „Zeitlichkeit im Kulturvergleich" zu klären. Die Fülle der im Verlauf des Symposiums gesammelten Materialien konnte dadurch geordnet und miteinander in Zusammenhang gebracht werden. Dabei kristallisierte sich ein Problem heraus: Die theoretische Problematisierung der bisherigen eurozentrischen Perspektive verlangte eine „doppelt-reflexive Vorgehensweise" im konkreten Forschungsprozess. Die eurozentrische Perspektive sei nicht nur in der Begegnung zwischen den westlichen Forschern und den nicht-westlichen Erforschten problematisch, sondern auch innerhalb der nichtwestlichen Kulturen selbst. Insofern sei es verfehlt, nach einer genuin in der nicht-westlichen Kultur verwurzelten Zeitlichkeitsform als einer traditionellen zu suchen. Vielmehr müsse der Blick darauf gerichtet werden, auf welche Weise die westlichen Zeitkonzepte von den nicht-westlichen Kulturen aufgenommen wurden und was diese in ihnen bewirkten. Deutlich wurde auch, dass in einer empirischen Forschung über die „Zeitlichkeit" eine Verknüpfung von Untersuchungen über die konkreten Zeitformen mit dazu parallel laufenden begrifflichen Reflexionen notwendig sei. Offen blieb jedoch die Frage, auf welche Weise die begrifflichen Reflexionen und die konkreten Beschreibungen eines sozialen Phänomens in einem wissenschaftlichen Text einheitlich bearbeitet werden können.

Shimada; Shingo (1994): Grenzgänge, Fremdgänge. Japan und Europa im Kulturvergleich. Frankfurt a. M. / New York

Academic Discourse in the Social Sciences: Indigenization in Theory, Practice and Public Discourse

Beteiligte:
- **Syed Farid Alatas.** National University of Singapore, Department of Sociology
- **Werner Mangold, Michael Stosberg.** Sozialwissenschaftliches Forschungszentrum (SFZ), Universität Erlangen-Nürnberg
- **Joachim Matthes.** Singapore

Laufzeit: **1995 - 1999**

The original formulation of the central problem of the project as contained in the project proposal, that is, the indigenization of academic discourse, was based on a limited reading of the issue and no fieldwork. After beginning the field trips some important revisions had been made to the original formulation. These are presented as follows:

1. Indigenization is not a universal response of those who critique the Western social sciences but only one of many, such as nationalization, globalization, Islamization, delinking, etc. Nevertheless, indigenization features more prominently in the English language literature published outside of the countries studied. This was only discovered during the fieldwork.
2. The term indigenization, itself, is understood in radically different ways in different countries. For example, in Taiwan it is understood more in the context of Chinese and then Taiwanese nationalism, whereas in the Philippines and India the notion is less tied to the nation-state.
3. The critiques of Western social science are more varied than initially thought. As a result of the fieldwork, I have expanded the list of critiques to include postcolonial theory, rhetorical theories of social science, theories of academic colonialism, pedagogical theories of modernization, and modern colonial critique.
4. I have come to the conclusion that the central problematic of the project is not indigenization but alternative discourses (to Western social science), of which indigenization is one.
5. Furthermore, while such alternatives suggested to me by researchers and the literature all imply the lack of relevance of Western social science, it is remarkable that there has been no attempt to conceptualise irrelevance or relevance. These have not become categories in the study of the social sciences in non-Western societies.
6. There are several cases of alternative discourses based on empirical research to be found in the various countries visited: (i) the work of Kim Kyong-Dong on developing social science concepts from popular discourse in Korea; (ii) subaltern studies in India, and the work of the philosopher, Dayakrishna on Hindu categories; (iii) Islamization of knowledge in Iran and Egypt; (iv) indigenization in the Philippines. Examples of works in local publications which illustrate the nature of these alternative discourses have been obtained.

7. An interesting finding has been that nativism is a problem that does not exist only in religious-oriented scholarship, that is, Islamization of knowledge. I found during my trip to India that what I had regarded as alternative discourse, for example, the works of Ashish Nandy, Sudhir Kakar, etc., was seen by some as being nativistic. This suggests that it is necessary to make a conceptual distinction between nativistic and non-nativistic alternative discourse.

Alatas, Syed Farid (1998): Western Theories, East Asian Realities and the Social Sciences, in: Su-Hoon Lee (ed.): Sociology in East Asia and Its Struggle for Creativity, International Sociological Association Pre-Congress Volumes, Social Knowledge: Heritage, Challenges, Perspectives, Montreal

Alatas, Syed Farid (2001): The Study of the Social Sciences in Developing Societies: Towards an Adequate Conceptualization of Relevance, in: Current Sociology, Vol. 49, No. 2, pp. 1 - 19

Alatas, Syed Farid / Sinha, Vineeta (2001): Teaching Classical Sociological Theory in Singapore: The Context of Eurocentrism, in: Teaching Sociology, Vol. 29, No. 3, pp. 316 - 331

Alatas, Syed Farid (2002): Eurocentrism and the Role of the Human Sciences in the Dialogue Among Civilizations, in: The European Legacy, Vol. 7, No. 6

Alatas, Syed Farid (2003): Academic Dependency and the Global Division of Labour in the Social Sciences, in: Current Sociology, Vol. 51, No. 6, pp. 599 - 613

Jugendliche Einstellungen gegenüber ‚Fremden', Geschichten über die Vergangenheit, Modernisierungsrisiken, aktuelle Werthaltungen und individuelle Bewältigungsstrategien - ein sozialpsychologischer Vergleich zwischen deutschen und israelischen Jugendlichen

Beteiligte:

- **Wolfgang Frindte.** Universität Jena, Institut für Psychologie
- **Devora Carmil.** Haifa University, R. D. Wolfe Centre for Study of Psychological Stress, Israel

Laufzeit: **1995 - 1997**

Jugendliche, die sich fremdenfeindlich, antisemitisch und rechtsextrem äußern, reagieren nicht einfach auf ihre Umwelt; sie konstruieren sich vielmehr neue Sichtweisen über scheinbar fremde Wirklichkeiten, und diese Sichtweisen können lebensbedrohend für andere sein. Die Untersuchungen in Deutschland und Israel lieferten zahlreiche empirische Belege für die vielfältigen und miteinander verwobenen Hintergründe für fremdenfeindliche, antisemitische und gewaltbezogene Konstruktionen; z. B. zu den Ausprägungen rechtsextremistischer Orientierungen, zu Ost-West-Unterschieden in den fremdenfeindlichen und antisemitischen Einstellungen deutscher Jugendlicher, zu Zusammenhängen zwischen politischen Interessen und Fremdenfeindlichkeit, zu Relationen von autoritären Orientierungsmustern, historischen Geschichtslegenden und deren Wirksamkeit. Im Zusammenhang mit der Untersuchung antisemitischer Einstellungen zeigte sich z. B., dass der Antisemitismus seine Gesellschaftsfähigkeit zwar verloren hat, weil er mit einem Tabu belegt ist. Genau dieses Tabu macht den Antisemitismus aber für einen Teil der Jugendlichen wieder interessant. Mit antisemitischen Äußerungen können Jugendliche heute noch Aufmerksamkeit erregen, was ihnen sonst kaum mehr gelingt. Diese Befunde führten zu einer inzwischen tragfähigen Konzeption, um neue Facetten antisemitischer Einstellungen von deutschen Jugendlichen und Erwachsenen untersuchen zu können. Relevanz haben ebenfalls die damals aufgefundenen Befunde über die Beschaffenheit politischer Haltungen deutscher Jugendlicher in einer Zeit politischer Umbrüche. Als theoretisch besonders tragfähig erwies sich nach wie vor das Autoritarismuskonzept. Die Projektbearbeiter differenzierten einerseits den theoretischen Erklärungsrahmen, indem ein neuer Ansatz zur Untersuchung des Autoritarismuskonstruktes entwickelt wurde. Andererseits wurden empirische Ergebnisse vorgelegt, die die Bedeutung von Autoritarismus im Zusammenhang mit Fremdenfeindlichkeit, Rechtsextremismus und Antisemitismus aufhellen.

Frindte, W. / Funke, F. / Waldzus, S. (1996): Xenophobia and Right-Wing Extremism in German Youth Groups - some evidence against unidimensional misinterpretations, in: Inter. Journal of Intercultural Relations, Vol. 20, No. 3 / 4, pp. 463 - 478

Frindte, W. & Carmil, D. (1996): The foreigner is the void - an investigation of German and Israeli youths' attitudes toward foreigners, in: International Journal of Psychology. Vol. 31, No. 3 / 4, p. 474

Frindte, W. / Funke, F. / Jacob, S. (1997): Autoritarismus, Wertorientierungen und jugendkulturelle Identifikationen - eine sozialpsychologische Analyse deutscher Jugendlicher, in: Gruppendynamik, H. 3

Jacob, S, Frindte, W. & Funke, F. (1998): Konstruktion historischer Kontinuität in politischen Selbst-Narrationen, in: Zeitschrift für Politische Psychologie, H. 4.

Frindte, W. (Hg.) (1999): Fremde, Freunde, Feindlichkeiten - Sozialpsychologische Untersuchungen. Opladen

Menschenrechte - Philosophische Idee und Begründung in interkultureller Sicht

Beteiligte:
Hans Lenk, Gregor Paul, Thomas Göller. Universität Karlsruhe, Institut für Philosophie

Laufzeit: **1996 - 1999**

Der Beitrag der Philosophie zur Auseinandersetzung um die Menschenrechte unterscheidet sich vom Engagement anderer Disziplinen und Institutionen - wie Politik, Rechtswissenschaft und Rechtspraxis und etwa Sinologie - vor allem in der Hinsicht, dass es ihr in erster Linie um Gültigkeit und weniger um Akzeptanz, Überzeugungskraft und Durchsetzbarkeit menschenrechtsrelevanter Auffassungen geht. Sie sollte kritisch-rationale, argumentative und um Begründung bemühte Auseinandersetzung sein.
Der psychologisch verständliche Vorwurf, dass eine universalistische Philosophie der Menschenrechte nicht hinreichend kontextualisiere, beruht insofern auf einem Missverständnis. Ja, er ist überhaupt nur dann relevant, wenn Gültigkeit eine Funktion des - etwa kulturellen - Kontextes sei. Eine solche Überzeugung wäre freilich irrig. Das heißt nicht, dass aus philosophischer Sicht „durchgesetzt" werden muss, was Gültigkeit besitzt. Auch philosophische Reflexion führt zu dem im gegebenen Zusammenhang wichtigen Resultat, dass man Leid nicht beseitigen darf, indem man größeres Leid schafft. Trotz der notorischen Schwäche des Arguments versucht sie jedoch, auf dem Weg der Argumentation zu wirken. In diesem Sinne übt sie, anders als etwa die Justiz, keinerlei Zwang aus. Als Kriterium, potentielles Korrektiv und potentieller Katalysator positiven Rechts und aktueller Rechtspraxis ist sie ohnehin unentbehrlich.
Folgende methodologische Regeln sollten jede Philosophie der Menschenrechte leiten:

- Die Anerkennung der Allgemeingültigkeit formallogischer Prinzipien
- Die Anerkennung der Allgemeingültigkeit eines pragmatischen Kausalitätsprinzips
- Die Anerkennung anthropologischer Konstanten
- Die Vermeidung naturalistischer Fehlschlüsse
- Traditionalismus im strengen Sinn des Wortes ist unmöglich bzw. läuft auf einen performativen oder pragmatischen Selbstwiderspruch hinaus
- Keine Tradition kann aufgrund ihrer selbst bzw. aufgrund traditionseigener Merkmale etc. gerechtfertigt werden
- Genesis und Geltung sind voneinander unabhängig
- Verallgemeinerungen und Unterscheidungen sind zu begründen
- Ethno- und kulturzentrische Argumente sind zu vermeiden

Obwohl der Einwand, dass es sich um „westliche Regeln" handele, ohnehin irrelevant ist, ist ihm leicht explizit zu begegnen. Alle angesprochenen methodologischen

Regeln wurden nämlich auch im traditionellen sinoasiatischen Raum formuliert und fanden dort Anerkennung. Die Relevanz der Regeln aber liegt in folgendem Punkt: Das Argument, dass der Menschenrechtsdiskurs „westlichen" oder, allgemeiner, „kulturspezifischen" Prinzipien folge oder gar folgen müsse, ist unhaltbar. Sofern es um Gültigkeit geht, können prinzipiell alle Menschen ein und denselben Diskursregeln folgen und an ein und demselben Diskurs teilhaben.

Verständigung scheitert nicht an den Fragen der Diskursform und der Gültigkeit. Sie scheitert an menschlicher Schwäche und Problemen der Überzeugungskraft, Akzeptabilität und Durchsetzbarkeit. Insbesondere scheitert sie an folgenden, prinzipiell jedem Menschen eigenen Schwächen: a) Unwissenheit, b) Bequemlichkeit und Gewöhnung, c) Abhängigkeit von einer Ethik der Nähe, d) Aggressivität und e) Macht-Interesse. Dazu kommen f) die notorische Schwäche des Arguments, g) die Problematik asketischer, obskurer und spekulativer Morallehren, die Unmenschlichkeit und Missbrauch begünstigen, f) Indoktrination, Einschüchterung und Zwänge (insbesondere durch totalitäre Systeme) und nicht zuletzt i) (oft) unzureichend entwickelte Institutionen (vor allem der Gewaltenteilung und Gewaltenkontrolle).

Göller, Thomas (Hg.) (1999): Philosophie der Menschenrechte. Methodologie, Geschichte, kultureller Kontext. Göttingen

Göller, Thomas / Lenk, Hans / Paul, Gregor (2000): Zur Philosophie der Menschenrechte, in: H. Kunle und St. Fuchs (Hg.): Die Technische Universität an der Schwelle zum 21. Jahrhundert Festschrift zum 175jährigen Jubiläum der Universität Karlsruhe. Berlin, S. 305 - 317

Paul, Gregor / Göller, Thomas / Lenk, Hans / Rappe, Guido (Hg.): Humanität, Interkulturalität und Menschenrecht. Frankfurt a. M.

Paul, Gregor / Robertson-Wensauer, Caroline (Hg.) (1998): Traditionelle chinesische Kultur und Menschenrechtsfrage. Baden-Baden

Paul, Gregor (1999): Menschenrechtsrelevante Traditionskritik in der Geschichte der Philosophie in China, in: G. Schubert (Hg.): Menschenrechte in Ostasien, Tübingen, S. 75 - 108

Intercultural Relations, Identity and Citizenship (IRIC): a Comparative Study of Australia, France and Germany

Beteiligte:

- **Stephen Castles.** University of Wollongong, Centre for Multicultural Studies, Australien
- **Michael Bommes, Klaus Manfraß.** Universität Osnabrück, Institut für Migrationsforschung und Interkulturelle Studien (IMIS)
- **Catherine Wihtol de Wenden.** CNRS - Délégation Alpes, Fondation Nationale des Sciences Politiques, Paris, Frankreich

Laufzeit: **1996 - 1999**

Virtually all highly-developed countries have experienced large-scale immigration and growing ethnic diversity since 1945. This was largely unexpected, and had unforeseen effects on society, culture and political institutions. The IRIC project carried out a systematic analysis of the way in which immigration changed western societies, based on three case-studies: Australia, France and Germany. The interest in these cases lay in the different historical contexts and policies characteristic of the three countries. Any general trends observed in these cases were likely to hold general lessons for a wide range of immigration countries.

One of the key findings concerned the crucial role of the social sciences in defining the issues and informing public opinion and policy development. The researchers reviewed social science research in each country since 1945, looking at relevant disciplines and paradigms. The comparison showed a high degree of national specificity with regard to theoretical and methodological approaches as well as underlying assumptions on the relationship between migration, the state and society. This work makes a significant contribution to the sociology of knowledge in an area of considerable political relevance.

In all three cases, policies on immigration or labour recruitment followed mainly economic objectives. There have been major political difficulties in coming to terms with the changes in the ethnic and cultural composition of the population. Australia, as a conscious country of immigration was quickest to define itself as a multicultural country, but even here it has proved hard to bring about fundamental changes in institutions and practices. French responses to diversity were shaped by notions of assimilation, rooted in traditions of nation-building and colonialism. Germany was just beginning to accept the reality of permanent immigration and the formation of new minorities. All three countries have found it necessary to modify their citizenship laws. All three have on-going debates on issues of political membership and national identity. In retrospect, many of these tendencies are implicit in the structure of modern polities based on democracy and the rule of law. Welfare states play an ambivalent role as instruments of both integration and closure.

Bommes, M. / Castles, S / Wihtol de Wenden, C. (1999): Migration and Social Change in Australia, France and Germany, IMIS Beiträge. Osnabrück

Vasta, E. / Vasoodeven, V. (forthcoming): Immigration and the social sciences: the experience of Australia, France and Germany, Macmillan, Basingstoke

Zappalà, G. / Castles, S. (2000). ‚Citizenship and immigration in Australia', in: Aleinikoff, T.A. and Klusmeyer, D. (Eds.): From Migrants to Citizens: Membership in a Changing World. Washington D.C., pp. 32 - 81

Christliche Religiosität und Lebensführung im interkulturellen Vergleich. Eine empirische Untersuchung am Beispiel von christlichen Gemeinden in Korea und Deutschland

Beteiligte:
Hanspeter Buba. Universität Bamberg, Sozialwissenschaftliche Forschungsstelle

Laufzeit: **1997 - 1999**

Zu den Hauptzielen des Forschungsvorhabens gehörte, Unterschiede zwischen dem Christentum in Korea und Deutschland sowie deren Rahmenbedingungen und Ursachen zu erkennen und damit auch zu verstehen, warum in Deutschland der Modernisierungsprozess mit einem Bedeutungsverlust des Christentums einhergeht, in Korea dagegen das Christentum wächst und eine bedeutende Rolle für den Modernisierungsprozess hat. Dieses Vorhaben sollte anhand eines interkulturellen Vergleichs verwirklicht werden, der auf den Forschungsgegenstand eine neue Perspektive eröffnet; jenseits der festgefahrenen eigenen kulturellen Selbstverständlichkeiten. So wurde es möglich, Organisationsstrukturen und Erscheinungsformen des Christentums in Deutschland (ausgehend vom koreanischen Bild des Christentums) neu, anders, vielfältiger zu denken und daran die Relativität sowie die kulturelle Prägung von Strukturen und Erscheinungsformen des deutschen Christentums und seine Modifikationspotenziale zu erfahren.
Grundlage dieses neuen Verständnisses war ein anderer, offenerer Zugang zur Frage des Zusammenhangs zwischen Religion und Gesellschaft. So wurde die vielfach behauptete These, der Modernisierungsprozess sei die Ursache für den Bedeutungsverlust des Christentums, als eurozentristische Verkürzung widerlegt. In anderen Kulturen wie Korea hat das Christentum eine wichtige Rolle für den Modernisierungsprozess. *Weder bedingt Modernisierung also notwendig einen Bedeutungsverlust des Christentums, noch lassen sich damit Veränderungen im gesellschaftlichen Stellenwert von Religion ausreichend erklären.* Es konnte gezeigt werden, dass auch andere gesellschaftlichen Rahmenbedingungen (z. B. der historisch gewachsene gesellschaftliche Stellenwert der Kirche, grundlegende Typisierungs- und Denkschemata, Interaktionsstile, Prinzipien gesellschaftlicher Schichtung, gesellschaftliche Machtkonstellationen etc.) für religiöse Haltungen und die Einbindung der Bevölkerung in religiöse Organisationen von maßgeblicher Bedeutung sind.
Dabei zeigte sich, dass der Eurozentrismus innerhalb europäischer Studien nur schwerlich zu überwinden ist. Die interkulturelle vergleichende Gegenüberstellung der koreanischen und deutschen Perspektive im Rahmen dieses Projekts bildete eine wesentlich tragfähigere Grundlage für die Forschung als die bisher vorgelegten (zumeist quantitativen) innereuropäischen Vergleiche zu Religion und Kirche oder die Einbeziehung des nordamerikanischen Raums in religionssoziologische Überlegungen. Die Relativierung einer soziologischen Grundthese und die umfassendere, differenziertere Analyse von Zusammenhängen zwischen gesellschaft-

lichen und religiösen Entwicklungen bilden einen Beitrag zur religionswissenschaftlichen Diskussion, auch zur soziologischen Diskussion insgesamt. Hinzu kommt, dass die Einbindung von verschiedenen qualitativen Verfahren und Expertengesprächen, vor allem auch der interkulturelle Dialog innerhalb des Forschungsteams, auch weiterführende Anregungen für den methodischen Zugang zum Forschungsfeld und zur Analyse des Forschungsmaterials beinhalten.

Kern, Thomas (2001): Das „andere" Wachstumswunder: protestantische Kirchen in Südkorea, in: Zeitschrift für Soziologie. 30. Jg., H. 5., S. 341 - 361

Kern, Thomas (2002): Mega-Kirchen in Südkorea. Eine Fallstudie am Beispiel der Yoido Full Gospel Church, in: Patrick Köllner (Hg.): Jahrbuch Korea 2002. Politik - Wirtschaft - Gesellschaft. Hamburg, S. 165 - 196

Kern, Thomas / Nam, Sang-hui (2001): Syncretism in Korea and Germany, in: Religion and Culture. Vol. 7, S. 131 - 154

Kern, Thomas / Nam, Sang-hui (2001): Between Foreign and Native Cultural Identities. Problems of Mutual Perception in Comparative Culture Studies, in: Phenomena and Cognition. 25. Jg., S. 119 - 146

Wippermann, Carsten (2000): Zwischen den Kulturen. Das Christentum in Südkorea. Münster

Fremd im Deutschen und in fremden Sprachen. Sprachwissenschaftliche Annäherungen an ein kulturwissenschaftliches Schlüsselwort

Beteiligte:
Jürgen Trabant, Brigitte Jostes. Freie Universität Berlin,
Fachbereich Neuere Fremdsprachliche Philologien

Laufzeit: **1998 - 2000**

Ziel des Forschungsprojekts war der semantische Vergleich des deutschen Schlüsselworts *fremd* mit seinen Entsprechungen in anderen Sprachen. Zu Grunde lag die Annahme, dass sich im Sprachvergleich einerseits Unterschiede in der sprachlichen Gestaltung des Sinnbezirks der Fremdheit zeigen, die die Historizität der (an Sprache gebundenen) Begriffsbildungen vor Augen führen, dass sich andererseits aber auch Parallelen aufzeigen lassen, die auf die anthropologische Dimension des Phänomens der Fremdheit verweisen.
Exemplarisch für die Analyse weiterer Schlüsselbegriffe der Geistes- und Kulturwissenschaften zeigte das Projekt Probleme und Möglichkeiten auf, verschiedene Ansätze der Sprachwissenschaften aufeinander zu beziehen und in historisch-anthropologischer Perspektive nutzbar zu machen. Durch die sprachtheoretisch fundierte Auffächerung des Sprechens in verschiedene Ebenen der Historizität erscheinen die einzelsprachlich-lexikalischen Gestaltungen des Fremden wie auch die durch Schlüsselwörter indizierten Diskurstraditionen zum Fremden als Ebenen von „Sedimentierungen" des Sprechens. Als allgemeinste „Sedimente" erscheinen uns dabei (aufgrund von Konvergenzen zwischen den Einzelsprachen anzunehmende) primäre metaphorische und metonymische Konzeptualisierungen, die ihren Ursprung im menschlichen Körper haben.
Dieses Modell eines allgemeinen Kerns (die durch den menschlichen Körper gegebenen Konzepte von *innen vs. außen*, *nah vs. fern*), von dem aus sich die vielfältigen Konzeptualisierungen des Fremden in ihrer Diversität entfalten, wendet sich sowohl gegen Ansätze, die die absolute Kontingenz diskursiver Konstruktionen postulieren, als auch gegen Ansätze, die Phänomene des menschlichen Lebens enthistorisieren und naturalisieren. Über bekannte Forschungsansätze wie den von John Lakoff und Mark Johnson (1999) hinaus, die die Ausbildung von Konzepten in eine historische Perspektive rücken - und damit quasi die Kognitionswissenschaft an die Kulturwissenschaft anbinden - betonen wir - im Anschluss an Herder und Humboldt - die Rolle der Sprache auf allen Ebenen der Historizität. Dieses Programm erscheint uns nicht nur fruchtbar für weitere Analysen von Schlüsselkategorien und -begriffen; auch weist es der Linguistik eine Perspektive, da sie mit diesem Programm „ihre verselbstständigten Forschungszweige in die Leitfrage nach der anthropologischen Dimension von Sprache integriert" (Frühwald, Jauß u. a.: *Geisteswissenschaften heute*, Seite 57, mit Verweis auf Harald Weinrich).

Auf der Basis der im Forschungsprojekt zusammengestellten Ergebnisse des Sprachvergleichs entstand die Dissertation von Frau Brigitte Jostes. Über den Gegenstand des Fremden hinaus wurde die übergeordnete Fragestellung behandelt, wie sprachwissenschaftliche Forschungen zu einzelsprachlichen semantischen Differenzen in historisch-anthropologische Forschungen eingebunden werden können. Bezugspunkt dieser Reflexionen, die von der gegenwärtigen Kritik an einer „selbstgenügsamen" Linguistik motiviert sind, ist das bis heute unabgegoltene Programm des vergleichenden Sprachstudiums von Wilhelm von Humboldt.

Jostes, Brigitte / Trabant, Jürgen (Hg.) (2001): Fremdes in fremden Sprachen. München

Jostes, Brigitte (2001): Deutsch-französischer Sprachvergleich im Sinnbezirk der Fremdheit, in: Albrecht, Jörn / Gauger, Hans-Martin (Hg.): Sprachvergleich und Übersetzungsvergleich, Leistung und Grenzen, Unterschiede und Gemeinsamkeiten. Berlin / Bern u. a., S. 76 - 96

Jostes, Brigitte (2004): Fremdheit. Historisch-anthropologische Erkundungen einer linguistischen Kategorie. Paderborn

Trabant, Jürgen (2002): Das tote Gerippe und die Arbeit des Geistes, in: Krämer, Sybille / König, Ekkehard (Hg.): Gibt es eine Sprache hinter dem Sprechen? Frankfurt am Main, S. 76 - 96

Kontextuelle und familiäre Einflüsse auf den Akkulturationsprozess von Migranten aus der ehemaligen Sowjetunion in Deutschland und Israel

Beteiligte:

- **Bernhard Nauck, Anja Steinbach.** Technische Universität Chemnitz, Lehrstuhl für Soziologie I
- **Vered Slonim-Nevo.** Ben Gurion University of the Negev, Department of Social Work, Beer Sheva, Israel

Laufzeit: **1998 - 2000**

Ziel des Forschungsprojekts war es, das Eingliederungsverhalten von Zuwanderern aus der ehemaligen Sowjetunion in den beiden Aufnahmegesellschaften Deutschland und Israel im Hinblick auf familiäre und kontextuelle Einflussfaktoren zu untersuchen. Bezüglich der Ausstattung mit individuellen und familiären Ressourcen, welche im Eingliederungsprozess eine wichtige Rolle spielen, konnte festgestellt werden, dass sich russische Aussiedler in Deutschland und russische Juden in Israel grundsätzlich unterscheiden. Insbesondere die Ausstattung mit Humankapital konnte auf eine unterschiedliche Anhäufung desselben im Herkunftskontext zurückgeführt werden. Die Startbedingungen der beiden Gruppen im jeweiligen Aufnahmeland gestalteten sich demnach unterschiedlich. Unter anderem ließen sich die Differenzen in Erziehungsstilen und -einstellungen sowie im Eingliederungsverhalten darauf zurückführen. Während russisch-jüdische Eltern vor allem hohe Bildungsaspirationen und Leistungserwartungen gegenüber ihren Kindern hegen, legen russlanddeutsche Eltern insbesondere Wert auf Religionserziehung und Empathie. Die innerfamiliäre Transmission bezüglich dieser Erwartungen konnte nachgewiesen werden, da die befragten Kinder die Erwartungen ihrer Eltern in ebendieser Weise wahrnahmen. Ein interessantes Ergebnis ist allerdings, dass die Religion für die russlanddeutschen Kinder nicht mehr in demselben Ausmaß wie für ihre Eltern bedeutsam ist. Wie Humankapital und Erziehungserwartungen wird in beiden Gruppen auch soziales Kapital an die Nachfolgegeneration weitergegeben. Die Eltern wie die Kinder von Migranten aus der ehemaligen Sowjetunion in Deutschland und in Israel weisen vor allem eigenethnische Kontakte in ihren sozialen Netzwerken auf. Dies ist bei russischen Juden allerdings noch um einiges stärker ausgeprägt als bei Russlanddeutschen, was sich wiederum in einer größeren Segregationstendenz niederschlägt. Auch bei den Aussiedlern sind Tendenzen zur Segregation als Ausgang des Eingliederungsprozesses zu finden. Diese sind aber bei weitem nicht so ausgeprägt wie bei den russischen Juden; und was fast noch wichtiger ist: sie scheinen sich mit zunehmender Aufenthaltsdauer in Assimilationstendenzen zu wandeln. Dies ist unter anderem auf die unterschiedlichen Kontextbedingungen zurückzuführen, die russische Migranten in Deutschland und Israel vorfinden. Die Rahmenbedingungen im Eingliederungsprozess beziehen sich einerseits auf die sozialstrukturellen Bedingungen und andererseits auf die Eingliederungspolitiken und die damit verbundenen Maßnahmen zur

Integration von Migranten. Die empirischen Ergebnisse zeigen, dass die Unterstützungsleistungen zur Eingliederung in der Bundesrepublik bei den Russlanddeutschen Erfolg zeigen, die von Israel bei russischen Juden dagegen relativ wirkungslos bleiben. Zusammenfassend ist also zu sagen, dass bei russischen Migranten in Deutschland eher Assimilation als Ausgang des Kulturkontakts zu erwarten ist und dass der Akkulturationsprozess der russischen Juden in Israel eher zu Segregation führt.

Nauck, Bernhard (2001): Intercultural Contact and Intergenerational Transmission in Immigrant Families, in: Journal of Cross-Cultural Psychology, No. XXXII, pp. 175 - 189.

Krentz, Susann (2002): Intergenerative Transmission von Erziehungseinstellungen bei Migranten, in: Zeitschrift für Soziologie der Erziehung und Sozialisation, Nr. 22, S. 79 - 99

Steinbach, Anja (2001): Intergenerational Transmission and Integration of Repatriate Families from the Former Soviet Union in Germany, in: Journal of Comparative Family Studies, No. XXXII, pp. 505 - 515

Steinbach, Anja (2000): Aufgabenteilung und Entscheidungsmacht in Migrantenfamilien aus der früheren Sowjetunion in Deutschland und Israel, in: Sozialwissenschaften und Berufspraxis, Nr. 23, S. 29 - 48

Steinbach, Anja / Nauck, Bernhard (2000): Die Wirkung institutioneller Rahmenbedingungen für das individuelle Eingliederungsverhalten von russischen Immigranten in Deutschland und Israel, in: Metze, Regina / Mühler, Kurt / Opp, Karl-Dieter (Hg.): Normen und Institutionen: Entstehung und Wirkungen. Leipzig, S. 299 - 320

Musik in der Diaspora: Hybridisierung türkischer Musik in Westeuropa

Beteiligte:
Helga de la Motte-Haber, Martin Greve. Technische Universität Berlin, Institut für Kommunikations-, Medien- und Musikwissenschaft

Laufzeit: **1999 - 2001**

Im Laufe der Migrationsgeschichte kam es zu einer wachsenden musikstilistischen Ausdifferenzierung des „türkischen" Musiklebens in Deutschland. Die ersten türkischen Musiker aus der Türkei in Deutschland waren mit westlicher Musik befasst. Mit der Anwerbung zum großen Teil anatolischer Arbeiter ab 1961 kamen dann auch Volksmusiker, im Kontext der Familienzusammenführung in den 1970er Jahren begann die Entwicklung von türkischer Popularmusik in Deutschland. Nach 1980 flüchteten politische Liedermacher aus der Türkei ins Ausland, später begann - ähnlich wie in der Türkei - ein Aufstieg klassischer türkischer Musik. In den 1990er Jahren entstand in der Türkei Popmüzik als Musik einer neuen Jugendkultur. Beides gelangte ohne große Verzögerung nach Deutschland. Heute bestehen intensive musikalische Verbindungen zwischen beiden Ländern; wichtigste Medien sind Musikkassetten sowie Satellitenfernsehen. Die jüngste Entwicklung scheint eine zunehmende Selbstinszenierung und Selbstorientalisierung zu sein.
Ähnliche musikstilistische Schichtungen, hervorgerufen durch verschiedene Migrationsschübe, scheinen auch bei anderen Migrantengruppen in Deutschland sowie in anderen Staaten erkennbar zu sein. Die resultierende Komplexität jedenfalls erschwert allerorten einen Überblick. Genauere Vergleiche - vor allem mit europäischen Nachbarländern - stehen einstweilen noch aus. Untersuchungen zum Musikleben weiterer Migrantengruppen sind derzeit in Arbeit.
In der Diaspora zeigt sich eine allgegenwärtige Spannung zwischen der Funktionalisierung von Musik zur Inszenierung sozialer Identitäten (religiöser, ethnisch-nationaler, politischer etc.) und dem Bemühen um reine Kunst. Vor allem der Bereich Volksmusik ist von dieser Spannung betroffen. Westliche „klassische" Kunstmusiker sind meist relativ gut integriert im allgemeinen deutschen Musikleben, klassische türkische Musik ist häufig isoliert sowohl gegenüber dem deutschen Musikleben als auch gegenüber türkischen Vereinen. Insgesamt ist das türkische Musikleben in Deutschland von Kommerzialisierung und weitgehend fehlenden Institutionen geprägt. Notwendig sind hier vor allem praktische und kulturpolitische Konsequenzen.
Von deutscher Seite aus wird das Interesse an türkischen Musikern in der Regel entweder durch soziales Engagement gespeist oder durch musikalischen Exotismus. Spielen türkische Musiker in der so genannten „Weltmusik" generell kaum eine Rolle, so scheint bei den bisherigen interkulturellen musikalischen Begegnungen Rhythmik eine Schlüsselrolle einzunehmen. Auf beiden Seiten sind es vor allem Trommler, die in gemischten Ensembles bestehen. Am Dringlichsten

scheinen Konsequenzen hier im Bereich der Musikpädagogik, theoretisch wie in praktischer Umsetzung. Auch weitere Untersuchungen zur Interaktion von Musikern mit Migrationshintergrund und solchen der deutschen Mehrheitsgesellschaft (Motivation; musikalische Faktoren, die solche Begegnungen erleichtern bzw. erschweren; musikalische Folgen solcher Begegnungen etc.) liegen noch kaum vor. Die theoretische Auseinandersetzung vor allem mit Konzepten und Begriffen der Kulturanthropologie erwies sich als besonders Gewinn bringend; viele wurden hier erstmals in musikwissenschaftlichen Kontext angewandt und überprüft. Die Diskussion innerhalb der Musikwissenschaft um die Abgrenzung bzw. Einbeziehung der Musikethnologie ist noch nicht abgeschlossen.

Greve, Martin (2003): Die Musik der imaginären Türkei. Musik und Musikleben im Kontext der Migration aus der Türkei in Deutschland. Stuttgart

Greve, Martin (2002): Writing against Europe. Vom notwendigen Verschwinden der Musikethnologie, in: Die Musikforschung, 55. Jg., H. 3, S. 239 - 251

Greve, Martin (im Druck): Die Vermittlung türkischer Musik in Westeuropa - Identitätszuschreibungen und praktische didaktische Probleme. Bericht des Kongresses der Deutschen Gesellschaft für Musikwissenschaft September 2004 in Weimar

Greve, Martin (2005): Hybrides Musikdenken im Türkischen Nationalstaat, in: Dörte Schmidt (Hg.): Musiktheoretisches Denken und kultureller Kontext. Schliengen, S. 149 - 170

Greve, Martin / Kaya, Ayhan (2004): Islamic Force, Takim 34 und andere. Identitätsmixturen türkischer Rapper in Berlin und Istanbul, in: Kimminich, Eva (Hg.): Rap: More than Words (Welt - Körper - Sprache, Bd. 4), Frankfurt a. M., S. 161 - 179

Das ‚Fremde' und das ‚Eigene': Interkulturelle Konflikte in Spanien, Großbritannien und Deutschland. Empirische Fallstudien zur Bedeutung von ethnisch-kulturellen Zuordnungen

Beteiligte:

- **Peter Lösche, Ursula Birsl.** Universität Göttingen, Zentrum für Europa- und Nordamerika-Studien (ZENS)
- **Carlota Solé.** Barcelona, Spanien
- **W.E. Paterson.** Birmingham, Großbritannien
- **Klaus Lang.** Frankfurt
- **Theo Röhrig.** Ford Werke AG, Köln

Laufzeit: **1999 - 2003**

In (1) Großbritannien als postkolonialem Einwanderungsland, (2) Deutschland als Anwerbeland ausländischer Arbeitskräfte in den 1950er bis 1970er Jahren und (3) Spanien als Land mit ausgeprägter Binnenmigration und als Auswanderungsland der 1950er bis 1970er Jahre sowie als neuem (südeuropäischem) Einwanderungsland haben wir unter komparatistischer Perspektive und unter Berücksichtigung des europäischen Integrationsprozesses danach gefragt, welche Konstruktionen des ‚Fremden' und des ‚Eigenen' sowohl im Feld der Migrationspolitik, der Konzeptionen von Staatsbürgerschaft und in gesellschaftlichen bzw. öffentlichen Diskursen als auch auf der Ebene von Einstellungen unter knapp 1.000 Beschäftigten in vier Industriebetrieben der drei Länder vorzufinden sind. Ziel der Untersuchung ist dabei gewesen, sich einer Antwort auf die Frage zu nähern, warum Migration und in Folge dessen Interkulturalität politisch und gesellschaftlich als Problem definiert ist.
Die Länder vergleichende Untersuchung hat zeigen können, dass sich Großbritannien, Deutschland und Spanien in der Einwanderungspolitik annähern, jedoch noch erhebliche Unterschiede in der gesellschaftlichen Inkorporation von Eingewanderten, im öffentlichen Diskurs und in den politischen Einstellungen aufweisen. Was die drei Länder eint und insgesamt zu einem ernüchternden Befund führt, ist, dass alle drei Gesellschaften und die Politik dieser Länder noch weit davon entfernt sind, das soziale Verhältnis der Interkulturalität auch als solches wahrzunehmen und zu akzeptieren. Dies manifestiert sich sowohl in den öffentlichen Diskursen als auch in der Politik, wo Einwanderung und Interkulturalität selbst bei einer fünfzig- bzw. sechzigjährigen Geschichte als Ausnahme- und Sonderphänomen behandelt wird. Anzeichen eines Normalisierungsprozesses in der Migrationsgesellschaft sind bislang nicht zu erkennen. Überraschend ist, dass dies auch für die befragten Industriebeschäftigten gilt, die - zumindest im britischen und im deutschen Fall - auf Erfahrungen einer jahrzehntelangen interkulturellen Alltagspraxis am Arbeitsplatz zurückgreifen können. Obwohl sie im Vergleich zum jeweiligen Bevölkerungsdurchschnitt als überproportional aufgeschlossen und tolerant gegenüber Einwanderung und Interkulturellem eingestuft werden können, bleibt beides für sie eine

Ausnahmeerscheinung. Deshalb herrscht am Arbeitsplatz auch eher Toleranz statt Normalität im interkulturellen Verhältnis vor.
Leider haben sich im weiteren Verlauf des Habilitationsprojekts von Ursula Birsl die Hinweise verdichtet, dass die westeuropäischen Migrationsgesellschaften beginnen, sich zunehmend „aufzuspalten". Diese Aufspaltungen erfolgen entlang von Staatszugehörigkeiten und durch die Zuweisung von Einwandernden zu politisch definierten Migrationsgruppen (z. B. EU-Bürgerinnen und -Bürger, angeworbene Arbeitskräfte, Werkvertragsarbeitnehmer oder Asylberechtigte) mit unterschiedlichen Rechten; oder anders formuliert: unterschiedlich mit rechtlichen, sozialen und politischen Staatsbürgerrechten ausgestattet, so dass ihr Zugang zu den gesellschaftlichen Bereichen und hier vor allem zum politischen Raum (politische Bürgerrechte) ungleich verteilt ist. Dies führt - flankiert durch eine Staatsbürgerschaftspolitik nach dem *Ius-sanguinis*-Prinzip - zu einer Vertiefung der Aufspaltung und zu einer Schließung der „Gemeinschaft" der Angehörigen eines Nationalstaats. Hierüber versuchen die nationalstaatlichen Regierungen im europäischen Integrationsprozess Nationalstaatlichkeit und einen nationalstaatlich konstituierten politischen Raum aufrechtzuerhalten. In diesem Bereich sind weit reichende Angleichungsprozesse in der Politik der 15 alten EU-Länder zu erkennen. In einem weiteren Forschungsvorhaben sollen die gesellschaftlichen und politischen Folgen dieser Entwicklung näher untersucht werden.

Birsl, Ursula / Bitzan, Renate / Solé, Carlota / Parella, Sonìa / Alarcón, Amado / Schmidt, Juliane / French, Steven (2003): Migration und Interkulturalität in Großbritannien, Spanien und Deutschland - Fallstudien aus der Arbeitswelt (Projektbericht), Opladen

Birsl, Ursula (2003): Deutschland, in: Wolfgang Gieler (Hg.): Handbuch der Ausländer- und Zuwanderungspolitik. Von Afghanistan bis Zypern. Hamburg, S. 129 - 147

Birsl, Ursula / Solé, Carlota / Bitzan, Renate / Parella, Sonìa / Alarcón, Amado / Schmidt, Juliane / French, Steven (2004): Migración e Interculturalidad en Gran Bretaña, España y Alemania - Estudios de caso del ámbito laboral (Informe de proyecto), Barcelona

Bitzan, Renate (2004): Die Mädels mit den Kopftüchern, die sind auf jeden Fall noch nicht so emanzipiert in ihrer Kultur. Zu Konstruktionen von „Geschlecht" und „Ethnizität" bei weiblichen Industriebeschäftigten, in: Bettina Roß (Hg.): Migration, Geschlecht und Staatsbürgerschaft. Perspektiven für eine antirassistische und feministische Politik und Politikwissenschaft, Wiesbaden, S. 29 - 48

Birsl, Ursula (im Druck): Migrationspolitik in der Mehrebenenpolitik der EU: Grenzen europäischer Integration?. Opladen

a) Das Eigene und das Fremde in den Sprachen Austronesiens und Amerindiens: Interkulturelle Prozesse im Sprachkontakt rund um den Pazifik
b) Purismus im Zeitalter der Globalisierung

Beteiligte:
a) **Thomas Stolz, Klaus Zimmermann.** Universität Bremen, Fachbereich Sprach- und Literaturwissenschaften
b) **Thomas Stolz.** Universität Bremen, Fachbereich Sprach- und Literaturwissenschaften

Laufzeit: **a) 16. - 18. April 1999 (Kolloquium)**
b) 17. - 22. September 2001 (Symposium)

Das Gesamtprojekt unter der Leitung von Prof. Dr. Thomas Stolz (Bremen) wurde in Form von zwei internationalen Tagungen an der Universität Bremen von der VolkswagenStiftung gefördert:
a) Das Eigene und das Fremde in den Sprachen Austronesiens und Amerikas. (1998)
b) Purismus im Zeitalter der Globalisierung (2001)

Experten aus insgesamt 16 Staaten haben bei diesen Gelegenheiten die Rolle des Sprachkontaktes bei der Bedrohung, Bewahrung und Findung von kultureller Identität der Sprecher so genannter Replikasprachen (= Sprachen, die aus anderen entlehnen) anhand von Fallstudien zu mehr als 60 Sprachen diskutiert.
Für a) ergibt sich zusammenfassend folgendes Bild: Unter dem Druck des spanischen Super- und/oder Adstrats verhalten sich die indigenen Sprachen mehrerer Kontinente ungeachtet aller genetischen, arealen und typologischen Unterschiede auffallend gleich. Dies schlägt sich in der Entlehnung fast identischer Inventare von Funktionswörtern nieder. Auf diesem Wege kann es ohne direkte Kontakte unter den Replikasprachen selbst zur Konvergenz in einem distribuierten Areal kommen. Die Motivation für die Entlehnung immer gleicher Elemente an verschiedenen Orten auf der Weltkarte ist im Bereich des Sozialen zu suchen: Unter den Funktionswörtern firmieren die Diskurspartikel an erster Stelle, wenn es zur Entlehnung kommt. Von einigen strukturellen Faktoren abgesehen eignen sich diese Elemente besonders gut für die Entlehnung, weil sie den Sprechern der indigenen Sprachen den Eindruck vermitteln, die Erfolg versprechende Diskursstrategie der dominanten Kultur / Ethnie / Gruppe so kopiert zu haben, dass auch der indigene Diskurs hinreichende Autorität besitzt.
Bei b) lässt sich besonders das schon o. g. Phänomen beobachten: Purismus ist weitgehend von strukturellen Kriterien dissoziiert; das heißt, dass es keine erkennbaren Regeln dafür gibt, unter welchen innersprachlichen Bedingungen Purismus ausgelöst wird. Er kann schon bei wenigen Allerweltsentlehnungen auftreten oder aber erst in der Spätphase eines zum Sprachtod führenden strukturellen Auflösungsprozesses. Purismus ist ein Werkzeug von Gruppen innerhalb von Gemein-

schaften, eine ihnen genehme Selbstdefinition mit Abgrenzung zu anderen Gruppen zu schaffen. Es zeigt sich, dass dies weitgehend vom Willen der Sprecher abhängig ist und nicht von den sprachlichen Phänomenen im engeren Sinne.

a)
Zimmermann, Klaus / Stolz, Thomas (Hg.) (2001): Lo propio y lo ajeno en las lenguas austronésicas y amerindias. Procesos interculturales en el contacto de lenguas indígenas con el español en el Pacífico e Hispanoamérica. Frankfurt am Main

Stolz, Thomas / Martinez Fontdevila, María / Sabater Fuentes, Anna (2001): Global Fremd. Eine Tour durch die weltweite Fremde. in: Brigitte Jostes & Jürgen Trabant (Hg.): Fremdes in fremden Sprachen (Übergänge 43). München, S. 229 - 243

b)
Brincat, Joseph / Boeder, Winfried / Stolz, Thomas (Hg.) (2003): Purism in minor languages, endangered languages, regional languages, mixed languages (Diversitas Linguarum 2). Bochum

Óriagain, Dónall / Stolz, Thomas (Hg.) (2004): Purism second helping. Papers from the conference on ‚Purism in the age of globalisation', Bremen, September 2001 (Diversitas Linguarum 6). Bochum

Interkulturelle Begegnungen im Spiegel von Literatur und (Fernseh)film. Ein japanisch-deutscher Vergleich

Beteiligte:
Hilaria Gössmann. Universität Trier, Fachbereich II, Japanologie

Laufzeit: **1999 - 2003**

Ziel des komparatistischen Forschungsprojekts war es, die Möglichkeiten der Vermittlung interkultureller Kompetenz durch literarische und filmische Werke zu untersuchen. Hierfür wurden literarische Werke, Kino- und Fernsehfilme sowie Serien zur Interkulturalitätsthematik in Japan und Deutschland seit den 1990er Jahren analysiert.

Aufgrund der Fülle des Materials (vor allem auf deutscher Seite) und zum Zwecke der besseren Vergleichbarkeit wurden für die Auswahl der Fallbeispiele zwei Schwerpunkte gesetzt: zum einen Werke zu deutsch-japanischen Perspektiven und zum anderen Werke, die sich mit der Situation der jeweils größten Minderheitengruppe befassen, d. h. der türkischstämmigen und der koreanischstämmigen Bevölkerung in Deutschland bzw. Japan. Über diese beiden Schwerpunkte hinaus wurden jedoch auch weitere Werke einbezogen, die für die Interkulturalitätsthematik im jeweiligen Land von besonderer Bedeutung erscheinen.

Eine besonders wichtige Funktion unter den Werken des ersten Schwerpunkts, den deutsch-japanischen Perspektiven, kommt der in Deutschland lebenden japanischen Autorin Tawada Yoko zu. Sie lotet in vielen ihrer Werke Wahrnehmungs- und Schreibmöglichkeiten im „Dazwischen" aus und sucht nach Möglichkeiten der Annäherung an Unbekanntes jenseits von Vereinnahmung und Festlegung.

Im zweiten Schwerpunkt, der Thematisierung der jeweils größten Minderheit in Japan und Deutschland, konnten im populärkulturellen Bereich der Fernsehserien gemeinsame Darstellungsmuster herausgearbeitet werden: Hier zeigen sich nicht nur die Möglichkeiten, sondern vor allem auch die Grenzen der Vermittlung interkultureller Kompetenz: Stereotypen werden kaum überwunden, sondern eher perpetuiert. ‚Fremdes' und ‚Eigenes' wird in beiden Ländern häufig anhand der Dichotomie „Tradition Moderne" zum Ausdruck gebracht. Deutschland und Japan bzw. die jeweilige Bevölkerung verkörpern dabei recht plakativ „die Modernität", die Türkei und Korea hingegen „die Traditionen". Ein Unterschied besteht allerdings darin, wie Traditionen jeweils bewertet werden: Den Konstruktionen in deutschen Serien liegt häufig die ethnozentrische Haltung zugrunde, anderen Ländern, insbesondere der Türkei, eine in der Kultur verankerte Rückständigkeit zuzuschreiben. In den japanischen Serien hingegen wird die Wahrung von Traditionen in anderen asiatischen Ländern, vor allem in Korea, als positives Beispiel für Japan gezeichnet. Dieser Fragestellung wird zurzeit im Rahmen des DFG-Forschungsprojekts „Die Hin- bzw. Rückwendung nach Asien in Literatur, Medien und Populärkultur Japans" weiter nachgegangen.

Im Gegensatz zu den populären Serien zeigt sich in beiden Ländern in literarischen Werken und Kinofilmen eher eine differenziertere, weniger stereotype Darstellung. Für die Interkulturalitätsthematik von besonderer Bedeutung ist der Einblick in das Leben zwischen den Kulturen, den vor allem literarische Werke und die Filme von Seiten japanisch-koreanischer und deutsch-türkischer Schriftsteller und Filmemacher bieten. Sie tragen entscheidend dazu bei, dass die Dichotomie ‚fremd' und ‚eigen' zunehmend in Frage gestellt wird, und leisten somit einen entscheidenden Beitrag zu einem Paradigmenwechsel in der Auseinandersetzung mit der Interkulturalitätsthematik.

Gössmann, Hilaria (unter Mitarbeit von Muharrem Açikgöz, Jacqueline Gutjahr, Renate Jaschke und Andreas Mrugalla) (Hg.) (im Druck): Interkulturelle Begegnungen im Spiegel von Literatur und Fernsehen und Film. Ein japanisch-deutscher Vergleich. München

Gössmann, Hilaria / Iwami, Teruyo / Keiko, Yonaha (Hg.) (im Druck): Onna no ibunkataiken (Interkulturalitätserfahrungen von Frauen) (in japanischer Sprache). Kashiwa

Gössmann, Hilaria (2002): Interkulturelle Begegnungen im Spiegel von Literatur und (Fernseh)film. Ein japanisch-deutscher Vergleich, in: Wolfgang Seifert und Claudia Weber (Hg.): Japan im Vergleich. München, S. 90 - 107

Gössmann, Hilaria / Mrugalla, Andreas / Jaschke, Renate (2000): Interkulturelle Erfahrungen im Spiegel von Literatur, Fernseh- und Kinofilm in Japan, in: Interkulturell. Forum für Interkulturelle Kommunikation, Erziehung und Beratung, H. 1 / 2, S. 167 - 180

Biografische Identitäten im Grenzraum. Intergenerationale und interkulturelle Vergleiche der individuellen Verarbeitung historischer Umbrüche in einer europäischen Grenzregion. Eine qualitative Vergleichsstudie in Deutschland, Polen und der Tschechischen Republik

Beteiligte:

- **Peter Alheit, Kerstin Bast-Haider, Petra Drauschke, Kirsten Ricker, Inga .Truschkat.** Universität Göttingen, Pädagogisches Seminar, Lehrstuhl für Pädagogik, Schwerpunkt außerschulische Pädagogik
- **Zbigniew Kurcz,** Universität Wroclaw, Soziologisches Institut, Polen
- **Frantisek Zich.** Tschechische Akademie der Wissenschaften, Prag, Tschechien

Laufzeit: **1999 - 2003**

Ziel der Studie „Biografische Identitäten im Grenzraum" war die Untersuchung intergenerationaler Modernisierungsprozesse sowie die wechselseitige Wahrnehmung als europäische Nachbarn in den drei Grenzgebieten Oberlausitz (Deutschland), Niederschlesien (Polen) und Nordböhmen (Tschechische Republik) in methodischer Anlehnung an Sozialstrukturanalysen zu historisch relevanten Milieus des SINUS-Instituts. Zu diesem Zweck wurden mehr als 300 biografisch-narrative Interviews mit einem Großelternteil und einem Enkel / einer Enkelin je einer Familie geführt. Anhand des qualitativen Datenmaterials wurde die jeweilige Verteilung der folgenden drei idealtypischen Generationskonstellationen in den Forschungsregionen näher analysiert:

1) die Konstellation der erstaunlichen Habituspersistenz („Persistenz-Typus"), ein intergeneratives Verhalten, das zentrale soziale Orientierungen (Beruf, entscheidende (z. B. religiöse) Wertorientierungen, Geschlechterrollen) schlicht wiederholt,
2) die Konstellation sozialen Aufstiegs („Modernisierungs-Typus") und
3) die prekäre Konstellation sozialer Abstiegsbewegung („Bruch-Typus").

Die ostdeutsche Teilregion zeigte eine mentalitäre Grunddisposition, die als „intergenerationale Modernisierungsresistenz" beschrieben werden kann: Unabhängig von der sozialen Position der Befragten aus allen sozialen Milieus identifizierten wir bei der großen Mehrheit der interviewten „Tandems" jene Konstellation, die wir „Persistenz-Typus" genannt haben. Nur Minderheiten belegten eine intergenerationale Dynamik („Modernisierungs-Typus") bzw. zeigten markante Habitusbrüche („Bruch-Typus").
Dieser Befund kehrte sich im tschechischen Sample geradezu ins Gegenteil: Hier dominierte der „Modernisierungs-Typus", der sich in zwei Subtypen weiter ausdifferenzierte: die „defensiven" und die „intrinsischen Modernisierer". Während die intrinsischen Modernisierer die politische Wende nutzten, um die neu gewonnenen Möglichkeiten auszubauen, waren die defensiven Modernisierer skeptischer, akzeptierten allerdings die Notwendigkeit individueller Modernisierung. „Persis-

tenz"- und „Bruch-Typus" blieben dagegen in Tschechien randständig. Insgesamt scheint der „Zivilisationsprozess" (ELIAS) in Tschechien im Vergleich zu den beiden anderen untersuchten Regionen am weitesten vorangeschritten zu sein.

In der polnischen Teilregion hielten sich „Persistenz-" und „Modernisierungs-Typus" die Waage, allerdings war der „Bruch-Typus" deutlich verbreiteter als in Tschechien oder Deutschland - gleichsam eine „gespaltene Gesellschaft":

Ein beträchtlicher Teil der Befragten, vor allem aus den unteren sozialen Straten, verharrte in einer national-katholisch gerahmten Traditionsposition („Persistenz-Typus"), die aufsteigenden Mittelschichten wagten dagegen - zumeist auf der Basis intakter Familienökonomien - riskante ökonomische Aufstiege. Da dieses strukturelle Risiko oft von Erfahrungen des Scheiterns begleitet wurde, waren intergenerationale Bruch-Situationen keine Seltenheit. Die polnische Gegenwartsgesellschaft oszilliert gewissermaßen zwischen Tradition und Postmoderne und hat vorläufig noch keine Balance gefunden.

Aufgrund unserer Ergebnisse nehmen wir nun an, dass die identifizierten Unterschiede mit „mentalen Dispositionen" von historischer Tiefe zu tun haben, die durch die realsozialistische Periode nicht relativiert, sondern eher noch verstärkt wurden. Weiterführende Forschungen werden sich diesem Phänomen der „Mentalität" expliziter widmen. Sie werden allerdings auch gezielt in sozialen Umfeldern durchgeführt werden müssen, deren ökonomische und kulturelle Rahmenbedingungen von denen der marginalisierten Grenzregionen deutlich abweichen; z. B. in urbanen Ballungszentren wie Leipzig, Wroclaw oder Prag.

Alheit, Peter (2002): Ostdeutsche Fremdheitskonstruktionen, in: DIE, Nr. IV, S. 22 - 25

Alheit, Peter (2003): Mentalität und Intergenerationalität als Rahmenbedingungen „Lebenslangen Lernens": Konzeptionelle Konsequenzen aus Ergebnissen einer biographieanalytischen Mehrgenerationenstudie in Ostdeutschland, in: Zeitschrift für Pädagogik, Jg. 48, H. 3, S. 362 - 382

Alheit, Peter (2004): Lifelong Learning and Intergenerational Mentality: Challenges from a Multigenerational Study in East Germany, in: Peter Alheit et al.: Shaping an Emerging Reality - Researching Lifelong Learning. Roskilde, pp. 67 - 81

Alheit, Peter / Bast-Haider, Kerstin / Drauschke, Petra (2004): Die zögernde Ankunft im Westen. Biographien und Mentalitäten in Ostdeutschland. Frankfurt / New York

Alheit, Peter / Szlachcicowa, Irena / Zich, Frantisek (Hg.) (2005): Biographien im Grenzraum. Eine Untersuchung in der Euroregion Neiße. Görlitz

Konstruktionen des ‚Fremden' und des ‚Eigenen': Prozesse interkultureller Abgrenzung, Vermittlung und Identitätsbildung (1999 - 2006)

Gattungen wissenschaftlichen Diskurses im interkulturellen Kontakt (russisch-deutsch)

Beteiligte:

- **Peter Auer, Harald Baßler, Anna Breitkopf.** Universität Freiburg, Deutsches Seminar I, Institut für Deutsche Sprache und Ältere Literatur
- **Svetlana Pankratova, Liubov Grigorieva.** Staatliche Universität St. Petersburg, Lehrstuhl für Deutsche Philologie, Russland

Laufzeit: **2002 - 2005**

Im Mittelpunkt des Projekts stand die Untersuchung schriftlicher und mündlicher Wissenschaftsgattungen russischer und deutscher Soziolog/inn/en. In ***Zeitschriftenartikeln*** wurden Subjektivität (*Selbstreferenz* und *Selbstrelativierungen*, „Hedging") und *Verortung* des Autors im wissenschaftlichen Diskurs untersucht. Russische Soziolog/inn/en bevorzugen als *selbstreferentielle* Mittel verschiedene Varianten des Wir: zur Darstellung der eigenen Meinung, zum Verweis auf eine größere Gruppe (russische Wissenschaftsgemeinschaft, Gesellschaft) und auch zur leserorientierten Textstrukturierung. Deutsche Soziolog/inn/en benutzen hingegen Ich, wenn sie ihre eigene Meinung darstellen. *Selbstrelativierungen* in Form von tentativen Konstruktionen (*Dieser Beitrag versucht...*) dienen russischen Soziolog/inn/en weniger zur Gesichtswahrung, sondern sind bei ihnen wörtlich zu verstehen. Russische Wissenschaftler verwenden modalisierende Ausdrücke mit hohem Sicherheitsgrad deutlich häufiger als Ausdrücke der Vermutung oder des Zweifelns. Deutsche verwenden hingegen häufiger Konstruktionen, die schwache Sicherheit zum Ausdruck bringen. Möglicherweise zeigt sich hierin die Antizipation bewusster Kritik, die zu entsprechend vorsichtiger Textformulierung führt. **Abstracts** sind in der russischen Wissenschaftsgemeinschaft eine neue Gattung. Ein konventionalisiertes Textstrukturierungsmuster zeigt sich noch nicht; benutzt werden mehr Textstrukturierungsvarianten als von der deutschen (und angloamerikanischen) Seite.

Bei der *Verortung* des Autors im wissenschaftlichen Diskurs zeichnet sich ein deutlicher Unterschied ab: In russischen Texten wird deutlich weniger auf den Diskurs Bezug genommen. Quellen werden weniger eindeutig identifiziert, was die *Nachvollziehbarkeit* des Diskurses beeinträchtigt. Außerdem führen russische Soziolog/inn/en die Bezugsautoren sehr oft durch soziale Kategorisierung (*Forscher*), durch Kollektivierung (*die moderne Soziologie*) und durch Benennung von Diskurseinheiten (*In der Diskussion über...*) nicht-identifizierend ein. Bezugnahmen werden entindividualisiert und die Verantwortlichkeit depersonalisiert; sie werden aber auch autoritativer. Russische Verfasser geben die Bezugsautoren zudem seltener direkt wieder. Sie rekonstruieren deren Aussagen sinngemäß, wofür strukturelle Problemen des russischen Wissenschaftsfeldes (beschränkte Recherche- und Dokumentensicherungsmöglichkeiten) verantwortlich sein könnten. Schließlich setzen russische und deutsche Soziolog/inn/en die Bezugnahmen funktional unterschiedlich ein. Gegenüber Bezugsautoren und Lesern positionieren sie sich damit anders. In Abstracts äußerten sich die russischen Autoren selten kritisch. Positive Bezugnahmen, mit denen Bezugsautoren zu vertiefender Lektüre weiterempfohlen werden, treten häufiger in deutschen als in russischen Zeitungsartikeln auf. Bei einer *Rezeptionsstudie* lehnten deutsche Redakteure zweier Soziologiezeitschriften bereits publizierte russische Artikel ab aufgrund mangelnder thematischen Zuordnung. Allerdings akzeptierten auch befragte russische Redakteure die russischen Artikel nicht mehr, was auf einen Stilwandel hindeutet. Die Untersuchung einiger sowjetischer Soziologieartikel unterstützt diese Annahme. Rezente russische Artikel sind markant subjektiver und weniger kategorisch als Texte aus der Sowjetzeit.

Deutlich unterscheidet sich die Art, wie bei russischen und deutschen Soziologentagungen **diskutiert** wird. Russische Diskutanten produzieren kürzere, lediglich aus einer Anfrage bestehende Beiträge, während Deutsche mehr Formulierungsaufwand zur Erläuterung ihrer Frage(n) und deren Anbindung an den Vortrag betreiben. Gleichzeitig sind in deutschen Diskussionen explizit kritische Beiträge üblicher. Russische Diskutanten fordern dagegen Stellungnahmen zu Sachverhalten, die nur vage mit dem Vortragsthema verbunden sind. Die Vortragenden werden damit sowohl als Spezialisten auf dem Gebiet des referierten Themas als auch als umfassend gebildete und informierte Experten kategorisiert.

Baßler, Harald (2003): Russische, deutsche und angloamerikanische Zeitschriftenabstracts der Soziologie: Worin unterscheiden sie sich?, in: Gruber, Helmut / Menz, Florian / Panagl, Oswald (Hg.): Sprache und politischer Wandel. Frankfurt/M. et al., S. 189 - 212.

Baßler, Harald (im Druck): Auf den Punkt gebracht. Typologische Anmerkungen zur Textsorte Abstract, in: Bär, Jochen / Roelcke, Thorsten (Hg.): Sprachliche Kürze. Konzeptuelle, strukturelle und pragmatische Aspekte. Berlin / New York

Breitkopf, Anna (2005): Wissenschaftsstile im Vergleich: Subjektivität in deutschen und russischen Zeitschriftenartikeln der Soziologie. Dissertationsschrift

Breitkopf, Anna (im Druck): Hedging in deutschen und russischen wissenschaftlichen Texten: Sprachliche und funktionale Unterschiede, in: Armin Wolff; Claudia Riemer; Fritz Neubauer (Hg.): Sprache lehren - Sprache lernen. Beiträge der 32. Jahrestagung DaF 2004. Regensburg

Symbolvermittelte nationale und europäische „Identitätsorte" im Spannungsfeld der „Globalisierung" in Frankreich und Großbritannien

Beteiligte:

- **Ralf Rytlewski** und (nach seiner Pensionierung 2002) **Thomas Risse.** Freie Universität Berlin, Fachbereich Politische Wissenschaft
- **Elfi Bendikat.** Humboldt-Universität Berlin, Philosophische Fakultät, Institut für Geschichtswissenschaften

Laufzeit: **2001 - 2003**

Das Projekt befasste sich mit der kulturellen Konstruktion und Konstitution kollektiver Identitäten von Migranten in Frankreich und Großbritannien durch symbolische Handlungen in den drei Metropolen Paris, Marseille und London. Diese Städte wurden als Untersuchungsraum ausgewählt, weil sie aufgrund der Zuwanderung von Angehörigen vielfältiger Kulturen traditionell wirtschaftliche, politische, soziokulturelle und sozialräumliche Integrationswerkstätten sind. Als Schmelztiegel lassen sich diese Orte gut daraufhin befragen, welche Strategien der politisch-kulturellen Inklusion und der kollektiven Identitätsbildung seitens der Migranten hier zur Anwendung kommen. Darüber hinaus zeigt sich an solchen Orten das im Zuge kultureller Pluralisierung auftretende Paradoxon eines einerseits hohen Bedarfs an sozialer Integration und andererseits ausgeprägten Strebens ethnischer Gemeinschaften nach Repräsentation von kultureller und ethnischer Diversität auf der Ebene von Bezirk und Gesamtstadt in besonderem Maße.

Diesem Paradoxon sollte anhand von symbolischen Handlungen wie Festen, Ritualen und Diskursen nachgegangen werden. Im Einzelnen waren die damit verbundenen textlichen Symbole und Diskurse von Gruppen bzw. Gemeinschaften Gegenstand der Untersuchung. Zentrales Anliegen war die Frage nach den Strukturen, Möglichkeiten und Prozessen kollektiver Identitätsbildung. Die Besonderheit des Vorhabens lag im Erkenntniszugang über symbolische Handlungen und deren Verflechtung mit Orten. Die daraus abgeleiteten „mental maps" sollten Aufschluss über Strukturen und Veränderungen der Identitätskonstruktion geben. Im Zentrum der Untersuchung stand zum einen die Dynamik des Wandels in der Zeit von 1962 bis zur Gegenwart. Ein zweiter roter Faden waren die Divergenzen und Konvergenzen zwischen den Metropolen und beiden Nationen.

Die Untersuchung der symbolischen Handlungen eröffnete ein komplexes Muster von Funktionen, Zielen und Bedeutungen. Für den Untersuchungsgang bot sich die Konzentration auf das klassische Arsenal performativer Inszenierungen wie Großdemonstrationen, Straßenfeste und offizielle Feierlichkeiten an. Diese markieren die Stadtlandschaft, setzen sichtbar und hörbar Bedeutungsakzente und bringen Gemeinschaft, soziale Ordnung, Herrschaftsverhältnisse, Gruppenidentität und die Geltendmachung des Rechts auf Differenz und Besonderheit zum Ausdruck.

Als Ergebnis konnte aufgezeigt werden, dass sich in den drei Metropolen Paris, Marseille und London die innerstädtischen zentralen Symbolorte zunehmend transnationalisieren. Dabei konnte ein Wandel von der offiziellen Deutung symbolischer Handlungen durch Migranten von der Deutung des Unzivilisierten hin zur Akzeptanz von Selbstbehauptung und Solidarität aufgezeigt werden. Eine weitere wichtige Erkenntnis war die Bedeutung der Zentrumsnähe symbolischer Handlungen für die Integration und Identitätsaffirmation von Migranten. Die anfängliche Hypothese einer Transfer- und Austauschbeziehung zwischen Frankreich und Großbritannien hinsichtlich des integrativen Einsatzes von Stadtteilfesten erwies sich als Irrtum. Frankreich verfolgt einen eigenständigen Kurs in der integrativen Nutzung der symbolischen Festkultur.

Bendikat, Elfi (2005): Stadtraum und Ethnokultur in Paris und Marseille, in: Deutsch-Französisches Institut (Hg.): Frankreich Jahrbuch 2004: Reformpolitik in Frankreich. Ludwigsburg, S. 239 - 271

Afrika - Europa. Transporte, Übersetzungen, Migrationen des Literarischen

Beteiligte:
Robert Stockhammer, Susan Arndt, Dirk Naguschewski.
Zentrum für Literaturforschung, Geisteswissenschaftliche Zentren Berlin e. V.

Laufzeit: **2002 - 2006**

Das Forschungsprojekt hat Impulse und Fragestellungen der allgemeinen und vergleichenden Literaturwissenschaft, die Afrika bisher (mit wenigen Ausnahmen) kaum in den Blick genommen hatte, für die Beschäftigung mit afrikanischen Literaturen produktiv gemacht. Zugleich gelang es, einen an afrikanischen Literaturen geschärften Blick zurück auf europäische Literaturen und Kulturen zu richten. Dieses doppelte Interesse hat sich vor allem in drei interdisziplinären Veranstaltungen sowie drei Monographien entfaltet.
Nach einem Workshop über die Rezeption afrikanischer Literaturen in Deutschland, der in Zusammenarbeit mit Wissenschaftlern, Autoren, Übersetzern, Journalisten und Verlegern die Situation bilanzierte, haben die beiden anderen größeren Veranstaltungen bewusst Teilnehmer miteinbezogen, die sich in ihrer eigenen Forschung nicht auf Afrika konzentrieren. Der zweite Workshop untersuchte die ambivalente Rolle des Mediums Schrift im Prozess der Kolonialisierung und Dekolonialisierung (unter vergleichender Berücksichtigung etwa von Südamerika oder China). Auch das internationale Kolloquium zum Thema *Exo-Phonie. Anders-Sprachigkeit (in) der Literatur* stellte afrikanische Phänomene aus allgemeiner literaturtheoretischer Perspektive in einen globalen Kontext. Dabei hat sich die Ausgangsannahme bestätigt, dass die in Afrika besonders verbreitete Situation von Autoren, die nicht in ihren Muttersprachen schreiben, auch in Europa keineswegs mehr die Ausnahme ist, so dass afrikanische Schriftsteller hier über besonders große Erfahrungen verfügen, die jedoch keineswegs sie allein betreffen.
Robert Stockhammers Monographie zum Schreiben über den Genozid in Ruanda reflektiert ebenfalls bewusst dessen Ort im globalen Kontext, unternimmt jedoch keinen Vergleich der beiden Genozide, sondern eine Analyse des Vergleichs*drucks*, unter dem das Schreiben über den Genozid in Ruanda steht. Statt die Rede vom ,Unsagbaren' zu wiederholen, die das Schreiben über den Holocaust lange Zeit dominierte, untersucht die Studie mit philologischen Mitteln die Bedingungen der Sagbarkeit.
In Dirk Naguschewskis Projekt zu Literaturverfilmungen wird der Transfer literarischer Stoffe im afrikanischen Kino untersucht. Von besonderem Interesse sind dabei - neben allgemeinen semiotischen Fragestellungen zur Vergleichbarkeit künstlerischer Ausdrucksformen - die Funktionsweisen von Adaptionen ,europäischer' Stoffe durch ,afrikanische' Filmemacher.
In dem Projekt von Susan Arndt zu Konzeptionen von Weißsein in Literaturen aus und über Afrika werden aus komparatistischer und postkolonialer Perspektive

Literarisierungen von Weißsein in Literaturen aus Afrika mit jenen verglichen, die in Literaturen in Europa (einschließlich der afrikanischen Diasporas in Europa) anzutreffen sind. Weißsein wird dabei als Wissenskategorie verortet und als soziale Konstruktion resituiert.

Der Titel der Förderinitiative *Konstruktionen des ‚Fremden' und des ‚Eigenen'* der VolkswagenStiftung erwies sich für die Dauer des gesamten Projekts vor allem insofern als produktive Leitlinie, als er auf das *Konstruiert-Sein* dieser dominanten Opposition ebenso aufmerksam macht wie darauf, dass keineswegs feststeht, was jeweils als ‚Fremdes' und was als ‚Eigenes' zu interpretieren ist. Der Versuch, sich beim Blick auf globale Prozesse auch eine ‚fremde' Perspektive ‚zu eigen' zu machen, hat auch weiterzuentwickelnde Forschungsvorhaben angeregt, die nicht zwingend an die Region Afrika geknüpft sind.

Stockhammer, Robert (2005): Ruanda. Über einen anderen Genozid schreiben, Frankfurt a. M.

Arndt, Susan / Naguschewski, Dirk / Stockhammer, Robert (Hg.) (in Vorbereitung): Exophonie. Anders-Sprachigkeit (in) der Literatur. [vorauss. Berlin (Kadmos)]

Naguschewski, Dirk (in Vorbereitung): Transpositionen des Literarischen. Literaturverfilmungen im, afrikanischen Kino

Arndt, Susan (in Vorbereitung): Konzeptionen von Weißsein in Literaturen aus und über Afrika.

Arndt, Susan / ha Eggers, Mais / Kilomba, Grada / Piesche, Peggy (Hg.) (in Vorbereitung): Mythen, Masken und Subjekte. Kritische Weißseinsforschung in Deutschland. Münster

Netzkultur und ethnische Identitätspolitik: Eine vergleichende Untersuchung zu transkulturellen eGovernment-Projekten

Beteiligte:
- **Dorle Docklé, Oliver Hinkelbein.** Universität Bremen, Fachbereich Kulturwissenschaften
- **Penelope Harvey, Sarah Green, Peter Wade, John Postill, Paul Strauss.** University of Manchester, Department of Social Anthropology, Großbritannien
- **Lenie Brouwer.** Universität Amsterdam, Niederlande

Laufzeit: **2003 - 2005**

Das Projekt „Netzkultur und ethnische Identitätspolitik: Eine vergleichende Untersuchung zu transkulturellen eGovernment-Projekten" untersucht, wie lokale und nationale Regierungen neue Informations- und Kommunikationstechnologien (IKT) für die lokale Regierung und Verwaltung in multi-ethnischen Wohngebieten nutzen und auf welche Resonanz ausgesuchte Projekte zur IKT-Förderung stoßen. In den Jahren 2003/2004 wurde in multi-ethnischen Umgebungen in fünf Ländern (Großbritannien, Malaysia, den Niederlanden, Deutschland und Ungarn) in öffentlich finanzierten IKT-Projekten ethnographisch geforscht. Die thematisch gleiche Forschung in Lissabon (2005) schließt sich an. Zurzeit werden die ersten fünf Forschungen dokumentiert und ausgewertet. Ein vorläufiges, sich bereits deutlich abzeichnendes Ergebnis ist die Diskrepanz zwischen politischen Plänen und Maßnahmen auf transnationaler, nationaler und regionaler Ebene einerseits und der IKT-Praxis auf lokaler Ebene andererseits. Die Forschungen zeigen, dass jene, die in den untersuchten Projekten Zugang zu neuen digitalen Medien finden, zunächst weder den Erwartungen entsprechen, die in den Formulierungen politischer Programme enthalten sind, noch denen, die von Projektbetreuern an sie gerichtet werden. Sie lernen viel - aber nicht unbedingt das, was sie „sollen". Die Forschungen deuten darauf hin, dass IKT-Maßnahmen dann besonders erfolgreich sind, wenn sie einerseits in das soziale Umfeld eingebettet sind und wenn sie andererseits in ein Bildungsprogramm mit klaren bildungspolitischen Zielen integriert sind, das über das Ziel der digitalen Kompetenz hinausgeht. Positiv wirkt sich weiterhin aus, wenn die Beteiligten (Durchführende und Projektnehmer) die Technologien nutzen, um ihre Vorstellungen von bestimmten Lebensweisen zu verwirklichen. Dazu zählt etwa die Umsetzung moderner Errungenschaften (Zugang zu Bildung, zur Verwaltung, zu demokratischen Instanzen, zu globalisierten ökonomischen und politischen Einheiten), aber auch die politische Selbstorganisation.

Forschungsperspektiven ergeben sich bei folgenden Themen:
- Digital Literacy: Welches sind die wichtigsten Kernkompetenzen?
- Untersuchung der Bedeutung von Digital Literacy für die europäische Einigung und die Integration von ethnischen Minderheiten in der EU.

- Vergleichende Untersuchung von Mikroprojekten und ihren Erfolgsfaktoren in verschiedenen europäischen Regionen
- eDemocracy: welche Maßnahmen sind förderlich, um die Gemeinschaft stiftenden und demokratischen Potenziale der IKT allen gesellschaftlichen Gruppen zugänglich zu machen (z. B. Meinungsäußerung und Beteiligung an der Gestaltung des Gemeinwesens, Zugang zu Ressourcen)?

Es ist lohnenswert, die bisher gewonnenen Ergebnisse in dieser Richtung weiterzuentwickeln. Bisher gibt es erst wenige Veröffentlichungen in diesem Gebiet. Es ist geplant, zu den genannten Arbeitsbereichen weitere Forschungsprojekte im internationalen Rahmen anzuschließen.

Brouwer, Lenie (2004): Het Amsterdams Computer Clubhuis: creatief met computers (The Amsterdam Computer Clubhouse: creative with computers), in: Jos de Haan en Oene Klumper (Red.): Jaarboek ICT en samenleving. Beleid in praktijk. Amsterdam, pp. 141 - 159

Hinkelbein, Oliver (im Druck): Transkulturelle Vernetzung als „Kultur der Integration": Ein Blick in die Praxis der (digitalen) Integration von Migranten, in: Meyer, Imke und Paula Krüger (Hg.): Transcultural Studies - Interdisziplinarität trifft Transkulturalität. Bremen

Hinkelbein, Oliver (2004): Ethnische Minderheiten, neue Medien und die digitale Kluft: Deutschland ein digitales Entwicklungsland?, Stiftung Digitale Chancen. Online: http://www.digitale-chancen.de/transfer/ downloads/MD642.pdf

Postill, John (in Vorbereitung): New media and local governance: an ethnographic case study from Malaysia. New Media and Society

Dracklé, Dorle (im Druck): Medienethnografie, in: Andreas Hepp, Friedrich Krotz, Carsten Winter (Eds.): Globalisierung der Medienkommunikation: eine Einführung in Medien im globalen Kontext. Wiesbaden

Selbstbestimmung, Selbstbehauptung, Fremdwahrnehmung: Neufundierung von Identitäten und Geschichtsrevision in Ostasien seit den achtziger Jahren des 20. Jahrhunderts

Beteiligte:

- **Steffi Richter, Yonson Ahn.** Universität Leipzig, Ostasiatisches Institut, Japanologie
- **Wolfgang Höpken, Matthias Niedenführ.** Georg-Eckert-Institut für internationale Schulbuchforschung, Braunschweig
- **Michael Lackner, Claudia Schneider.** Universität Erlangen-Nürnberg, Institut für Außereuropäische Sprachen und Kulturen, Lehrstuhl für Sinologie, Erlangen

Laufzeit: **2003 - 2006**

Das Projekt untersucht die Neukonstruktion und historische Legitimierung von Identitäten in Ostasien (insbesondere Japan, Südkorea, China, Taiwan) seit den 1980er Jahren. Die auf nationaler, subnational-regionaler und supranationaler Ebene ablaufenden Prozesse werden in ihrer Manifestierung in drei medialen Kontexten analysiert: in der professionellen Geschichtsschreibung, in Schulbüchern und in populären Medien. Herausgearbeitet werden nicht nur historische Themen, die aus je unterschiedlicher Perspektive neu erzählt oder aber „vergessen" werden, um die vielfältigen, auch konkurrierenden eigenen Identitäten (einschließlich der von Minderheiten) sowie Bilder des/der Anderen geschichtlich zu fundamentieren. Thematisiert werden auch inter-mediale diskursive Vernetzungen, Gemeinsamkeiten und Unterschiede in den Erzählstilen, Darstellungs- und Argumentationsweisen und in den Techniken der Popularisierung dieser Themen und Identitätsbilder.
Die ersten Zwischenergebnisse wurden auf dem 29. Deutschen Orientalistentag im September 2004 in Halle/Saale vorgestellt und liegen unter dem Titel „Geschichtsschreibung in Ostasien: Kontroverse Sichten auf eine gemeinsame Vergangenheit" (Heft 1/2005 der *Zeitschrift Internationale Schulbuchforschung*) vor. Yonson Ahn zeigt dort, wie und warum unter chinesischen und koreanischen Historikern eine Auseinandersetzung um die nationalgeschichtliche Zugehörigkeit des ehemaligen Königreichs Koguryo geführt wird. Steffi Richter verweist in ihrem Vergleich der beiden bisherigen Ausgaben des Lehrbuchs der japanischen „Vereinigung zur Erstellung neuer Geschichtslehrbücher" auf argumentative Konstanten, aber auch Neuerungen, und präsentiert die Lehrbücher als ein Element der allgemeinen bildungspolitischen Auseinandersetzungen zwischen linksliberalen und neonationalistischen Kräften. Claudia Schneider zeigt anhand der „Westernisierungsbewegung" im China des 19. Jahrhunderts und der japanischen Kolonialperiode auf Taiwan die Niederschlagung historiografischer Revisionen bzw. Pluralisierung in neueren chinesischen und taiwanesischen Lehrbüchern auf. Matthias Niedenführ analysiert die teilweise Rehabilitierung vormaliger historischer „Bösewichte" in einer chinesischen Fernsehserie. Vorträge bzw. Artikel wurden weiterhin zum Territorialkonflikt um Dokdo/Takeshima, koreanische Diskurse zur „kolonialen Moderne" (Y. Ahn) bzw.

Konstanten und Veränderungen in den Konstruktionsprinzipien chinesischer Schulbücher (C. Schneider) verfasst.

Ahn, Yonson (2005): Chikakute tooi Dokdo / Takeshima mondai no ichikôsatsu (Reading The Issue of Dokdo / Takeshima Dispute From Near and Far), in: Gendai shisô (Contempopary Thought), Vol. 33, No. 6. Tokio

Niedenführ, Matthias (forthcoming): Zhongguo dianshizhong de xin de lishi guannian - yi dianshi lianxuju Zouxiang Gonghe wei lie" (Die Vermittlung von neuen Geschichtsbildern im chinesischen Fernsehen - Das Beispiel der Serie Zouxiang Gonghe), in: Zhang Qing, Michael Lackner et. al: Dongya 'wenhua zichi' fanshi he jiyi (Kulturelle Erinnerung und Selbstbehauptung in Ostasien). Shanghai

Schneider, Claudia (2004): Lianxuxing yu fazhan: Zhongguo lishi jiaokeshuli Zhongguo lishi de biaoxian - yizhong Deguo guandian (Continuity and Development: Representations of Chinese History in Chinese history textbooks - a German view), in: Lishi Jiaoxue Wenti [Problems of History Teaching], No. 4, pp. 84 - 86

Negotiating Development: Trans-local Gendered Spaces in Muslim Societies

Beteiligte:
Gudrun Lachenmann, Petra Dannecker, Salma Nageeb, Nadine Sieveking, Anna Spiegel. Universität Bielefeld, Fakultät für Soziologie, Forschungsschwerpunkt Entwicklungssoziologie

Laufzeit: **2003 - 2006**

Die bisherigen Forschungsergebnisse haben gezeigt, dass in den drei untersuchten muslimischen Ländern Sudan, Malaysia und Senegal die Aushandlungen globaler Entwicklungskonzepte primär über lokale Rechtsdiskurse stattfinden. Insbesondere das Thema Frauenrechte wird aufgegriffen und trägt zur Konstitution neuer translokaler Räume bei im Rahmen der jeweiligen nationalen Entwicklungspolitik, der beobachtbaren Demokratisierungsprozesse und Armutsbekämpfungsstrategien. Im Sudan ist die Aushandlung der globalen Entwicklungskonzepte eingebettet in den Kontext der Post-Conflict-Politiken und Diskurse. Die Aushandlungsprozesse finden nicht nur zwischen Frauenorganisationen, dem Staat und Geberorganisationen statt, sondern auch zwischen unterschiedlichen Typen von Frauenorganisationen. Diese versuchen neue Handlungsspielräume zu schaffen und öffentlichen Raum einzunehmen, indem sie ihr Wissen über globale Entwicklungskonzepte nutzen. Sie tragen damit ganz erheblich zu einer Demokratisierung von unten bei. Translokale Netzwerke spielen eine entscheidende Rolle in diesem Kontext, da die nationale Politik immer noch sehr stark dominiert wird von der dichotomen Konstruktion des Islams und des Westens. Konflikt, strukturelle Gewalt und die Unterstützung von Friedensprozessen haben sich ebenso als neue Forschungsperspektiven ergeben wie auch die neuen Formen islamischen Aktivismus aufgrund der beobachtbaren Transformationen nationaler und internationaler Ebene (Salma Nageeb).

In Malaysia hat der Diskurs um Geschlechtergerechtigkeit und Frauenrechte insbesondere seit der Asienkrise ganz erheblich zur Konstitution eines öffentlichen Raumes beigetragen. Das transformatorische Potenzial dieses vor allem von Frauenorganisationen konstituierten Raumes liegt in der Verknüpfung von Geschlechterfragen und gesamtgesellschaftlichen Entwicklungen. Auch wenn die Frauenorganisationen und ihre Themen in den letzten Jahren sehr erfolgreich waren, ist die Konstruktion eines zivilgesellschaftlichen Raumes in diesem multiethnischen Land immer noch ein schwieriges Unterfangen; insbesondere, da das Islamisierungsprojekt der Regierung die ethnische Segregation manifestiert und öffentliche Debatten über ethnische Grenzen hinweg erschwert hat. Gerade in diesem Kontext ist die translokale Vernetzung der Frauenorganisationen ein wichtiger Aspekt ihrer Arbeit. Die Aushandlung von Islamisierungsprozessen in diesem multiethnischen Kontext und die Verknüpfung mit lokalen Entwicklungsarenen, die Teil der globalen Diskurse sind, stellt eine neue Forschungsperspektive dar (Anna Spiegel, Dissertation).

Im Senegal ist das wichtigste Entwicklungskonzept das der Armutsbekämpfung. Trotzdem nehmen globale Konzepte wie Frauenrechte und Geschlechtergerechtigkeit an Bedeutung zu; insbesondere, da sie von Regierung und Zivilgesellschaft gemeinsam aufgegriffen und in Verbindung mit Armutsbekämpfung diskutiert werden. Die Konzepte werden lokalisiert, um die zunehmende Bedeutung der reformistischen islamischen Bewegungen einzuschränken. Gleichzeitig werden die Konzepte ausdifferenziert, da sie eingebettet sind in die dichotomen Diskurse um das von der Regierung propagierte westliche Entwicklungsmodell und islamische Werte. In den Aushandlungsprozessen spielen vor allem Frauenorganisationen und ihre translokalen Netzwerke eine bedeutende Rolle, da sie die multiplen Räume, in denen sozialer und kultureller Wandel stattfindet, miteinander verbinden. Die Transformation von Frauenräumen und die neuen religiösen Praktiken, die Teil des Islamisierungsprojektes sind, haben sich als neue Forschungsperspektive herauskristallisiert (Nadine Sieveking, Lise-Meitner Stipendium).

Dannecker, Petra (2004): Bangladeschische Migrantinnen im Spannungsfeld zwischen Globalisierung, Ausgrenzung nationaler Identität, in: Peripherie, Bd. 95, 24. Jg., S. 341 - 360

Dannecker, Petra / Anna Spiegel (in Vorbereitung): Zivilgesellschaft, transnationale Vernetzung und Demokratisierung in Malaysia. (zu ersch. in Asienforum)

Lachenmann, Gudrun (2004): Weibliche Räume in muslimischen Gesellschaften Westafrikas, in: Peripherie, Bd. 95, 24. Jg., S. 322 - 340

Nageeb, Salma (in Vorbereitung): „Building the Sudan of Peace". Women NGOs and the Negotiation of Development in Sudan (zu ersch. In Sociologus)

Sieveking, Nadine (in Vorbereitung): We don't want equality - we want to be given our rights: Negotiating global development concepts among women's organisations in Senegal (zu ersch. in Sociologus)

Projektverzeichnis

Interkulturelle Identitätsbildung (1992 - 1999)

Interkulturelle Identitätsbildung (1999 - 2006)

Innerkulturelle Identitätsbildung (1992 - 1999)

Innnerkulturelle Identitätsbildung (1999 - 2006)

Interkulturelle Kommunikation (1992 - 1999)

Interkulturelle Kommunikation (1999 - 2006)

Interkulturelle Integration und Differenzierung (1992 - 1999)

Interkulturelle Integration und Differenzierung (1999 - 2006)

Erwerb und Vermittlung interkultureller Kompetenz (1992 - 1999)

Erwerb und Vermittlung interkultureller Kompetenz (1999 - 2006)

Kulturen im Vergleich (1992 - 1999)

Kulturen im Vergleich (1999 - 2006)